T0398457

ADVANCE PRAISE FOR

Errances et Cohérences dans les anamorphoses et les trompe-l'oeil en France

"While many readers are familiar with the Italian Renaissance, and particularly with the fundamental work of Leonardo da Vinci, this book delves into the Renaissance as it took shape in France. The author details the history of—and play on—perspective as it came to affect works of architecture, sculptures, paintings, maps, stained-glass windows, and literature in France. The exploration of perspective through trompe-l'œil revolutionized knowledge itself, as the author so aptly describes as she weaves together the intellectual developments that were happening in the world, and in France, at this time. With the rediscovery of ancient texts on mathematics, ways of seeing became vivified and renewed in the years between 1470 and 1600. Here, the author details the historic invitation to explore further the absolute certitude or givenness of man's position in the world. For a wonderful exploration of the way that distance, angles, proportion, light, and the viewer's position play on our very notion of space, this book is an excellent guide to the advances that were made during the French Renaissance. These advances in our ways of seeing can still be visited in modern-day France, if not in person then in the wonderful selection of photos and images that the author provides for readers to study."

—Domenica Newell-Amato, Editor, Content Editing Lab, LLC

Errances et Cohérences dans les anamorphoses et les trompe-l'oeil en France

*Currents in Comparative Romance
Languages and Literatures*

Tamara Alvarez-Detrell and Michael G. Paulson
General Editors

Vol. 258

The Currents in Comparative Romance Languages and Literatures
series is part of the Peter Lang Humanities list.
Every volume is peer reviewed and meets
the highest quality standards for content and production.

PETER LANG
New York • Berlin • Brussels • Lausanne • Oxford

Martine Sauret

Errances et Cohérences dans les anamorphoses et les trompe-l'oeil en France

enjeux et pouvoirs de 1470–1600

PETER LANG
New York • Berlin • Brussels • Lausanne • Oxford

Library of Congress Cataloging-in-Publication Control Number: 2022026925

Bibliographic information published by **Die Deutsche Nationalbibliothek**.
Die Deutsche Nationalbibliothek lists this publication in the "Deutsche
Nationalbibliografie"; detailed bibliographic data are available
on the Internet at http://dnb.d-nb.de/.

ISSN 0893-5963
ISBN 978-1-4331-8557-1 (hardcover)
ISBN 978-1-4331-8558-8 (ebook pdf)
ISBN 978-1-4331-8559-5 (epub)
DOI 10.3726/b18009

© 2023 Peter Lang Publishing, Inc., New York
80 Broad Street, 5th floor, New York, NY 10004
www.peterlang.com

All rights reserved.
Reprint or reproduction, even partially, in all forms such as microfilm,
xerography, microfiche, microcard, and offset strictly prohibited.

À John

Table des matières

Liste des illustrations   xi
Remerciements   xvii

INTRODUCTION   1

CHAPITRE 1   Les Projections   13
Les Règles de la Perspective   14
Les Différentes Techniques de la Perspective Linéaire   15
Les Défis de la Perspective   17
La *Camera Obscura*   23
Les Miroirs   29

CHAPITRE 2   Le Trompe-l'Œil   33
Entre Art, Mimesis, Methexis et Psychanalyse   35
Éclipse du Familier   37
Le Trompe-l'Œil : Espace Tridimensionnel et Illusionniste ?   40
Les Fausses Tromperies du Trompe-l'Œil   41
Rappel Historique de Catégories de Trompe-l'Œil   43
La France et les Trompe-l'Œil de 1470–1600   46

CHAPITRE 3 Exemples Français de Trompe-l'Œil   51
Rebords, Corniches et Mouches   55
Les Meubles   56
Chapelle du Château Naussac (1501–1558)   59
Peintures Murales dans les Églises   60
Trompe-l'Œil de Vitrail   63
Les Tapisseries   67

CHAPITRE 4 L'École de Fontainebleau   75
Les Cheminées   79
Les Estampes   83
Les Vitraux   86
Les Manuscrits Illustrés   88
Les Gravures   88
La Galerie de Fontainebleau   90
Espace, Mur et Décor sur l'Architecture   95
Une Peinture dans l'École de Fontainebleau en Trompe-l'Œil   96

CHAPITRE 5 Les Espaces des Corps dans *Gargantua* de Rabelais :   101
L'Abbaye de Thélème   115

CHAPITRE 6 Trompe-l'Œil Graphiques et Verbaux dans *Champ fleury*   129
Les Raisons de l'Ouvrage   132
Quelques Exemples   133
Le Deuxième Livre   139
La Formation de la Lettre *A*   141
Allégorie des Lettres   145
La Lettre *L*   147
La lettre *Y*   149

CHAPITRE 7 Les Anamorphoses   153
Le Cas de Léonard de Vinci   154
Impacts   157
Premières Anamorphoses Architecturales en France   165
Château d'Anet   166
Château de Tanlay   170

CHAPITRE 8 Anamorphoses dans les Cartes　175
La Carte Anthropomorphique　177
Oronce Finé et les Distorsions Particulières　182
Léonard de Vinci, l'"Entre-Deux"　186

CHAPITRE 9 Anamorphoses dans les Cartes : L'École Cartographique
　　　　　　de Dieppe　199
Jean Cossin (ou Cousin) et son Planisphère　200
Guillaume le Testu et le Jeu de Transformation dans ses Cartes　203
La Première Carte　209
La Deuxième Carte　210
La Troisième Carte　212
La Quatrième Carte　213
La Cinquième Carte　214
La Sixième Carte　217
Le Planisphère de 1566　220
Les Tours et Détours de la Mappemonde de Guillaume Postel de 1578　222
Le Paradis Terrestre　226
Les Monstres et Sirènes　228

CHAPITRE 10 Les *Grands Voyages* de Théodore de Bry : Anamorphoses,
　　　　　　Trompe-l'Œil du Récit Français　233
La Floride de Le Moyne de Morgues, Vue par De Bry　240
Frontispice et l'Arche de Noé　240
La Carte de la Floride　244
Le Fort Caroline　251
Images XI et XII　252
Stratégies　257
L'Orpaillage　263

CHAPITRE 11 Les Éditeurs d'Architecture et de Traités　267
Jean Goujon　272
Jean Bullant　273
Jacques Androuet du Cerceau　275
Joseph Boillot　277

Philippe de l'Orme   280

CONCLUSION   293

Bibliographie Sélective   299

Liste des Illustrations

Figure 1.1. **Un point de fuite**. Courtoisie de Creative Commons,
Attribution 2.5, Generic License. 16

Figure 1.2. **Deux points de fuite**. Courtoisie de Creative Commons,
Attribution 2.5, Generic License. 19

Figure 1.3. **Trois points de fuite**. Courtoisie de Creative Commons,
Attribution 2.5, Generic License. 20

Figure 1.4. **La camera obscura**. Extrait. Courtoisie de la bibliothèque
ambrosienne, Milan. 25

Figure 3.1. **Image 26 du *Livre d'Heures* de Geoffroy Tory**. Courtoisie
de la J. Rosenwald Collection. Library of
Congress, Washington DC. 53

Figure 3.2. **Extrait du *Portrait d'une femme de la famille de Hofer***.
Ma photo. Courtoisie de la National Gallery,
Washington D.C. 55

Figure 3.3. **Détail de la table *Les quatre âges de la vie***. Meuble
cathédrale de Strasbourg. Ma photo. 58

Figure 3.4. **Détails de la porte de la Chapelle du Château Naussac.**
Courtoisie du Metropolitan Museum of Art. Ma photo. 60

Figure 3.5. **Église Saint Maurice**. Annecy. Partie du mural. Ma photo. 62

Figure 3.6.   **Partie du vitrail.** Église Saint Séverin, Paris. Ma photo.   65

Figure 3.7.   **Extrait du vitrail *Les amours de Psyché et Cupidon.***
Chantilly. Ma photo.   67

Figure 3.8.   **Détail de la tapisserie de *La vie de Saint Pierre*.** Musée de
Beauvais. Ma photo.   69

Figure 3.9.   **Détail des *Vendanges xvie siècle*.** Musée national du Moyen-
Âge, Paris. Ma photo.   70

Figure 3.10.   **Détail de la tapisserie *La dame à l'orgue*.** Angers. Fin du
xve siècle. Trésor de la cathédrale. Ma photo.   70

Figure 3.11.   **Détail de la tenture de *La Chasse à la Licorne*.** 1480–1510.
Courtoisie du Metropolitan Museum of Art,
New York. Ma photo.   72

Figure 4.1.   **La galerie du château de Fontainebleau.** 2017. Ma photo.   79

Figure 4.2.   **Partie de la cheminée représentant *La chasse d'Ésaü*.**
Château d'Écouen. Ma photo.   81

Figure 4.3.   **Partie de la cheminée *Le tribut de César*.** Château
d'Écouen. Ma photo.   83

Figure 4.4.   **Estampe de Caron 45.** Courtoisie du Musée du Louvre, Paris.   84

Figure 4.5.   ***La musique* d'Etienne Delaune.** Estampe. Courtoisie
du musée du Louvre, Paris.   85

Figure 4.6.   **Esquisse d'un vitrail de Pierre Dumoustier.** Extrait
de vitrail. Courtoisie du musée du Louvre, Paris.   87

Figure 4.7.   ***L'Annonciation* de Jean Cousin.** Courtoisie du
Metropolitan Museum of Art, New York.   89

Figure 4.8.   **Extrait du dessin de Panofsky.** Étude iconographique
de la galerie François Ier à Fontainebleau, *Imago Mundi*.
Courtoisie de *Imago Mundi*.   92

Figure 4.9.   ***La dame au bain* de François Clouet.** Courtoisie
de M. Samuel H. Kress Collection, Washington
DC. Domaine public. Ma photo.   97

Figure 5.1   ***Du carré et de l'homme* de Geoffroy Tory.** *Champ fleury*.
1525. Courtoisie de la James Ford Library, Minneapolis.   109

Figure 5.2.   ***La flute* de Geoffroy Tory.** *Champ fleury*. 1525. Courtoisie
de la James Ford Library, Minneapolis.   112

Figure 5.3.   **Geoffroy Tory.** *Champ fleury*, 1525. Courtoisie de la James
Ford Library, Minneapolis.   113

Figure 5.4.   **Escalier du château de Chateaudun.** Ma photo.   117

Figure 6.1. *L'enseigne du pot cassé*. Geoffroy Tory, *Champ fleury*. Courtoisie de la James Ford Library, Minneapolis. 134

Figure 6.2. *Hercule*, **Livre I**. Geoffroy Tory, *Champ fleury*. Courtoisie de la James Ford Library, Minneapolis. 136

Figure 6.3. *La flute*. Geoffroy Tory *Champ fleury*. Courtoisie de la James Ford Library, Minneapolis. 137

Figure 6.4. *Construction du A*. Geoffroy Tory, *Champ fleury*. Courtoisie de la James Ford Library, Minneapolis. 142

Figure 6.5. *Construction du A en perspective*. Geoffroy Tory, *Champ fleury* Courtoisie de la James Ford Library, Minneapolis. 143

Figure 6.6. *Le O*. Geoffroy Tory, *Champ fleury*. Courtoisie de la James Ford Library, Minneapolis. 146

Figure 6.7. *La lettre Y*. Geoffroy Tory, *Champ fleury*. Courtoisie de la James Ford Library, Minneapolis. 147

Figure 6.8. *La lettre L*. Geoffroy Tory, *Champ fleury*. Courtoisie de la James Ford Library, Minneapolis. 148

Figure 7.1. **Extraits de l'*Anamorphose* de Léonard de Vinci**. La partie droite du dessin est une restauration de cette anamorphose et fait partie du domaine public. 156

Figure 7.2. **La voute en anamorphose du château d'Anet**. Ma photo. 168

Figure 7.3. **La voute vue en angle de la Chapelle**. Château d'Anet. Ma photo. 169

Figure 7.4. **Le sol en anamorphose de la Chapelle**. Château d'Anet. Ma photo. 169

Figure 7.5. **Détail de la Coupe du plafond**. Château de Tanlay. Ma photo. 171

Figure 7.6. **Détail de la coupe du plafond**. Château de Tanlay. Ma photo. 172

Figure 8.1. *La Cosmographie* **de Pierre Apian**. 1544. Courtoisie de la James Ford Library, Minneapolis. 179

Figure 8.2. *La Provence* **1536–1538**. Courtoisie de la BnF, Paris. 180

Figure 8.3. *La carte cordiforme* **de Oronce Finé :** *Le sphère du Monde*. Courtoise de Houghton Library, Cambridge, MA. 183

Figure 8.4. **Léonard de Vinci, CA 1006 r**. Courtoisie de la Bibliotèque Ambrosienne, Milan. 188

Figure 8.5. **Extraits du** *Plan d'Imola*. *Sketches et Notes* de Léonard de Vinci. 1502. Courtoisie du Château de Windsor, RL, 12686 r. 190

Figure 8.6.   **Partie du *plan de la ville d'Imola*.** Léonard de Vinci, 1502.
Courtoisie du Château de Windsor, RL, 12284.   192

Figure 9.1.   ***Le monde en ellipses* de Jean Cossin.** Courtoisie
du Château-Musée de Dieppe. Ma photo.   200

Figure 9.2.   **Première carte de Guillaume Le Testu.** *Cosmographie universelle.* 1556. Courtoisie du Service Historique de la Marine,
Vincennes.   206

Figure 9.3.   **Deuxième carte de Guillaume Le Testu.** *Cosmographie Universelle.* 1556. Courtoisie du Service Historique
de la Marine, Vincennes.   207

Figure 9.4.   **Troisième carte de Guillaume Le Testu.** *Cosmographie Universelle.* 1556. Courtoisie du Service Historique
de la Marine, Vincennes.   208

Figure 9.5.   ***La carte qui nomma L'Amérique* de Waldseemüller.**
Courtoisie de la James Ford Library, Minneapolis.   211

Figure 9.6.   **Quatrième carte de Guillaume Le Testu.** *Cosmographie Universelle.* 1556. Courtoisie du Service Historique
de la Marine, Vincennes.   215

Figure 9.7.   **Cinquième carte de Guillaume Le Testu.** *Cosmographie Universelle.* 1556. Courtoisie du Service Historique
de la Marine, Vincennes.   216

Figure 9.8.   **Sixième carte de Guillaume Le Testu.** *Cosmographie Universelle.* 1556. Courtoisie du Service historique
de la Marine, Vincennes.   218

Figure 9.9.   ***La mappemonde* de Guillaume Le Testu.** 1578.
Courtoisie du Service Historique de la Marine, Vincennes.   222

Figure 9.10.   **Extrait du *Le planisphère* de 1566 de Guillaume Postel.**
Courtoisie du Service Historique de la Marine, Vincennes.   224

Figure 10.1.   **Frontispice pour la Floride.** *Les Grands Voyages* de
Théodore de Bry. Courtoisie de la BnF, Paris.   242

Figure 10.2.   ***L'arche de Noé.*** *Les Grands Voyages* de Théodore de Bry.
Courtoisie du Service historique de la Marine, Vincennes.   243

Figure 10.3.   ***La Floride.*** *Les Grands Voyages* de Théodore de Bry.
Courtoisie du Service Historique de la Marine, Vincennes.   246

Figure 10.4.   **Extrait du *fleuve Mai*** (Illustration VI). *Les Grands Voyages* de Théodore de Bry. Courtoisie du Service
Historique de la Marine, Vincennes.   248

Figure 10.5. **Les Français explorent d'autres fleuves** (Illustration II).
Les Grands Voyages de Théodore de Bry. Courtoisie
du Service Historique de la Marine, Vincennes. 249

Figure 10.6. **Les Français parviennent à Port Royal** (Illustration V).
Les Grands Voyages de Théodore de Bry. Courtoisie du
Service Historique de la Marine, Vincennes. 250

Figure 10.7. **Extrait du Fort Caroline** (Illustration X). Courtoisie du
Service Historique de la Marine, Vincennes. 253

Figure 10.8. **Extrait des cérémonies célébrées par Satouriana en guerre**
(Illustration XI). *Les Grands Voyages* de Théodore de Bry.
Courtoisie du Service Historique de la Marine, Vincennes. 254

Figure 10.9. **Extrait, Au moment d'entrer en campagne** (Illustration
XII). *Les Grands Voyages* de Théodore de Bry. Courtoisie du
Service Historique de la Marine, Vincennes. 255

Figure 10.10. **Extrait de la mise en réserve du gibier et des autres provisions.**
Illustration XXIII. *Les Grands Voyages* de Théodore de
Bry. Courtoisie du Service Historique de la Marine, Vincennes. 258

Figure 10.11. **Extrait de la Figure XXV, Chasse au cerf.** *Les Grands
Voyages* de Théodore de Bry. Courtoisie du Service
Historique de la Marine, Vincennes. 259

Figure 10.12. **Extrait de l'orpaillage XLI.** *Les Grands Voyages* de
Théodore de Bry. Courtoisie du Service Historique de la
Marine, Vincennes. 260

Figure 10.13. **Extrait de la mort de Gambie** (Illustration XLII). *Les
Grands Voyages* de Théodore de Bry. Courtoisie du Service
Historique de la Marine, Vincennes. 261

Figure 11.1. Courtoisie de l'École supérieure des Beaux-Arts Paris. 1547.
Dépliant f. 34. 273

Figure 11.2. **J. Bullant, extrait du temple des Dioscures.** *Reigle generalle
d'architecture…*, Paris 1568, f. 4. Courtoisie de l'École
nationale supérieure des Beaux-arts, Paris. 274

Figure 11.3. **Frontispice Joseph Boillot, Pourtraicts et figures de
termes.** 1592. Courtoisie de la BnF, Paris. 279

Figure 11.4. **Philippe de l'Orme, Livre IV, vis à gilles dans un carré.**
Courtoisie de la BnF, Paris. 285

Figure 11.5. **Philippe de l'Orme, Extrait de la Préface, Livre III.**
Courtoisie de la BnF, Paris. 287

Figure 11.6. **Philippe de l'Orme, Extrait, Livre IX**. Courtoisie de la
BnF, Paris. 288

Figure 11.7. **Philippe de l'Orme, Extrait, Livre IX, page 289**.
Courtoisie de la BnF, Paris. 289

Remerciements

Les remerciements sont nombreux. J'espère que je n'oublierai personne. Au cours de mes années d'enseignement et à travers les suggestions de nombreux étudiants, j'ai eu beaucoup de questions qui sont demeurées sans réponse. Ce livre est, je l'espère, une ébauche et une tentative de réponse à celle-ci : y-a-t-il des trompe-l'œil et des anamorphoses dans le début de la Renaissance en France entre 1470 quand apparaît la première anamorphose de Léonard de Vinci et 1600 (deux ans après l'Édit de Nantes qui marque la fin des guerres de religion) ?

Au gré du vent et des voyages en France, j'ai pu constater que les sources étaient nombreuses et variées. Que ce soient dans les sculptures, les églises, les tapisseries, les vitraux, etc., à travers les explorateurs français au Nouveau Monde, les éditeurs ou même des écrivains, le phénomène de trompe-l'œil en littérature et en art existe bien à l'époque.

C'est grâce à plusieurs bourses de Macalester, La Kress foundation (RSA), que j'ai pu me lancer dans ce petit voyage sur ces deux courants assez méconnus. C'est aussi grâce au soutien de Tom Conley, Abbot Lawrence Lowell Professor à Harvard, que le départ fut pris.

Il ne faut pas non plus oublier la confiance inébranlable du Professeur de français Françoise Denis, Macalester College, ni celle du Professeure de Français Julie Rogers, Macalester College. Je voudrais également mentionner l'intérêt du

Professeur d'Histoire JB Schank à l'Université du Minnesota et Michael Gaudio, Professeur d'Histoire de l'Art à l'Université du Minnesota pour leurs remarques bien pointues.

Que serai-je devenue sans l'aide de mes étudiants pour des remarques pertinentes, ni celle de mon éditrice Sophie Migacz pour des questions bibliographiques perspicaces mais surtout le remarquable travail de l'éditrice Domenica Newel-Amato sur tout le livre ?

Sans toutes ces personnes curieuses et habiles en la matière, je n'aurai pas pu finir ce livre.

À tous et à toutes, un grand merci.

Introduction

L'intuition de l'espace se renouvelle à la Renaissance. Quelques phénomènes incontestés viennent y résonner fort et expliquent des changements perceptibles en art ou en littérature. Bien sûr, il ne faut ni renier, ni évincer la découverte de l'imprimerie qui jouera un rôle considérable dans la période que nous voulons mentionner dans ce livre qui envisage les années 1470 à 1600 (de la première anamorphose aux environs de 1470 pour terminer deux ans après l'Édit de Nantes qui marque la fin des guerres de religion). Les résultats saisissants des expéditions des Portugais et des Espagnols dans l'hémisphère austral qui seront sanctionnés par le partage des zones nouvellement approuvées par le pape en juin 1494, le tour du monde de Magellan, mais aussi les découvertes mathématiques de trigonométrie et d'algèbre ne peuvent être ignorés, ainsi que la mise en place de l'anatomie qui aboutira aux travaux de Léonard de Vinci (1452–1519) et ceux publiés de André Vésale (1514–1564). Toutes les mises au point techniques vont donner un essor particulier dans les arts graphiques et orchestrer de nouvelles connaissances. L'espace culturel de cette époque ne peut qu'aller de pair avec la diffusion de toutes ces données et de toutes ces découvertes. La corrélation entre les mouvements intellectuels et ceux associés à des activités pratiques devient bien sensible et visible dans la transformation de l'espace de l'occident. Du point de vue historique, la poussée ottomane, culminant par l'occupation de Constantinople en

1453 change en même temps la lecture de cette Europe et de ses frontières en rendant certaines routes fermées vers l'Asie ou parfois peu sûres en Méditerranée. L'espace économique se modifie lui aussi dans les domaines diplomatiques, internationaux et commerçants. La construction d'une classe moyenne qui se met en tête d'accéder aux différents savoirs joue alors un rôle important dans la construction des espaces d'échange des communautés et des nations en Europe. La création de nouvelles cartes pour se rendre dans les différents lieux afin d'y faire du commerce prend un essor important et rend l'utilisation des cartes en *T* obsolète.[1]

En conséquence de ces changements, les domaines des connaissances sur les phénomènes naturels et les expériences vont également se modifier dans une traduction des lieux figuratifs (e.g. peintures, gravures, sculptures, vitraux, tentures, boiseries) puisque les données mentionnées vont amener à de nouvelles expériences vécues, critiquées, analysées et remises en question. Le globe entier semble s'ouvrir à l'homme et les océans ne paraissent plus projeter uniquement une image de barrage, mais celle de lieux à investir, découvrir, voire de coloniser. Comme le souligne André Chastel,[2] un sentiment de "solidarité" entre les aspects de la vie humaine et l'idée que les hommes en font pour les modifier semble bien ancré à la Renaissance. En observant les inégalités et les hésitations dans les tous débuts de ces développements, la notion d'incertitude et de continu sera à manier avec prudence. Notre direction d'enquête portera en particulier sur le domaine français, encore assez méconnu au début des xve et xvie siècles.

Les équations entre les notions de barbarisme = médiéval, de la Renaissance du Nord et du Sud restent souvent artificielles : il ne faudra écarter ni l'importance des apports du Moyen-Âge, ni les courants septentrionaux en France, ni ceux de la Méditerranée pour les propos qui nous intéressent.[3] Force est de constater que les artistes du Nord auront autant d'importance que ceux du Sud. C'est aussi l'exposition en France intitulée "François Ier et l'art des Pays-Bas" au Louvre en 2017 qui a dévoilé au grand public des facettes méconnues de l'art multiforme de la Renaissance française en mettant en relief le rôle des Flamands y compris à Fontainebleau, foyer important et mélange de genres comme nous le verrons dans cette étude.

Tout un renouveau divers s'articule dans l'espace français, bien articulé pour la période concernée. Si les découvreurs français tels que Jacques Cartier ou l'École cartographique de Dieppe[4] restent moins connus, leur savoir et leur univers sont cependant importants dans les configurations de l'espace en trompe-l'œil que nous allons étudier. Tous les cartographes et leurs représentations influencées par la redécouverte des textes anciens et les cartes de Ptolémée, toutes les connaissances techniques sur les mathématiques d'Euclide et celles de la perspective de

André Vésale ou de Filippo Brunelleschi (1377–1446) posent un nouveau visage sur l'espace avec des expressions artistiques précises, neuves et combinées aux anciennes.

L'espace économique se modifie également. On a parlé de "mini-dépression."[5] Mais c'est aussi le moment de l'investissement culturel, puisqu'en même temps apparaissent des initiatives d'artistes et d'intellectuels qui s'investissent et renouvellent des moyens pour accéder de façon novatrice à ranimer certaines valeurs socio-politiques et diversifier leurs sources de revenus. Dans ce temps du début de la Renaissance, la contestation de certains modes de vie et des pratiques sociales se double d'une grande volonté d'expansion et d'initiative. L'organisation de l'espace économique en orient et en occident bat son plein. Si on cite souvent Venise avec son monopole du poivre, ou la progression de l'alun turc, ou le bois rouge de l'Amérique, il faudra de nombreux marchands sillonnant les océans pour en faire le commerce, de nombreux bateaux pour faire les acheminements, de nombreux artisans pour transformer les matières premières. Les routes du Nord se font alors de plus en plus actives et la façade méditerranéenne se transformera vite en un lieu toujours plus essentiel pour le commerce et l'import-export.[6]

La France n'est pas en reste : à l'intérieur du territoire, le centre commercial qu'est Lyon est en plein essor,[7] et sa façade maritime connaît aussi de nombreux changements (port de Rouen, Dieppe).[8] Ce sentiment d'action va se refléter dans les arts et notamment dans les chantiers. En 1490 et dans sa série de traités, Pontano établi à Naples ne cessera de répéter que la grandeur ; la possession d'objets précieux n'est pas une question de moyens mais un devoir fixé à chacun par son rang. C'est ainsi que l'alliance de l'autorité et de l'argent se montrera de plus en plus fastueuse. Philippe le Bon, par exemple, prendra très rapidement Jean van Eyck sous son égide (vers 1525) avant que Cosme de Médicis ne l'invite en Italie. Une bataille rude se met en place entre les riches mécènes. À bien des égards, cette époque favorise d'autres façons de concevoir, de créer et de mettre en relief d'autres innovations.

La vie de cour elle-même s'ouvre aux intellectuels et aux poètes. Pour le peuple, l'accroissement des jours chômés dûs aux fêtes religieuses ou civiques et d'évènements marquants (comme, par exemple, l'entrée triomphale du roi Henri II à Rouen en 1550) est notable. Certes, les guerres de religion vont altérer bien des modes de vie et détruire de façon catastrophique des vies entières. Mais ces fêtes pour commémorer les joies et les peines sont très souvent suivies de commandes spécifiques de peintures, de costumes, de chars de carnaval, etc. Un jeu complexe entre pouvoir et politique s'instaure de plus en plus. De même, les imbroglios politiques, les ruses voire des assassinats en France et en Italie susciteront tout un renouveau de chancellerie, d'historiens, d'hommes et de femmes satirisant la société, établissant de nouvelles commandes pour les arts qui doivent leur permettre d'acquérir un nouveau statut et d'être remarqués. Ces traits nouveaux et l'âpreté des luttes n'abolissent en rien le caractère effroyable des guerres qui ont tendance à devenir maintenant un grand spectacle et sont souvent illustrés d'un goût "à l'antique."[9]

La période retenue pour l'étude s'étend environ de 1470 à 1600. Il faudra remonter ce temps et souvent citer les Anciens, ou invoquer les précurseurs italiens, pour ne pas oublier les modèles constamment présents dans la mémoire des humanistes. Ce moment étroitement circonscrit à ces 130 ans peut y reconnaître une habitude des historiens de la littérature française pour qui la Renaissance coïncide souvent avec le xvie siècle. Ces premières années ne semblent pas aussi florissantes pour le trompe-l'œil et l'anamorphose en France. Cependant, ces mouvements apparaissent un peu partout dans différentes parties du pays et conjuguent nouveauté et érudition.

Ainsi l'engagement des artistes semble se porter sur un travail mettant l'accent sur la profondeur et l'éclairage, donnant une "visualisation" autre.[10] Une vision panoramique comporte bien sûr une distance historique, mais le temps contracté ici n'est pas d'une création "absolue" mais celle d'une "situation."[11] L'aventure des créateurs français devient celle d'une nouvelle exploration de l'espace et de ses possibles comme le feront les Italiens ou les pays de la Flandre. L'orientation du peintre, du cartographe, de l'artiste, ou de l'écrivain se consacrera sur les distances, les angles, les proportions, la lumière, la place du spectateur et les jeux qu'ils pourront en faire. Cependant, les Français semblent peu à peu se démarquer de leurs contemporains européens pour établir d'autres paris et participer à un style plus français, tout en critiquant âprement des pans entiers de la société de l'époque.

La perspective est alors à l'ordre du jour à l'époque en Europe. Cette dernière représentée en force par Brunelleschi fera désormais fureur dans les milieux artistiques. La première partie du livre intitulée "Les Perspectives" reconstituera les données scientifiques, mathématiques de l'utilisation des différentes perspectives (perspective linéaire, aérienne, curviligne, axonométrique, inversée) de l'emploi de la *camera obscura* et de la relevance des points de fuite (matériel et psychanalytique) ainsi que de l'application de ces données (chapitre 1). Bon nombre d'historiens et de critiques mettent l'accent sur les aspects optiques de la théorie de la perspective. En détachant l'œil du corps, ils font le lien entre la perspective de la Renaissance et l'épistémologie désincarnée qui sera associée plus tard avec Descartes. À la suite de Panofsky,[12] plusieurs écoles ont fait évoluer les thèmes de la perspective : d'un côté, elle est considérée comme une science de la perception et de la représentation comme *Baltrušaitis* et Elkins l'étudient,[13] et de l'autre, elle est vue comme représentation multiforme des compréhensions culturelles et sociales de la vision, de l'illusion et de la vérité, comme le montre Mario Carpo.[14]

D'autres comme Damisch[15] s'intéresseront aux apports donnés que la perspective engagera avec la sémiotique, la phénoménologie et la psychanalyse. L'étude de Massey[16] considère en particulier les liens entre les personnes et le corps. Cherchant à élargir le cadre théorique de la philosophie du temps dans lequel la perspective est traditionnellement située, son étude se distingue des autres analyses mentionnées en ce qu'elle se concentre spécifiquement sur la relation du corps à la perspective. Cette approche permettra de faire une synthèse de bien des enjeux sur sa construction et de ses emplois dans les trompe-l'œil et les anamorphoses. Toutes ces études sont primordiales pour révéler respectivement les atouts et les difficultés de rendre la perspective sur la page binaire pendant la Renaissance et même de nos jours. Ainsi, en examinant l'anamorphose et le trompe-l'œil de près, on peut constater que la relation entre le corps et l'individu est toujours cruciale, souvent négligée. Ces distorsions singulières ne sont pas gratuites. Leurs rendus souligneront les talents de l'artiste, mais le feront contribuer à soulever des points de controverse dans son œuvre en catimini, ou en dérapage : ils débloqueront d'autres enjeux et mettront en jeu d'autres pouvoirs. L'étude se concentrera en particulier au début de cette mini-révolution en France, dont les desseins cachés de ces courants artistiques peuvent dévoiler de nombreux points de critique sur la société, la culture, ou l'art. En examinant le fait que les théories de la perspective et les déviations que jouent les trompe-l'œil et les anamorphoses deviennent complexes, leurs études révèlent qu'elles confrontent et incorporent dès leur apparition leurs contradictions en opposant corps et œil, tout en faisant face aux limitations des connaissances et des savoirs. Si Jacques Lacan[17] se voit souvent cité dans les différentes approches de la perspective par les critiques que nous examinerons dans ce chapitre 1, le côté insolvable et irrésolu de ces mouvements graphiques parcourt encore et toujours les espaces et les lieux du xvᵉ jusqu'à nos jours. Ainsi, l'histoire de la perspective, ses affects, ses impasses soulignent des changements qui ne sont certes pas prêts de finir. L'approche que propose cet essai serait une des réponses à cette situation. Il vise certainement à une naïveté – celle espiègle qui voudrait démocratiser la page ou le tableau pour une meilleure compréhension du xviᵉ siècle, certainement dans le but d'opérer le plaisir de partager un sentiment d'ambiguïté et de profondeur des textes et des œuvres. Si l'évolution de l'informatique et de la numérisation ainsi que l'ère du Covid ont porté une transformation des données scientifiques et des acquis ainsi qu'une ère de "trouvailles,"[18] notre approche multiforme, qui encourage une pluralité de manières à traiter l'approche de ces documents, vise à informer et faire réfléchir sur les vues des uns et des autres. L'expérience du lecteur vive et tenace nous y est chère.

Le trompe-l'œil et l'anamorphose encore peu adoptés en France à l'époque demandent un jeu complexe de relecture et de distanciation. Si certains sont encore peu connus, ou reconnus, ils entrent dans un schéma de pensée particulier de l'époque qui souligne les contradictions du temps. Tout en utilisant ces deux phénomènes graphiques, les artistes français font valoir leur maîtrise et jouent parfois un jeu dangereux. Pour éviter la censure, le mépris, ou tout simplement la fin d'une commande, ils mettent en valeur ces deux courants dans des buts précis et souvent oubliés. Les artistes s'attachent en effet à différencier les nuances philosophiques et intellectuelles des trompe-l'œil et de l'anamorphose. La simultanéité des tendances disparates ou parfois contradictoires est amorcée et souvent très contrastée pour la période qui nous intéresse. Dans une culture polyphonique, en pleine transformation, les formes ne se laissent pas réduire à des principes uniques. D'un milieu à un autre, d'un art à l'autre, les fins et les moyens divergeront.

L'étude et l'analyse des différents formats des trompe-l'œil[19] dans les arts ou dans la littérature montrent des enjeux importants de tromperie, d'illusions, de relations spécifiques avec les espaces, ainsi que des facettes diverses d'utilisation de la perspective et d'angle de vision (chapitre 2 et 3). À travers l'étude de certains exemples en France (gravure, peinture, fresques, décor, vitraux, tapisseries, ornementations, etc.), nous examinerons les enjeux du trompe-l'œil entre art, mimesis, methexis et psychanalytique. Tous les mécanismes apportés dans les œuvres renouvellent les points de vue et attestent de grands changements ainsi que des défis idéologiques et conjecturaux. Le genre pictural du trompe-l'œil est souvent vu comme une volonté de confondre le spectateur à des fins ludiques. Au travers de plusieurs exemples ses ambiguïtés et ses modèles en France seront examinés.

Ainsi, l'école de Fontainebleau (chapitre 4) signalera une transformation dans la décoration. Les enjeux sur les décors et les formes redynamisent le style d'ornementation. Les rendus dans l'espace mural, pictural et ornemental posent souvent le problème de changements de points de vue de l'auteur/créateur et renforcent l'examen des points de fuite à des fins souvent complexes. Il semble souvent que les supports ornementaux expérimentent les ressources de l'espace et donnent à la décoration un rôle primordial. En suivant des ressources techniques variées, le mur se voit redéfini.

L'anamorphose et le trompe-l'œil littéraire deviennent importants pour l'époque étudiée : ils déplacent certains concepts d'écriture. Pendant du trompe-l'œil pictural, ils seront souvent une fiction qui se nie comme fiction.[20] Résultats d'une combinatoire entre un texte, une histoire, un nom, leurs travestissements résulteront de plusieurs supercheries qui s'afficheront au fil des pages. Lorsque ces manipulations auront un but précis, elles permettront de falsifier la lecture même et interrogeront les regards des espaces discutés. La stratégie d'écriture se verra complémenter par la publication : la mystification et l'autorité des discours se verront ébranlées et recalculées.

L'utilisation du trompe-l'œil littéraire chez Rabelais (chapitre 5) avec des distorsions verbales dans son *Gargantua* de 1532–1534 au chapitre VI sur la naissance de Gargantua, et plus tard dans son chapitre LVII dans la construction de l'abbaye de Thélème, mettra en scène des valeurs spécifiques pour les sciences et celles portées sur l'homme. L'attrait du changement peut inspirer des résistances : la mobilité ou la stabilité, l'ouverture et la fermeture de ces postulations simultanées sont cependant à envisager puisqu'elles marquent des lieux importants pour la période étudiée. En explorant les marges et en décentrant structurellement, anatomiquement et linguistiquement les points de vue, Rabelais reste une figure importante du détournement et des trompe-l'œil en teinte douce. Il n'est pas le seul en France. Mais cet auteur invite – pour nos propos – à explorer les marges elles-mêmes distordues et reconstruites dans des facéties visuelles et sonores et à souligner une critique des abus du monde et de certains procédés rhétoriques. La participation du lecteur est requise à chaque instant.

Dans son *Champ fleury* de 1529, Geoffroy Tory (chapitre 6) juxtapose un traité de typographie et un essai sur la langue française, tout en articulant un système pour tracer les lettres qui harmonisent le langage. Il s'agit de voir dans quelle mesure la tradition de la présentation d'une étude sur la langue découle d'une écriture basée sur des principes de composition picturale de trompe-l'œil et d'anamorphoses. Ce livre théorise ainsi l'imagination spatiale qui est liée à l'écriture de la géographie. La perspective du typographe est multiple. Le nombre de distorsions et de trompe-l'œil s'accélère au fil des pages. Le caractère hybride du texte, des images et des sons, se voit partagé entre des recommandations techniques sur l'art de bâtir le tracé des images et des caractères à la règle et au compas, en suggérant en même temps un essai de défense et d'illustration de la langue française. Cet aspect esthétique se mêle à un projet de diffusion du savoir et un projet de mémoire, pour lesquels les altérations et les transformations vivifieront les débats.[21]

L'art anamorphique (deuxième partie du livre) a été souvent perçu comme un art enchanteur qui exploite la manipulation du champ visuel afin d'exciter la curiosité du spectateur et d'insister sur sa contribution dynamique au processus de construction du "sens."[22] Cependant, l'engagement d'un lecteur ou d'un spectateur avec une image anamorphique ou un trompe-l'œil implique plus que la simple réalisation d'un tour de perspective saisissant et intrigant : ces deux caractéristiques picturales sont aussi un acte de voilage, une tentative délibérée de dissimuler des connaissances cachées au regard non initié.

L'examen des anamorphoses du chapitre 7 se consacrera aux premières anamorphoses de Léonard de Vinci et des châteaux d'Anet et de Tanlay après avoir soulevé les problèmes critiques que l'anamorphose peut créer quand elle articule l'espace de façon autre, relie des formes diverses, ou utilise des matériaux spécifiques dans des perspectives compliquées ou longuement échafaudées (qui remettent en valeur la position du spectateur ou lui dénient parfois toute flexibilité). Ce mode de réalisation soulève alors des questions importantes de changements de regards et d'influences diverses sur les auteurs concernés. La conversion de cet "instant" devient alors prégnante et soutient l'ambition du peintre Léonard de Vinci et des architectures examinées. Ainsi, ce dernier, que ce soit lors de son passage en France sur lequel nous nous concentrerons ou ses écrits et peintures en Italie, continue de poser la centralité de l'homme dans ce nouvel âge qu'est la Renaissance : De Vinci réévalue certaines notions de ces formes de l'espace. Dans l'unité de toutes les nouvelles manifestations et découvertes qu'il fera, il devient nécessaire de représenter les points d'applications de toutes ses énergies et de voir comment ses anamorphoses existent comme champ de force qui relient l'homme à l'espace comme une enveloppe proche et lointaine dans ses travaux.

Les artistes utilisant le trompe-l'œil ou l'anamorphose essayent d'aller au-delà de la perspective, de l'englober, ou de la réfuter. Le jeu des directions pourra en effet se passer de cette dernière. Ainsi, en tournant autour d'une figure placée dans un tableau dans un sens ou dans un autre, le spectateur regardera un point proche ou lointain, précis ou infini, les volumes s'aligneront ou non, etc. De ce divertissement et de ces navigations au sein des cartes, de la peinture, ou de textes naîtront souvent des reflets spécifiques sur l'espace politique, chrétien, socio-économique, ou artistique. Ensuite, en jouant en particulier sur les axes majeurs de la profondeur à l'époque, la construction mathématique amorcera des projets précis bien calculés pour s'en dégager. En multipliant et en disséminant bon nombre d'objets, deux sortes d'espace pourront alors cohabiter : celui des flamands où Jan Van Eck ne passe pas toujours par un système linéaire (comme pour "La Vierge du chancelier Rolin" de 1435),[23] mais articule une vision et un espace comme il le veut – ou, au contraire, le système mathématique bien articulé de Masaccio qui régit une autre forme d'espace (comme par exemple dans "Le Tribut de Saint Pierre" de 1425).[24] La vision pourra cependant dans ces deux cas mettre en relief des notions d'infini et introduire des notions de lointain et de proche. Enfin, l'espace articulé autour de vides et des pleins donnera une riche palette de remarques sur la vie, en se complémentant souvent d'harmonies spécifiques. De nouvelles nuances surgissent à l'intérieur d'un univers mental complexe et fortement articulé par des notions qui pourraient relever d'une anthropologie où l'homme et le monde tentent d'unir leurs efforts et vouloir se répondre. La conscience du "je" devient plus active et plus entreprenante tout en se manifestant parfois en catimini.

Au chapitre 8, nous examinerons l'espace rendu par les cartographes comme certaines esquisses faites en France par Léonard de Vinci, la carte cordiforme de Fine, ou celles de la Méditerranée insérant des femmes dans leurs contours de cartes. Toutes ces données traitées de façon ludique transforment la lecture fonctionnelle des cartes en lecture archéologique où la combinaison de l'espace et du temps compresse et dramatise le destin des hommes et des sociétés. L'École cartographique de Dieppe, avec les distorsions de Jean Cossin, Guillaume le Testu, Guillaume Postel, ou Nicolas Vallard (chapitre 9), mérite aussi une réévaluation de leurs approches cartographiques. Le parcours est semé d'embûches pour voir ce qui se passe dans leurs cartes. Ces dernières représentent bien les œuvres faites auparavant mais dans les ajouts, les éliminations des lieux et les reprises d'anciens projets cartographiques, elles illustrent toutes un moment inachevé de "l'intérieur," ou plus exactement elles évoluent de l'intérieur vers un inachèvement perceptible. Il existe une place pour l'altérité, puisque le dispositif ne semble pas vouloir se clore sur lui-même, laissant jouer ainsi à plein une forme de discours sur le même et l'Autre dans une expérience géographique momentanée.

Théodore de Bry, graveur flamand, joue un rôle prépondérant dans l'analyse du Nouveau Monde et de l'Ancien (chapitre 10.) Il transforme ainsi à partir du voyage effectué en Floride par le récit français de Jacques de Laudonnière le voyage et sa narration. De Bry varie les jeux sur les anamorphoses et les trompe-l'œil dans son texte et ses illustrations. L'auteur s'attache à montrer les Français dans leur vie quotidienne et surtout dépeint les Amérindiens dans un répertoire d'images classiques, aussi réalistes que possible, tout en déformant les contradictions du texte initial et en réinterprétant le "spectacle." Le kaléidoscope qu'il crée renouvelle le genre dans la lecture des espaces dessinés en conjonction avec la lecture des deux autres récits sur la Virginie (White) ou du Brésil (Staden). Au croisement de plusieurs genres, les moments et les lieux diffusés de la Floride favorisent des points de rupture avec la vie des Amérindiens, questionnent leur avenir, tout en posant un regard acéré sur l'Ancien monde. Le traitement de la Floride du Français Laudonnière et des gravures de Jacques Le Moyne de Morgues devient sous la plume de De Bry une autre façon de croiser les espaces, entremêler les trompe-l'œil et de porter sur l'Ancien Monde et le Nouveau Monde de nouvelles questions et d'affirmer de nouveaux clichés. En tentant de représenter les mouvements fluides des explorateurs, notamment dans le récit de Laudonnière, et en refondant les images dans des montages en distorsion, des ambiguïtés et des changements imperceptibles traversent le livre dans une nouvelle temporalité (celui de conquérir le monde) et de déni de tout pouvoir et de compréhension de l'autochtone. Comme David Graeber et David Wengrow le montrent,[25] les bases d'une nouvelle histoire du monde que veut soulever De Bry ne permettent pas ces à priori et confondent encore les lecteurs contemporains.

La dernière partie du livre se consacrera aux techniques des graveurs, des éditeurs, ou des écrivains pour rendre sur la page binaire tout un réseau d'anamorphoses et de trompe-l'œil.

Le lecteur pourra voir de nombreux changements dans l'écriture des manuels d'architecture et ceux d'éditeurs. Qu'ils soient architectes (chapitre 11) comme Jean Bullant, Jacques Androuet du Cerceau, Jean Goujon, Joseph Boillot et Philippe de L'Orme, ou qu'ils soient écrivains comme Rabelais ou éditeurs comme Geoffroy Tory, ces entrepreneurs et ces auteurs français reflèteront tous des influences personnelles sur les espaces en utilisant des trompe-l'œil et des anamorphoses à des fins diverses. Différents de leurs successeurs à la période du xviie siècle, ils instillent de nouveaux modes de pensée ou de production et renouvellent les genres de ces mouvements.

Si puissant soit-il dans l'art ou la littérature de l'époque concernée, l'attrait des anamorphoses et des trompe-l'œil associe le changement à un défaut d'être. Platonicienne ou chrétienne, une métaphysique profondément enracinée dénoncera dans ces jeux un signe d'imperfection et un formidable potentiel à exploiter. Le règne des variations embrasse alors une partie du réel.

En réunissant des données hétérogènes, la division traditionnelle des disciplines est souvent battue en brèche. Pour mieux être discutée. Dans ce vaste territoire des débuts de l'anamorphose et des trompe-l'œil français, les œuvres exploitées dans ce livre ne sont que quelques exemples, mais restent probantes dans leur démarche de transformation et de mouvement constant.

Notes

1 Leo Bagrow, *History of Cartography*, dir. R. A. Skelton (London: C.A. Watts & Co. Ltd., 1964).

2 André Chastel, *Mythe et crise de la Renaissance* (Paris : Skira, 1989), 40–46.

3 Pour ce rappel historique important, le nouvel ouvrage *Nouvelle Histoire du Moyen-Âge*. Sous la direction de Florian Mazel, (Paris : Seuil, 2021) reflète bien la complexité et la grande variété des sociétés.

4 Martine Sauret, *Voyages dans l'école cartographique de Dieppe au XVI e siècle : Espaces, altérités et Influences* (New York : Peter Lang, 2014).

5 Robert S. Lopez, *The Commercial Revolution of the Middle-Ages, 950–1350* (Cambridge: Cambridge University Press, 1976), Chapitre 2.

6 Le site http://expositions.bnf.fr/ et en particulier "De la Méditerranée à l'océan. Nouveaux problèmes, nouvelles solutions" par Joachim Alves Gaspar (texte traduit de l'anglais par Laurent Bury) met en relief les apports économiques, historiques, et sociologique de ces espaces dans la méditerranée.

7 Philippe Hamon et Joël Cornette (dir.), *Les Renaissances : 1453–1559* (Paris : Belin, coll. Histoire de France, 2009).

8 Jean Antoine Samson Desmarquets, *Mémoires chronologiques pour servir à l'histoire de Dieppe, et celle de la navigation Françoise* (Dieppe : 1782).

9 Chastel, *Mythe et crise de la Renaissance*, 40–46.

10 Chastel, 68.

11 Chastel, 69.

12 Erwin Panofsky, *La Renaissance et ses avant-courriers dans l'art d'occident* (Paris : Flammarion, 1993).

13 Jurgis *Baltrušaitis, Anamorphoses. Les perspectives dépravées* (Paris : Flammarion, 1984) ; James Elkins, *The poetics of perspective* (Ithaca: Cornell University Press, 1983).

14 Mario Carpo, *Architecture in the Age of Printing: Orality, Writing, Typography, and Printed Images in the History of Architectural Theory*, traduit par Sarah Benson (Cambridge: MIT Press, 2001).

15 Hubert Damisch, *The Origins of Perspective*, traduit par John Goodman, (Cambridge, MIT Press, 1994).

16 Lyle Massey, *Picturing Space, Displacing Bodies. Anamorphosis in Early Modern Theories and Perspective* (University Park, PA: Pennsylvania State University Press, 2007).

17 Jacques Lacan, *Les quatre concepts fondamentaux de la psychanalyse* (Paris : Seuil, 1973).

18 Ce mot est repris de Guy Rosolato dans Paul-Laurent Assoun, "L'objet inconnu du symbolique," dans *Cairn. Info Matières à réflexion* (2016), 81–94.

19 Fabrice Faré, *Le trompe-l'œil : De l'antiquité au XXᵉ siècle* (Paris : Gallimard, 1996) ; Celestine Dars, *Images of Deception. The Art of Trompe-l'Œil* (New York: Phaidon, 1979).

20 J.F. Jeandillou, *Esthétique de la mystification* (Paris : Éditions de Minuit, 1994).

21 Par la suite, Béroalde de Verville créera le terme de "sténographie" pour décrire des stratégies anamorphiques dans son *Voyage des princes fortunez* (1610) et dans son *Moyen de parvenir* (1616). Les secrets du discours deviennent leurre et ne dévoilent qu'une infime partie pour soulever et reconnaître la vérité.

22 Daniel L. Collins, "Anamorphosis and the Eccentric Observer History, Technique and Current Practice," *Leonardo* 25 (2): 179–187; Alberto Perez-Gomez and Louise Pelletier, *Anamorphosis. An Annotated bibliography* (Montréal: McGill University Libraries, 1995).

23 Département des peintures du musée du Louvre.

24 Église Santa Maria del Carmine, Chapelle Brancacci, Florence.

25 David Graeber, & David Wengrow,. *Au commencement était. . . Une nouvelle histoire de l'humanité.* Traduit par Élise Roy (Paris : Les liens qui libèrent, 2021).

1

Les Projections

L'histoire de la perspective est longue. Bien répertoriée par de nombreux ouvrages,[1] il est cependant nécessaire pour ce présent chapitre d'y retourner quelques instants pour revoir les différentes sortes rencontrées dans les œuvres étudiées de ce livre afin de mieux comprendre comment les trompe-l'œil et les anamorphoses n'ont cessé de la détourner. Son utilisation en France vers la fin du xvᵉ et du xviᵉ siècle est importante. Son histoire reste inséparable d'un récit exposant son illusion comme progrès. La science de la perspective est formalisée et modélisée par les grands artistes d'Italie. Elle fut annoncée par les grands primatifs italiens, comme Cimabue (1240–1302,) Giotto (1267–1337,) ou Lorenzetti (1290–1348). La naissance de la perspective est attribuée à l'architecte florentin Brunelleschi en 1415 avec son expérience de la "tavoletta" sur la place San Giovanni à Florence. Plus tard, en 1435, Alberti proposa une méthode géométrique de production de la perspective (*la costruzione legittima*).

La complexité des moyens pour représenter la profondeur sur une surface binaire relève de nombreuses suppositions au départ du travail. Susciter une illusion de profondeur aboutit à des problèmes complexes, mêlant plusieurs procédés parents de la géométrie descriptive. Représenter des plans successifs de manière à donner une impression de réalité ne va pas toujours de soi. Pour y arriver, il est toujours question de bien examiner la taille apparente des choses vis-à-vis de son éloignement. En ce qui concerne les paysages, l'apparence des volumes et la production sur la page avec l'éloignement peuvent suffire pour comprendre l'étendue et les différents cadrages. Les peintres utiliseront en général ce qu'on appelle une perspective à l'œil encore dénommée de "sentiment." S'il s'agit d'un paysage plus complexe, la succession des cadres et des plans sera séparée par des objets et créera une profondeur de la vue.[2]

Pour les formes architecturales géométriques, le spectateur sait déjà distinguer les lignes et les parallèles. Mais les calculs seront plus rigoureux. Les ajouts de personnages, d'animaux, ou d'objets aideront cependant le spectateur à percevoir les volumes et comprendre ce qui se passe. La perspective cependant, quelle qu'elle soit, ne peut jamais que représenter une partie de l'espace. Les bords du tableau peuvent se prolonger à l'extérieur. Dans le cas de panorama, les limites latérales n'existent pas : les rayons lumineux viendront de l'avant et il n'y aura guère moyen de superposer des images qui pourraient être à l'arrière, sauf par le biais de miroirs qui réfléchiront les arrière-plans.

De même, la perspective linéaire est strictement régentée dans un champ d'observation. Ainsi, les bords du cadre démarquent un angle particulier, ou "angle de champ" : le spectateur se verra souvent attribué un point homologue par rapport au tableau et pourra apprécier l'espace décrit dans ce même angle. Si l'angle est faible, il faudra comprendre le volume en perspective, même si le spectateur n'est pas au point idéal. C'est dans les mouvements et les déplacements autour de la toile que le spectateur peut se situer par rapport au tableau et envisager l'espace soumis sans pour autant pouvoir se mouvoir dans un sens vertical.

Les Règles de la Perspective

L'application stricte des règles de la perspective pour donner une réalité à des styles d'objets qui ne sont pas réels est une source d'amusement et d'étonnement – notamment pour les auteurs que nous examinerons au cours du livre. En effet, la perception d'échelle des objets et de leur distance dépendra d'une illusion constante et d'un souci obstiné à vouloir représenter tout, ou faire dévier l'œil du spectateur sur autre chose. Erwin Panofsky, dans son ouvrage sur la perspective,[3] a bien argumenté et démontré que la perspective n'était pas uniquement un mouvement mathématique, mais qu'en naviguant entre des explications scientifiques, culturelles et philosophiques, elle engendrait une complexité d'interprétations : on pouvait la voir et la ressentir comme une science de la perception et de la représentation, mais aussi comme un enchaînement pour comprendre des phénomènes culturels et sociaux sur l'illusion, la vérité et la vision.

Les Différentes Techniques de la Perspective Linéaire

La perspective linéaire a généralement dominé la représentation graphique à travers l'Europe. Il en existe plusieurs pour donner une perception de la profondeur. On peut décomposer la perspective ainsi en trois grandes sortes : (I) la perspective géométrique ; (II) la perspective aérienne ; et (III) la perspective en architecture.

(I) *La Perspective Géométrique* recouvre deux sortes de figuration :

(A) La perspective axonométrique et ses variantes, telles que la perspective isométrique et la perspective cavalière, vont être particulièrement prisées en topographie et en dessin technique. Dans la perspective cavalière, il n'y a pas de point de fuite. Elle permet de représenter sur une feuille de papier (en deux dimensions) des objets qui existent en volume (en trois dimensions). Elle n'affecte pas les dimensions et les proportions des lignes. La taille des objets ne diminue pas lorsqu'ils s'éloignent. La notion de profondeur est ainsi simple à réaliser. Elle ne donne pas une vision dans l'espace, mais peut produire une ambiguïté de représentation. Ainsi, l'objet éloigné par rapport à un autre peut sembler être plutôt au-dessous ou au-dessus de lui. Ces techniques demanderont au spectateur de se placer à distance ou sur une hauteur dans une direction oblique.[4]

(B) La perspective curviligne représente des systèmes de figuration où les droites pourront dans le volume être une courbe. Cette technique de tracé tente de se rapprocher de l'image rétinienne. Les droites se dirigent vers un point de fuite central et essayent de rester rectilignes sur le dessin. Elles se dessinent comme des arcs de cercle. Les verticales restent droites (voir figure 1.1). Pour l'effectuer, on utilise souvent le cylindre. Déjà employée au Moyen-Âge par Jean Fouquet, la perspective curviligne va se répandre en Italie. En extrapolant la construction de l'image jusqu'à lui faire représenter un angle de vision de 180 degrés, elle donne un effet panoramique.

Il existe deux sortes de perspective curviligne : 1) la perspective sphérique met en relief les aspects spatiaux de la perspective : 2) la deuxième encore appelée

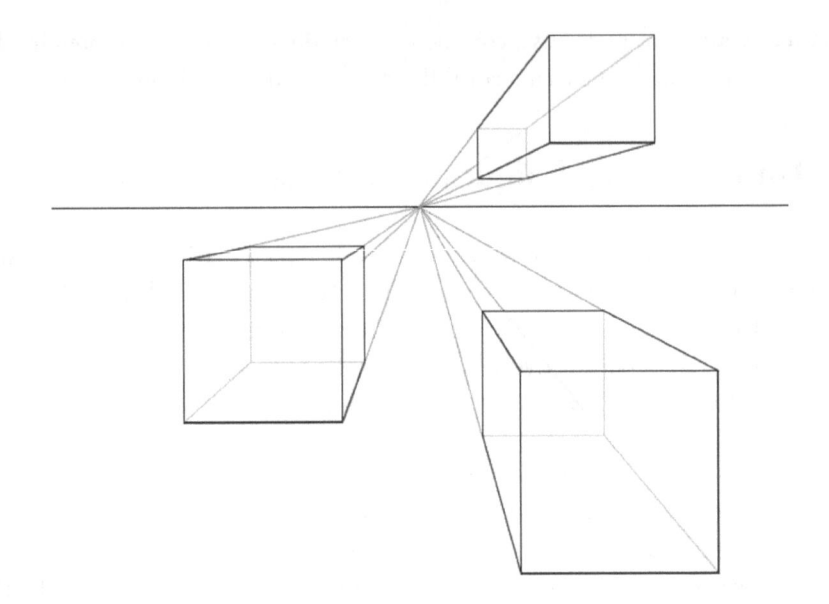

Figure 1.1. **Un point de fuite**. Courtoisie de Creative Commons, Attribution 2.5, Generic License.

perspective cylindrique prend uniquement en compte les aspects latéraux de la perspective. L'autoportrait de Parmigianino de 1524 reflète ainsi un portrait dont la distorsion se fait au niveau de la main.

Pour tracer la perspective cylindrique, on utilise un support quadrillé qui peut servir à faire le dessin d'après nature. Un traceur de perspective ou perspectographe est utile. La perspective peut aussi recourir à des procédés de la *camera obscura* qui est un appareil permettant d'obtenir une projection de la lumière sur une surface plane : il donne une vue proche de la vision humaine en deux dimensions. Cet instrument, devenu bien populaire à la Renaissance, sera examiné ultérieurement en détail dans ce chapitre.

(II) *La Perspective Aérienne* est le rendu pictural des objets lointains, vue de haut. Léonard de Vinci l'a utilisée de nombreuses fois dans ses cartes.

(III) *La Perspective en Architecture* comprend les perspectives suivantes :

    (A) La perspective forcée, encore appelée "accélérée," est surtout utilisée dans certains édifices et décors de théâtre. Elle donne une illusion de profondeur plus grande qu'elle n'est en réalité.

    (B) La construction d'un édifice dans le prolongement d'une voie importante. Elle est aussi appelée "fond de perspective."

L'art du trompe-l'œil passe ainsi par toutes sortes de ces techniques et nous examinerons dans ces propos certaines d'entre elles, en nous intéressant aux modes et aux modalités de leurs fonctionnements : les raisons du choix de perspective dans le trompe-l'œil semblent souvent multiples. Elles correspondent généralement dans les cas étudiés à un commentaire social, économique, culturel et parfois religieux dans l'œuvre française étudiée.

Les Défis de la Perspective

La complexité des modes de représentation de la perspective relève ainsi de nombreux défis. Pour représenter la profondeur sur une surface binaire sans épaisseur dépend des suppositions de départ de la construction. Tout d'abord, en refusant de réduire la perspective linéaire à un simple problème technique ou mathématique, son utilisation permet de restituer une vision plus "réelle" (que contesteront les amateurs de perspective inversée), tout en créant un espace symbolique.

Si elle fut élaborée à partir de la Renaissance par Filippo Brunelleschi (1377–1446)[5] et sera un modèle constant dans la figuration de l'espace aussi bien dans les arts picturaux que dans les machines à représenter comme la *camera obscura* traitée dans la seconde partie de ce chapitre, la perspective linéaire bouleverse profondément les champs de la figuration des cadres et de l'espace. En cherchant à objectiver cette représentation, elle crée une libération dans les formes et se transforme par un rejet de toute interprétation subjective que cette objectivation tendait à vouloir obtenir.

Un des premiers changements conceptuels qui doit être souligné est qu'en essayant de se débarrasser des valeurs religieuses et symboliques qui structuraient l'espace de la peinture les années précédant sa découverte, la perspective joue un autre jeu. Dans une volonté de représentation objective, elle a ainsi tenté d'ériger l'art en science avec de nombreuses règles précises mathématiques et géométriques. Présentée comme une ouverture ou comme une fenêtre sur l'ailleurs, elle se veut régir même la place du spectateur ou de l'auteur qui peint le tableau. Le cadre mathématique délimite alors soigneusement une partie de l'espace représenté et gomme en quelque sorte la place du subjectif. Dans ce même esprit, elle opère une translation de l'espace psychophysiologique sur un plan mathématique.

La perspective permet de construire des espaces imaginaires multiples, d'inventer des histoires qui semblent cohérentes aussi vivantes que la réalité. Il s'agit en effet de bien dessiner en plans successifs des objets proches et lointains pour souligner leur juste éloignement ou rapprochement. Ceci n'est pas une véritable perspective, mais ces considérations suffisent souvent à la production d'une apparence lisible et compréhensible des volumes. Cette perspective communément appelée "l'œil du sentiment" pratique un effet de raccourci entre les différentes grandeurs des choses représentées.[6]

Pour mesurer l'objet à représenter, des instruments tels que la *camera obscura* aideront à sa mise en place dans le dessin. Cet outil a permis aux peintres de modeler et de produire des espaces imaginaires particuliers et d'inventer des fictions. La perspective a ainsi géré de plus en plus la perception. Véritable révolution conceptuelle, elle structure encore de nos jours l'essentiel des représentations visuelles.

Cette libération ne s'est cependant pas uniquement produite sans un autre type de révolution, entendons une révolution plus générale sur la représentation du monde. La perspective nécessite en effet un ou plusieurs points de fuite, lieu situé à l'infini. En éliminant le Divin du centre de l'univers, les artistes tendent à le remplacer par une nouvelle transcendance : l'infini.

Si l'infini était jusqu'à lors au Moyen-Âge d'origine divine, la construction de cette perspective et les points de fuite modifieront les données. Représenter l'infini par des points et construire plusieurs points à l'infini, ou tout simplement faire de l'infini un centre, présuppose de profonds bouleversements conceptuels. Ces changements n'ont pu se faire qu'avec le développement d'autres sciences, comme celle de la cosmologie par exemple. C'est aussi peut-être pour atténuer ces effets révolutionnaires que les premiers dessins de perspective n'utilisent qu'un point de fuite ou deux sur des images bibliques, gardant ainsi une certaine forme d'image divine.

Ainsi, dans le triptyque de l'Annonciation d'Aix de 1443–1445 de Barthélémy d'Eyck, la figuration de la Vierge est située dans le panneau central. Le ou les points de fuite utilisés dans ce tableau reflètent des changements dans l'espace, la composition et la vision de Dieu de façon "réelle." Cette notion d'intersection à l'infini est en fait bien plus abstraite puisqu'elle se porte sur un domaine hors de l'expérience quotidienne. C'est le cerveau qui crée une élaboration complexe pour rendre l'image qui a été perçue. Beaucoup de données servant à comprendre ces perceptions visuelles font que de nombreuses figurations sont laissées de côté – en partie à cause des expériences visuelles vécues antérieurement. Les dessins des enfants qui n'ont pas encore été exposés à la perspective tentent de représenter différentes dimensions d'objets sur le ou les mêmes plans de grandeur. Leurs illustrations ignorent la diminution de la taille des objets et des formes avec l'éloignement.

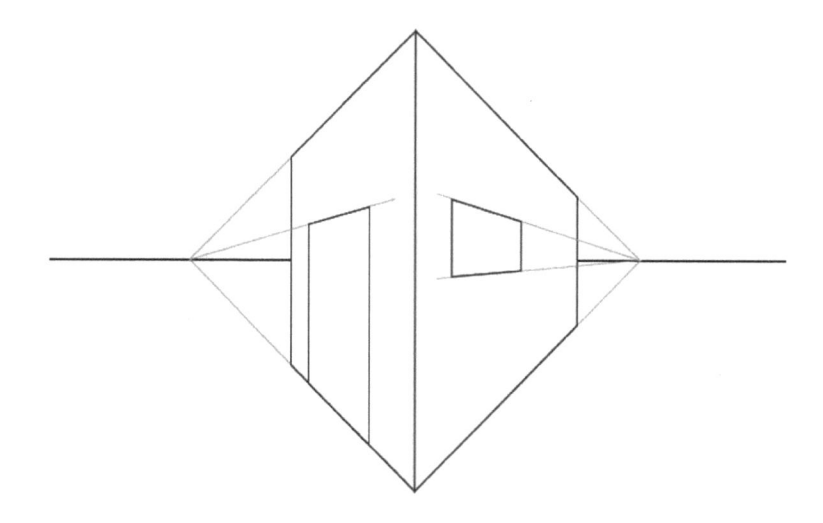

Figure 1.2. **Deux points de fuite**. Courtoisie de Creative Commons, Attribution 2.5, Generic License.

Les Points de Fuite. Pour représenter l'infini, les peintres peuvent utiliser plusieurs types de point de fuite. Un seul point de fuite est encore appelé point de fuite frontal ou parallèle. Les déformations verticales et souvent latérales y sont souvent omises. Il faudra voir alors que le point de fuite ne soit pas éloigné de l'image. Bien placé sur l'axe central, les lignes horizontales ne convergent pas. Si deux points de fuite sont utilisés, la perspective sera oblique. Seules les verticales resteront parallèles. Les deux points de fuites seront situés sur une ligne d'horizon pour permettre une vue qui semble "réelle." Fréquemment utilisé, il suppose que l'œil du spectateur est au-dessus de l'objet représenté. Les déformations sur la hauteur sont minimes et n'altèrent guère les objets de moindre hauteur. Avec trois points de fuite, la perspective se veut aérienne et les lignes parallèles de l'objet représenté convergeront vers ce point de fuite (voir Figures 1.1, 1.2 et 1.3).

Dans les formes architecturales géométriques, le spectateur connaît les lignes droites parallèles et les calculs pour la faire sont plus rigoureux. Dans les formes qui coexistent et les objets de grandeur variables, elles semblent aider le spectateur dans son interprétation de ce qu'il voit. Il existe aussi d'autres points de fuite qui ont rapport avec le mental. Voici quelques points qui seront au cœur de certaines discussions de ce livre.

Le Point de Fuite en Psychanalyse. Le point de fuite a souvent soulevé en psychanalyse de nombreuses réflexions. Ainsi, comme le souligne Guy Rosolato,[7] la vision du monde a nécessité un apprentissage de trois points

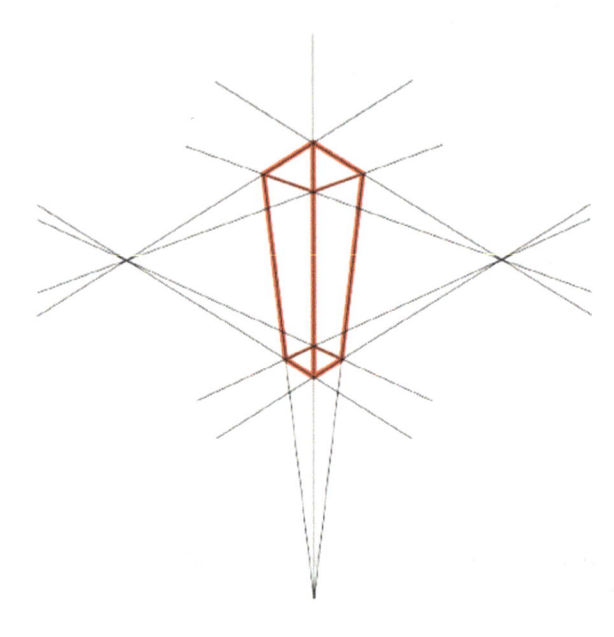

Figure 1.3. **Trois points de fuite**. Courtoisie de Creative Commons, Attribution 2.5, Generic License.

fondamentaux : Rappelons-les succinctement et voyons en quoi ils affectent nos propos sur la perspective.

(A) Le point de vue propose la compréhension de tous les déplacements de l'objet en position, sous tous les angles, y compris le sujet. La multitude des angles accroît la densité des éléments, enrichissant l'objet et par conséquent le lecteur/spectateur à la réception.

(B) Le point de fuite : ordonné, déterminé, il reste cependant là-bas vers l'invisible et permet de rêver encore :

L'invisible se situe tout d'abord par rapport à l'objet, à la surface et à l'épaisseur, qu'il donne à voir (et selon une structuration dont Meltzer a étudié la pathologie). Ce qui constitue un obstacle est l'arrière de l'objet, dans la mesure où il reste inaccessible pour une autre vision espérée.[8]

Dans les problèmes de construction par rapport aux positions des observateurs et du point de fuite, Rosolato souligne bien que ce dernier est aussi *mental,* et comprendra divers faisceaux de non-dit, inclassables. Pour parachever cet inconnu, il faut en quelque sorte reprendre le mot d'*incroyable.*

L'incroyable est indispensable à l'idéal, plus que comme question initiale : déporté et inclus dans le système. Pour que l'aspiration commune ait une force de conviction, pour que l'idéal entraîne une adhésion puissante et indéfectible.[9]

À partir de cette notion, Rosolato évoque deux sortes d'idéaux qui vont jouer dans nos textes et nos images. Le premier insiste sur la présence de la perspective mentale, comme *objet sacré*, marque visible et assurée entre une croyance affirmée et sa manifestation. Pour le deuxième cas, l'auteur souligne la symbiose entre objet de perspective et l'*idéal*, où l'inconnu sera encore appelé à un dépassement.

Dans la dynamique de son œuvre, la mise en place des bases de sa philosophie passe par le trajet du symbolique à une exploration de la culture. Le travail de démarcation combinera l'exigence et logos et la prise en compte de la négativité. De cette démarcation riche de sous-entendus il faudra y prendre à la fois ses distances par rapport à toute chose et se libérer du contrôle direct d'une emprise. En quelque sorte, la relation de ce point de fuite engage un mouvement et une oscillation pour découvrir et aboutir sur d'autres voies. On pourrait alors parler de "trou" dans le symbolique qui inciterait à une position où la science de l'objet se dispute à la pratique mystique de l'objet ou, comme le souligne Paul-Laurent Assoun, "passion de l'incognito en sa portée structurale."[10]

Ainsi, l'histoire de la perspective, ses affects et ses impasses soulignent des changements qui ne sont certes pas prêts de se finir. L'approche que propose ce livre serait une des réponses à cette situation. Il vise certainement à une naïveté : celle espiègle qui voudrait démocratiser la page ou le tableau pour une meilleure compréhension du xvie siècle, certainement pour opérer le plaisir de partager avec toutes ces difficultés le fait que les trompe-l'œil et les anamorphoses posent un sentiment d'ambiguïté et de profondeur sur les textes et les œuvres. Si l'évolution de l'informatique et de la numérisation ainsi que l'ère du Covid a porté une transformation des données scientifiques et des acquis ainsi qu'une ère de "trouvailles" (nous reprenons ici le terme de Assoun), notre approche multiforme, qui encourage une pluralité de manières à traiter l'approche de ces documents, vise à informer et faire réfléchir sur les vues des uns et des autres. L'expérience du lecteur vive et tenace nous y est chère.

La Perspective Inversée. La perspective inversée, également appelée perspective inverse, perspective divergente ou perspective byzantine, est une forme de dessin en perspective dans laquelle les objets représentés dans une scène sont placés entre le point de projection et le plan de vision. À la différence de la perspective linéaire, la perspective inversée conduit le point de fuite vers l'avant, comme à l'extérieur du tableau.

Son utilisation fréquente a souvent été projetée dans l'art des icônes comme le souligne Pavel Florenski, dans son livre *La perspective inversée.*[11] L'effet que l'on recherche dans ce genre de travail est celui de dessiner un plan qui ouvre la scène figurée vers le spectateur, sans donner l'impression de la profondeur. La tradition des volumes dans l'espace bidimensionnel de la page et leur emboîtement dans ce champ pourront alors paraître réalistes dans une expérience appréhendée par le regard. En quelque sorte, les personnages figurent selon la taille en importance et en dignité. Cette utilisation de la représentation semble plus "naturelle" à un enfant jeune quand il n'a pas eu encore le contact et l'éducation avec les autres types de perspective et qu'il ne connait guère les constructions mathématisées reflétant une certaine vision du monde.

L'auteur analyse en particulier les icônes et montre bien que cette représentation prisée par l'art chrétien orthodoxe en Russie est vitale pour un symbolisme fort. Ce genre de peinture devient mystique puisque c'est l'aura d'un caractère réel de la personne sainte qui surgit dans l'icône. En soulignant un caractère "vrai," cette perspective s'oppose à la figuration réaliste que veut donner la perspective linéaire. Dans un apparent fouillis sur les appréciations optiques – les proportions, le rehaussement des couleurs et les lignes de force – le peintre fait des choix formels dans la perspective inversée où il essaye de ne pas imiter la vie mais de projeter l'existence même et la grandeur symbolique des personnages.

En soulignant que la perspective traditionnelle linéaire met en place une interposition avec un écran (c'est-à-dire l'espace plat du dessin) entre le point de vue du spectateur et un point imaginaire derrière cet écran, d'où convergent des parallèles, Pavel Florenski montre que cette technique d'optique est mise pour tromper. En fait, les conditions demandées au lecteur/spectateur semblent plus rigides. Un point unique stationnaire est requis pour regarder le tableau. La perspective inversée au contraire permet une dissémination des lieux des regards et peut faire ressortir tous les objets, ou les personnes, puisque le déplacement pour tout voir est recommandé. Son effet théâtral est alors atteint. Si au premier abord, il semble que plusieurs niveaux de champ de profondeur s'emboîtent les uns dans les autres, c'est dans la valorisation des mouvements du spectateur que ce dernier trouvera une autre chose et cet ailleurs.[12] Quelquefois, avec ce procédé, la hauteur d'un personnage sera relative à son importance plutôt qu'à sa distance. D'autres fois, des procédés plus savants d'agencement de plusieurs points de vue de perspective donneront une importance capitale pour un élément central. La proportionnalité n'est donc qu'un des éléments de ce type de perspective.

Si dans la perspective inversée l'espace devient peu profond, qu'il est limité au premier plan et qu'il n'utilise pas les effets de trois dimensions, il révèle l'importance de l'événement au premier plan de la figuration. Les personnages cantonnés derrière seront agrandis symboliquement pour appartenir à ce dernier. En soutenant la ligne de force de l'intérieur vers l'extérieur, en direction du spectateur, le peintre souligne son rôle crucial et mise sur ses connaissances pour appréhender tout l'espace représenté. La perspective inversée n'étant alors qu'un aspect de la composition totale de l'œuvre, le peintre accentue la subordination de son idée à son œuvre. Et en même temps, il met l'accent sur une activité spirituelle particulière, tout en se focalisant sur les actions ou des objets particuliers pour permettre d'instiller des objets cachés ou parfois des sens cachés au premier regard : "Un véritable examen exigeait en fait de dépasser de l'intérieur les limitations du naturalisme et démontrer [. . .] la voie vers la libération et le spirituel."[13]

La perspective inversée subsiste bien sûr pour la période étudiée dans ce livre. Que ce soit pour Léonard de Vinci, l'École de Fontainebleau, ou même Tory, Rabelais et les démonstrations des architectes étudiés au cours de cet ouvrage, elle sera toujours présente. Que ce soit pour simplement faire un pied de nez à la perspective traditionnelle, déjà bien à la mode à l'époque et apparaissant partout dans les œuvres, les artistes ne la renieront pas. C'est surtout pour que le spectateur/ lecteur puisse bénéficier d'autres angles, d'autres points de vue et qu'il puisse aussi découvrir à l'intérieur de cette perspective utilisée des trompe-l'œil ou des anamorphoses. Rien n'est simple et la richesse ainsi que l'étendue de leurs connaissances, seront souvent le maître mot de l'utilisation de plusieurs perspectives – et notamment de celle byzantine.

En acclimatant les nouveaux formats et les nouveaux défis de l'époque, qu'ils soient politiques, artistiques, ou socio-économiques, la perspective inversée lance de nouveaux défis pour la société française. En rendant complémentaire le quantitatif, le qualitatif et le spirituel des approches de l'espace, elle reformule différents concepts. En établissant des convergences et des interactions entre les genres et les différents espaces du sol, du plafond, des coins et des reliefs, plaintes et linteaux, ce genre de perspective instaure de nouveaux dialogues entre les différents savoirs.

La *Camera Obscura*

Si tu regardes le ciel, tu vois beaucoup d'étoiles d'une grande splendeur ; et on les observant pareil trou minuscule pratique dans une feuille de papier en contact avec l'œil, tu verras toujours le même nombre d'étoiles mais elles seront fort réduite.[14]

Comme l'a très bien fait remarquer Martine Bubb,[15] la question de cet outil est au cœur des enjeux de la peinture et de sa représentation chez Léonard de Vinci. Ce processus, déjà connu d'Aristote, utilise une boîte en tant qu'instrument optique pour permettre d'obtenir une projection de lumière sur une surface plane, entendons par là qu'il s'agit d'obtenir une vue en deux dimensions très proches de la vision humaine. Le sens de cet appareil est double comme le souligne bien cette auteure : à la fois technique et esthétique, il peut, comme Panofsky l'a indiqué,[16] donner une "forme symbolique," c'est-à-dire donner une belle place à un observateur désireux de vouloir jouer le jeu. Il peut aussi créer de "l'imaginaire," produire un "quelque chose," en dehors de ce que le peintre pouvait à l'origine vouloir faire. Il va également présenter une démarche esthétique. Les multiples usages de cet appareil semblent ainsi être au cœur d'une démarche artistique et/ ou philosophique.

Ainsi Léonard de Vinci va utiliser cet instrument (voir Figure 1.4). Féru de science, il considère la peinture comme une science à part entière ; en tant que telle, il va employer des moyens appropriés pour la mettre en valeur. Pour lui, elle est une représentation de la vie qui établit un lien direct avec la nature. Elle se fait sans le passage et l'intermédiaire du langage grâce à la vue. La vision joue alors pour lui un rôle primordial dans la constitution de la représentation. Elle est, selon lui, l'organe le plus noble du corps humain. C'est par elle uniquement que l'homme perçoit directement la beauté de la nature. Les autres sciences interviennent alors surtout comme auxiliaire : par exemple, l'oreille qui accède aux éléments extérieurs, grâce au récit de ce que la vue procure, n'est pas en première position selon ce qu'il écrit. La position du peintre se révèle alors primordiale et Léonard en tirera le meilleur parti dans ses illustrations, ses cartes, ses dessins et ses peintures.

> L'expérience qui fait voir les objets doit les faire voir avec leurs apparences, imprimées dans l'humeur albugineuse. Il est démontré que lorsqu'il pénètre rond par une petite ouverture, leurs contenus éclairés entreront dans la chambre noire. Alors ces objets s'imprimeront sur un papier blanc place à l'intérieur de cette chambre noire tout prêt de l'ouverture. On verra pour le coup les objets reproduits sur ce papier avec leurs contours et leurs couleurs. Mais ils seront plus petits et renversés à cause de l'intersection. Si ces images proviennent d'un endroit éclairé par le soleil, ils auront l'air d'être peints sur un papier, lequel doit être très mince et vu à l'envers. L'ouverture en question doit être pratiquée dans

Figure 1.4. **La camera obscura**. Extrait. Courtoisie de la bibliothèque ambrosienne, Milan.

une plaque de faire très mince a.b.c.d.e. et les objets doivent être éclairés par le soleil ; or est la face de la chambre noire où se trouve le spectacle dit en m.n.s.t est le papier mince. On coupe les rayons des dits objets de bas en haut parce que leurs rayons étant droits, droite le *a* à droite devient à gauche en *k* et le *e* gauche devient droit en *f.* Ainsi en advient-il à l'intérieur de la pupille.[17]

Grâce au mécanisme décrit ci-dessus, la vue permet d'atteindre la beauté. Dans son traité, Léonard mentionne aussi que "la peinture est une poésie muette."[18] En défenseur de la figuration, il pousse son analyse jusqu'à donner une image ambivalente de cette représentation : d'un côté les commandes d'images sacrées embrassent l'espace et se multiplient pour divulguer l'image divine et de l'autre, l'auteur rappelle la décision de la réforme qui dépouillera ces temples, et reprendra la théorie platonicienne du simulacre, de la dégradation et de la réalité à travers toute représentation picturale. Dans cette optique de rappel et d'importance avec l'œil, la *camera obscura* va jouer un rôle essentiel dans sa démarche de reproduction.

La fonction mécanique que Léonard va tirer de cet appareil est vitale. Une grande diversité parmi les objets représentés qu'il a créés est alors exploitée. Outil bien fait, il permet aux auteurs de bien concevoir et de réaliser des projets plus grands, mieux élaborés et mieux cadrés. Dans ce système de manipulation de la perspective et de l'agrandissement ou le rétrécissement des objets, Léonard de Vinci ne se limite pas seulement à l'usage de la reproduction ; il en transgresse le mécanisme pour aboutir à autre chose. Ainsi, il fait bien la distinction entre les mécanismes d'appropriation, de répétition et d'agrandissement, propres au système et l'ouverture à la création. C'est un appareil qu'il utilise de façon ponctuelle (voir encore Figure 1.4).

Dans ce dessin Léonard s'affaire à décomposer et certainement recomposer la sphéricité de la terre pour illustrer de façon mathématique ce qui est important entre lui, le mécanisme et l'objet représenté. Le choix de cette représentation d'un globe permet également à l'auteur de travailler sur la représentation mathématique de la terre et certainement de "trouver" des solutions pour une meilleure représentation spatiale sur le papier. En véritable tour de force, l'œil du peintre essaie de reproduire des effets naturels par l'imagination et le calcul. Sous couvert d'un désir d'objectivité, il confronte cependant certaines appréhensions entre le désir de voir et la crainte de voir. Cependant, son esprit scientifique prévaut et il se détourne souvent de la toute-puissance de la perspective, dont il aime éprouver les limites pour aller plus avant. L'appareil apparaît dans toute sa dimension paradoxale et ambivalente. Elle ne servira pas ou plus pour lui dans le seul cadre de l'observation scientifique et dans le processus d'imitation. Cette machine devient alors un début pour faire peser, imaginer et rêver. La transformation de cet appareil en un moyen de produire ce qu'il espère être plus conforme à sa vision.

Dans ce dessin, un homme assis en train d'effectuer une sphère armillaire par l'intermédiaire d'une vitre plate est mise en scène. Le verre joue le rôle d'intersection de la "pyramide radiante" (l'angle de vision). Grâce à cet instrument, une image en perspective de la sphère peut être reportée sur une surface plane. Le concept de la perspective

> n'est rien d'autre que de voir un site derrière une vitre plane transparente, sur la surface de laquelle toutes les choses qui sont situées derrière cette vitre sont marquées ; et on peut les amener par la médiane de la pyramide au point où l'œil et ces pyramides sont coupés sur le dit verre.[19]

Ceci est lié aux procédés géométriques de construction d'objet de l'espace observé sans toutefois aller dans le champ de la "perspective aérienne," qui intègre le cadre scientifique de référence. Dans les dessins du *Codex Atlanticus* aux folios 178v-a (485v)e 191 r–b (521), Léonard essaye de rendre à plat la sphéricité de la terre à travers la composition et la décomposition par des fuseaux, lignes et divisions. Il anticipe le principe géométrique, sans connaissance analytique de la projection transversale cylindrique.

La différence avec ses prédécesseurs comme Brunelleschi ou Alberti, déjà utilisateurs de la *camera obscura*, réside aussi dans le fait que Léonard joue avec la conception de l'œil : pour lui l'œil est la *camera obscura*.

L'expérience prouve que les objets renvoient leurs formes dans le liquide cristallin de l'œil, et l'on démontre que par un petit trou rond ces formes pénètrent dans une chambre fort obscure.[20]

En continuant les travaux de perspective d'Alberti et de Brunelleschi, Léonard de Vinci aborde presque tous ses dessins avec des concepts basés encore sur l'intuition tels que "le sens commun" qui va redresser l'image. Des lentilles remplaceront bientôt le "petit trou" de Kepler qui franchira le pas en appelant l'image formée sur la rénine "pictura," entendons "peinture." Pour l'instant, Léonard porte toute son énergie sur les images produites – les couleurs, le choix des crayons et des papiers – c'est à dire qu'il s'intéresse à une forme de la représentation.

Si les corps lumineux sont de couleurs et de formes différentes, les rayons qui composent leur image seront de nuances et de formes variées, ainsi que les représentations sur le mur.[21]

En privilégiant l'observation à l'intérieur d'une petite boite, la *camera obscura* devient une vraie chambre noire, qui se voit obscurcie pour que surgisse un monde particulier "à l'envers."

En élargissant le domaine de cet appareil, l'auteur aborde le problème de façon scientifique et intègre souvent cet appareil dans sa vision artistique et intellectuelle. En matière d'art, le jeu qu'il propose est celui d'un jeu de demi-teinte, ambigüe et en profondeur. Étant l'inventeur de la perspective atmosphérique et du *sfumato* (fondu estompé), il adoucit souvent les contours comme pour les traits du visage dans la peinture de Sainte-Anne, par exemple, ou ceux de la Joconde. Ceci lui permet d'atténuer les divisions entre paysage et figure, légitimant un passage en douceur de l'un à l'autre, où l'œil glisse entre les zones spatiales, donnant ainsi une atmosphère plus douce au tableau et créant un rehaussé des contrastes. Le va-et-vient entre le pourtour de la silhouette et la figure prend alors une autre dimension provoquant une espèce de flou entre les zones, tout en soutenant une présence des divers éléments à part entière. Le paysage ne se contente pas uniquement de servir de décor au personnage, voire d'une scène représentée. En quelque sorte la couleur et le fond sont difficiles à diviser et vont de pair.

Rapprocher l'œil de la *camera obscura* témoigne à la fois d'une identification sur l'idée des renversements dont la problématique hantait déjà Aristote, mais permet aussi une discussion à partir d'observations sur ce phénomène. Ainsi, la réflexion sur le miroir qui reflète les objets et change le côté droit en gauche et inversement, reste pour Léonard essentiel. Il suggère un questionnement important dans son œuvre. Que ce soit dans la représentation de dessins ou de sculptures, l'artiste sera toujours séduit par les effets de miroir.

> L'effet produit dans le miroir est celui de quelqu'un qui te regarderait, et dont l'œil gauche serait en face de ton œil droit, transposant par un miracle la gauche et la droite.[22]

La création de la mise en abyme le fascine, mais le simulacre à l'infini reste primordial dans la conception des dessins.

> Donc, les images des objets éclairés sont toutes partout sur ce mur, et toutes en chacune de ses moindres parties. Voici pourquoi nous savons clairement que ce trou doit dispenser la lumière à cette habitation, et que la lumière qui le travers est causée par un ou plusieurs corps lumineux.[23]

Dans la multiplication de ces orifices et la prolifération de ces possibilités de renversement de la *camera obscura*, le nombre des images reste proportionnel au nombre de trous. La simplicité du processus est ainsi savamment montrée dans le dessin. Ce qui surprend Léonard est la complexité de l'instrument qu'est l'œil.

Rappelons que pour l'œil, l'un des grands mérites Léonard est ainsi d'avoir su définir la fonction de la rétine. Les rayons lumineux convergent sur elle. Cet organe est constitué de neurones qui sont sensibles à la lumière et qui transmettent les informations au cerveau. Léonard n'a pas réussi à trouver à quoi servait le nerf optique. Cet élément est le nerf sensoriel de la vue, il transmet les informations visuelles de l'œil au cerveau. Léonard a aussi trouvé en partie le rôle du chiasma optique. Les nerfs optiques se croisent au niveau de ce dernier. Il permet ainsi de voir le relief et l'inversion des images des deux rétines qui sont à l'envers permettant ainsi une vision dans le bon sens.

Cependant l'analogie entre œil et la *camera obscura* ne sera pas poussée plus loin, car la rétine ne sera pas comparée à l'écran de la chambre obscure. L'artiste connaît la raison de ce renversement : c'est l'intersection des rayons. Cependant, il va suggérer un autre retournement avant d'arriver au sens commun. Il refuse l'idée de l'image renversée sur la rétine puisqu'il veut respecter la rectitude de l'image et les lois physiques. À aucun moment il n'imaginera que le cerveau puisse redresser les images. Mais dans son explication, l'auteur perçoit bien que les images observent un premier croisement dans la pupille, où elles arrivent à la fois inversées et renversées. En quelque sorte, l'image s'imprime dans les parties inférieures et supérieures des paupières qu'il nommera "couvercles" et qui fonctionnent comme des miroirs concaves, avant de réfléchir sur la pupille, miroir convexe. Dans le second entrecroisement apparaît l'image. Les blocages perçus ne seront réglés que plus tard au temps de Kepler. Mais pour l'instant, la notion de "milieu" qui redresse l'image donne tout son poids à la démonstration : "Le cercle de la prunelle qui se trouve au milieu du blanc de l'œil est par sa nature apte à saisir les objets."[24]

Dans cette démonstration, la configuration précise à laquelle Léonard s'adonne au moyen d'outils, d'observations et de finalisation dans ses dessins, va lui permettre de projeter et d'intervenir sur la matière même des paysages de façon systématique à tout ce qui l'entoure. En quelque sorte, le processus mental qu'il a observé et disséqué utilise la complicité d'une recherche scientifique et artistique pour décrire et mettre en place de façon élaborée une vision cosmique changeante du monde. En ouvrant les cloisons entre les mathématiques, l'empirisme et l'observation, l'artiste se détache du langage décoratif et se tourne vers une image plus élaborée et plus complète. De plus, son rapprochement scientifique entre œil et *camera obscura* témoigne d'une question insidieuse sur le renversement, qu'il ne maîtrise pas complètement mais qu'il insère ici et là dans ses carnets.

Les Miroirs

Léonard de Vinci utilise également le miroir que ce soit pour renverser et faire apparaître autrement certains éléments, ou exercer pratiquement ces inversions dans l'usage de son écriture. Il le fait soit par désir de cacher ce qu'il a écrit dans ses carnets, soit pour montrer qu'il connaît le processus et compte en tirer parti pour aller au-delà des déformations et mettre en valeur toute une gamme de paramètres particuliers (techniques, mathématiques, hydrauliques, etc.) si bien que la vue d'une page de carnet permet au lecteur de se trouver devant une grande variété de dessins en mouvements et d'une carte de "langue" italienne en inversion.

Spatialité et temporalité deviennent ainsi inséparables dans ces pages. Il faut lire en filigrane ce qui se cache dessous les schémas et les bouleversements des éléments qu'il met en jeu. Les feuilles recèlent alors une beauté et inspirent le lecteur à comprendre ce qui est proposé dans un dédale de savoirs et d'images. Le miroir est aussi considéré pour le peintre comme un très bel instrument de vérification en peinture. Pour lui, la malléabilité de l'objet observé ou de la personne est rendue dans toutes ses formes. Si comme il le précise dans son carnet au tome un,[25] le "mouvement est le principe de toute vie," c'est grâce à l'observation, l'utilisation de la *camera obscura* et des miroirs dans ses études sur les anatomies comparées des espèces qu'il traque l'effet des forces en mouvements et les successions de métamorphoses. Ces recherches sur la transformation des corps ou des mouvements de l'eau lui font revoir et réévaluer ses connaissances et les mutations qui ont été opérées dans le temps et l'espace. Il s'ingénie à capter "l'instant," les lois des changements et des déformations comme principe de vie, soit dans une précision importante, soit de manière intuitive. Continuer la lecture et la découverte pourrait résumer l'expérience des lieux et deviendrait multiforme et polysémique. La référence au temps et aux espaces agit dans la confrontation désirée sur la page binaire. Marque d'un présent habité par la nostalgie de "tout voir et tout comprendre," Léonard développe ainsi une véritable esthétique de la mutation, du changement. Si, comme le remarquait Martine Bubb,[26] la *camera obscura* remplissait une fonction didactique au temps de la Renaissance avec Alberti ou Della Porta, et faisait une "démonstration" de sa nature projective (en lien avec la perspective artificielle), celle de Léonard paraît aussi une autre manière de voir et de bouleverser le regard. Cette méthode est comme un œil obligeant le spectateur à prolonger l'expérience de ce temps soumis tout en lui permettant de se renouveler. L'artiste semble arriver à un tour de force, tenant du paradoxe, d'être un œil puis un miroir qui prend connaissance de ce qui se forme en lui.

> Aux figures mues les muscles des membres doivent être pou plus ou moins découverts, et marqués selon qu'ils font plus ou moins d'effort ; et pour faire plus d'impression sur l'esprit de ceux qui voient votre tableau, et partager moins leur attention, ne faîtes voir que ceux des membres qui ont le plus de mouvement, et qui sont le plus employés à l'action que vous représentez.[27]

Si la *camera obscura* n'a pas causé une rupture révolutionnaire en termes de "perspective," son influence a été constante : elle va continuer à faire penser au fil des siècles, même si on a souvent voulu ramener cet appareil à un emploi technique. Cependant, elle a contribué à produire des œuvres et une réflexion particulière. Elle se distingue d'un dispositif qui lui, ne produirait pas autre chose que ce pour quoi il a été prévu ; le panoptique de Benham par exemple remplit clairement sa mission carcérale sans laisser place à l'altérité. La possibilité de la *camera obscura* est tout à fait différente de la perspective, puisqu'elle permet un jeu essentiel avec le peintre et son audience. Elle permet une articulation et élabore une ligne de partage ou de frontière qui n'est jamais rigide. Son caractère pousse vers une recherche de la vérité. Dans les siècles qui suivront, son emploi sera un terrain fertile d'investigations parmi les peintres. La mise en place des trompe-l'œil et des anamorphoses pourra aussi passer par cet instrument.

La transformation des regards et des outils qui utilisent la perspective indique ainsi une valorisation du regard et souligne une transformation des manières de voir et de penser le regard. Dans les notions d'espace et de culture, les notions de système de lecture passent également par les réalités historiques, économiques et sociales. L'équilibre des sens n'est pas le but dans ces vagabondages multiples et ces recherches. L'œil du dehors, l'organe concret de la perception, correspondra à l'œil du dedans, celui fertile en imagination, contemplation qui déroute des procédés traditionnels. Proposer autre chose semble aller de soi au début de la période qui nous intéresse. Les trompe-l'œil et les anamorphoses correspondent à des passages importants en France en art et en littérature.

Notes

1 Nous renvoyons les lecteurs au site suivant : Centre national de ressources textuels et lexicals (CNTRL), Ortolang, étymologie de "perspective," <https://www.cnrtl.fr/etymologie/perspectives//1>.

2 André Lhote, *Traités du paysage et de la figure* (Paris : Grasset, 1986).

3 Erwin Panofsky, *La perspective comme forme symbolique*, traduit par G. Ballange (Paris : Éditions de Minuit, 1975).

4 Voir les ouvrages référencés de l'introduction et le site de Wikipedia.org.

5 N'ayant pas de trace de ses travaux, il est souvent délicat d'interpréter ce que les biographes ont soumis. C'est grâce à sa célèbre expérience sur les dômes que le lecteur peut comprendre ce qu'il a certainement voulu accomplir.

6 Jules Adeline, *Lexique des termes d'art* (Paris : A. Quantin Éditeur, 1884), 327 ; Anne Souriau (dir.), *Vocabulaire d'esthétique* (Paris : PUF, 1990) ; Ségolène Bergeon-Langle et Pierre Curie, *Peinture et dessin, Vocabulaire typologique et technique* (Paris : Éditions du patrimoine, 2009).

7 Guy Rosolato, "L'objet de perspective dans ses assises visuelles," *Nouvelle Revue de Psychanalyse* 35 (Printemps 1987) : 149.

8 Rosolato, "L'objet de perspective," 145.

9 Rosolato, 161.

10 Paul-Laurent Assoun, "L'objet inconnu du symbolique," dans *Cairn : Info Matières à réflexion*, 2016, 81–94.

11 Pavel Florenski, *La perspective inversée*, traduit par Olivier Kachler (Paris : Allia, 2013).

12 Le site <https://mr-expert.com/lire-comprendre-icone-russe/> comprend une icône russe, met en relief le langage esthétique de certaines œuvres russes, et donne une belle visualisation de différents Christs et Vierges.

13 Florenski, *La perspective inversée*, 212.

14 Léonard de Vinci, *Les Cahiers de Léonard de Vinci*, 1 et 2, traduit par Louise Servicen, préface de Paul Valéry (Paris : Gallimard, 1942), 259. Les références aux *Carnets* seront faites ensuite dans cet ouvrage sous le sigle *CLV 1* (volume 1) et *CLV 2* (volume 2).

15 Martine Bubb, *La Camera obscura. Philosophie d'un appareil* (Paris : L'Harmattan, 2010), 102–117.

16 Panofsky, *La perspective comme forme symbolique.*

17 De Vinci, *CLV 1*, 238.

18 Préface des carnets, 26.

19 De Vinci, *CLV 1*, 238.

20 De Vinci, 238.

21 De Vinci, 245.

22 De Vinci, 231.

23 De Vinci, 250.

24 De Vinci, 248.

25 De Vinci, 75.

26 Bubb, *La Camera obscura*, 244.

27 Léonard de Vinci, *Traité de la peinture* (Paris : Deterville), 159, <www.Archives.org>.

2

Le Trompe-l'Œil

Qu'est-ce que le trompe-l'œil ? *Le Petit Larousse* nous informe que c'est "une peinture visant essentiellement à créer, par des artifices de perspective, l'illusion d'objets réels en relief." D'après cette définition, trois notes importantes pour l'usage de ce chapitre seront examinées : la *poursuite* de l'illusion (essentiellement la profondeur), l'usage d'*artifices*, et enfin la référence à la *perspective*. Ces trois éléments vont ensemble être l'objet de bien des détours et des sophistications dans l'ensemble des représentations des trompe-l'œil à travers les siècles. Leur histoire est complexe et variée depuis le ve siècle jusqu'à nos jours.

L'un des plus anciens rapports sur le trompe-l'œil se trouve chez Pline l'Ancien. Il rapporte dans son *Histoire naturelle* comment le peintre Zeuxis, lors d'une compétition avec le peintre Parrhasius (397 avant JC), avait dessiné des raisins si parfaits que des oiseaux s'étaient mis à voler autour. Si l'antiquité est le point de départ de cette illusion parfaite, l'histoire du trompe-l'œil ainsi que celle de l'anamorphose est jalonnée d'embuches. Souvent considérés tous les deux comme demandant une participation ludique de la part du spectateur, du lecteur, ou de l'auditeur (puisqu'il y a également des trompe-l'œil et de l'anamorphose en musique dans un système progressif tonal), il convient de rappeler quelques moments historiques en peinture pour pouvoir essayer de comprendre ce qui va se passer chez des auteurs tels que Oronce Finé, Rabelais, Geoffroy Tory, ou quelques cartographes de l'époque (1470–1600) étudiés dans ce livre. La suite de ces effets de représentation au xviie siècle est souvent bien analysée. On peut se demander comment ces fonctions étaient déjà en place à la Renaissance et comment elles ont hanté les écrits de ces écrivains. Était-ce toujours dans un but ludique ? Ou dans un but masquant l'anxiété des temps ? Ou dans des buts de "cacher" la vérité ?

Il est donc tentant de retracer son parcours en France puisqu'il n'est pas dominant mais ponctuel et assez méconnu entre le xve et xvie siècle. Que ce soit dans la simulation des matériaux en relief, l'agrandissement de murs intérieurs, ou le tracé des objets quotidiens, le contact avec le spectateur semble s'intégrer dans des mouvements de transformation, de création, de querelles politiques et de guerres de religion. Ce mouvement en art si connu depuis l'antiquité porte des données particulières sur l'espace social français tout en montrant un certain type de mentalité autour de son usage et de la consommation des images. D'une part, on peut noter une question générale et philosophique qui intéresse la représentation visuelle avec celle de sa relation avec le monde représenté et des points de fuite. Et d'autre part, on peut et doit se poser des questions sur les techniques employées pour y arriver.

Tout d'abord, le terme "trompe-l'œil" est à redécouvrir pour nos propos pour en comprendre la richesse, la diversification, ses métamorphoses et ses usages dans son utilisation chez les peintres, les sculpteurs et les artistes vers la fin des xve et xvie siècles. L'irruption du trompe-l'œil en France au xve siècle n'est ni complètement rapide ni populaire à l'époque. Il se retrouve à la fois dans des boiseries, des meubles, des peintures murales, des vitraux et des tapisseries et se déroule à travers tout le siècle en consacrant des thèmes divers et des espaces distincts tels que l'École de Fontainebleau dont André Chastel[1] est l'un des premiers à en discuter l'importance. En art décoratif, la "tromperie" des yeux recouvre différentes réalités : l'imitation, le pastiche, ou les illusions d'optique. Elle s'appliquera autant à l'objet (céramique, orfèvrerie, bouclier, etc.) qu'à la mode des murs. Cette tromperie concerne autant la matière, la technique et le sujet que l'usage. L'influence du trompe-l'œil au début de la Renaissance française poursuit ainsi le rythme des évolutions italiennes. Il en résulte souvent des contradictions ou des admirations excessives. Ainsi qu'une volonté de s'en différencier.

L'intuition de l'espace accède à une nouvelle dimension à la Renaissance. Si l'apparition révolutionnaire de l'imprimerie dans les ateliers allemands vers 1450–1460 n'est plus à contester, les résultats des expéditions menées par les Portugais et les Espagnols dans l'hémisphère austral, suivant les directives du partage accordé par le pape en 1493, qui leur confèrent une suprématie vers ce

Nouveau Monde, ne peuvent plus être dédaignés à l'époque. Il ne faut ni négliger le travail des scientifiques, ni ceux des mathématiciens, des cartographes, des astronomes, ainsi que les nombreuses publications artistiques comme celles de Léonard de Vinci, de Vésale, ou de Galien pour ne citer qu'eux. Le contexte historique semble également vouloir réinterpréter les textes antiques. Tout ceci prend une orientation irréversible et les liens entre le monde et celui du discours qu'on y porte se voient sensiblement chamboulés. Les nouvelles techniques d'édition[2] qui rendent un tracé sûr dans les arts graphiques et les nouveaux instruments de la diffusion de la connaissance conviennent à un espace culturel et historique que les techniques de Gutenberg ne feront que disséminer. En effet, avec l'imprimerie, les récits de voyageurs, les travaux d'histoire, ou les traités architecturaux, ainsi que les merveilles des peintres et des sculpteurs décrits dans des récits, se diffusent rapidement et répandent les idées, notamment celles des humanistes et celles de la Réforme. Dans le domaine de la culture humaniste, les nouveautés se combinent peu à peu avec l'esprit d'expérience.

L'art de la représentation du trompe-l'œil prend un nouvel essor avec les jeux de perspective que nous expliquions au chapitre 1. Même si cette dernière devient cruciale durant la Renaissance, il est à noter que de nombreux artistes français vont, soit l'utiliser pour la détourner, soit ajouter d'autres complications figurales (un peu comme les poupées russes), soit la faire vaciller dans d'autres types d'étude avec la profondeur.

Le fonctionnement des trompe-l'œil en France souligne des changements importants dans les perspectives sociales, économiques et structurelles de l'époque. Contrairement aux œuvres colossales de Mantega ou Michel-Ange bien expliquées et documentées dans de nombreux ouvrages,[3] ce sujet a souvent été peu débattu en France au cours des xve et xvie siècles. Les raisons seront multiples.

Entre Art, Mimesis, Methexis et Psychanalyse

Le trompe-l'œil se situe entre art et psychanalyse. On pourrait dire que cette manifestation ne laisse pas indifférente d'autres formes esthétiques. Beaucoup vont le condamner avec violence, d'autres le glorifient avec véhémence. Le rejet de Platon est immédiat, car il semble exprimer l'essence même de l'activité esthétique avec précisément tout ce que celle-ci comporte de menaçant pour l'âme et pour la cité. Il cherchera à l'éliminer, ou tout au moins à le contrôler comme maître d'erreur et égarement d'illusion.

On peut en effet en voir quelques soubresauts dans les révélations de cet auteur. Pour lui, il ne s'agit pas du problème de l'imitation en soi (*mimèsis*) qu'il condamnera, mais plutôt le rapport de l'idée comme modèle archétypique (avec un dynamisme volontaire intérieur), qu'il dénommera *methexis* et qui troublera la réalité. La copie de la copie comme l'art grec de la fin du ve siècle cultive alors les illusions[4] allant alors dans le même sens du relativisme des Sophistes, lequel détruit l'idée de la justice et du bien. Platon reprendra dans le *Sophiste*[5] (235–236) la notion du genre de l'image (*eidôlon*), l'art de la copie (*eikôn*) qui reproduit le modèle comme l'artisan par exemple, et l'art du simulacre (*phantasma*), art d'illusion à travers de multiples imitations qui constitue le domaine du simulacre – c'est-à-dire des images détachées de l'Un, d'où une participation rompue et la formation d'un royaume du multiple flottant. À partir de ces propos, Platon développera une critique de l'idolâtrie de l'image, apportant ainsi un fondement théorique à la pratique du simulacre. Tout ce qui y touche deviendra complice pour lui de toutes les puissances qui menacent la déstabilisation de l'âme et de la cité, "ce qui se prête à des imitations multiples et variées, c'est la partie irascible."[6] Pour l'auteur, ce danger ne concerne pas uniquement les domaines de la peinture et de la poésie mais atteindra même le champ acoustique : "Quant à l'imitation qui s'adresse aux oreilles, elle est la clef des autres."[7] L'essence de la *mimèsis* s'exerce aussi à travers la danse et par conséquent est en présence constante de débordements (*mania*), de violence (*ubris*) et d'incontinence (*acholasia*) – c'est-à-dire de tout une floraison de dérèglements.

Ce bref rappel montre bien les difficultés des peintres, sculpteurs et écrivains qui suivent dans les siècles suivants. Au cours du temps, les artistes ont souvent privilégié tour à tour une simulation de matériaux en relief, l'ouverture de murs intérieurs vers des vues imaginaires, une percée de l'espace vers l'extérieur, une distance rapprochée pour mieux imiter les objets du quotidien. Toutes ces variations tiennent beaucoup à la façon dont chaque période acceptera, ou critiquera, les bons usages et les innovations de la vie quotidienne. Témoin d'une pratique sociale particulière, le relief organisé stipule différentes mentalités autour des usages et de l'absorption de ces images.

On peut également établir un rapport entre la pensée de Freud sur l'art artistique classique et le trompe-l'œil. Pour ce dernier, il existe ainsi un imaginaire proprement esthétique par lequel, par exemple, un souvenir d'enfance, lui-même projection d'un fantasme et non son origine, se trouvera, par l'entremise de l'œuvre d'art, transmuée en un thème à la rêverie infinie. Si l'imagination esthétique puise dans la forme et dans le contenu du rêve, il subsistera toujours entre rêve et art une certaine continuité. Cependant, il existe entre le trompe-l'œil et le rêve examiné par Freud quelques différences fondamentales. En premier lieu, *l'artifice*, comme dans les mécanismes du rêve, applique souvent les mêmes techniques de déformation, de déplacement et de distorsion. Les agencements de l'art sont cependant moins spontanés puisqu'ils peuvent être dans le processus secondaire d'un jeu plus exigeant, demandant alors une volonté de distanciation, d'un autre regard et de maîtrise ouvrant alors le champ de jouissance proprement esthétique ou le désir. En second lieu, l'art se distingue du rêve dans la réalisation de l'œuvre. Or, comme l'affirme Freud, le propre de cette activité esthétique est de "réconcilier" les deux éléments : celui de la réalité et du plaisir, en conjuguant imagination, réalité et aussi en façonnant certains fantasmes. En troisième lieu, Freud insiste bien sur le processus de sublimation. L'énergie désexualisée par l'objet sur le moi, au lieu d'aller se perdre hors du monde, comme par exemple dans une religion ou certaines coutumes, vient ici se réinvestir dans un monde imaginaire de l'art.

Ensuite, le spectre de la violence et de la mort est à considérer dans l'analyse du trompe-l'œil.[8] Enfin, il peut également, grâce au cheminement du regard, faire allusion à ce que Freud dit du regard dans le *fétichisme*.[9] En se rapprochant de la fonction du fétiche, il ne s'y réduit que rarement. L'éclipse et l'aveuglement par l'évidence qui barre le plus généralement une jouissance scopique apparenteraient plutôt le trompe-l'œil dans un affrontement d'une certaine castration. Pour le regard, on peut aussi parler d'un écart entre la chose et sa représentation. À cela s'ajoute, comme le soulignait Louis Marin,[10] que l'image de la tromperie souligne "l'essence de la chose, sa vérité structurelle, et c'est par là qu'elle trouverait sa légitimité."

Pulsion de la vie et témoin réapproprié, le trompe-l'œil décalque des espaces naturels dans des distributions des jours et des ombres, lui permettant d'arriver à une triple dimension et une imitation parfaite qui soulèvent les questions de squelette ou de crâne et impliquent le spectateur pour le pousser dans certains retranchements. Cette expulsion et ce contrôle ou cette maîtrise de la mort et de la violence instaurée par le peintre peuvent trouver ainsi une confirmation inattendue chez Alberti dans son livre *Della Pictura*[11] au xvᵉ siècle, lorsqu'il parle de la force divine de la peinture rendant présent les absents comme le fait l'amitié et les morts pour une plus grand gloire du portraitiste s'il en faut.

Éclipse du Familier

L'image et l'imitation scrupuleuse des objets ou personnages représentés projettent et restituent point par point les qualités sensibles de ces éléments. Si la représentation se doit d'être parfaite, c'est que son "rendu" est une mimesis vertigineuse produite sur l'admirateur et sur le langage. Avec un tableau en trompe-l'œil, le spectateur/lecteur se voit conduit en un premier temps à constater "qu'il ne manque rien," et c'est dans un deuxième temps qu'il commencera à distinguer le trompe-l'œil. En supprimant avec obstination l'écart entre l'objet et sa représentation, il se voit associer un brouillage de la représentation picturale. Travail constant pour le trouver et l'apprécier, ce débordement de la peinture ou de la gravure et de tous les genres utilisés dans le trompe-l'œil touchent à une subversion particulière que Guy Rosolato nomme le "signifiant de démarcation."[12] En déconstruisant la perspective légitime, qui situe l'objet dans son rapport au point de fuite (lieu de sa séparation virtuelle), il propose conjointement un renversement qui le fait sortir vers l'avant du tableau et lui donne une allure de relief : détachement de l'objet peint d'avec le plan pictural et franchissement de la surface peinte.

Le trompe-l'œil module ainsi des effets spécifiques en jouant constamment et systématiquement sur l'égarement d'un passage entre architecture et peinture : alliage avec une façade, plafond peint, fausses voutes, etc. Tous les trompe-l'œil examinés dans les chapitres suivants montrent le brouillage et la limite entre les associations des genres un peu différents. En semblant dévoiler et révéler un certain type de perspective, il paraît toujours l'aborder pour la confondre, le remettre en équilibre et s'en moquer. Issu de divers procédés, il renouvèle la peinture en détachant l'objet peint du plan de la représentation pour le mettre dans le monde des choses. La figuration devra s'affirmer comme une "déliaison." Comportant une dimension de défi, il joue à plein sur les contraintes du fond ou du support. C'est là son point de "folie" quand le procédé pictural peut se dégrader en artifice ou suggérer un exploit de l'artiste. Il questionne ainsi les modes traditionnels de peinture et de perspective. L'auteur s'amuse en général des artifices tout en déployant scrupuleusement des techniques savantes. Au début des xve et xvie siècles en France, les peintres qui vont l'utiliser entrent à un moment précis de l'histoire où les conflits externes et ceux de la Contre-Réforme vont remettre en question bien des éléments de connaissance. Tout en s'appuyant sur d'autres formes de savoir, en utilisant des stratagèmes pour échapper à la censure, en allégeant les formes, en dynamisant de nouveaux genres cartographiques et d'art sur l'écriture et la peinture, et en établissant de nouvelles correspondances entre les arts, les artistes français (comme dans d'autres pays qui l'ont utilisé) ont certainement critiqué la société de l'époque. Les Français le font peut-être moins que leurs prédécesseurs ou différemment et ce n'est qu'au siècle suivant dans les mouvements baroque et maniériste du xviie et xviiie que le trompe-l'œil connaîtra un véritable succès.[13]

Si l'art du trompe-l'œil est encore souvent négligé à cette époque en France, c'est qu'il est distinctif et peut-être de par là même difficile pour les spectateurs de l'époque à concevoir comme autre chose qu'un jeu. En effet, pour comprendre un trompe-l'œil, il faut que le regard glisse et n'accroche pas uniquement sur un objet détaché et que l'effet de présence soit assez familier pour que le regard s'y appuie et se repose sans inquiétude. Ce détournement par l'évidence du familier conjugue un effet d'éclipse non seulement pour la temporalité brève (le clin d'œil) qu'il requiert, mais aussi pour sa disparition. L'occultation qu'il impose, celle du peintre lui-même jouant à contrefaçon, sans jamais dire tous les buts et les stratagèmes de son œuvre, efface sans arrêt sa marque tout en laissant le lecteur/spectateur ébloui, fasciné, ou parfois en colère.

Dans les procédés des trompe-l'œil où la mimesis et le détournement du familier engagent des champs de discours et de significations particulières, le recours au "vrai," au "figurable," et au "pensable" sont mis à mal. Dans quels buts sont alors asservis l'imitation et le détournement ? Comment à un moment donné, le trompe-l'œil de l'époque s'est-il placé en opposition avec le genre pictural dominant ? Comment s'est-il complété et uni avec d'autres genres ? L'attente de la peinture à cette époque est certes bien différente de celle contemporaine. Cependant, pour l'époque qui est envisagée ici, des questions sur l'interprétation et l'esprit novateur de ce "mouvement" sur les œuvres se posent. Si le trompe-l'œil semble bien montrer pour un contemporain du xxie siècle une unité profonde et logique, qu'en était-il à l'époque envisagée dans cette étude ?

C'est en effet un désaveu violent entre les traditions de l'époque puisque la déliaison sert d'emprise sur le regard, qui dans le détournement du familier, est pris au piège, de ce sur quoi d'ordinaire il se repose dans la compréhension de ce qui est montré. Le système du trompe-l'œil est souvent au service d'un pouvoir tyrannique : celui du roi qui fait pendre des courtisans dans les rues du palais, celui de l'église quand le trompe-l'œil devient instrument pictural de persuasion dans le combat de la Contre-Réforme. Il se propose comme un affrontement à la menace d'une disparition d'un champ traditionnel pictural, d'un effondrement du soutien traditionnel à la peinture ou sculpture, d'un détour de la perspective, à l'excès du vide : s'il demande un regard attentif et appuyé, il semble trouver sa place dans des moments de crise où l'ensemble de l'édifice social, établi sur un pouvoir monarchique et religieux, soulève des questionnements sur celui-ci. En déguisant sa menace ou ces parodies, il lézarde toute une constellation de savoirs et renouvelle ainsi une forme active d'engagement. Si la prolifération imaginaire des surfaces des coupoles ou des sols se superpose, c'est aussi pour souligner des menaces palpables dans la société, ou parfois imaginaires de l'auteur. Quelles qu'en soient les raisons, elles relèvent d'enchaînements particuliers et bouleversent les limites des genres. Mais le trompe-l'œil porte aussi un dynamisme créateur, qui lui fait inventer des formes, et garantit sa postérité dans une fécondité multiforme et multi-temporelle.

Le Trompe-l'Œil : Espace Tridimensionnel et Illusionniste ?

Tout en faisant croire à une existence tridimensionnelle, il semble aller au-delà de l'artifice et ménage bien des surprises sur la conceptualisation de l'espace ou du terrain donné (objet, peinture, architecture, etc.), puisqu'au fil du temps et des histoires, il est aussi le fruit et souvent un témoin important d'une démarche spécifique (insister, régresser, focaliser, etc.), comme nous le verrons dans les pages suivantes. Reflet d'une mentalité et d'un espace historique important, souvent protéiforme et changeant, qui se complique ou qui amenuise les libertés de produire et reproduire certaines choses, il réside dans des usages distincts et fait de la consommation de l'image un droit à part entière.

À chaque type de manifestation des trompe-l'œil à travers les âges correspondra une idée spécifique que chaque époque se fera du spectateur : le trompeur/peintre qui veut "flouer" le spectateur – et le dérouter ou le subjuguer dans des scènes de plafond ou de théâtre sera certainement différent de celui des églises ou des habitations bourgeoises. D'où une première difficulté avec le mot "spectateur." Si on peut admettre en effet à chaque fois une définition pour ce mot, il en vaudra de même certainement pour l'artiste qui l'a créé. L'effet illusionniste produit dans les différentes sortes de trompe-l'œil exige une disparition de l'auteur : il s'agit de ne rien laisser au hasard et le spectateur ne devra ni voir les traits des pinceaux, ni les effets des mains, ni même la signature de l'artiste sur le tableau. Un premier paradoxe se crée : le trompe l'œil attire à la fois le spectateur tout en instaurant un point de vue rapproché, en envahissant son espace de perception et en niant la subjectivité de l'artiste et celle du spectateur critique. Les choses doivent se présenter "naturellement" comme allant "de source." Cet enjeu esthétique entre l'illusion de l'objectivité – tâche suprême de l'artiste – omet volontairement de discuter de l'artiste proprement dit dans ses enjeux politiques et spirituels. La disparition de l'artiste au profit du "voir" répond souvent à d'autres attentes : celle de faire regarder aussi le dessous de ce qui est présenté tout en "gommant" le fait de vouloir transmettre un ou des messages. C'est dans ce moment-là que l'on peut parler d'une relation psychologique passionnelle et personnelle que nous mentionnions auparavant.

Les Fausses Tromperies du Trompe-l'Œil

D'un côté se pose la question des techniques figuratives de perspective, de clair-obscur, de couleurs, de décors et d'autres conditions ambiantes pour que le réalisme de l'illusion soit total et de l'autre se pose celle d'une représentation visuelle – qui intéresse aussi la philosophie – dans une représentation sur le monde, sa simulation, son réalisme ou irréalisme, voire des réalités extérieures et contingentes des espaces à produire. De plus s'ajoute – en fonction des critères culturels particuliers à chaque époque – une valeur symbolique que l'audience et la critique attribueront à ces œuvres. Conquête de l'apparence et de la virtualité avant l'âge, le trompe-l'œil demande une réflexion sur son nom. Si l'on prend ce terme au pied de la lettre, alors il faudra parler de "l'authenticité" de la réponse du spectateur. Si de nombreux artistes comme André Félibien ou Roger de Piles ont souvent souligné que le but de la peinture était de tromper les yeux,[14] alors l'objectif du trompe l'œil devient encore plus habile.[15]

Techniques Narratives. Le motif des tromperies est souvent plus une figure rhétorique qu'un effet concret du spectateur. En tant que tel, il n'agit pas en illusion réelle mais représente plutôt une simulation artificielle du réel. Dans le premier sens latin, il faut comprendre ce qui est "semblable," en représentant une reproduction "reconnaissable."[16] Ainsi la simulation ne devient ni une fiction ni une tromperie. Il s'agirait plutôt d'un effet d'imitation dans la représentation d'une scène du monde dans un espace caractéristique et dans un temps donné. Ce concept se voit développer aux xvie et xviie siècles en Italie et également en France. Parfois à moindre égard. Et il est aussi intéressant de tenter de résoudre les problèmes spécifiques ou les réticences de certains contemporains. Si Ernst Gombrich[17] jouait sur le côté de méprise du spectateur dans des conditions déterminées (entendons entre les références au monde réel et les figures peintes), cette interprétation, quoique juste, est aussi un peu forcée. En basant son approche sur la psychologie de la perception et sur l'un de ces principes fondamentaux de reconnaître ce que nous savons et non pas de ce qu'il y a, Gombrich montre que c'est l'organisation de notre culture (somme des expériences passées, selon l'auteur) qui fera déconstruire puis reconstruire une ou des significations particulières. Pour lui, le lecteur voit ce qu'il connaît, mais pas forcément le thème exposé.

Il est fort rare que nous nous trouvions dans des situations où notre œil sera réellement trompé par l'image, à moins que nous nous rendions en Autriche et en Bavière pour y visiter les églises et les monastères qui furent décorés par des équipes d'artistes ambulants spécialisés dans l'illusionnisme optique... Souvent, il nous arrivera en pénétrant dans une pièce ainsi décorée d'avoir de la peine à distinguer entre ce qui est peint et ce qui est "réel."[18]

La culture ainsi que l'éducation ou même l'histoire de l'œuvre peuvent donc contribuer à dévoiler le trompe-l'œil au grand jour. Les deux phénomènes sont distincts l'un de l'autre, même si parfois ils se combinent. D'une part, le réalisme des silhouettes ou des objets qui fait osciller le spectateur entre le vrai et le faux présuppose une connaissance de ce qui est montré (il faut reconnaître la silhouette d'un cheval ou d'un oiseau) et, d'autre part, le paradoxe optique survenu est également structurel et l'ambiguïté doit être analysée. C'est ainsi que la théorie artistique et la critique ont bien souvent trébuché sur cette erreur : celle de reconnaître qu'il existe des façons qui pourraient permettre de représenter l'espace, les "apparences" et même l'espace comme des données authentiques.

Tromperie de la Perception. Richard Grégory[19] s'attache également à parler de la théorie de la perception – qui est cruciale dans l'élaboration de la mise en place du trompe-l'œil mais surtout dans sa compréhension. Le fonctionnement et le mécanisme envisagé dans une peinture ou une sculpture en trompe-l'œil produisent une image artificielle toute particulière. Les "hypothèses" construites sur les perceptions visuelles renvoient à des objets de ce monde[20] et permettent alors une "réalité double." La première consiste à mesurer le monde réel dans le monde concret des objets tandis que la seconde suggère un autre monde, celui doté de son propre lieu et de sa propre ligne de temps. Pour aider à la compréhension de l'image, le lecteur/spectateur doit comprendre un ensemble d'indications, de marques parfois cachées et variées qui vont permettre la construction de formulations mentales. En se basant sur des stratégies acquises (formation, éducation, culture, société), le réseau de ces marques sera analysé et décortiqué rapidement, permettant d'appréhender différents genres de trompe-l'œil : ombres contrastantes, surgissement d'objets au premier plan, jeux de perspectives, de lumières, de couleurs, etc.

Gombrich traite également de l'idée de la "condition de la perception,"[21] déterminante dans la création d'effets distinctifs et dans la compréhension de l'image. Si les phénomènes de la simulation sont donnés pour produire des images artificielles, l'existence de "deux images en une" apparaît et provoque un paradoxe. Dans sa plasticité, le trompe-l'œil donne des images concrètes, mais il évoque aussi une "autre" image du monde représenté en un moment donné pour un lieu donné. En exagérant les indices et les signes, le spectateur formule une idée mentale spécifique où les figures construites sur tout un système de stratégies optiques et diverses l'encourage à persévérer et à "découvrir" ce qui se passe. De plus, la vision qui est organisée selon des stratagèmes bien calculés va se livrer à un jeu sur le ou les points de vue variables : si le spectateur continue à percevoir l'image, il pourra se déplacer au gré de ses envies dans l'espace. Ainsi, la peinture de la voute du palais Medici-Riccardi à Florence de Luca Giordano demande un déplacement du spectateur dans l'espace pour tout voir.

Rappel Historique de Catégories de Trompe-l'Œil

On a souvent catégorisé plusieurs types de trompe-l'œil, comme la critique l'a souvent faite.[22] En invoquant des motivations théoriques, ainsi on rangerait les grandes fresques pompéiennes comme des "avant-coureurs."

Aspects. Le trompe-l'œil embrasse ainsi deux types de discipline qui vont chacune poser quelques surprises et difficultés. La première que l'on appelle murale ou en "architecture feinte" tient ses origines de l'époque gréco-romaine et va pourvoir s'observer et se déchiffrer à distance. La deuxième sera dite de chevalet ou peinture de la réalité. Elle trouve son origine plus récente dans la peinture flamande du xve au xvie siècle. Dans les deux cas, le peintre doit avoir une bonne connaissance technique pour composer l'œuvre. Traduire en dessins et en paroles un sentiment d'un autre espace complique l'œuvre du créateur pour rendre un "relief," un "modelé" des objets et des personnages : un jeu d'ombre et de lumière.

La Conquête d'une Autre Dimension. Au cours des siècles, les artistes qui voulaient créer un espace pictural donnant l'illusion de la réalité ont travaillé et vaincu la surface plane des murs. L'étude des fresques pompéiennes marque ainsi deux directions importantes. Certaines fois, les artistes se sont attelés à détruire le mur du fond en ouvrant un espace nouveau qui agrandissait alors la place du spectateur, permettant une sorte "d'évasion" de l'autre côté de la barrière. D'autres fois, le mur se voit gardé. La troisième dimension est obtenue grâce à l'invasion de l'espace du spectateur par l'espace pictural. En quelque sorte, la fiction sort littéralement de son cadre et pénètre dans la réalité. Souvent les deux formes d'illusion coexisteront dans les fresques. Le regard se voit sollicité de plusieurs façons et permet une mobilité du spectateur – ce qui a été souligné parfois comme une faiblesse vis-à-vis de la science optique.

L'attrait de ce jeu pour le peintre et le spectateur continue au fil des siècles. À la Renaissance, l'idée de représenter l'espace en trompe-l'œil s'associe souvent avec l'idée de changement de l'être, de la nature, de la perception du corps associée indissolublement à l'époque qui multipliera toutes sortes de savoir pour arriver à déjouer les moindres détails et focaliser le changement.[23] Platonicienne ou chrétienne, une métaphysique profondément enracinée dénoncera une inconsistance dans l'inconstance, pressentira un immense potentiel à accepter ou refuser les contingences matérielles, mortelles et humaines. Le règne des variations élaborées dans les trompe-l'œil est un moment délibéré de représenter un espace où la stabilité et l'instabilité du regard entrent souvent en compétition.

Le Trompe-l'Œil Littéraire. En littérature, on peut observer une valorisation moderne et post-moderne contemporaine de fiction, lorsque les critiques commentent le pendant scriptural au trompe-l'œil. Pour la période examinée dans cet ouvrage, quelques trompe-l'œil se manifestent déjà dans certaines œuvres. Ainsi, la lecture de Théodore de Bry, de Geoffrey Tory, des éditeurs d'architecture, ou même de Rabelais peuvent offrir ce genre de cas.

Le ton est souvent celui de la célébration et le trompe-l'œil exerce une fascination. C'est peut-être "l'idée" du trompe-l'œil qui semble captiver nos auteurs. Il se voit ainsi mis en place comme une véritable métaphore des procédés les plus divers. Les conditions, leur portée et leurs conséquences seront examinées au cours de notre livre. La ressemblance entre un signe et son objet comme dans les trompe-l'œil figuratifs n'existe pas, mais l'occultation des signes se fera différente des signes langagiers qui sont souvent liés à leurs objets par des relations conventionnelles excluant la similitude. Processus cognitifs, ils amènent les lecteurs dans les cas d'immersion fictionnelles intenses, à oublier "les signes au profit de leur référent."[24] Il faudra alors envisager de mesurer et de parcourir des déplacements dans des axes différents. À la Renaissance, le mouvement de l'excentricité du trompe-l'œil littéraire s'installe souvent dans deux stratagèmes : celui du déportement (comme par exemple vers d'autres chapitres) et de renversement (valeurs, signes, etc.).

Si le goût de la dérision des humanistes va s'alimenter de sources antiques, son fonctionnement et son contenu ne seront plus les même à la culture de la Renaissance. Dans un système hiérarchique conçu par les Grecs où la verticalité des dieux est montrée en haut, l'homme au milieu et les animaux vers le bas, la déviance par rapport à ces normes devient plus vagabonde. Les pratiques de mouvements récusant le centre présentent des phénomènes de déportement, de hors-cadre et de champ de vision qui vont altérer les paradigmes et renouveler les lectures.

Certes, le trompe-l'œil littéraire n'est pas l'équivalent d'un trompe-l'œil pictural. Le trompe-l'œil littéraire ne peut s'envisager qu'à la lumière d'un déplacement conceptuel. En titillant la relation iconique, il pousse une relation entre l'objet et son signe jusqu'à un effacement. Les auteurs étudiés dans ce livre déplaceront les concepts de ce qu'ils entreprennent. Si l'ordre symbolique, auquel les humanistes critiques se confrontent, se voit marqué par la prégnance de valeurs anciennes, des valeurs féodales et maintenant de valeurs de christianisme (en conjonction avec le platonisme), il voit surgir dans ses lignes et dans ses traces de nombreuses façons de se faire connaître, de déjouer la carte sociale et culturelle de l'époque. Ainsi, le cas d'une "dénégation méta fictionnelle"[25] consiste pour une fiction de se faire valoir sous un dehors d'une "non-fiction." Ce serait envisageable pour De Bry examiné au chapitre 10, ou les architectes de traité discutés au chapitre 11. Convaincre le lecteur qu'il aura affaire à une "vraie" narration, au point de constituer plusieurs récits, pour constater une évidence, confère une dimension référentielle aux trois récits proposés (White, Laudonnière et Staden). Tory (chapitre 6) pourra jouer et escamoter la relation référentielle (le renvoi de la surface de la page à un objet distinct de cette page) pour ses illustrations, mais celles-ci donneront un autre écart : son œuvre est lue comme un vagabondage dans la langue. La référence factuelle dissimulera alors une construction fictionnelle qui ne s'avouera pas comme telle. Ainsi, les différentes formes de discours (journaux des explorateurs, alphabets, dictionnaires, correspondance, critiques d'art, etc.) seront mises en clin d'œil, viseront à faire le contraire de ce qui est dit pas l'auteur : celles de justifier sa langue, de donner une "vérité." Les variations de tous les outils utilisés pour écrire ou réécrire les œuvres donnent une illusion documentaire : ainsi, l'abbaye de Thélème en multipliant les chiffres sur l'édifice pourra se comprendre comme une dénégation de l'autorité des architectes ou un enjeu sur d'autres valeurs que nous examinerons au chapitre 5. Richard Saint-Gelais[26] indique que la mimesis formelle s'apparente au trompe-l'œil. Il est alors nécessaire de voir comment les ruses fixent ou refont, grâce à d'autres médias, une reconstitution du grain, de la texture, voire de la lumière dans leurs œuvres. La superposition des signes qui seront mises en jeu dans leurs narrations respectives inclue de multiples angles.

Le caractère oblique que les trompe-l'œil entretiennent avec la narration montrent souvent deux aspects : soit ils sont "là," bien posés pour souligner la textualité et faire vaciller la représentation, soit ils procèdent par une accumulation de détails et les retournent. La textualité s'intègre avec un monde fictif où la réalité présentée encapsule le texte et en souligne les caractères artificieux.

L'effet paradoxal de ces textes provoque un "entre-deux" entre plusieurs mondes. Les espaces qui sont déployés devant le lecteur se donnent comme fragmentaires et naviguent dans l'espace du spectateur. La présence des objets, des illustrations et des élargissements de discours est privilégiée et recélée dans des histoires parallèles et multiples. Saint-Gelais parle ainsi de Rimbaud qui, déjà mort, n'aurait pas pu écrire ce que Noguez lui fait dire, car ce dernier lui accorde quarante ans de vie supplémentaire dans sa narration.

Le rapport et la lecture en "détour" et "retour" des trompe-l'œil littéraires érodent souvent la représentation. La réécriture des traités par les architectes établis avant-eux et celle de la langue française de Tory, basée sur les compilations des linguistes, misent sur la volonté des lecteurs à aller au-devant de ce qu'ils lisent, en liant la didactique de la présence et de l'absence : dans l'univers du lecteur, les traces laissées ne sont qu'une infime partie de ce qui se passe. En faisant vaciller constamment les rapports avec la représentation, la démarche des écrivains est celle de faire une prise en charge des éléments, de les montrer et de les retourner. En intégrant de multiples niveaux, le monde de la fiction devient "réel" et donne au lecteur quelques clés suffisantes pour en souligner le caractère d'artifice. En quelque sorte, comme le soulignait Louis Marin,[27] c'est un dispositif excessif qui fait ressortir les artifices et engage les figurations et les représentations. En déléguant au spectateur ou au lecteur la capacité à regarder de plus près, le trompe-l'œil de la fiction reste imperturbable : c'est à celui qui lit ou observe et veut se déplacer dans le texte et l'image pour en connaître les ruses et se faire ses propres aventures pour les comprendre, les admirer, ou les repousser que se joue cette démonstration.

Une forte opposition entre les époques, circuitée par le brouillage contemporain de références et de différences entre centre et périphérie, entre image et sa disparition et entre normes et écarts acceptables reste prédominante dans les textes étudiés. Un retour nostalgique vers un temps où certaines règles de jeu étaient plus dominantes surgit. Si bien des éléments invitent et recourent à des stratégies de subterfuge et de déplacement, ils mettent en miroir une époque où les consciences s'ouvraient à des perspectives nouvelles. La déconstruction interne de la Chrétienté et les affrontements avec d'autres cultures éprouvent la modernité des textes dans de nouveaux espaces et de nouvelles mises en scène. La possibilité d'adopter des regards en biais de l'humaniste décentre ainsi une vision des choses et des textes, tout en magnifiant périphérie et détournement des codes.

La France et les Trompe-l'Œil de 1470–1600

Au début de la Renaissance, l'originalité de la production française ne semble pas facile à saisir aux XVᵉ et XVIᵉ siècles. Se mouvant entre les pôles du Nord et du

Midi, de la Flandre et de l'Italie, le pays semble se déjouer peu à peu de ces styles en les pratiquant et en entamant un dialogue permanant que pourrait symboliser la présence des deux reines venues de la famille des Médicis : Catherine, qui jouera à la mort d'Henri II en 1559 un rôle certain dans l'art et Marie après l'assassinat d'Henri IV en 1610. Les milieux français n'ignorent en aucun cas ce qui se passe chez leurs voisins, mais leur volonté de s'exprimer différemment semble aussi montrer leur richesse d'inventions et de curiosités. Le trait majeur infusé à l'époque exprime une forte vitalité en France et surtout une prise de conscience "nationale" au xve siècle qui continuera dans les siècles plus tard. La dynamique de l'unification est en marche grâce à bien des batailles historiques entre 1430 et 1440. On ne citera pour mémoire que le long épisode des guerres franco-anglaises qui semblent amorcer un regain d'appui populaire inattendu avec Charles VII et l'épopée tragique de Jeanne d'Arc (1437). Pour conforter ce nationalisme, différents mythes sur les origines troyennes de la France circulent à partir de Priam et de Francion, dans des chroniques dont l'imagerie semble toujours affiner le prestige. Tory ou même Théodore de Bry que nous examinerons dans les chapitres suivants en feront les échos plus tard.

L'élan de cette unification se poursuit de règne en règne selon des moments historiques variés et complémentaires : 1 453 pour l'Aquitaine, 1 480 pour la Bourgogne, 1 480 pour l'Anjou, 1 484 pour la Provence, 1 510 pour la Bretagne, 1 523 pour le Bourbonnais, 1 560 pour le Dauphiné. À ces moments historiques semble se lier une aristocratie qui désire exalter son originalité, proclamer sa force, favoriser les échanges artistiques et les intégrer dans une littérature et des arts variés. Ces traits durables de curiosité constellent toute la période du xve et xvie siècle en France. Le mécénat revêt des actions multiples et parallèles. Cette richesse se lie aussi bien dans les œuvres que les idées. Que ce soit dans les vitraux, les maisons, les châteaux, ou les sculptures, tout semble vouloir se multiplier et se régénérer. Si l'armature aristocratique se consolide politiquement, elle est au cœur des possessions d'un immense patrimoine à gérer. L'histoire porte désormais attention à la catégorie sociale montante du personnel d'état et la haute bourgeoisie développe ses propres goûts qui peuvent ne pas être les mêmes que l'aristocratie. Si ce moment de Renaissance englobe environ deux siècles, il ne faut pas évincer un fond intellectuel sûr et sensible en France. Les travaux des peintres et des sculpteurs de l'époque du début de la Renaissance semblent alors souvent appartenir à des genres précis. Les trompe-l'œil et les anamorphoses vont, comme nous le verrons ci-après, redéfinir de nouveaux cadres de créativité.

Au cours de la seconde moitié de la Renaissance, l'accumulation des genres (peinture/sculpture ou marqueterie/émail, etc.) est en plein essor. La fécondité des trompe-l'œil dans les domaines de la peinture et de la gravure, de l'estampe ou des sculptures, souligne bien souvent dans les années 1540 de nombreux accords avec d'autres formes de travail, telles que la sculpture, la marqueterie, etc. Ces différents genres se joignent aux premiers schémas de peinture ou de vitrail. Une vitalité bavarde envahit en effet les demeures, les jardins et les constructions. Beaucoup de manuscrits enluminés figurent dans les demeures ou les églises. Les plafonds se voient maintenant ornés de sculptures où vont s'y ajouter des frises hautes. Ils se compartimentent pour insérer des putti, des frises et les escaliers renvoient des images plus compliquées. Les voutes à caisson se multiplient, les motifs, librement semés restent encore souvent hermétiques, mais dans leur profusion, ils font générer un imaginaire de l'auteur et du spectateur. Dans cette animation dans les formes et les couleurs, le trompe-l'œil trouvera sa place en France et signalera une richesse particulièrement variée dans les motifs et dans les desseins des artistes. Les nouveautés venant du Nord ou du Midi seront intégrées dans les répertoires des artistes et se verront enrichies dans les nouvelles commandes. Tel sera le cours de l'art français de l'époque. En associant et en combinant de nouvelles techniques à celles plus anciennes, les auteurs montreront avec une ingéniosité, ou quelquefois avec un certain clin d'œil, un ton qui restera régional mais français.

Notes

1 André Chastel, *L'École de Fontainebleau* (Paris : Éditions des Musées Nationaux, 1972).

2 Elizabeth Eisenstein, *The Printing Press as an Agent of Change: Communications and Cultural Transformations in Early-Modern Europe* (Cambridge: Cambridge University Press, 1980).

3 Nous citerons en particulier André Chastel, *L'art français. Temps modernes 1430–1620* (Paris : Flammarion, 1994) et Omar Calabrese, *L'art du trompe-l'œil* (Paris : Citadelles Mazenod, 2010).

4 Platon, *La République*, dir. Georges Leroux (Paris : Flammarion, 2016).

5 Platon, *Le Sophiste*, dir. Nestor L. Cordera (Paris : Flammarion, 2006), 235–236.

6 Platon, *La République*, 603–604.

7 Platon, 604.

8 Jean Guillaumin, "L'œil sur le divan. Du leurre et de l'absence dans le trompe-l'œil, dans l'art et dans la psychanalyse," dans *L'Effet trompe-l'œil dans l'art et la psychanalyse. Collection inconscient et Culture* (Paris : Dunod, 1988), 52–54.

9 Sigmund Freud, "Le Fétichisme," dans *Œuvres Complètes – psychanalyse – vol. IV : 1899–1900 : l'interprétation du rêve* (Paris : PUF, 2003).

10 Louis Marin, "Imitation et trompe-l'œil dans la théorie classique de la peinture au xviie siècle," dans *L'imitation : aliénation ou source de liberté ? Rencontres de l'École du Louvre* (Paris : Documentation française, 1985), 181.

11 Leon Battista Alberti, *On paintings*, traduit par John R. Spencer, édition révisée (New Haven: Yale University Press, 1966).

12 Guy Rosolato, "Comment s'isolent les signifiants de démarcation," *Annuel de l'APF* 1 (2014), 153.

13 Jurgis Baltrušaitis, *Anamorphoses. Les perspectives dépravées* (Paris : Flammarion, 1984).

14 A. Beetschen, "Détournement par l'évidence," dans *L'Effet trompe-l'œil dans l'art et la psychanalyse*, dir. Cadoux et al. (Paris : Dunod, 1988), 24.

15 Beetschen, "Détournement," 26.

16 Beetschen 27.

17 Ernst Gombrich, *L'Art et l'illusion ; psychologie de la représentation picturale* (Paris : Phaedon, rééd. 2002), 208.

18 Gombrich, *L'Art et l'illusion*, 208–209.

19 Richard Gregory, *Seeing Through Illusions* (Oxford: Oxford University Press), 2009.

20 Gregory, *Seeing Through Illusions*, 140.

21 Gregory, 140.

22 Calabrese, *L'art du trompe-l'œil*, 38.

23 Michel Jeanneret, *Métamorphoses des corps et des œuvres de Vinci à Montaigne* (Paris : Macula, 1998).

24 Richard Saint-Gelais, "Le trompe-l'œil, de la peinture à la fiction," dans *L'Artifice dans les lettres et les arts*, dir. Elisabeth Lavezzi et Timothée Picard (Rennes : Presses Universitaires de Rennes, 2015), 385.

25 Élisabeth Lavezzi et Timothée Picard (dir.), *Le trompe-l'œil, de la peinture à la fiction* (Rennes : Presses Universitaires de Rennes, 2015), 45.

26 Saint-Gelais, "Le trompe-l'œil, de la peinture à la fiction," 385–399.

27 Louis Marin, "Le trompe-l'œil, un comble de la peinture," dans *L'Effet trompe-l'œil dans l'art et la psychanalyse*, dir. Cadoux et al. (Paris : Dunod, 1988), 88.

3

Exemples Français de Trompe-l'Œil

La forte vitalité du royaume français au milieu du xve siècle implique dans les domaines des arts un renouveau et une belle prolifération des genres. La Renaissance française est ainsi plus riche de nuances et d'épisodes contrastés qu'il n'y parait au premier abord notamment dans les premiers trompe-l'œil.

L'influence de l'art allemand[1] dans les livres d'heures dans l'exemple que nous allons examiner ci-dessous est certaine. Ces derniers ne se bornaient pas à la simple illustration de sujets pieux. Au fur et à mesure de leur apparition, et pour en égayer la sévérité, les miniaturistes français du xive siècle ont essaimé au fil du temps des personnages, des animaux fantastiques, des grottesques, ainsi que des personnages bien réels. Au xve siècle, des moments burlesques et satiriques y feront leur apparition. Ainsi dans la représentation de la danse de morts,[2] la fragilité de la condition humaine devient à la mode. Le principal intéressé à la promotion est Jean duc de Berry. Des expressions locales des Heures dites de Savoie (Italie) ou celles d'Aumale à Chantilly, d'Anne de Bretagne et de Jehan Foucquet générèrent un succès vif.

L'un des plus importants producteurs de livres d'heures en France (mise à part Jean Dupré imprimeur dès 1481 de livres d'heures sur bois et l'éditeur Antoine Vérard en 1487–1488, ou Philippe Pigouchet, éditeur de livres d'art)[3] fut certainement Geoffroy Tory à la Renaissance. Le genre qu'il produit est varié. À la fois dessinateur, graveur, imprimeur et libraire (voir chapitre 6 de ce livre), il renouvelle le genre.

Le livre d'heures de la bibliothèque du Congrès simplement intitulé *Livre d'Heures*, écrit sur peau de vélin et rédigé en lettres romanes délicates est en partie en latin et en français et date de 1524. Il est attribué à Geoffroy Tory et son atelier parisien. Comme bien d'autres livres d'heures,[4] il est destiné à la dévotion personnelle. Cette liturgie reste fidèle au latin même si sa destination est principalement laïque. La multiplication et son mode de production se disséminent à travers l'Europe en particulier dans les premières décennies du xve siècle.[5] Personnalisé et entrelaçant les prières, un calendrier des jours de fête liturgique, ainsi que des prières à réciter complètent le livre. Ce genre s'est vite répandu à la fin du Moyen-Âge. Il montre l'intérêt toujours vif des personnes qui veulent s'adresser à Dieu directement. La vie du Christ, des Saints et de la Vierge Marie est présente dans les illuminations de ce *Livre d'Heures*.[6] Pour nos propos, nous nous attacherons à la première image 26 de la Vierge illustrée par Tory (voir Figure 3.1). Elle représente peut-être le mieux l'échafaudage illusionniste qui est en jeu. Tout d'abord la scène 26 souligne l'intérêt de l'artiste à mettre en valeur l'histoire de la Vierge Marie et de la visite de l'archange Gabriel par un frontispice. Ce premier artifice permet de donner une amplitude sur différents niveaux. En quelque sorte, les plans s'enchevêtrent les uns après les autres comme des poupées gigognes. Il est à noter que les autres enluminures concernant la Vierge (44 et 50) tracent également et à moindre degré la richesse des détails et un rythme accéléré de profondeur soit sur le paysage, soit à l'extérieur représenté.

Au premier plan de l'image 26 (voir encore Figure 3.1), s'étalent les plis savamment orchestrés de couleur bleue de Marie assise. Ce premier niveau se voit contrasté par un deuxième, dont l'espace est souligné par des marches bleutées. Enfin, le dernier plan met en valeur un lit rouge placé en parallèle des deux autres niveaux et des marches. Au fond de ce dernier plan et en perspective, pour donner également de la profondeur, une fenêtre fermée donne sur les toits et un ciel bleu. De plus, pour enrichir ces trois plans, Tory encastre deux ouvertures latérales gauches divisées par une colonne. De la première s'échappe l'archange dont les bras écartés invitent la Vierge et pointent vers l'ailleurs à droite. Ce trompe-l'œil des plis blancs et verts s'intègre au lieu où il est présenté.

Le deuxième accès latéral permet d'agrandir encore l'espace et de magnifier les ailes de l'ange. La position de la Vierge est sereine. Placée au premier plan, assise et revêtue d'une robe bleue violette, elle s'affiche dignement et, avec des gestes sereins, suggère la bonté et la sérénité en symétrie des grands gestes chaleureux de l'archange. Ainsi, l'articulation des mouvements de l'archange et de

Figure 3.1. **Image 26 du *Livre d'Heures* de Geoffroy Tory**. Courtoisie de la J. Rosenwald Collection. Library of Congress, Washington DC.

la Vierge établissent une articulation précise : il se forme une efficacité considérable à partir de leurs positions dans un champ large central de l'enluminure. Les grands gestes de bienvenue de l'archange et ceux mesurés de la Vierge se recoupent à la fois dans l'espace pictural, mais aussi dans l'espace "psychique" de la scène, qu'elles organisent grâce aux propriétés bien reconnues du geste en mouvement.[7] L'évasion des plis d'un lieu vers un autre de l'archange renforce son agilité, sa puissance et sa grâce. Aux côtés de la Vierge en position ascendante (à cause de la perspective), un long banc offre la lecture d'un livre illustré et ouvert. Surmonté d'une étoffe rouge, il renvoie au lit et aussi, par effet de contraste, au banc qui repose en biais à côté du lit. L'imbrication des plans offre au lecteur une lecture assidue. Au-delà du contenu de ces images, et au-delà de l'ostension du type de relation qui les structure, la forme revêtue de cette enluminure présente et restitue une configuration où la vision humaine et toutes les opérations géométriques sont autant de variantes formelles reflétant la manière dont le collectif compose le monde.

Comme pour bon nombre de trompe-l'œil, aucun élément représenté dans la scène n'est fragmenté par la limite de la surface peinte.[8] La percée de la troisième dimension est obtenue par une perspective correcte et non saillante. Le sentiment de profondeur et de relief est ainsi obtenu par un rapport bien mesuré. Les contours des surfaces murales, les ombres grises et les formes découpées font ressortir ce trompe-l'œil. Il fait prendre conscience des niveaux de réalité et rend le contact avec l'histoire et la scénette plus magnétique.

Les nouveaux moyens de la couleur, de l'imprimerie et de la perspective traduisent une réalité et des émotions intenses pour le lecteur. Dans son livre, Tory apporte un point de vue iconographique singulier, en prenant pour terrain d'observation l'évolution de l'image du Christ, de la Vierge et de Dieu pour les rendre plus humains et plus proches. Le respect des formes de dévotion et l'amour de la Bible s'acheminent vers une troisième alternative qui, semble-t-il, est de promouvoir le sens de Dieu dans un monde peu porté à y croire et souvent enclin à s'en moquer. Cet emboîtement de perspectives et de trompe-l'œil rapproche les souhaits artistiques, spirituels et sociaux. Moment exceptionnel de perméabilité entre les genres et les attentes des commanditaires,[9] leurs besoins religieux et culturels, ces peintures miniatures sont le témoin d'une époque qui se voit de plus en plus troublée. La diffusion de l'imprimerie modifiera à long terme ces enjeux artistiques, iconographiques et sociaux. La décoration de la page binaire se verra plus standardisée pour un plus grand nombre d'adeptes. L'expression pour assurer une appartenance morale, religieuse, ou politique prendra d'autres voies. Cependant cet héritage artistique permet aussi de contrecarrer les caricatures de la dévotion de Dieu tout en plaçant dans ces peintures miniatures, un sens du goût et du jeu pour mettre en valeur les histoires racontées et "doubler" au sens plastique du terme des lois de convenance. Comme le montre bien François Boespflug,[10] faire valoir dans le dédale des plans, l'amour, la compassion et le respect marque la lecture de cette enluminure.

Rebords, Corniches et Mouches

De tous les procédés bien détaillés dans le livre le trompe-l'œil,[11] l'insertion des mouches semble populaire, dans les cartouches, ou les emblèmes à l'intérieur de la peinture en France. Tout un ensemble d'objets, de petits animaux, voire d'insectes vont sensibiliser et accompagner les peintures et l'architecture dans un but non seulement décoratif mais aussi politique, ou mystique. Par exemple, la mouche posée sur le bonnet de la dame dans *Portrait d'une femme de la famille Hofer* (voir Figure 3.2), dont le peintre est anonyme, semble ainsi glorifier une réalité particulière. L'ombre de l'insecte est reine puisqu'elle modèle les volumes et les reliefs et répond à la lumière devenue complice en quelque sorte.

Entre la scène peinte et sa réception, le peintre joue sur les ambiguïtés. La mouche fait étroitement partie de l'espace représenté et délimite un jeu entre les surfaces. Disproportionné par rapport aux autres éléments de décoration sur la cornette, l'insecte colle à la scène en laissant une ombre sur la coiffe de la femme. Il marque clairement le seuil entre l'espace représenté et l'espace de représentation ou de la réception de cette peinture : la mouche donne l'impression de se déplacer sur le bonnet en grandeur nature. Et ce faisant, elle confère une épaisseur à la

Figure 3.2. **Extrait du *Portrait d'une femme de la famille de Hofer*.** Ma photo. Courtoisie de la National Gallery, Washington D.C.

perspective rapprochée du portrait. Plusieurs hypothèses se superposent. L'insecte peut aider à figurer le mouvement entre les deux parties de la coiffe ou peut évoquer les bestiaires si populaires dans les contes de la fin du Moyen-Âge. Sa trace peut aussi indiquer une origine plus "démoniaque" sur la grossièreté de son apparence, les maladies qu'elle peut susciter, ou l'envahissement dans l'espace humain. L'expression "prendre la mouche" peut s'insinuer également dans son sens plus commun de "piquer" un fard ou une colère ou de se "piquer" au jeu pour découvrir ce qui se passe. Quelques stratagèmes permettent aussi de renforcer la communication entre les deux espaces de la figure notamment dans l'obliquité de la pose, invention souvent utilisée par les peintres flamands.

Quelles que soient les suppositions, la mise en place de l'insecte, quelque peu saugrenue dans un portrait, fait sourire et réfléchir le lecteur sur l'apparence éphémère et fluctuante de la vie. L'ambiguïté qui est décelée se voile d'un discours sur lequel l'anonymat de la peinture ne fait qu'augmenter les suppositions. En transposant l'anecdote en image, l'auteur montre une grande habileté.

Les Meubles

Pour la fin du Moyen-Âge, nous pouvons également constater que la décoration des meubles s'avère être importante dans les demeures en France. Une autre façon importante de montrer le trompe-l'œil avec les rebords s'étend dans le dessin suivant sur un meuble. Le dessus de table (voir Figure 3.3) peint et acquis récemment par le musée de l'œuvre Notre-Dame de Strasbourg est encore l'un des rares exemples conservés de ce type de plateaux à décor en trompe-l'œil où l'on peut voir un déroulé des petites notes en allemand mais aussi des figurines posées sur le rebord du cadre. Peinte sur une plaque placée sur la bordure, cette table pliante comportait des ornements peints ou sculptés à motifs le plus souvent profanes. N'étant pas destinée aux repas, ce meuble est avant tout consacré à l'amusement. Un jeu dans l'écriture, la peinture et l'ensemble du décor se profile. Il semblerait que ce plateau ait été destiné et utilisé pour les jeux d'échec d'après des radiographies effectuées lors de la dernière restauration. Ce type de console était réservé aux menuisiers.[12] La composition de l'ensemble révèle tout d'abord un bandeau de grottesques et de rinceaux de camaïeu, régulièrement ponctués de médaillons figurant des bustes d'empereurs romains ou d'armoiries diverses. Le rebord voit déambuler et figurer de nombreux personnages en apparat qui représentent la vie d'un homme en vingt scénettes, depuis le berceau jusqu'à la tombe. Au-dessus de la présentation de la vie de cet homme sont présentées des bandelettes semi-concentriques avec de nombreuses inscriptions. Ces deux premiers trompe-l'œil se voient eux-mêmes prolongés à l'intérieur de la représentation de la table. Dans les quatre directions et figurant sur un fond plus sombre, en contraste avec les bords et rebords bon nombre d'animaux, d'oiseaux et de fruits évoluent dans des scénettes bien identifiables. Au centre de la représentation de ces bêtes figure un colporteur endormi et détroussé par des singes. Ce motif d'origine plus nordique (connu de Peter Breughel entre autres) permet une théâtralisation de la scène et reproduit sans aucun doute un moment satirique. Ce moment de critique fut également représenté par le bâlois Hans Baer.[13] Le thème des âges de la vie sur le pourtour du panneau de Notre Dame de Strasbourg évoque ainsi une perspective moralisante, en montrant la futilité de la vie humaine vouée peu à peu au déclin et en contraste à une félicité de l'au-delà. Le thème rappelle aussi les fins possibles pour tout homme qui joue trop et trop mal ou à celui qui ne fait pas attention et se laisse facilement berner.

Le trouble de cette image est causé par de multiples successions de représentations emboîtées les unes dans les autres. Dans son chapitre "L'image informée par l'écriture," Anne-Marie Christin nous rappelle que l'image, révélateur d'invisible travaille dans les civilisations d'écriture comme dans les sociétés orales en portant la mémoire ineffaçable de l'écrit :

> Mémoire d'autant plus prégnante quel est ambiguë : en elle se combinent en effet celle de l'écriture en ce principe entre parenthèse (c'est-à-dire idéographique) et celle du système particulier élu par une société donnée, équipe peut lui être contradictoire. L'alphabet grec, sur lequel repose la culture occidentale, on représente le cas extrême dans la mesure où le signe écrit il y a été dépossédé de toutes les accointances visuelles qui le caractérisaient comme tel dans les systèmes antérieurs.[14]

La force des représentations se fait dans une célébration communautaire et une ingénuité créatrice encore liée à une religion encore "neuve" comme le souligne cette auteure. L'environnement de la structure se complique. Une succession de colonnades charpentées déferle en des torsades qui multiplient les points de fuite dans l'abondance les détails. Des plaques de marbre dans leurs veines multicolores semblent tourner le regard dans une stratégie qui n'est plus uniquement celle de séduire mais d'organiser une contemplation. Cette attention exige alors un rapport particulier avec le temps en demandant de la patience au spectateur ainsi qu'une certaine rigueur pour voir, comprendre, traduire ce qui est fait et ce qu'il a sous les yeux.

Figure 3.3. **Détail de la table *Les quatre âges de la vie*.** Meuble cathédrale de Strasbourg. Ma photo.

Dans tous ces exemples mêlant peinture et architecture, le procédé pictural et sculptural a essayé dans tous les cas de supprimer les écarts entre les choses et la représentation : à l'association de l'objet et la tentative d'emprise sur l'espace, le trompe-l'œil déborde et donne une subversion sans limite dans les genres et le temps – ce que Rosolato va nommer "signifiant de la démarcation."[15] Dans une déconstruction de la perspective légitime, qui situe l'objet dans son rapport au point de fuite (lieu de disparition virtuelle), le trompe-l'œil propose conjointement, un renversement des données qui le fait sortir vers l'avant du tableau et lui donne une allure de relief. Il s'agit alors de déjouer et dénouer l'espace connu architectural et de le replacer à l'intérieur de cadre spécifique. L'assurance du peintre se complète dans les salles par une organisation systématique décorative avec diverses œuvres mettant en place et en plein jour la marqueterie en soubassement et un étage de fresques. C'est dans cet espace intérieur que la peinture peut jouer de l'ambition de l'artiste et apparaît en contrepartie d'une orientation capable de se suffire à elle-même.

Chapelle du Château Naussac (1501–1558)

Dans cette décoration de l'église française dans la région de France de Claude d'Urfé, produite entre 1530 et 1550 et reproduite au Musée d'art métropolitain de New York (voir Figure 3.4), le spectateur peut voir que des spécialistes de la marqueterie ont joué ingénieusement des atouts que proposaient le bois, les couleurs et la mise en scène proprement théâtrale de l'espace. La composition religieuse mime allégrement des effets de la peinture. En mettant en valeur les propriétés inhérentes du bois, cette création, connue sous le nom de *Intarsia* en Italie où elle fleurit, permet à l'auteur de sonder et de transformer l'espace retenu pour la chapelle en un foisonnement de petites scènes qui alternent avec des grottesques. Si la marqueterie s'affirme au xve siècle comme un moyen idéal de représenter la perspective, c'est que la relative simplicité à dessiner les contours se fait grâce à des lamelles de bois bien jointes et une gamme limitée de couleurs. Les principaux sujets de cette représentation offrent des paysages assez "modernes," en ce sens que les espaces de délimitation faits de carrés et de rectangles de bois offrent une variété de mouvements et font déjà penser aux paysages pleins d'arabesques et de rythmes dans la découpe des espaces du xxe siècle (Matisse, Picasso, etc.). Véritable exercice de virtuosité, le regard des spectateurs bouge des grottesques aux dessins, villes, ou paysages de façon incessante.

Représenter la vie quotidienne à travers d'autres moyens tels que la marqueterie, déformer et reformer sans cesse l'espace prennent de l'essor. Ce procédé de trompe-l'œil a surtout été utilisé pour le mobilier et certaines églises au xive siècle. C'est au xve et xvie siècles qu'il s'imposera comme une véritable expression artistique pleinement cohérente avec les nouveaux principes de la perspective. L'exemple de cette chapelle le reflète bien.

Figure 3.4. **Détails de la porte de la Chapelle du Château Naussac.** Courtoisie du Metropolitan Museum of Art. Ma photo.

Peintures Murales dans les Églises

Les peintures murales dans les églises ont souvent beaucoup de trompe-l'œil en France. Ainsi, bien des églises de Paris ont réaffirmé leur goût particulier à en insérer du XVIᵉ au XIXᵉ siècle. À la mode durant la période baroque, elles continuent dans leurs lancées à revisiter en détail l'approche des matériaux et des structures, de les affirmer ou de les dénier. Cependant pour l'époque qui nous intéresse, le goût pour la mise en valeur du mouvement, des formes et des gestes dans ces peintures semble se développer. L'engouement pour cette forme de décoration et la redécouverte de bon nombre d'entre elles en France dans les Hautes Alpes suggèrent une grande richesse, comme le souligne bien Dominique Rigaux.[16] Le plan de la production artistique reste toujours en "chantier" puisque bon nombre d'églises se voient restaurées dans le Sud de la France malgré un arrêt dû aux contraintes du Covid. Il semblerait aussi que le Sud de la France et la Lorraine offrent un plus grand nombre de peintures murales que celles parisiennes à l'époque de la Renaissance. Les raisons ne manquent pas. La dynamique des redécouvertes est encore à faire. Mais en l'absence de synthèse, on peut évoquer l'hypothèse que l'église dans ces petites parties de la France domine le paysage culturel et artistique des villages.

Pour l'église de Saint Barthélémy de la Salle et de Puy Saint Vincent (toutes deux dans les Hautes Alpes), l'extrême foisonnement des drapés ou des faux marbres en soubassement des panneaux vise à recréer un espace de fête de cette fin du xvie siècle. Leur style très coloré et narratif semble accentuer cet air de fête tout en donnant une transformation dynamique au mur (voir les sites de ces deux églises qui ont été fermées durant Covid).

La peinture en grisaille de l'église Saint Maurice à Annecy (xve siècle) (voir Figure 3.5) représentant le seigneur Philippe de Monthouz avec dix personnages souligne et contraste les effets de la mort. Représentée comme une architecture tridimensionnelle illusionniste, cette grisaille est utilisée comme un moyen de relier des figures fictives à une architecture existante, bien que ces silhouettes n'aient pas été peintes afin de donner uniquement l'illusion de la réalité : elles n'en sont pas moins en parfaite harmonie avec le mur intérieur sur lequel elles sont peintes.

Ainsi, le tombeau du Seigneur de Monthouz, gisant, entouré de personnages, exécuté à la détrempe sur enduit est influencé par l'école du Rhin et date de la fin du xve siècle. La peinture mesure 3,6 m de hauteur et fait 6 mètres de largeur. Cette grandeur particulière atteste d'un soin à vouloir honorer la mémoire du châtelain, certes, mais souligne aussi d'effets stylistiques importants dans la peinture. C'est mettre un point d'honneur que de représenter sur grand format : les émotions et la mort. Non pas de façon sereine, ou macabre, mais comme état de passage ici.

Participant à un ensemble exubérant devant frapper l'imagination des visiteurs qui se meuvent devant lui, ce mural n'est pas seulement un décor. Il s'agence dans l'histoire de la famille et du rituel porté aux défunts. En effet, la messe hebdomadaire contribue à faire voir et revoir l'ensemble. La peinture témoigne de la grandeur infinie de l'église ; elle est un point d'appui visuel pour renforcer son ascendance comme étant une fenêtre sur le divin. Arme idéologique de grande importance, elle doit susciter l'émoi. Le panneau qui est ainsi exposé montre dix personnages habillés à la manière des moines de l'époque. Ils portent tous des capuchons. L'un d'entre eux a même le visage caché par ce couvre-chef. D'autres tournent la tête dans différentes directions accélérant la dynamique des gestes. L'espace où les personnages se tiennent droits et immobiles est rehaussé de colonnes et de portes ouvertes en ogives. Au centre et en diagonale git le squelette.

Figure 3.5. **Église Saint Maurice**. Annecy. Partie du mural. Ma photo.

Le corps nu surgit presqu'en dégringolade vers le spectateur. L'homme se voit également mieux du côté droit que celui de gauche : et ceci certainement en raison du mouvement en triangle donné par le péristyle où officient les personnages qui prient. Du squelette s'échappe une banderole en latin dont les mots sont presque disparus. Il flotte dans ce moment une appréhension et en même temps une paix. Ces églises souvent façonnées par les Jésuites[17] semblent vouloir dominer le visiteur et contrastent avec la structure des temples souvent épurés au possible, puisqu'ils rejettent les saints pour ne conserver qu'une sobriété demandant alors une concentration sur la parole divine. Les guerres de religion opèrent souvent cette transformation radicale où les petites villes et les villages se voient souvent saturés d'illustrations et retiennent l'attention du visiteur catholique. De plus, la transformation de cette peinture en grisaille contribue à un mouvement iconographique où le jeu avec le spectateur et la perspective vont le dérouter pour accéder au divin. À la différence des enluminures, la grande peinture en grisaille doit s'offrir immédiatement car la présence du pèlerin qui séjourne à la messe n'est que temporaire. Elle doit marquer son esprit avec les ombres et la lumière qui deviennent interactifs. Cette structure peinte en bas-relief reprend ainsi un espace imaginaire dans ces parties rendues de l'église. Le grand soin apporté aux détails suggère de façon constante l'espace représenté et l'espace de la représentation : la cartouche, le tombeau, les prêtres permettent de canaliser le regard sur un ou deux plans et agrandissent le champ de représentation. Le spectateur peut regarder ce mur de différents points de vue et de s'imprégner de piété et d'humilité.

Trompe-l'Œil de Vitrail

L'époque étudiée ici qui s'étale des années 1470 jusqu'à la fin du xvie siècle est une période fertile dans l'élaboration des vitraux. Comme le souligne François Perrot,[18] le nombre des ateliers et des peintres verriers s'accroît pour faire face à un large éventail de demandes dans la création de nouveaux chantiers. Si l'histoire du vitrail au xve siècle n'est pas complètement inconnue grâce au travail de Jean Lafont ou Martine Vasselin,[19] il est encore important de noter que l'exploration des archives et l'évolution des vitraux des années 1470–1600 reste un moment important dans l'histoire de la création française. Ainsi près de 1300 verrières seront installées dans des églises ne serait-ce que dans le diocèse de Troyes. Mais il faut également compter sur la richesse des vitraux pour les particuliers.

L'artisan-verrier reçoit ainsi de la verrerie dans son atelier puisqu'il ne fabrique pas le verre ; il souffle en cive ou en manchon toute une grande variété de formes dans une palette étoffée de nouvelles couleurs comme le bleu-gris. Le travail s'effectue toujours de panneau en panneau après avoir dessiné, à partir d'une première esquisse sans échelle précise le carton qui donnera le dessin final à l'échelle d'exécution. Le xve siècle verra naître aussi le jaune d'argent et mêlé à la sanguine nuancera les teintes des chevelures. Au xvie siècle, l'introduction des émaux revivifie également l'art du vitrail et permet de mettre en relief toutes sortes de plis et d'introduire des distorsions. En peignant toutes les couleurs sur un verre incolore, la couleur rouge ou les teintes de roux insèrent des éléments plus réalistes qui libèreront les créateurs de l'utilisation du verre teint en masse pour donner une singularité et un cachet authentique au vitrail.

Que ce soit en Normandie, en Champagne, ou en Midi-Pyrénées, le vitrail connaît ainsi un essor important et renouvelle sa gamme de créativité. Il bénéficie de certains changements de structure comme l'élargissement du chœur qui substituera un espace unifié et abandonnera le cloisonnement des chapelles. Le flux des lumières teintées met alors en relief la peinture. En adoptant le principe de composition des tableaux, la transposition et la lumière extérieure, le vitrail concentre les effets et peut divulguer certains trompe-l'œil. C'est aussi un moment important pour traiter la figure de façon isolée et de lui donner une liberté plastique (on peut citer ici l'église Saint Séverin ou l'église de Saint Ouen). Les cadres fictifs qui délimitent des séquences (par exemple, Notre Dame à Louviers en 1520 ou la Cathédrale Saint Marie d'Auch en 1548) permettent d'organiser le travail et les plans de façon renouvelée. Les couleurs de la cathédrale de Bourges (1532) font découper et décupler le sens et la matérialité des couleurs dans une architecture magistrale, donnant un champ complexe travaillant les cadres et les perspectives. Ces encadrements de fenêtre ajoutent des flux de lumière, tout en assurant au travail des plombs une symétrie harmonieuse qui contribue à un jeu sur la profondeur et les éléments cachés.[20] La luminosité varie selon le jeu du soleil et l'heure. En rendant obligatoire les encadrements, leurs superpositions, les effets de lumières se voient concentrés mais permettent aussi de rendre en relief les perspectives et contrastent les zones des scènes. Ils peuvent également se lire comme une véritable bande dessinée.

Suivant de près le principe de composition de tableaux, le vitrail reste une peinture régentée par la transposition qu'exige la transparence qui concentre alors l'éclat des personnages et des scènes narrées. Ainsi les vitraux de l'église Saint Séverin à Paris (voir Figure 3.6) donnent par exemple des divisions verticales montrant des scènes de Saint Vincent de Paul tout en posant des socles ou des ornementations de plafonds qui débordent sur les cieux bleu marine, les figurines saintes du haut, ou les extérieurs des socles horizontaux des décors de premier plan. Les colonnes de part et d'autre de ce vitrail semblent elles-mêmes ne plus délimiter tout à fait les contours de l'espace noir. Ils jouent en hors cadre sur l'espace et donnent des variations uniques sur le vitrail. L'encadrement de la fenêtre assure alors une fonction de verticalité et le dessin des plombs insère une valeur ornementale qui accroît le style de narration. Ce système des architectures imaginaires connu au xive siècle donne une bonne possibilité de traiter la figure isolée. Mais au xvie siècle, il valorise la figuration de groupes dans une belle liberté plastique.

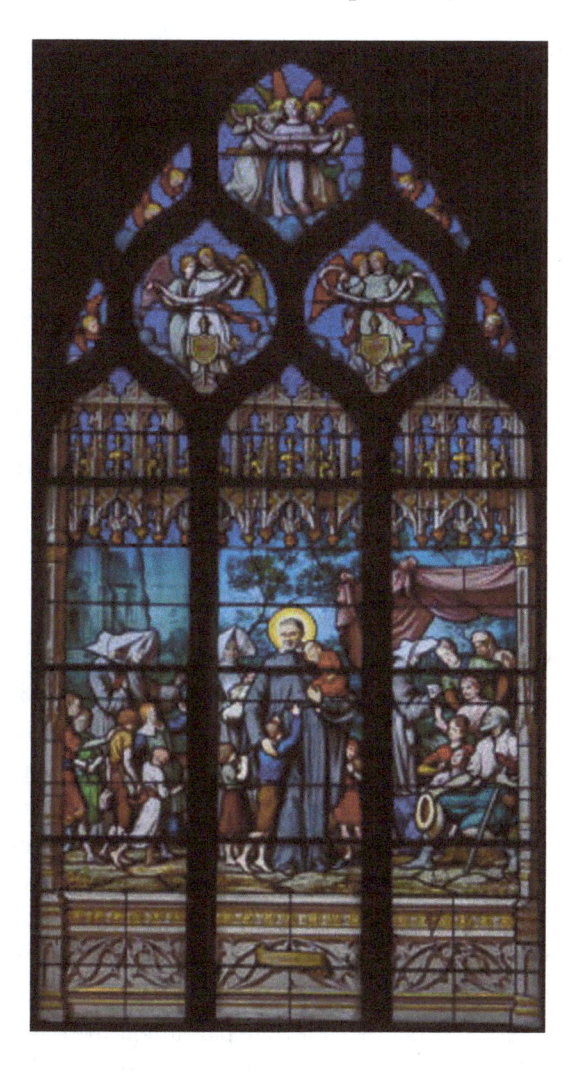

Figure 3.6. **Partie du vitrail.** Église Saint Séverin, Paris. Ma photo.

La galerie de Psyché faite de vitraux en grisaille entre les années 1542 et 1544 pour Anne de Montmorency dans son château d'Écouen et déménagés par la suite au château de Chantilly est intrigante : de nombreuses déformations et des bouleversements dans la réalisation des trompe-l'œil s'inscrivent dans le modelé des plans. Les vitraux racontent les amours de Psyché et Cupidon, histoire issue de l'Âne d'or d'Apulée, roman à succès de l'Antiquité et bien apprécié à la Renaissance. Traduite en italien et par la suite en français, l'œuvre inspirera de nombreux artistes dont Raphaël dans la Villa Farnesina. Les personnages évoluent tous dans les quarante-quatre vitraux dans plusieurs sortes de perspective. Les mouvements formés sont conçus dans des couleurs neutres, ocres, blanches et grises pour pouvoir refléter la lumière dans la pièce noire où ils sont placés. Ce moment de quiétude et de noir de la salle joue alors de façon plus émotionnelle. La lumière des vitraux sature un espace qui est approprié dans la taille et la mesure des pièces pour constituer un "entre-deux." En effet, pour gagner à une autre salle du château, ils sont placés entre un corridor et d'autres pièces du château. Les édicules noirs, plus légers que ceux de Saint Séverin, se découpent de façon plus élaborée et transmettent alors le mouvement des scènes en pleine transformation : les logos et les emblèmes indiquant ce qu'ils représentent sont bleu clair et ressortent d'autant plus que la lumière du jour se situe en arrière. Les drapés contrastés renforcent les différents reliefs du plafond ou des sols de façon plus proéminente dans un jeu de perspective constant.

Dans la composition (voir Figure 3.7), trois femmes se concertent sur l'amour dans une chambre les montrant assises et richement vêtues. L'emblème du premier plan révèle les soucis de l'amour et montre une scène d'intérieur. La perspective axonométrique joue à plein mais se voit aussi annulée par la production de ces lignes noires. Le point focal, qui retient l'attention du spectateur est fixé au milieu des jeunes femmes, en quelque sorte sur le "vide" révélé par une ligne noire qui divise le lieu de la femme de droite à celles de gauche. Le sol surélevé et le plafond à caisson en perspective donnent à cette scène un lieu d'intimité où différents points de vue sont mis en scène. Toutes les scènes des vitraux de ce corridor seront alors conçues pour émouvoir et dérouter en superposant différents plans et diverses techniques mathématiques pour illustrer les histoires, les mouvements et les transformations des sujets de l'amour. L'esprit "français" privilégie alors une certaine réflexion sur le regard du spectateur et joue sur la frontière esthétique qui le sépare de l'œuvre.

Ainsi, petit à petit, le vitrail ne représente plus uniquement une fenêtre colorée mais un tableau où les verriers rivalisent souvent avec les peintres. Durant la seconde moitié du xvie siècle, quand le système des guildes et des corporations disparaît peu à peu, la séparation entre les arts et les sciences s'accentue. Il en résulte souvent un changement où le vitrail se voit incorporé de plus en plus dans les compositions architecturales et où les trompe-l'œil fleurissent. À la même époque, les architectes commandent de plus en plus de grandes baies et des verrières en verre transparent. Le vitrail semblera alors péricliter. Balloté entre réforme et contre-Réforme, classicisme et baroque, son architecture se verra mise en danger puisque les partis pris esthétiques et les nouvelles structures parieront alors sur la lumière, la clarté et la magnificence. Le château de Versailles triomphe ainsi avec sa magnifique galerie des glaces où d'autres types de verre plus clair, de meilleure qualité seront au goût du jour.

Figure 3.7. **Extrait du vitrail *Les amours de Psyché et Cupidon*.** Chantilly. Ma photo.

Les Tapisseries

La technique de la tapisserie qui était connue depuis l'Antiquité prend un nouvel essor à partir du xive siècle avec l'apparition de grandes scènes narratives à l'intérieur de ses grandes tapisseries. Le xve et le xvie siècle continueront dans cette lancée commerciale et artistique.

La tenture, pièce essentielle de l'ameublement, a joué un rôle immense : on peut en souligner un emploi général dans la France royale et dans la Bourgogne ducale, sans pour autant en préciser l'origine des cartons qui doivent être utilisés pour agrandir les figurines. Tout se passe alors dans les Flandres dans des établissements réputés. Cependant l'organisation du travail inclut souvent des auteurs français. Nicolas Bataille, dont on parle en 1400, ou Pascal Grenier fournit au roi Philippe le Bon de nombreuses tentures religieuses en 1461.

Au milieu du xve siècle et dans le courant du xvie siècle, la production s'accélère. Vers 1530, François Ier fonde la première manufacture royale de tapisserie. Celle des Gobelins sera créée en 1601 par Henri IV. L'arrivée de la Renaissance introduit certes le style italien d'artistes tels que Raphaël qui introduit systématiquement l'art de la composition, la clarté, la perspective – mais le style français est en marche et prend bientôt le pas sur ses influences.

Les commandes affluent. Quoi de plus efficace, que de transporter comme les rois le font (dont François Ier) ces grandes tapisseries qui ornent magnifiquement les murs pour se retrouver toujours chez soi avec les mêmes dessins, les mêmes figures ? Les principaux centres de production sont toujours Arras, Tournai, Audenarde, Enghien et Bruxelles. En même temps se développe une demande des centres urbains pour ces produits de luxe. Elles sont aussi des cadeaux diplomatiques, voire de mariage pour faciliter des accords. Ce marché très lucratif est coordonné par des entrepreneurs qualifiés de "marcheteurs" ou "marchands tapissiers." Ils financent ces ateliers et prêtent de grosses sommes d'argent aux princes. Ils restent une source et un lien important entre les marchés, les importations, les commanditaires et les livraisons.

De manière générale, la tapisserie suppose toujours ainsi une composition élaborée par un peintre, mise au point par un maquettiste. Dans toute leur fraîcheur, elles ne sont jamais des peintures terminées et poussées à l'effet, mais elles font comprendre à leur manière la pensée du maître et présentent un rapport d'harmonie générale qui plaît de plus en plus. Elles ne sont que très rarement des pièces isolées : les tentures historiées rassemblent toujours plusieurs tapisseries qui formulent des épisodes différents de la même histoire. Ainsi, la tenture de l'apocalypse conservée au château d'Angers, réalisée vers 1375, est environ de 140 mètres et découpe les thèmes connus de l'apocalypse. Elles sont également à la fin du Moyen-Âge des témoignages de la vie de cour avec des scènes galantes qui illustrent de façon idéalisée la vie des nobles. On peut ainsi citer par exemple la tapisserie de *La Dame à la Licorne* située au musée du Moyen-Âge à Paris.

Les nombreuses suites de tapisseries hagiographiques installées au cours du xve et xvie siècles dans les grands sanctuaires, les églises, comme par exemple

Figure 3.8. **Détail de la tapisserie de *La vie de Saint Pierre*.** Musée de Beauvais. Ma photo.

La vie de Saint Pierre à la cathédrale Saint Pierre de Beauvais vers 1460 (voir Figure 3.8), se multiplient. Elles sont également placées dans les riches demeures dans un souci de protection et de chauffage (conservation de la chaleur dans les pièces froides), mais elles se transforment vite à des fins de prestige et d'honneur. Les dons princiers, ou les commandes des grands prélats, commencent à affluer et reflètent les statuts sociaux.[21]

Au xve et xvie siècles, les tapisseries ne représentent plus uniquement des scènes d'histoire ancienne ou la vie des saints. Les activités domestiques ou d'agriculture sont maintenant mises en vedette. *Les vendanges* (voir Figure 3.9) par exemple constituent un espace où les traditions sociales et économiques sont reflétées. La

Figure 3.9. **Détail des *Vendanges xvi* siècle**. Musée national du Moyen-Âge, Paris. Ma photo.

Figure 3.10. **Détail de la tapisserie *La dame à l'orgue***. Angers. Fin du xve siècle. Trésor de la cathédrale. Ma photo.

composition savante de la tenture mêle aussi grâce aux cuves des détours de perspective et des enchevêtrements qui révèlent la façon coutumière de vendanger et changent la dynamique de la représentation ou des compositions galantes (voir Figure 3.10).

Le renouvellement de ce genre de tapisserie vient certes de l'Italie au xvie siècle comme nous le mentionnions plus haut : ce sera sans nul doute Raphaël qui fournira aux tisseurs de Bruxelles des cartons pour la tenture des Actes des Apôtres. Mais les compositions amples s'intensifient et mettent en scènes des caractères gigantesques et des histoires complexes. Le style français en tiendra compte.

Les trompe-l'œil semblent souvent eux aussi prendre le pas dans les cadres et les hors cadres. Dans la tapisserie de *La Vie de Saint Pierre* (voir encore Figure 3.8), le lecteur pourra noter que les débordements de canevas se font à partir de la place des écussons et des emblèmes et surtout l'apparition d'un ange à droite qui pénètre dans le tableau. L'ange renforce sa présence entre ciel et terre et fait le lien entre deux espaces. Le soldat de droite, quant à lui, reste à l'extérieur et ne s'insère dans cet espace que pour mieux semble-t-il confondre toute l'histoire et la compliquer puisque son regard se porte sur les fleurs et la faune. Cette position d'entre-deux se voit ici elle-même diversifiée par la séparation des colonnes qui présente des scénettes différentes. Les chapiteaux ornés de stucs élaborés renforcent l'importance des banderoles qui dépassent le cadre des tentures et font varier les histoires. Ainsi dans l'extrait de la tapisserie de *La dame à l'orgue* (voir Figure 3.10), tous les éléments s'accumulent (personnage en dehors, insignes, emblèmes, chapiteaux,) relevant le défi de constituer un ensemble en mouvement et en pleine transformation. Le nombre de volutes et de dessins de flore et de faune fait également dévier le regard du spectateur vers d'autres points. L'importance de ces inventions florales en trompe-l'œil jalonne tout le parcours de la tapisserie.

Dans la tapisserie suivante qui est un extrait de la tenture de *La Chasse à la licorne* 1480–1510 (voir Figure 3.11), les arabesques et les grottesques jouent un rôle décisif dans l'œuvre et la manière dont elles s'approprient les murs.[22] En articulant des fragments autour des sols et dans les agencements de droite et de gauche, une lueur quelque peu fantastique se met en place. La singularité de ces acanthes, des fleurs et des arabesques souligne un principe de style exactement inverse de ce qu'a pu exiger l'ordre antique et au tout début du Moyen-Âge. L'originalité de ces tapisseries découle de deux lois : la négation de l'espace et la fusion des fleurs et de la faune. Il semblerait qu'un monde vertical défini dans un jeu graphique et tissé méticuleusement, presque sans épaisseur ni poids, mélange insolement la prolifération de formes hybrides et quelquefois débordantes. Le nombre des détails s'accélère et transforme les surfaces. Un double sentiment de libération à l'égard du monde se produit où l'imaginaire condense les histoires et ces fantaisies : elles sont d'une vitalité prospère mais trouble, parfois fuyante en dehors de la tapisserie et nettement valorisée dans ses différents endroits toujours représentés en mouvement. Le domaine de ces petites représentations florales devient alors une antithèse à celui des représentations principales, dont les normes définies par la "perspective" volent en éclat, tout en caractérisant des types particuliers de sous-domaines floraux et d'animaux. La scène ci-dessous par exemple bien composée tourne autour de la licorne se cabrant. La perspective fait chavirer l'œil autour des personnages, sur les petits animaux et les fleurs autour de l'animal. Les feuillages et les fleurs sont essaimés dans toute la tapisserie et synchronisent en quelque sorte la magie de cette prise de la licorne. Bien que narrative, la réalisation de plusieurs perspectives et la production élaborée de tous ces mélanges d'animaux, de flore et de faune, veut célébrer des variations sur des thèmes connus. Mais la tapisserie

Figure 3.11. **Détail de la tenture de *La Chasse à la Licorne.*** 1480–1510. Courtoisie du Metropolitan Museum of Art, New York. Ma photo.

fait plus que cela ; en renouvelant les perspectives et en les multipliant, les artistes s'ingénient à couvrir l'espace binaire du mur par une tenture qui essaye de mettre en relief un autre espace. Décor mobile et gracieux, les trouvailles de ces tentures ouvrent une ère nouvelle qui non seulement repositionne la décoration du mur, mais mettent en valeur dans leurs champs de perspective un ensemble de décor et de style particulier qui connaîtront leurs heures de gloire aux xviie et xviiie siècles.

Ainsi ces quelques exemples de trompe-l'œil indiquent que leur nombre à l'époque concernée augmente peu à peu. Certes moins populaires qu'en Italie ou dans les Flandre, la variété témoigne de recherches importantes dans l'élaboration des perspectives, leurs dénis et leurs enjeux. Ils jouent avec de nombreux procédés, évoluent dans les thèmes qui ne sont plus uniquement religieux, transforment les murs, renouvellent des ornements, le décor, les meubles, et créent déjà un style plus français qu'auparavant. L'École de Fontainebleau est ainsi un excellent exemple de dissémination de divers procédés où les trompe-l'œil joueront un nouveau rôle. Celui de critiquer la société, de montrer toutes les couches sociales, de retourner aux classiques mais aussi celui de transposer les mouvements et les changements picturaux essentiels pour parvenir à un autre "style."

Notes

1 Dominique Rigaux, "Peintures murales : un chantier ouvert," dans *Art et Société en France au XVe siècle*, dir. Christine Prigent (Paris : Maisonneuve & Larose, 1999), 360.

2 La première danse macabre semble avoir été réalisée à Paris, en 1424 au charnier des innocents. André Corvisier, *Les Danses macabres* (Presses Universitaires de France, 1998).

3 Pour les illustrations, voir *Imago Mundo*, "Les livres d'heures," 2009, <http://www.cosmovisions.com/textLivresHeures.htm>.

4 François Boespflug et Yolanda Zaluska, "L'enluminure en France au XVe siècle," dans *Art et Société en France au XVe siècle*, dir. Christine Prigent (Paris : Maisonneuve & Larose, 1999), 295–313.

5 Boespflug et Zaluska, "L'enluminure en France au XVe siècle." L'énorme travail de compilation de ce travail est à remarquer en particulier pour l'étude et l'approche des artistes et des ateliers.

6 John Harthan, *L'âge d'or des livres d'heures* (Paris–Bruxelles : Elsevier Séquoia, 1977), Arnaud-Join-Lambert "Du livre d'heures médiéval au Paroissien du XXe siècle," *Revue d'histoire ecclésiastique* 101, no. 2 (2006) : 618–655.

7 Claude Gandelman, *Le regard dans le texte. Image et écriture du Quattrocento au XXe siècle* (Paris : Méridiens, Kliencksiek, 1986), 44.

8 Miriam Milman, *Les illusions de la réalité. Le trompe-l'œil* (Genève : Skira, 1994), 37.

9 Pour voir la liste des collectionneurs, voir le site de la collection Lessing J. Rosenwald, Bibliothèque du Congrès, Rare Book & Special Collections, July 24, 2017, <https://www.loc.gov/rr/rarebook/rosenwald.html>.

10 François Boespflug, *Dieu dans l'art à la fin du Moyen-Âge* (Genève : Droz, 2012).

11 Omar Calabrese, *L'art du trompe-l'œil* (Paris : Citadelles et Mazenod, 2010).

12 Corinne Charles, "Meubles du Moyen-Âge en Alsace et dans le Rhin supérieur," *Cahiers alsaciens d'archéologie d'art et d'histoire*, tome IX (1997) : 125–149.

13 Le plateau fragmentaire est conservé à Zurich au Landsmuseum, Inv. DEP-527, 102,3 x 138,2 cm.

14 Anne-Marie Christin, *Poétique du blanc. Vide et intervalle dans la civilisation de l'alphabet* (Paris : Vrin, 2000), 54.

15 Guy Rosolato, *Éléments de l'interprétation* (Paris : Gallimard, 1985) et "L'objet de perspective dans ses assises visuelles," *Nouvelle Revue de Psychanalyse* 35 (Printemps 1987) : 146.

16 Dominique Rigaux, "Peintures murales ; un chantier ouvert," dans *Art et Société en France au XVe siècle*, dir. Christine Prigent (Paris : Maisonneuve & Larose, 1999), 360–375.

17 Pierre Delattre, *Les établissements des jésuites en France depuis quatre siècles*, Répertoire topo-bibliographique, T. 3, fasc. 12, col. 1101–1258, 1949.

18 François Perrot, "Peintures murales ; un chantier ouvert, Le vitrail au XVe siècle," dans *Art et Société en France au XVe siècle*, dir. Christine Prigent (Paris : Maisonneuve & Larose, 1999), 342–359.

19 Jean Lafond, *Le vitrail, origines, technique, destinées* (Lyon : L'Œil et la main, La Manufacture, 1988) ; Martine Vasselin, "Les donateurs de vitraux au xvie siècle en France : leurs marques et leurs représentations," dans *Rives méditerranéennes* 6 (2000) : 39, <https://journals.openedition.org/rives/61>.

20 Voir le site <patrimoine-histoire.fr>.

21 André Chastel, *L'art français. Temps modernes 1430–1620* (Paris : Flammarion, 1994), 70–76.

22 André Chastel, *La Grottesque* (Paris : Gallimard, Éditions Le promeneur, 1988), 45.

4

L'École de Fontainebleau

L'art du xvie siècle français passe sans aucun doute par l'étude de l'École de Fontainebleau. À la fois grand corps éparpillé à travers de nombreux espaces français et en conséquence souvent difficile à saisir et synthétiser, ce groupe semble aussi donner de nombreux visages. D'innombrables châteaux en ont enfermé ses trésors, presque dans un demi-secret. André Chastel, dans son remarquable livre intitulé *L'École de Fontainebleau*,[1] nous rappelle qu'une vie artistique documentée par le mécénat et les rois exprime une grande vitalité, répond aux besoins et aux passions de toute une époque curieuse dans la société française. Si notre auteur parle de période "évènementielle," nous pouvons y voir également un attrait et une énergie transformatrice, souvent influencés bien sûr par la renaissance italienne, mais qui s'en différencie par des transformations qualitatives, modelées au fil des ans dans les châteaux en France et les œuvres d'art.

L'exploration de cette école montre en particulier une grande richesse et une variété certaine dans les œuvres. On peut distinguer la Première École qui s'échelonne de 1526 à 1570 environ avec François Ier comme inspirateur et mécène et la Seconde École entre 1594 et 1617 au cours du règne de Henri IV et de la régence de Marie de Médicis.

Le renouveau des arts se manifeste après une longue période de troubles liés aux guerres de religion et s'attache aux mouvements de la peinture et de l'architecture des jardins de la cour qui se développe pendant cette période. Les trompe-l'œil et les anamorphoses qui sont utilisés dans les œuvres méritent ainsi une attention particulière. Ils sont liés à la critique de la monarchie des derniers Valois, aux méfaits de l'incohérence de nombreuses commandes, au cynisme et aux atrocités de la Saint-Barthélemy. Cette recherche obstinée des fondements de l'État et la transformation d'une culture mettent en valeur différents points de vue, différents glissements qui se conjuguent tous ensemble, et apparaissent comme un moment souvent encore assez méconnu dans ses tromperies et moqueries des arts traditionnels, de la perspective, ou des jeux sur cette perspective.

Nul doute que ce courant, comme nous l'indique Chastel, ait pu avoir une tournure sociologique.[2] L'orientation économique de la fabrication des trompe-l'œil dans les sculptures, les cheminées, les estampes, les escaliers, ou les boiseries a souvent été négligée. Les nombreux mécènes n'ont pas toujours permis de quantifier tous les prix et les nombreuses heures passées à créer, modifier, ou rattraper les projets originellement modifiés, améliorés, ou mis plus ou moins de côté. Cependant les *comptes*, constitués dans les archives, retiennent les mentions méticuleuses des paiements et signalent souvent quelques "patrons." Ils peuvent retenir l'attention des chercheurs sur les désirs et les efforts pour "améliorer" ou changer ce qui a été proposé.

Ainsi, dans le choix de certains matériaux, dans la pratique de certaines estampes ou de peintures en anamorphose, ou trompe-l'œil, le spectateur peut voir toute l'efficacité de ces "petites mains" doublée d'un ressort inventif à ne pas tout dépenser pour produire mieux et faire d'autres dessins, d'autres estampes, ou d'autres sculptures. Bien que cet aspect ait été souvent négligé, il n'en constitue pas moins un tremplin qui soulignera la créativité et l'ingéniosité des artistes.

Les créateurs peuvent ainsi proposer d'autres "choses" ou d'autres "éléments" surprenants dans cette école. Les cheminées de Fontainebleau sur lesquelles nous aimerions nous arrêter en premier recourent à ce genre de stratagème pour augmenter les profondeurs de champ, tout en restreignant les cordons de la bourse. Ceci favorise aussi plus de perméabilité entre les genres, et permet une exploitation et une explosion de tous les moyens pour accentuer des moments décoratifs particuliers. Cette démarche ostentatoire, voire souvent théâtrale, reste avant tout efficace, et souligne les transformations et les mélanges des genres : peinture, architecture, tapisseries, décors, estampes, mobilier, jardins, grottes, etc.

Ce formidable développement d'une culture symbolisée par l'entreprise Fontainebleau se voit sans arrêt enrichi de concours par le groupe brillant de la Pléiade. Le latiniste Galant y verra même un accomplissement historique dans *L'oraison sur le trespas du roy Françoys*, prononcée le 6 mai 1547 à l'université de

Paris, où il indique bien l'importance du roi à plusieurs reprises : "Avant ce roy, nous nous amusions seulement à ce qui se présentait à nos senz imbéciles, comme si les organes de nostre raison eussent été fermez." C'est aussi durant la monarchie des derniers Valois que l'entreprise s'obstine, se constitue et se distingue de l'école italienne.

Les normes et l'originalité de cette école recourent constamment à une déviation des champs qui lui sont donnés. Qu'il s'agisse de gravures sur bois, de cheminées, de décors, de corridors à faire, l'École de Fontainebleau peut paraître trop foisonnante, trop luxuriante. Mais elle contribue à l'enrichissement des connaissances et profile un moment particulier de créations et de sensations en France auxquelles se mêlent des distorsions et des mises en reliefs surajoutées qui provoquent chez le spectateur un éblouissement de la vue et des sens.

La connaissance de l'espace ne se limite pas uniquement dans le champ de l'École de Fontainebleau aux mesures mathématiques et aux changements de perspective et d'histoire de l'art. En acclimatant les nouveaux formats et les nouveaux défis de l'époque, qu'ils soient politiques, artistiques, ou socio-économiques, cette école lance de nouveaux défis pour la société française. En rendant complémentaire le quantitatif et le qualitatif les approches de l'espace, elle reformule différents concepts et l'image en alliant descriptif et fictionnel, aussi bien que le pensé et le vécu des différents instants qui parcourent son histoire. En établissant des convergences et des interactions entre les genres et les différents espaces du sol, du plafond, des coins et des reliefs, plaintes et linteaux, ce mouvement suscite de nouveaux dialogues entre les différents savoirs.

Comment répondre en particulier pour les besoins de ce livre aux interactions entre le subjectif et l'objectif qui se poursuivent dans les œuvres du trompel'œil ? La question n'est pas simple. La fécondité des œuvres de cette école passe par le témoignage des artistes qui semblent franchir la paroi de verre qui sépare leur discipline respective des expériences vécues et des œuvres rendues.

Dans l'ouvrage de André Chastel,[3] l'auteur remarque bien la complexité des relations entre le roi, les mécènes et les artistes. Il semble bien que l'École de Fontainebleau permette de donner un visage à l'art français du xvie siècle. S'il est vrai que c'est un art qui régit souvent le décor des lieux, il exploite un grand nombre d'ensembles monumentaux. On peut dater la première École sous l'égide de Rosso suivi de Primatice. Si certains artistes comme Thiry dans des dessins et quelques peintures de Dorigny sont au rendez-vous, les témoignages restent encore peu nombreux. Primatice montre une œuvre considérable à Fontainebleau. Il est sûr que tous les artistes italiens venus en France ont apporté leurs nombreuses techniques, telles que l'usage de la plume, du lavis brun, ou de la sanguine.

Certaines œuvres choisies dans ce chapitre soulignent la complexité des relations entre les ornementistes et leurs dessins. Que ce soit dans les peintures, les dessins, les manuscrits illustrés, les gravures, les vitraux, les objets d'art, ou la reliure, cette école innove et ne cesse de créer des anamorphoses et même des trompe-l'œil à l'intérieur de leurs œuvres. En liaison avec les poètes et les architectes, les chantiers explorent de nouveaux genres et de nouvelles données. Ainsi les œuvres de la famille Cousin seront même souvent confondues avec cette école. François Clouet, lui-même influencé par l'art de la cour, traitera de façon particulière les thèmes typiques de l'École (*Sabina, Poppea*, etc.). Vers la fin du siècle, sous le règne de Henri IV, les peintres comme Dubreuil, Dubois et Freminet continueront le travail échafaudé par les anciens. Cette "seconde école" continue sur la lancée de ces grands maîtres incluant des influences nordiques dans l'inspiration et le style. Leurs thèmes mythologiques et galants prennent poids dans l'agencement de Fontainebleau et d'autres châteaux.

Dans ce chapitre, quelques trompe-l'œil dans certaines figures sur les peintures, les dessins, les manuscrits illustrés, les gravures, les vitraux et les objets d'art seront analysés. Ces arts techniques sont généralement peu étudiés, mais ils constituent aussi un moment important dans l'élaboration de l'œuvre de l'école. Le déploiement d'énergies et les mouvements complémentaires de peinture, stuc, bois et marbres témoignent d'une synthèse "moderne," de tout un ensemble inspiré par les Italiens mais qui, en recoupant différents itinéraires, vont former un ensemble "différent" de la Renaissance italienne. L'itinéraire et la force des mouvements impliqués dans cette école font souvent inventorier le trompe-l'œil. Ce dernier, déjà bien connu en Italie, se voit plus intensif dans certains sites. Le château de Fontainebleau peut ainsi s'enorgueillir de plusieurs espaces qui lui sont dévolus.

Ainsi, si l'espace de la galerie du roi du château de Fontainebleau (voir Figure 4.1) mêle les genres et fait fusionner différents styles, entrelaçant différentes textures et matières. C'est au château d'Écouen que nous porterons tout d'abord notre attention pour la constitution d'espaces de trompe-l'œil. Dans les multiples thèmes abordés de l'École de Fontainebleau, le phénomène de l'ornementation des objets et de certaines structures telles que la cheminée est important.

Figure 4.1. **La galerie du château de Fontainebleau**. 2017. Ma photo.

Les Cheminées

Représentant un emplacement privilégié à l'intérieur de grandes salles à Écouen, la cheminée allie la modernité, le confort, l'esthétique d'un décor abondant tout en attestant de l'inventivité du peintre. Elle témoigne aussi de la fortune des occupants, soulignant une ornementation originale et un savoir-faire impressionnant. Les trompe-l'œil des cheminées du château reflètent ainsi une symbiose entre l'argent dépensé dans le bâtiment lui-même et une extrême rigueur des artistes à déployer leurs connaissances. Dans leur qualité, leur richesse et les nouveautés de ses décors et ornementations, le château se place au cœur des chantiers royaux comme celui de Fontainebleau.

Les motifs de ces foyers sont inspirés de l'antiquité gréco-romaine comme le thème de la victoire. Sur douze cheminées peintes, onze ont pour sujet des scènes de l'Ancien Testament. Deux d'entre elles se trouvent dans les appartements d'Anne de Montmorency, maître des lieux au XVIe siècle. Ce personnage très puissant sera éduqué avec le futur François Ier et deviendra son connétable, c'est-à-dire le chef des armées royales. Homme de guerre, Montmorency poursuit la lutte contre la Réforme sous le règne de Charles IX au fait de la vie artistique de son temps. Ces douze structures peintes des appartements des Montmorency et l'ornementation de celles aménagées pour recevoir le roi Henri II soulignent encore plus la richesse du décor intérieur. Outre les frises et les grands formats de ces structures, les salles bénéficiaient d'un pavement de faïence et non de terre cuite aux armes des Montmorency.

L'une des cheminées présente la chasse d'Ésaü (Figure 4.2). Le texte consacré à ces frères jumeaux raconte que Jacob, avec l'aide de sa mère Rebecca, monte un stratagème pour prendre la place d'Ésaü, l'aîné des deux (Genèse 27, 1–40). Il profite de l'absence de son frère, parti chasser, pour se faire passer pour lui devant son père aveugle, Isaac. Ce dernier lui donne sa bénédiction et lui confère sans le savoir le droit d'aînesse, destiné initialement à Ésaü. De retour de la chasse, Esaü se met en colère. Jacob est contraint de s'enfuir et de quitter sa famille. Le choix de cette histoire n'est certainement pas fortuit. Elle pourrait évoquer une critique des imbroglios familiaux de la famille royale, ou tout simplement faire revivre l'histoire de chasse dans un cadre de représentation plus approprié dans l'espace du château et des jardins.

En même temps, la création de ces cheminées qui doivent apporter chaleur et réconfort sert aussi d'hommage au roi et à Anne de Montmorency, connétable du roi dans des fêtes d'images qui se créent et se recréent à l'infini. En particulier, l'encadrement de la chasse de Ésaü montre une très grande habilité sur le trompe-l'œil qui imite notamment la pierre sur un fond de mosaïque dorée. Sur la partie supérieure de la cheminée, une corniche accroche des fruits et des courges et prolonge ce premier trompe-l'œil. Le paysage se voit flanqué de deux figures partiellement dénudées : celle de droite face au spectateur est complètement nue et contraste en quelque sorte celle de droite à moitié habillée. Semblables à des statues grecques ou gallo-romaines, elles soulèvent chacune un rideau orné de petits aigles bleus soulignant ainsi les armes des Montmorency. Ces deux silhouettes suggèrent un paysage représenté de façon réaliste avec une perspective, un thème et une atmosphère qui se perdent dans des fonds bleutés, assez nouveaux pour l'époque. Ces figurines tiennent également une épée, emblème de la fonction de connétable de Montmorency. Leurs pieds qui reposent sur des stèles rectangulaires dépassent de ces dernières, créant ainsi un autre trompe-l'œil. La partie inférieure de cette représentation semble se poser en porte à faux et ceci en raison de l'illusion optique des pieds posés : ils font dévier l'œil vers le bas où séjournent deux petits anges brandissant des gobelets. Ils semblent célébrer les figurines et l'histoire du médaillon central. Les chiens de chasse sur lesquels les

Figure 4.2. **Partie de la cheminée représentant *La chasse d'Ésaü*.** Château d'Écouen. Ma photo.

putti sont assis semblent être dans des positions d'arrêt près pour la chasse. Cette partie connaît un vrai tourbillon de mouvements ; entre les rouleaux de frises entrelacées, un dernier petit tableau central de chasse se dresse. Il est surmonté d'un autre petit trompe-l'œil ; celui d'un cerf qui tient en quelque sorte ce tableau. Ce faux bas-relief introduit la bénédiction de Jacob.

Ces nombreux trompe-l'œil dessinés par un peintre dont le nom nous est inconnu lui permettent de travailler l'espace bidimensionnel vertical avec des couleurs grises et bleues à la manière de l'art flamand sur des matériaux de pierre. Peu onéreux, c'est aussi un moyen pour lui de souligner sa maîtrise sur les façons de jouer sur les perspectives tout en se confrontant à l'adresse des sculpteurs. En démontrant sa capacité à rendre la troisième dimension de manière si habile, ce peintre montre et remet en valeur l'efficacité de cette technique tout en jouant sur la place de l'œil du spectateur qui se voit trompé. Dans ce cas comme dans les deux autres trompe-l'œil ci-dessous, l'artiste exploite un phénomène artistique encore peu employé en France à cette époque. La description de la chasse ne devient plus biblique mais participe aussi à tous les moments de la vie. En ce sens, le trompe-l'œil contribue à une transformation de la vie mythologique en vie réelle. L'accomplissement de cette cheminée fournit d'autres atouts au genre de la peinture ici renouvelée ; décrivant le monde de la chasse, l'artiste incorpore la tradition mythologique tout en décrivant le monde.

Dans la même fonction d'incorporation et de changement d'instrumentalisation de la peinture, la cheminée intitulée "Le tribut de César" utilise les mêmes techniques de gris et de bleutés pour imiter la pierre et mettre en lumière la cheminée (voir Figure 4.3). Le trompe-l'œil cette fois-ci est plus central puisque les figures dénudées faites de chérubins et d'hommes surmontent et pénètrent le médaillon. Les ornements tournoient et se détachent sur un fond en trompe-l'œil imitant les mosaïques d'or. La profusion d'arabesques, de putti, de fleurs et de fruits en mouvement et en torsades déstabilise en quelque sorte l'espace présenté et mettent en relief un faune triomphant soufflant dans une corne. Ces représentations ornementales font penser à la galerie de François Ier à Fontainebleau et de Rosso Florentino. Pour le thème du blason, l'artiste, lui aussi inconnu, soutient un thème biblique. Il s'agit du moment où le Christ préconise "de rendre à Dieu ce qui est à Dieu et à César ce qui est à César."[4] Dans le médaillon de cette cheminée à Écouen, Jésus Christ, vêtu de pourpre et auréolé, se trouve entouré de Pharisiens : il parle dans une clairière. À l'arrière-plan du décor, une étendue d'eau semble baigner une ville médiévale, adossée à des montagnes légèrement bleutées.

Ce médaillon et ce trompe-l'œil démontrent une belle connaissance de la peinture du Nord et en particulier celle du peintre de Fontainebleau Niccolo dell'Abate. Les feuillages et les couleurs donnent un mouvement de temps bien spécifique à la scène et déforment sa rigueur. En fait, l'arbre situé à gauche est décrit au moment de l'hiver, tandis que celui de droite est en été. Au centre de ces arbres, le printemps déploie ses premières feuilles. La juxtaposition des saisons différentes crée un ensemble particulier riche en sous-entendus sur les notions de transformation des thèmes de la nature, de la création et de la mort à la Renaissance.

Figure 4.3. **Partie de la cheminée** *Le tribut de César*. Château d'Écouen. Ma photo.

Les Estampes

D'autres thèmes de trompe-l'œil naviguent dans l'espace de l'École de Fontainebleau. En particulier, dans la représentation des estampes (voir Figure 4.4), l'artiste Caron exploite les stèles en porte-à-faux pour soutenir le côté gauche et celui de droite des figurines qui s'accoudent sur un médaillon ovale dans cette estampe. Entre ces deux constructions, un combat de cavaliers se déroule au second plan ; au-dessous d'eux se profile un ensemble de soldats. Au premier plan, deux femmes nobles sont assises de part et d'autre d'une cartouche surmontée de guirlandes et semblent repousser les soldats. Il s'agit d'une représentation d'un tournoi donné à l'occasion du mariage de Catherine de Médicis et

Figure 4.4. **Estampe de Caron 45**. Courtoisie du Musée du Louvre, Paris.

d'Henri II en 1533. L'arrière-plan est celui de spectateurs entourés de colonnes. La multiplication des plans reflète une précision d'un genre qui se veut unique et parfaitement maîtrisé. Il représente un moment de l'histoire française et l'artiste doit tout suggérer : la tradition, le jeu théâtral de la joute, la fête, les blasons et les emblèmes royaux. La mobilité de cette représentation tient dans la succession des différents niveaux et l'entrelacement de tous ces personnages, qui d'une façon ou d'une autre "débordent" de leurs cadres. Dans la même tradition, et de la même façon, Étienne Delaune esquisse son estampe "la musique" de façon savamment conceptualisée.

Dans la figure suivante (voir Figure 4.5) intitulée *La Musique*, neuf Muses sont mises en scène à gauche, en mouvement qui, dans un tourbillon de gestes, donnent un concert. À droite, face à elles, six personnages groupés lisent sous une tonnelle. Ce kiosque établit un champ de perspective traditionnel qui s'étire vers la fin du tableau sur une autre tonnelle vide multipliant les angles et les possibilités de mouvement. Toujours dans la même perspective oblique de cette droite montante vers le fond du dessin, un autre espace plus à droite s'étire en

Figure 4.5. *La musique* d'**Étienne Delaune**. Estampe. Courtoisie du musée du Louvre, Paris.

contrebas en oblique lui aussi : il présente des jardins avec un seul animal. Cette figuration faisait partie d'une suite dont le frontispice *Allégorie des arts libéraux* à l'Académie de Venise présentait Charles IX distribuant des couronnes à sept personnages. Il s'agit comme le souligne Chastel[5] de la fondation d'une Académie placée sous le patronage du roi. Ce dessin réalisé à la plume et l'encre brune avec de légers rehauts de lavis serait également destiné à la production d'une tapisserie. Les balustrades de chaque côté en porte-à-faux permettent de jouer sur les angles, d'augmenter les différentes mises en scènes de lieux et de personnages et d'accélérer les données des trompe-l'œil. Le haut de du frontispice chevauche les scènes proposées et agit en contraste des diagonales données dans le dessin même. Les mouvements en courbe de l'en-tête transforment les équilibres du dessin grâce à la position des anges recourbés et de multiples fruits. La cartouche aux entrelacements élaborés pourrait également convenir à un recueil. La disposition de ces trois groupes (Muses, hommes et animal) reste un moment important de détente en mouvement en quelque sorte. L'artiste obtient grâce à des lignes de fuite obliques un ensemble qui décale les champs et d'une certaine manière obtient le contraire de la simplicité et de l'unité. La projection reste fragile et embryonnaire en raison de ces multiples aspects. Les décalages entre toutes ces présentations et le mode de réalisation du dessin modèlent des décalages entre les activités qui laissent percevoir plus de tourbillons que de simplicité.

Dans cette école, le découpage des disciplines entre peinture, sculpture et décor architectural se révèle moins étanche et passe par d'autres clivages, de telle sorte que les distinctions méthodologiques qui sont faites de manière plus systématique existent ici dans des rapports plus complexes. Le travail des trompe-l'œil comme les œuvres d'art de l'époque sont sans doute en train d'acquérir un statut indépendant, mais ils demeurent largement solidaires de l'environnement intellectuel et des conditions historiques. Subordonnés à des projets savants de construire ce beau château, les artistes sont engagés dans un débat d'idées. Entre les recherches mathématiques, scientifiques et les messages visuels convoyés, maintes affinités existent. L'ambition d'un savoir global est menée tambour battant dans un exercice de curiosité constant. Et les trompe-l'œil battent ainsi en brèche de nombreux genres.

On peut ainsi noter, que ce soit dans la construction des armures, des épées, ou de vitraux, des supports variés qui mènent à des images vertigineuses, en pleine torsion, ou, au contraire, qui assument des représentations parallèles à ce qui a été fait auparavant. Dans tous les cas de figure, ils déplacent le regard en quelque sorte vers d'autres points de fuite ou d'autres éléments de l'univers que les auteurs veulent démystifier ou revaloriser. Les transformations que les artistes apportent dans les matériaux des vitraux ou des esquisses montrent une innovation constante et une connaissance des alliages qu'il faudra utiliser. Donc une participation avec d'autres artistes : que ce soit des coloristes, des sculpteurs, des savoir mathématiques, ou des alliages techniques de soudure, etc.

Les Vitraux

Dans le dessin du vitrail (voir Figure 4.6) qui fut autrefois attribué à D. Dumoustier[6] et fut un projet de dessin, le spectateur peut voir le mouvement et les formes de personnes affairées. La situation reste complexe. Il s'agit d'un vitrail en forme cintrée dans la partie supérieure, qui comprend trois compartiments dont *L'Assomption de la Vierge* est au centre et de deux compartiments qui représentent *La Vie de la Vierge* : *La Visitation* (à gauche) et *Sainte Madeleine et les Saintes Femmes* (à droite). Les déliés des mouvements sont accélérés grâce au chevauchement des compartiments. De même, les cinq compartiments centraux

Figure 4.6. **Esquisse d'un vitrail de Pierre Dumoustier.** Extrait de vitrail. Courtoisie du musée du Louvre, Paris.

sont proposés en perspective, ce qui n'est pas toujours le cas dans les vitraux. Ils figurent *La Prédication du Christ*.

Ce vitrail, riche de contrastes et de formes animées ordonne des thèmes différents qui tourbillonnent. L'aménagement des séparations permet d'entrevoir une technique plus sûre. Les personnages sortent tous des cadres pour aller dans celui qui le suit, donnant un kaléidoscope de points de vue. Cet art reflète non seulement une beauté précise faite de couleurs et de perspectives différentes mais atteste aussi d'une création perpétuelle. Le flot des images renvoie à une recherche technique et intellectuelle certaine qui se veut de plus en plus enrichie par des caractéristiques françaises.

Les Manuscrits Illustrés

Si les vitraux et les dessins étudiés semblent déporter les illustrations en dehors des cadres, les manuscrits illustrés qui apparaissent entre 1540–1560 exposent des peintures de qualité dont le mécénat de Henri II recouvre souvent les coûts. Les thèmes souvent chrétiens ou mythologiques se voient reclassés pour des gens riches. Ces objets de luxe sont souvent commandités pour commémorer des fêtes, des visites royales, des mariages, etc. Les montrer revient à faire parade de sa richesse et témoigner de multiples façons d'envisager et renouveler l'espace. Ils constituent des jalons essentiels qui portent un témoignage historique important sur des évènements non conventionnels et traités comme tels. Geoffroy Dumoustier, dans *Le cartulaire de l'hospice général de Rouen dit Cartulaire de Saint Maclou*, reprend ainsi bien les thèmes traditionnels de l'iconographie de l'art du jugement dernier – et notamment la fresque de Michel-Ange. Cependant dans l'élaboration du trompe-l'œil, des couleurs et du style de la peinture plus ornée, et avec les différentes zones de découpage plus strictes, la peinture se veut plus "française."[7] Au centre, le monde vivant touche les bords. Le paradis se voit lui-même enserrant un archange à droite dont le corps semble déborder du cadre et projeter une image double. Les décorations florales géantes s'incrustent dans la peinture et même le roitelet de la décoration à gauche entre dans la peinture par sa queue.

Les Gravures

Pour la plupart des estampes gravées entre 1542 et 1547, les tirages des productions semblent plus rapides. Exécutées par des peintres qui ont travaillé pour les décorations du château de Fontainebleau, et non des graveurs professionnels, elles explorent avant tout la mobilité et demandent une constante réévaluation de la place du spectateur. Chaque mouvement est en proie au déluge de petits détails et tourbillonne dans le cadre du dessin où le thème du dessin semble s'étirer ailleurs, en voie "off."[8]

Dans les gravures de Jean Cousin père et surtout dans *L'Annonciation* (voir figure 4.7), le spectateur peut apprécier la maîtrise du burin et de la taille douce avec une technique particulière en pointillée reprise de Guilio Campagnola : des perspectives ornementales et variées défient le temps et l'espace. Pour tous ces graveurs, l'architecture des plis, le mouvement et l'équilibre des formes semblent toujours aller plus de l'avant et se détacher du cadre où ils sont posés.[9]

Figure 4.7. ***L'Annonciation*** **de Jean Cousin**. Courtoisie du Metropolitan Museum of Art, New York.

Si certaines gravures ont beaucoup souffert à cause du temps, elles restent un véritable trésor. Les trompe-l'œil semblent toujours s'insinuer dès que le graveur établit un cadre officiel. On assiste alors à un tour de passe-passe de la silhouette, d'un pied, ou d'un objet qui va se mettre en porte-à-faux ou s'ancrer "entre deux" espaces pour mieux dévoiler des formes, renouveler la perspective. Les raisons pour lesquelles ces graveurs jouent sur ces moments précis restent encore opaques. Est-ce une commande particulière de leurs bienfaiteurs ? Ou est-ce une opposition à ceux qui a été commandé ? Il résulte de ce parcours des gravures et de ces archives un mélange intense qui reflète une créativité toujours renouvelée et assidue dans le rendu des formes, la complexité des mouvements en tourbillon. Véritables précurseurs des mouvements baroques et maniéristes, les gravures de cette école peu connues restent remarquables dans leur complexité, leurs agencements et les défis qu'ils mènent dans les batailles de perspective linéaire et inversée.

Il n'est guère étonnant dès lors que notre époque – qui est celle de nombreuses valeurs transcendantes du règne de l'homme livré à lui-même, au meilleur d'un monde souvent voué à la relativité universelle – se sente des affinités avec ces gravures. Elles occupent un siècle important de l'histoire littéraire et artistique des années 1470–1600 et enrichissent la culture d'un goût qui se veut de plus en plus français et défini par ses propres jeux, matériaux et utilisations des couleurs et perspectives.

La Galerie de Fontainebleau

Les trompe-l'œil de la galerie de François Ier au du château de Fontainebleau méritent également notre attention pour comprendre l'effet des trompe-l'œil et des anamorphoses sur un style qui s'affermit de plus en plus en France.

La galerie François Ier a souvent été commentée.[10] Cette salle est l'un des lieux les plus célèbres de la Renaissance française. Construite quatre ans après le retour de captivité du roi François Ier en 1530, elle est destinée à reconstruire la confiance au sein de la nation et permettre de reprendre une place importante dans l'imagerie des rois souverains en Europe. Le roi François Ier aspire à y vivre une belle et douce vie, à s'entourer d'artistes célèbres et à montrer ses collections d'œuvre d'art. Ce sont les raisons pour lesquelles il invitera à sa cour les meilleurs artistes italiens du moment, comme Rosso Fiorentino et Primatice ainsi que de nombreux artistes français de l'École de Fontainebleau.

Le lieu est important ; proche de Paris, ce château médiéval sera reconstruit avec les nouvelles idées de la Renaissance dans un décor riche à la gloire du roi et de sa politique. Souvent commentée, souvent incomprise à cause de la richesse et la variété des décors et des matériaux (peintures, gravures, stucs, bois, pierre, bijoux, tapisseries, etc.), elle montre souvent un foisonnement d'idées et d'idéaux qui sont difficiles à démêler. À tout cela, il faut ajouter un effort constant de trompe-l'œil et d'anamorphoses au sein même des ornements, des sculptures, des peintures, et, avant tout, de l'espace proposé. L'invention nous paraît caractéristique dans toutes les formes proposées dans la galerie. Dans cet espace, une cartographie particulière se déroule ; à l'est du côté de la chambre du roi sont présentés les périls pouvant guetter le souverain dans l'exercice du pouvoir : le mensonge, la trahison, la mort. À l'ouest sont cartographiés les bienfaits de la monarchie et la mansuétude du roi. Le début de cette orientation n'est cependant pas aussi net qu'il n'y paraît. L'emplacement des trompe-l'œil dans l'espace est essentiel pour commencer à appréhender le jeu porté sur tout l'ensemble de la galerie. Dans les années 1520, la galerie du roi avait pour but principal de relier le vieux donjon, logement de la reine Louise de Savoie avec les bâtiments de l'abbaye. Ce passage aboutissait ainsi sur la grande salle de la reine et était ouvert à la circulation. Lieu de navigation par excellence et de d'accès d'un endroit à un autre, il permettait de circuler sans interruption d'un espace à un autre et cet "entre deux" véhiculait du monde et permettait des échanges. Ceci changea à la mort de la reine. On perça alors une porte et la galerie permit d'arriver directement à la chambre du roi. Cet espace alors devenu privé devint une extension des appartements du roi qui en détenait les clés. Le passage du public au privé renouvelle ce corridor et dans sa nouvelle dimension d'environ 6 mètres sur 64, l'espace va se transformer en un long passage étroit imposant avec quelques contraintes pour sa décoration. Sur le bas du mur, des panneaux de boiserie de Scibec de Carpi se prolongent sans discontinuation. Sur le haut du mur, les six fenêtres et les sept cadres composés d'une fresque ornée de stucs et de bas-relief se trouvent au-dessus de ces boiseries. Dans ces grandes fresques, les thèmes divers abondent allant de la mythologie aux allégories en passant par des scènes plus "contemporaines." Rosso en conçoit le décor en s'inspirant de formes de l'Antiquité et en y apportant des techniques que les artistes français vont découvrir et diffuser en France. Il conçoit également le plafond à caisson et met des lambris de façon soutenue. Les constructions variées et les nombreuses décorations et ornements révèlent un art particulier de l'emboî-tement – et des trompe-l'œil qui surprennent.

Ce décor riche, toujours admiré laisse aussi perplexe : que ce soit pour l'ama-teur contemporain du xxiᵉ siècle qui portera son attention sur les fresques, ou l'amateur du xviᵉ siècle plus enclin à regarder le travail des montages et des stucs et apprécier leur immense travail, il reste que ce lieu, que les historiens de l'art nomment maniériste, concentrent un tourbillon d'activités artistiques.

L'invention et l'intrication des fresques et des ornements doivent se voir dans une esthétique globale de détournement des fonctions initiales de ce qui est pré-senté. Il ne s'agit pas d'entrevoir uniquement les gravures ou les décorations, mais d'essayer de comprendre les raisons pour lesquelles un tel maniement de toutes ces manifestations artistiques s'est produit. En essayant de donner une cohérence à cette galerie, le lecteur/spectateur touche au point essentiel de rupture des genres, de leur détournement et aussi de l'espace inventé que cette salle représente.

Si les objets les plus obscurs ont été élucidés dans les fresques,[11] nous pouvons constater que le programme d'ensemble d'iconographie n'est pas complètement élucidé malgré de belles tentatives de Erin et Dora Panofsky.[12] De son côté, André Chastel a bien retenu une organisation systématique et un emplacement rigou-reux de ces fresques en soulignant que ces dernières ne suivent pas forcément une logique rigoureuse. Les ornements dans son cas ne seraient que des intermèdes ludiques possédant le charme de faciliter le passage d'une à l'autre. Il semble que cette galerie aille plus loin dans la transformation de l'espace :

À notre sens, la merveilleuse exubérance des stucs et des encadrements est apparue comme la condition nécessaire au déploiement de ces démonstrations [les scènes des fresques] à la fois abstruses et brillantes : la gaieté, l'ironie, la vitalité' des accompagnements devenaient aussi indispensables que les trouvailles érudites.[13]

L'espace matériel proprement dit de ce passage privé résonne de trop de choses. À l'origine, le silence devait y régner plus, puisqu'il faisait partie des appartements du roi, mais les artistes qui ont participé à son élaboration y font vibrer une grande variété d'œuvres artistiques et signent l'épanouissement de la Renaissance française dans une frénésie de couleurs et de brillance, dans un tourbillon constant visuel et spatial au point qu'on pourrait se demander si "trop n'est pas trop." Et c'est là que le rapport à l'espace privé ou ouvert prend un nouveau relief. En agrémentant ce long et presque interminable corridor, les artistes rendent cet endroit littéralement presque en déphasage avec ce qui était prévu. L'articulation de ce champ visuel étroit et restrictif (seules quelques personnes pouvaient y accéder) a des répercussions non seulement sur les fresques mais aussi sur l'art et la disposition des ornements qu'en général le spectateur remarque d'emblée.

Si l'on reprend le dessin de Chastel (voir Figure 4.8),[14] le schéma dévoile des traits structuraux complexes. Le lecteur s'aperçoit d'emblée des relations imbriquées entre les fresques et aussi des ornements. Le trompe-l'œil est ainsi maintenu. Il faut que le spectateur puisse vouloir jouer de cet espace et avec l'espace en se promenant. Ce que ne vont pas faire bon nombre de spectateurs au xvie siècle,[15]

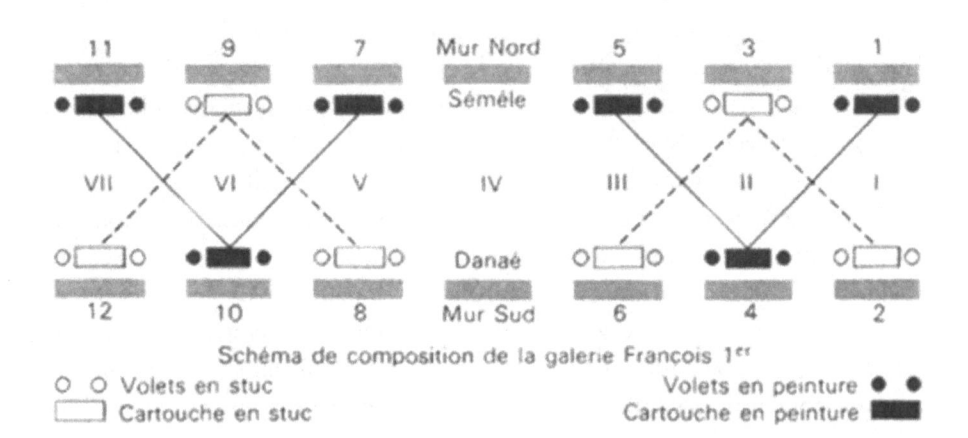

Figure 4.8. **Extrait du dessin de Panofsky**. Étude iconographique de la galerie François Ier à Fontainebleau, *Imago Mundi*. Courtoisie de *Imago Mundi*.

ou même des contemporains du xviiie siècle (notamment Pierre Dan qui considère la discontinuité dans les fresques),[16] ou des touristes contemporains étourdis et ébahis devant tant d'éléments iconographiques.

Si les humanistes essayent de donner une vision globale et immédiate dans leurs cartes, leurs écrits, ou leurs dessins, la galerie de Fontainebleau rechigne à le faire. Le spectateur ne se trouve devant aucune vue d'ensemble apparente et la continuité visuelle est absente. Ce sentiment perdure au fur et à mesure de la navigation dans la galerie et le fait de pouvoir reculer pour mieux appréhender l'espace est même presque dénié par le simple fait que c'est un long corridor étroit. Si les peintures traditionnelles ou des fresques suivent un certain déroulement (comme à Tanlay) en jouant sur des impacts optiques et de perspective, les effets de ce passage semblent cachés et plus compliqués. Le grand nombre de fresques et des ornementations semble proliférer dans un certain tumulte. On pourrait dire au premier abord que chaque scène peinte avec ses ornementations constitue un moment précis, autonome, précieux et unique pour les artistes. Au premier abord, on ne trouve guère de répétition dans les éléments d'une fresque à l'autre, ni d'alignement au cordeau pour les stucs, ni de continuité dans les thèmes des peintures ou des stucs. Ainsi, le jeu se complique. C'est en se déplaçant et en parcourant la galerie de part et d'autre qu'une symétrie semble s'instaurer. Elle n'est ni immédiate, ni tout à fait caractéristique de l'époque. Ainsi dans le dessin de Chastel, on peut voir que l'encadrement de chaque compartiment est en luimême un "joyau" qu'il faut découvrir : il est surmonté d'effigies, de sculptures et d'ornements. C'est dans les directions transversales que la symétrie opère le plus. Cet équilibre peu apparent au premier abord se trouve lui-même renforcé par les portes du milieu. Ce que le dessin de Chastel met en évidence est un chassécroisé en forme de "montagnes russes" pour trouver une certaine symétrie cachée. Le principe de l'ordre n'opère pas dans une vision face à face. Les liaisons entre ces moments décalés qu'offrent les fresques et les ornementations nécessitent une observation minutieuse où l'agencement des fresques échappe souvent au premier regard. L'agencement de stucs qui semble tout d'abord incohérente ne se fait que si le spectateur veut se décaler et rompre le jeu d'une continuité immédiate.

Une autre symétrie s'établit aussi dans le parcours des fresques. Certaines comme la *Vénus frustrée* se voient flanquées de deux grandes statues qui semblent différentes, certes, mais qui se rapprochent de par leur nature : ainsi, la femme à droite et l'homme à gauche se révèlent dans des positions similaires, en équilibre et sortant du cadre, comme tout trompe-l'œil peut le faire. En soutenant une partie de l'architecture en forme mixte de cuir et de chapiteau, un parallèle s'amorce déjà dérouté par les innombrables mouvements des personnages littéralement se mouvant dans d'autres lieux. Les effets de symétrie en forme montante et descendante (voir les lignes tracées par Chastel dans le dessin 4.8) renforcent une autonomie de chaque compartiment, de chaque fresque et de ses décors. L'alternance des formes ovales et rectangulaires amorce une certaine régularité au passage. Le rythme s'accélère dans l'intrication et leur placement. Ainsi, sur le mur est, donnant vers la galerie, le spectateur a une vue particulière d'un tableau en ovale : tout de suite sur le mur nord et sud la succession de fresques s'étale de façon rectangulaire, tout en faisant réapparaître au centre du passage des tableaux en ovale qui font écho aux premiers et à celles de la galerie 18. Ces alternances confirment et dévoilent une régularité plus cachée qu'il n'y paraît.

Entourée d'une fine bordure en stuc qui imite un certain type de cadre de chevalet, Rosso suggère que la fresque n'est même pas réalisée directement sur le mur, mais qu'il s'agit plutôt d'une peinture faite puis accolée au mur. En accentuant l'illusion que le mur n'est jamais confondu avec le support des fresques, l'artiste orne les cadres dorés de la fresque centrale et ceux des fresques latérales avec une grande bordure en stuc qui imite elle-même la mosaïque. Parfois des panneaux latéraux, un empilement de cadres (voir *Le Naufrage*), l'apparence de tableaux de chevalet, ou la place de putti en stuc s'appuyant sur les cadres cachent le mur. Pour celle de *L'Éléphant Royal*, les éléments en stuc mettent en relief le détachement de ces fresques du mur.

Les gravures procèdent du même modèle d'agencement en différé : savamment intercalées, elles reproduisent des scènes de certaines grandes fresques et sont représentées sans encadrement. D'autres ne semblent que recopier les encadrements avec des stucs et des peintures sans la dominance d'une scène centrale. Ces travaux d'encadrement qui ont rendu célèbres cette salle sont donc également une trouvaille très riche de conséquences. Elles seront copiées par les éditeurs et les graveurs pour l'élaboration de bordures, frontispices et autres décors.[17]

Quant aux cuirs, leur utilisation est variée. Pour indiquer la superposition et souligner la dissociation avec la fresque, ils se trouvent déclinés sous bien des formes : que ce soit par des cartouches sous ou sur les fresques, que ce soit dans de grands enroulement comme des philactères dans la *Vénus frustrée* ou dans *La Bataille des Centaures et des Lapithes*, ils contrarient les plans lisses des murs.

Toutes les ruptures entre les peintures, les fresques et les gravures ne remettent pas les principes de disposition, puisqu'elles semblent dévoiler de nouveaux emboîtements et de nouvelles poses dans l'espace. Sous l'ordre de toutes ces décorations et ces ornements se dissimule tout un agencement bien élaboré. Les cadres explosent, les statues sortent des cadres, les stucs recouvrent et cachent les détails des fresques.

Ce phénomène s'étend aussi à tous les volets peints et les cartouches : ils ne se révèlent qu'après avoir bien voulu jouer le jeu. Ils sont reliés dans les compartiments décalés comme le montre le schéma 4.8 et ne sont guère perceptibles au premier regard. Tous les ornements perdent ainsi leur fonction d'isolement pour devenir aussi importants que les fresques. Ainsi, les tensions entre les peintures, les ornements et les gravures définissent de nouveaux rapports entre le mur et l'architecture. L'espace continu de la galerie se voit sans cesse dévié dans la multitude des projets qui fondent alors de nouvelles formes intercalées, sans cesse renouvelées.

Espace, Mur et Décor sur l'Architecture

En compartimentant l'espace étroit de la galerie et en l'agrémentant de toute une grande gamme d'ornementations, Rosso choisit de mettre en scène ce qui est souvent mis de côté et laisser pour compte : l'ornement. Leur rôle souvent secondaire prend dans cet espace une autre dimension où l'objet représenté, l'arabesque, la grottesque et les feuilles d'acanthe ne jouent plus un rôle secondaire. L'adoption de ce modèle d'ornement en tourbillon et en trompe-l'œil semble avoir l'effet d'une réaction enthousiaste et d'une réflexion critique. Toutes les tentatives d'interprétation et les efforts pour légitimer la nouvelle modalité du décor constant nient ici les convictions d'Alberti pour qui la beauté, synonyme d'harmonie, ne doit pas s'encombrer de certains détails ornementaux.

Certains trompe-l'œil paraissent ainsi redéfinir le mur : dans *Le Sacrifice* la structure faite de quatre colonnes donne une impression de vouloir creuser le mur sur le côté droit de l'encadrement. C'est un tour de passe-passe bien réussi de perspective qui permet d'entrevoir deux plans de colonnes en profondeur. D'autres fois, comme dans la *Vénus frustrée*, les personnages de gauche et de droite dénudés et en dehors rappelant les nus célèbres de Michel-Ange s'ingénient à sortir du mur, le masquant pleinement. Le support du mur sur lequel s'appuient les personnages de la *Pietà* paraissent évacuer le mur.[18]

De par son programme iconographique, ses jeux sur les formes et les décors, cette galerie souligne l'entrée magistrale d'un style français baptisé Première École de Fontainebleau. Ce style d'ornementation et de réévaluation des supports ornementaux trouve et expérimente les ressources d'un espace "sans pesanteur" entendons l'imaginaire, qui n'est plus ici traduit par les grilles symétriques du décor. Il retrouve à temps plein un pouvoir nouveau dans des compositions alertes.

Jalon essentiel et emblématique d'une résidence seigneuriale, cette galerie augure déjà la galerie des Glaces du château de Versailles et annonce des merveilles de style plus français que jadis. Les parcours empruntés pour la faire relèvent de nombreux défis de réalisation. L'unité de la galerie se cherche dans ses méandres. Son homogénéité réside dans le choix permanent et consistent de tous les modes acquis d'ornementation sur les murs et les sols : en passant par des symétries souvent cachées, de nombreuses allégories, des métaphores, mais aussi des trompe-l'œil et des anamorphoses, cet endroit emploie une variété de ressources techniques et mathématiques pour changer l'espace et le rendre opulent, foisonnant et souvent déroutant. Au spectateur/lecteur de bien vouloir contribuer aux recherches faites et multiples de ce lieu du château.

Une Peinture dans l'École de Fontainebleau en Trompe-l'Œil

Tableau célèbre de François Clouet (1505–1572),[19] la construction de *La Dame au Bain* de 1570 actuellement au Musée des Arts Décoratifs de Paris relève d'un moment singulier dans l'étude du trompe-l'œil de l'École de Fontainebleau. Cette peinture (voir Figure 4.9) relève en effet plusieurs défis dans la construction et les différents enchâssements de trompe-l'œil. Le premier cadre se voit orné d'un riche rideau rouge des deux côtés pour s'ouvrir sur un entrelacement de scènes dont le fond est noir, qui s'oppose au premier plan de la dame au bain (Diane de Poitiers). Les deux pans levés de cette étoffe cossue et cramoisie plongent sur des scènes intérieures et dévoilent deux autres plans tout en soulignant une rupture entre eux. La présentation dramatique de l'ouverture sur le premier portrait invite à découvrir trois niveaux imbriqués les uns dans les autres ainsi que l'emplacement de deux petits tableaux sur les plans du fonds qui renvoient eux aussi encore sur d'autres horizons. Trois discours semblent se présenter en même temps et indiquer une hiérarchie sociale très nette. Au premier plan, une femme nue, au regard fixé sur ses pensées et dans une posture de trois quarts regarde au loin vers l'extérieur en direction du spectateur vers la droite. Cette posture donne une orientation singulière que des contradictions travaillent à la surface du tableau. Cette position en catagrapha donne un léger strabisme[20] chez la dame dans sa position. L'extrémité de l'œil gauche renforce l'effet de glissement latéral de l'iris et insiste sur la volonté de la dame à regarder ailleurs, hors du tableau. La logique de la perspective linéaire qui assigne un point de fuite donne un jeu déterminant dans cette peinture. Par un tour de force pictural, le peintre permet de combiner présentation frontale et déporte sans arrêt l'attention ailleurs. D'une certaine manière, la dame de haut rang se présentant comme Diane de Poitiers, maîtresse d'Henri II, se maintient au-dessus et au-delà de celui qui la contemple. Grâce à la pose du bras et de sa main droite sur un rebord de la baignoire et son autre bras et main qui agrippent le tissu blanc, la distance avec le spectateur semble augmenter : le rebord en trompe-l'œil crée aussi une profondeur comme un autre obstacle à un portrait qui se voudrait unifié.

Cette femme à demi-nue, à la coiffure savamment travaillée, richement parée d'une perle de prix ornant son grand front est d'une beauté sévère dans la tradition du portrait vénitien : elle tient délicatement un œillet rouge "fleur de l'amour" et porte une bague au petit doigt de la main gauche ainsi qu'un bracelet à chacun de ses poignets. Son maintien et sa grâce attentive veulent susciter l'admiration. Les deux arrière-plans eux aussi imbriqués les uns dans les autres soutiennent une histoire compliquée. L'enfant qui essaye de chaparder dans la coupe placée près d'elle devient comme une métaphore d'un jeune cupidon amateur de la chère (chair) dame.

Au second plan, et toujours de trois quarts, la servante au visage bruni contraste avec la blancheur albâtre de la dame, ce qui accentue encore le clivage

Figure 4.9. ***La dame au bain*** de **François Clouet**. Courtoisie de M. Samuel H. Kress Collection, Washington DC. Domaine public. Ma photo.

social. Le nourrisson emmailloté s'accroche à la nourrice et se nourrit à son sein. Le contraste entre les deux caractères juxtapose deux mondes qui ne se côtoient guère où la dame sortie du bain belle et digne s'oppose dans sa nudité à cette femme issue d'un autre monde plus rural et domestique et à la physionomie plus ingrate.

Le troisième plan lancé par l'étoffe légèrement bleue du jeune bébé vers un autre rebord (autre trompe-l'œil) montre le dernier portrait de trois quarts d'une autre domestique mieux habillée et tenant un pot luisant lourd d'eau chaude. Elle va, sans nul doute, donner de l'eau pour la baignoire délaissée par la dame. Ce plan se divise lui-même en deux autres séquences ; un extérieur à gauche révélant à travers une fenêtre un paysage, et un intérieur où est assise une jeune femme contre un mur comprenant deux cadres : celui d'une tapisserie avec une licorne (faisant penser immédiatement au célèbre tableau de *La Dame à la Licorne*) à gauche et un autre portrait. Cette servante évoquant la Vénus d'Orbino de Titien s'affaire posément. Peinte devant une cheminée similaire à celle de Gabrielle d'Astrée et sa sœur, elle représente une autre citation picturale. Cependant, le bain ne semble pas encore pris ; la dame attend des heures durant que tout soit prêt, et c'est peut-être pour cela que l'ambiance théâtrale des fruits et de sa plume indique un moment précis où le temps semble suspendu.

Cette cheminée continue la profondeur de champ et montre encore un autre portrait sur son manteau. L'artiste obtient grâce à une ligne de fuite sinueuse un ensemble qui décale les éléments de simplicité en allant du point le plus visible de l'œuvre – celui de la dame – à la pose des deux autres femmes, rapetissées par les portées de la perspective.

L'art de la ruse et des ruses du tableau de ce monde s'ajuste en continu. Ce qui est montré à la surface de la peinture et dans le titre *La Dame au Bain* n'est en rien ce que l'on veut bien nous montrer d'un moment précieux et dignifié. La facilité et la légèreté des mouvements chancèlent. C'est dans une explosion onduleuse de détails que le peintre renforce une illusion de mentir pour donner du vrai. Le vacillement perceptif subtilement introduit annonce une instabilité du moment du bain et de la place du spectateur, instabilité comprise alors comme signe distinctif d'un autre type de peinture. La projection perpétuée des désirs des uns et des autres dans ce tableau reste fragile, embryonnaire. L'ambiguïté révélée dans l'usage des trompe-l'œil et les ruses de la perspective linéaire opèrent des décentrements sur le mode de réalisation de cette peinture et modèle des décalages qui laissent percevoir tout un pan d'une autre société. La logique spéculaire semble mal jointe et ne tient plus. La certitude classique de dominer le sujet de pouvoir, de connaître et s'approprier les faits, semble faire défaut. Le peintre tâche au contraire de rendre compte des mouvements de la vie dans plusieurs moments déstabilisants suggérant une infinité de séquences. En définitive, les images de cette peinture confèrent un autre statut à ce peintre qui ne se fait plus seulement historien d'un moment quand il expose chronologiquement les faits du bain. En orientant les faits dans des associations symboliques, en les manipulant et en les bricolant par de nombreux trompe-l'œil et différents points de fuite, le peintre poursuit une critique transposant la fugacité de l'histoire dans l'atemporalité de la mémoire.

Les quelques exemples examinés dans ce chapitre soulignent bien l'essor et le cosmopolitisme des effets influencés par des artistes italiens, ou flamands. En ouvrant les compositions vers de nouvelles techniques et de nombreuses œuvres, le champ d'activités de l'École de Fontainebleau présente une unité de style certainement, marquée par une conception commune de la figure, de l'homme et de l'ornement dans l'espace. Le monde qui naît de cet accord n'a pas d'équivalent en Italie. Il souligne un climat favorable et propre à la cour de France qui se veut fastueux, élégant, voire sensuel, et oriente les yeux sur un panorama unique artistique de l'époque.

Notes

1 André Chastel, *L'École de Fontainebleau* (Paris : Éditions des Musées Nationaux, 1972).

2 Chastel, *L'École de Fontainebleau*, xiii.

3 Chastel, chapitre 1.

4 Cet épisode est raconté par trois évangélistes : Luc 20:20–26 ; Marc 12:13–1 ; et Matthieu 22:15–22.

5 Chastel, *L'École de Fontainebleau*, 72.

6 Morel d'Arieux, *Inventaire manuscrit des dessins du Louvre, établi par Morel d'Arieux, conservateur du Cabinet des dessins du Louvre, de 1797 à 1827*, viii, no. 9431.

7 Voir Sylvie Béguin, *L'École de Fontainebleau, le maniérisme à la cour de France* (Paris : Éditions d'art Gonthier-Seghers, 1960), 53.

8 Voir à ce propos les dessins dans le livre d'André Chastel, *L'École de Fontainebleau*, 250–335.

9 Voir les meilleures gravures dans le livre de Chastel, *L'École de Fontainebleau*, 245–335.

10 Valérie Auclair, "L'invention décorative de la galerie François Ier au château de Fontainebleau," *Société Française d'Études du Seizième Siècle* 3 (2007) : 9–35 ; Françoise Boudon et Jean Blécon, *Le Château de Fontainebleau de François Ier à*

Henri IV (Paris : Picard, 1998) ; Jean Guillaume, "La galerie dans le château français ; place et fonction," *Revue de l'Art* 102 (1993) : 33–42.

11 Nous renvoyons au site pour toutes les photos <www.amisdefontainebleau.org>.

12 Dora et Erwin Panofsky, *Étude iconographique de la galerie François Ier à Fontainebleau, Imago Mundi* (Saint-Pierre-de-Salerne : G. Monfort, 1992).

13 André Chastel, "Le système de la galerie," dans *Revue de l'art, numéro spécial : La galerie François Ier au château de Fontainebleau* (Paris : Flammarion, 1972), 143.

14 Chastel, "Le système de la galerie," 145.

15 Voir également les commentaires donnés par Janet Cox-Rearick, *Chefs-d'œuvre de la Renaissance. La collection de François Ier* (Paris–Anvers : Albin Michel, Fonds Mercator, 1995), 47–52.

16 Pierre Dan, *Le Trésor des Merveilles de la Maison royale de Fontainebleau* (Forgotten books, 2018).

17 Margherita Azzi-Visentini, "Cuirs et cartouches," dans *L'Art décoratif en Europe classique et baroque,* dir. Alain Grüber (Paris : Citadelles & Mazenod, 1993), 349–373.

18 Auclair, "L'invention décorative de la galerie François Ier au château de Fontainebleau," 34. Elle mentionne que "On n'a pas assez souligné l'importance de ces ouvertures qui au XVIe siècle se trouvaient sur les deux murs de la galerie, et donnaient au décor saturé une respiration, des ouvertures sur le ciel et les nuages, des vues changeantes comme le temps."

19 Etienne Jollet, *Clouet* (Paris : Éditions de la Lagune, 1997).

20 Nathalie Delbard, *Le strabisme du tableau. Essai sur les regards divergents du portrait* (Paris : De l'Incidence, 2019).

5

Les Espaces des Corps dans *Gargantua* de Rabelais

Trompe-l'Œil de la Naissance et de l'Abbaye de Thélème

La manière dont Rabelais s'approprie ce nouveau système de représentation spatiale qu'est la perspective dans sa rhétorique est intrigante. Comme nous le mentionnions au chapitre deux, le trompe-l'œil, illusion picturale est aussi au chœur de l'écriture de certains auteurs. À la faveur d'un déplacement conceptuel, l'auteur va mesurer et décrire ce mouvement tout en débordant sans arrêt du cadre qu'il a créé.

Deux sortes de "moments" dans l'espace de *Gargantua* de Rabelais[1] seront examinées : la mise en scène de rapports spatiaux avec la naissance du géant (chapitre VI) et la construction de Thélème (chapitre LVII) offrent des paradigmes importants dans le renouvellement de l'écriture qui se veut fictionnelle mais qui cache d'autres constructions narratives ou structurelles. Dans les deux cas étudiés, les principes de "l'écart" sémiotique seront maintenus : nous lisons les chapitres et l'œuvre de l'auteur en tant que telle. Le jeu subtil de la fictionnalité calque des éléments véridiques, surdimensionnés, ou atrophiés. Complexes dans leurs redditions, ils mobilisent les ressources propres du discours, non pour escamoter les signes comme pourrait l'envisager le trompe-l'œil pictural, mais pour leur conférer une crédibilité maximale, et peut-être imposer une idée qu'un monde qui est offert est différent de celui que la société de l'époque propose.

Rabelais dans le chapitre VI ou celui de la construction de Thélème projette des moments concrets et abstraits. Sa création, tout en célébrant les prouesses de la médecine ou de l'architecture, sont cesse déviées, renouvelées au cours de page. Il semble vouloir alors miser sur le corps humain toujours là et toujours absent dans la grandeur de la bâtisse de Thélème, ou dans la naissance du géant. Cette représentation se dérobe souvent aux règles de la perspective, y cache des anamorphoses et des trompe-l'œil pour jouer sur ces nouveaux dispositifs techniques. Il se pourrait bien qu'il veuille que le lecteur retrouve une vision de grandeur qui allie humanité et quête pour trouver ces différentes façons de spatialiser les espaces. Ces textes et ces dessins témoignent d'une recherche omniprésente dans l'esprit humaniste de la Renaissance. En même temps, ils dévient souvent sur des vides et des pleins que le lecteur doit tenter de relier : les artifices du trompe-l'œil sont souvent moins ostensibles que découverts, dans des termes de lecture ou d'écoute approfondie. Le trompe-l'œil y est toujours inébranlable : l'efficacité de son emploi en dépend. Rabelais délègue une grande partie des mouvements au lecteur qui le trouvera : le jeu et leur rôle reste avant tout un état de partenariat plus que de victime.

La représentation de différentes perspectives et de trompe-l'œil dans *Gargantua* au chapitre VI privilégie une prouesse spatiale bien intrigante. La naissance par l'oreille module en effet des dispositifs textuels et architecturaux singuliers. En jouant sur l'ambiguïté et la déformation des signes, Rabelais exploite la perplexité du lecteur. Certes, ses livres ne versent pas dans l'indétermination : les messages, par endroits, sont multiples, déformés, démesurés dans leur quantité et leur taille et même dans la distance historique, ils restent parfois obscurs. En proposant la pluralité des sens, l'auteur multiplie les points de vue pour mettre parfois en relief une ou plusieurs perspectives et les déformer sans cesse. En travaillant sur des formes mobiles sémantiques, orthographiques, linguistiques, sociologiques, l'auteur change le texte, la graphie et la phonie pour assurer non seulement sa survie, mais pour titiller aussi son lecteur et son audience. Pour le narrateur et le lecteur, ces différentes stratégies signalent une certaine qualité du langage écrit qui ne retranscrit pas nécessairement la voix en script. Les lettres et les sons dont hérite Rabelais n'enregistrent plus nécessairement la voix dans l'écriture. Son attachement porté aux langues archaïques reste prédominant dans son *Gargantua*. Elles ne peuvent pas être jugées uniquement seules. La voix, l'ouïe et le corps jouent également un rôle prépondérant dans le texte en étirant l'écriture en anamorphose tout en renvoyant des échos dans toutes les strates du texte.

Selon Lucien Fevbre,[2] la Renaissance apparaît comme un âge où l'ouïe prédomine sur la vue. La vivacité de ces réactions émotives pourrait s'expliquer en partie par cette disproportion des facultés. Qu'en penser alors ? Les notations auditives, tactiles mêmes de la page semblent porter un frémissement particulier de la sensibilité de l'époque. *Les Psaumes*[3] de Marot peuvent être chantés et constituent comme une sorte de "révolution" où la Réforme prendra elle-aussi appui. Intimement liée au profane et à la cour, elle dessert aussi Rabelais qui est un fabuleux conteur et dont le texte – dit à haute voix – résonne de sons particuliers enchanteurs ou comiques. La conjonction de l'auditif et du visuel semble constante.[4] À cela s'ajoute à la Renaissance des références entrelacées à la musique et aux sons, pour lequel un certain élan mystique prévaut. Si les spéculations sur l'art des sons ont eu une immense portée comme le montre la publication de Francesco Giorgi dans *De harmonia mundi totius* de 1535, l'interprétation cabaliste de l'Écriture, les hiéroglyphes et son début de compréhension se conjuguent souvent en une synthèse considérée comme clé universelle. Si comme l'affirme Montaigne au chapitre un, 26 des *Essais*, "Si vous le voyez, vous l'oyez ; si vous l'oyez, vous le voyez,"[5] l'ouïe et le voir seront portés chez Rabelais à un couplage indissociable de la copie et de la redite : si l'ouïe se spécialise – de par sa nature – dans la saisie des sons exprimant les joies et les soupirs, elle reste son porte-parole. En même temps, la tendance à déformer ce qu'elle a entendu prévaut : la langue subira ainsi elle-même une transformation et sera une des marques qui introduira un silence par manque de savoir la décoder. L'ouïe et la vue représentent également un morcellement des cinq sens. Les deux jouent un rôle important dans le bon fonctionnement de l'homme et ils seront mis systématiquement en valeur dans ce chapitre. Dans *Gargantua*, publié entre 1532 et 1535, Rabelais joue sur de multiples domaines dans la transcription de ces lettres et de ces hiéroglyphes en y accolant des sons spécifiques et une musique précise sur certaines lettres, et en particulier sur la forme de la lettre *G*. Il semble établir un lien profond entre la musique de l'alphabet et de ses hiéroglyphes de façon inextricable en privilégiant non seulement le côté intellectuel de la lettre mais aussi le domaine de l'affectivité de la musique de cette lettre.

Ce n'est qu'avec l'impact de l'Humanisme, après 1530,[6] que la plupart des ateliers se remettent à utiliser les formes classiques qui avaient connu peu de succès dans les années 1470.[7] Plus spécialement, les lettres changèrent à la suite de l'influence de Geoffroy Tory[8] et de l'importation des livres italiens de marque (tels que le *Hypnerotomachia* de Francesco Colonna de 1499).

Les langues anciennes que Rabelais recherche et les sons spécifiques de la naissance de *Gargantua* ne peuvent pas être jugés de façon logocentrique et ne sont pas uniquement détenteurs de "relais" de l'information. Leurs représentations incluent à la fois des concepts, des objets, des sténographies et des affects particuliers. On trouve ici une juxtaposition et non une exclusion des moyens expressifs ; une absence de notations formelles que le report de ces transcriptions scriptives et auditives complémente ici. Dans une réflexion sur l'acte de l'écriture, sur l'acquisition du savoir et sur la postulation de l'image du corps, l'auteur fait face à la tradition humaniste tout en ne niant pas les savoirs plus empiriques du Moyen-Âge. Sa curiosité anatomique, due à ses études,[9] lui permet de représenter un moment important du changement sur la conception du corps au xvie siècle. Ce dernier se voit figuré comme une fissure visible entre les secrets du vivant et une science qui devient de plus en plus importante grâce aux dissections et à l'œuvre de Claude Galien. Cette curiosité scientifique donne alors sur la page une image d'un corps anatomisé, égrenant des sons et des lettres diverses, particulièrement dans le chapitre VI de *Gargantua* présenté de manière inattendue, qui reflète des jeux sur le savoir anatomique et de ses différents traités de l'époque.

Ainsi, l'exemplaire du texte grec du *Prognostic* d'Hippocrate de 1537[10] et celui de l'exemplaire du Galien grec possédé par Rabelais copieusement annoté par l'auteur dans les années 1532[11] peuvent aider à renforcer tous les clins d'œil savants et les allusions médicales. Le jeu de pistes est affriolant et fait découvrir "à mots couverts" tout un spectacle médical intense. Ce livre reflète alors toutes les idées anciennes sur la conception de l'organisme, mais les remet aussi en cause. Une dynamique de l'image de ce corps nourrit ainsi une posture de curiosité, célébrée dans un désir de voir pour savoir, à la croisée du style gothique hérité de l'architecture dite flamboyante et de la culture de la lettre bâtarde.

La question de la naissance du géant et de son écriture semble multiple. Elle s'installe dans l'idéologie de la réforme, dont les partenaires voulaient soit en réformer sa description, en multiplier les formes dans les icônes, les statues de Saint dans la tradition catholique, soit annuler la présentation dans la tradition protestante. En même temps, Rabelais reste animé de cette conception du Moyen-Âge, celle d'un corps "grotesque,"[12] en étroite symbiose avec le cosmos.

Nous voudrons tenir compte de ces facettes religieuses et cosmiques qui altèrent la présence du corps et des sons que la naissance du géant porte dans ses graphèmes et ses illustrations en trompe-l'œil, tout en insistant sur un aspect assez particulier ; le corps de Rabelais nous parvient à l'intérieur de l'histoire en tant que travail des lettres, en se frayant un chemin entre une adaptation de l'alphabet de Geoffroy Tory,[13] dont Rabelais, érudit et friand, joue à l'intérieur des mots et les formes muettes ou sonores qui le constituent. Leurs figures trahissent le modelé graphique et visuel des corps, repris à l'intérieur même des caractères et de leurs parodies. Cette silhouette corporelle parcellisée suscite des images fugaces, maintenant un montage constant. En ressuscitant un corps qui entre au carrefour du Moyen-Âge et celui de la Renaissance, l'auteur délite toutes les notions au fur et à mesure de la lecture du mot, de la page, de l'histoire, ou de son écoute. De plus, la nature étrange de cette naissance prend à rebours toutes les nouvelles découvertes anatomiques et inverse les notions de bas et haut du corps[14] et de son écriture.

À la Renaissance, le corps passe du *per visibilia ad invisibilia*, c'est-à-dire à un équilibre différent dans la théologie catholique, à la fois banni et haï dans la tradition protestante, il se voit amplifié dans la tradition catholique, "toléré" dans des images "éducatives" qui permettent une élévation spirituelle. À l'axe de la réforme, ce livre montre le corps et s'en moque. Il se situe au carrefour de plusieurs générations où l'image de Dieu devenait la seule illustration donnée pour contrebalancer la figure des corps disparus. En même temps, la prolifération et la matérialisation graphique et sculptée de l'image de Dieu et des Saints se voient souvent rejetées dans le feu.[15] Les passages du corps (chapitre VI) semblent liés à la perception du caractère imprimé, de sa naissance et de sa distorsion. Les innovations de Rabelais ou de l'école cartographique de Dieppe (chapitre 9) entraînent l'avancée de nouvelles formes ; leurs écritures imprimées en lettres gothiques annoncent une fonte romaine. Le développement d'un nouveau style cohabite avec le style plus ancien. L'espace temporel, cet entre-deux, se voit toujours investi entre les deux formes de la lettre bâtarde et celle flamboyante.

C'est dans ce cadre varié de l'écriture que la parution de *Gargantua* va jouer un rôle prépondérant, mettant en place une perspective originale de type visuel et de toucher particulier de la page, soulignant son aspect typographique et celui des distorsions graphiques dans la naissance du géant. Il s'agit de voir ici en quoi et comment Rabelais inclut à partir des lettres et de l'alphabet de Geoffroy Tory[16] le corps des hommes, d'examiner leur inscription dans l'espace et d'entrapercevoir la qualité de l'ouïe et des sons divulgués dans le chapitre. En naviguant de l'un à l'autre, de coutume en coutume du Moyen-Âge et des nouvelles découvertes scientifiques anatomiques, l'auteur s'ingénie à montrer de grandes transformations visuelles en trompe-l'œil et en anamorphose et développe une narration en tourbillon qui place le corps à la charnière de plusieurs civilisations. "L'entredeux" qu'il propose ajoute ainsi une dimension temporelle à son travail, représentant ainsi les évènements en train de se fabriquer mais qui font encore le lien entre les états du passé et du futur. L'auteur lance ainsi un plan de discours intrigant dans les premiers chapitres de son livre où deux forces émergent de l'intérieur du livre : celle d'une expression jubilatoire et prolifique où la reproduction typographique se libère de la copie et celle d'un certain mutisme. L'automatisme de cette nouvelle invention qu'est l'imprimerie crée ainsi quelques émois ; celui de ne pas pouvoir écrire ou celui d'un silence face aux critiques. La dissémination de ces craintes crée une tension particulière notamment dans les premiers épisodes qui confrontent les images de la naissance, de son insertion dans l'espace du chapitre et de sa représentation dans l'histoire et de son futur.

La figuration du corps morcelé semble ouvrir vers une méditation sur l'être humain et l'ambiguïté de son destin. L'image du corps anatomisée célèbre un désir de voir pour savoir. Il participe à une revalidation humaniste de cette discipline. Chez Rabelais et en particulier dans son *Gargantua*, les parties du corps se voient déplacées et dispersées de différentes façons dans le texte. Elles forment cependant un ensemble caractéristique cohérent unique d'une certaine vision sur le corps à l'époque humaniste et en soulignent en même temps les confrontations avec les images que Luther et Calvin récusent. À la fois recherchant le corps du Christ de texte en texte dans les méandres de ses graphes, de ses phrases et de son discours, l'idée joyeuse du corps persiste, mais commence à prendre une certaine distance vis-à-vis de ce dernier en faisant intervenir l'idée de péché, de bienséance et même parfois celle de la mort. Rabelais ne cesse de jouer sur une unité de ce corps, tout en disséminant certaines parties dans ses épisodes. La dispersion de tous ces organes a pour lien le corps du géant : il fait appel à cette "mythification"[17] du corps du Christ cherché du texte en texte, donnant ainsi dans la redondance et la multitude de ses anatomisations la trace d'un manque. Le texte rend lisible une absence qui multiplie les productions du désir et souligne les distorsions et les changements de l'époque.

À force de vouloir parler du corps, une idée se forme : celle de prendre le relais du monde qui cherche la présence du corps aimé du Christ. La parole divine va petit à petit se substituer au corps aimé. En échappant à tous les essais de stabilisation, tant dans la parcellisation des mouvements qui virevoltent dans les chapitres, mais aussi dans le but de tracer des signes certainement invisibles dans un corps transformé en emblèmes, Rabelais joue à plein sur les distorsions des images ainsi qu'à l'intérieur des organes des corps et de son extérieur. Les marques scriptives laissées sur la page bidimensionnelle sont comme un prolongement mystérieux d'un mode christique qui renvoie sur une image absente : celle du Christ. Enfin, la promesse d'un paradis hors de la terre et la transformation de ce corps vont imposer de nouvelles définitions et configurations spatiales, historiques, érotiques, voire obscènes dont Rabelais va jouer à plein dans son *Gargantua*. Pierre Legendre mentionne que :

> L'ordre céleste s'est compliqué, parce qu'il s'est humanisé selon un code, renouvelé, de la légalité humaine. La perspective d'une métamorphose des corps,

selon l'économie du salut, a transformé l'économie même du lieu céleste et changé quelques données de la casuistique morale. Il en est résulté une subtilité d'interprétation d'un type nouveau, portant sur le sort de chaque corps humain et la destinée de son image.[18]

Tout un ensemble de comparaisons et d'analogies vont susciter la curiosité du lecteur en faisant référence aux coutumes médicales telles que Galien et Vésale. Cette nouvelle visibilité du corps, définie par Galien[19] comme une contemplation de "viscères cachés," est possible grâce alors à la dissection qui peut ainsi contempler l'intérieur. L'anatomie comme science ne se base plus sur des comparaisons abstraites mais sur les descriptions vues et notées lorsque les corps sont ouverts.

En insérant la naissance après le prologue les propos des "bien yvres," l'auteur donne une nouvelle résonance par rapport à la naissance de Pantagruel : dans son premier livre, Rabelais n'attache pas autant d'importance à la naissance proprement dite du géant Pantagruel mais met plutôt en relief les émotions de Gargantua. Le corps de Gargantua est ainsi soumis à une torsion extraordinaire dans le chapitre VI. En représentant un moment spatial important – l'arrivée sur la terre de l'enfant – Rabelais déjoue tous les plans traditionnels de la naissance. La longueur d'attente, la naissance intense de Gargamelle après un repas plantureux, le déplacement de cette naissance vers le haut – par l'oreille – soumet le lecteur à rude épreuve. L'appel à la sage-femme se voit fortement repoussée : dans son incompétence, Rabelais continue de brosser comme dans le *Tiers Livre* une certaine méfiance vis-à-vis de cette corporation. La présence du docteur est encore assez peu fréquente à l'époque.[20] Le toponyme de Saint Genou semble également recéler une signification particulière. Cette expression semble être utilisée à l'époque pour dire "avoir quelques heures de vol," et semble donner une vision plus scatologique dès le départ.

La localisation de l'enfant et sa sortie par l'oreille n'est pas fortuite. S'inspirant des *chroniques gargantuines*,[21] la fonction du temps est elle-même disloquée. Il faudra onze mois de gestation à la maman Gargamelle pour mettre au monde cet enfant géant. L'affaire semble se présenter contre nature puisque la taille de l'enfant et son détournement par l'oreille donnent le contrepied aux conditions d'Hypocrate[22] et laissent Rabelais aller plus avant dans la satire graphique, verbale et médicale. La précision des jours et de l'arrivée du 3 février permet d'instaurer en quelque sorte un premier sursaut : la fausse couche ou l'avortement (suivant une naissance printanière) est mise en place pour témoigner des douloureuses – voire dangereuses – conditions de la naissance dans une mise en scène souriante et une interrogation philologique et éditoriale sur les aphorismes et les marges textuelles de l'édition d'Hippocrate.

La relation spatiale du temps déformée de onze mois se conjugue également dans le texte à une relation visuelle entre le *G* du garçon et de la forme en anamorphose de cette oreille. Le rapport de la phonie et de la graphie est mis en parallèle tout au long du chapitre : que ce soit en contact direct, comme le contact du corps de l'oreille et de la naissance, ou indirectement par la forme matériellement assimilable du *G* à la forme de l'oreille.

L'analogisme rabelaisien épouse un mouvement d'associations libres, ponctuelles, multiples et audacieuses. Si comme Michel Foucault avait souligné dès 1966 l'esprit profondément analogique des hommes du Moyen-Âge et de la Renaissance, Rabelais ne fait que reprendre de nombreux traités dont celui d'Apian en avançant que dans cette vision du monde l'homme est toujours la moitié possible d'un "atlas universel" (voir Figure 8.1).

> Cette réversibilité, comme cette polyvalence, donne à l'analogie un champ universel d'application. Toutes les figures du monde peuvent se rapprocher. Il existe cependant, dans cet espace sillonné en toutes les directions, un point privilégié : il est saturé d'analogies (chacune peut y trouver l'un de ses points d'appui) et, en passant par lui les rapports s'inversent sans s'altérer. Ce point, c'est l'homme ; il est en proportion avec le ciel, comme avec les animaux et les plantes, comme avec la terre, les métaux, les stalactites ou les orages.[23]

D'ailleurs, cette lettre *G* se retrouve disséminée dans les noms de GrandGousier qui est l'équivalent de Grand gosier, GarGamelle, GarGantua, PantaGruel, Ultricht Gallet, Gymnaste, PanurGe, Galehaut, Goliath, Gabarra, GemmaGoG, MorGan, LonGys, Gayoffe, MirelanGault, Galaffre.

Le *G* est un dérivé du phénicien "Ghimmel" et de "l'iod" hébreu. Il se trouve arrondi dans la version latine. Provoqué par la scission de l'œuf en un, Rabelais est ici conquis et influencé par l'alphabet de Geoffroy Tory. Ce dernier dans son *Champ fleury*[24] indique que cette lettre se trouve en étroite symbiose avec la lettre C. La lettre s'inscrit dans un carré bien réglementé avec l'aide d'un compas et d'une règle.

> La lettre G ey près designee, & faicte de le O. & de le I, trancone, est de neuf corps & demy de largeur& requiert a sa façon huit tours de Compas, parquoy y ay signe huit centres es lieux qui leur apartient.[25]

Influencée également par la géométrie d'Euclide, elle a un rapport avec la cinquième science, représentant la géométrie dans les sept arts libéraux, et de par sa position "de centre" est une lettre ouverte, en formation, permettant une création et une régénération de force sur les mots patronymiques. Dans l'espace du livre, elle se retrouve souvent sous les différents pseudonymes et de façon redondante.

Comme le montre la figure 5.1, le carré bien dessiné selon la géométrie d'Euclide et de Charles Bouville souligne l'importance que Tory attache aux perpendiculaires et au centre du dessin.

> Je remes doncques à mon propos et des qu'entre noz lettres Attiques qui sont en nombre xxiii c'est à savoir, A, B, C, D, E, F, G, H, I, K, L M, N, O, P, Q, R, S, T, U, V, X, Y et Z. En y a qui sont plus étendues en largeur que les aultres ; car il y en a qui sont été dues à onze poinctz qui fon et dix corps come A, D, H, K, O, Q en tete, R, V, X et Y ; celles sont aussi larges que haultes, c'est-à-dire, quelles sont contenues et désignées en une superficité équilatéralle, diminuée, comme j'ay dict cy dessus, en quinze lignes perpendiculaires, et en onze aultres lignes traversantes et équilibrées.[26]

L'épicentre du dessin devient donc, dans cette figure, l'axe du *G* permettant alors de prendre ce centre pour dessiner le *A*, formé comme une pyramide : "Cette

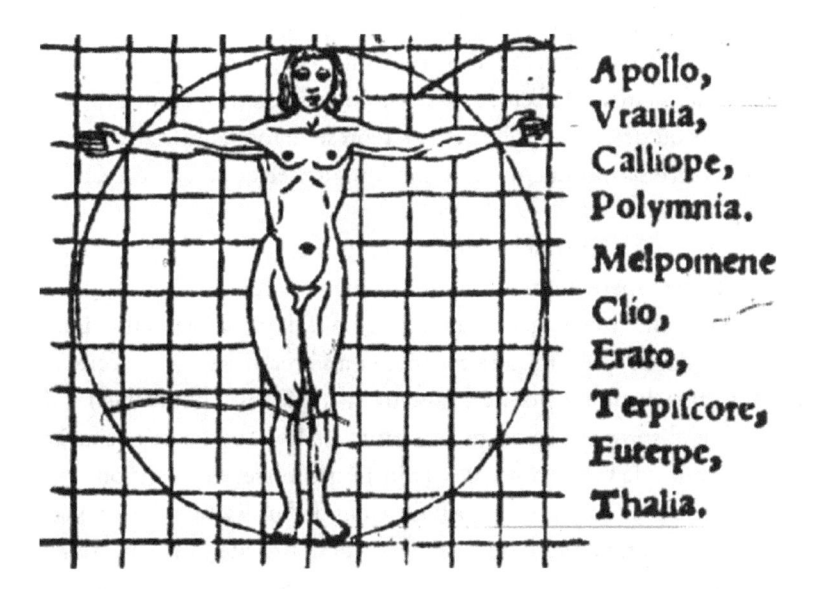

Figure 5.1 *Du carré et de l'homme* de **Geoffroy Tory**. *Champ fleury*. 1525. Courtoisie de la James Ford Library, Minneapolis.

lettre, parce qu'elle est fermée et formée commyne pyramide demande un coup transversal plus bas que la ligne centrale."[27] La particularité de ces deux corps des lettres ainsi calligraphiées pourra permettre de voir que le centre du carré laisse échapper et véhicule, malgré sa construction très rigide et précise, un "point de fuite."[28] Ce point central, qui ne débouche pas sur le *A* est alors mis en valeur. La mise en relief visuelle du jeu se prolonge dans la répétition abondante de la forme du *G* égrenée dans tous les noms, dans tous les sens et aussi dans le renversement de cette naissance de Gargantua par une partie spécifique du corps, celle de l'oreille. En retournant ce centre, l'auteur manie une superposition visuelle, cacophonique et calligraphique de l'oreille et du *G,* parodiant également de façon idéologique certains schémas de Tory. L'auteur introduit une allusion codée qui se prolonge dans l'imbroglio des chiffres : Gargamelle accouche après onze mois et l'absorption d'une grande quantité de gaudebillaux. Même le nombre de sages-femmes pour l'assister n'est pas suffisant. La naissance a lieu le 3 février, qui est un renversement de la forme du VI. Il faudra 11 913 vaches pour allaiter l'enfant. Pourquoi accumuler tous ces chiffres ? Sinon peut-être pour instaurer un brouillage du fil de la lecture ? Ou peut-être faire appel à l'inconscient du lecteur qui se voit sans arrêt arrêté tout au long de ce discours. Les nombres s'appellent ainsi de page en page et tracent de façon différente un univers illimité emblématique. De plus, ils offrent un vide qui engloutit en même temps le sens des mots et le sens des rumeurs. Ce silence propose alors tout un autre ensemble de relations. Ce texte de la naissance où les chiffres s'accumulent fait d'ailleurs écho au chapitre consacré à l'habillement de l'enfant. Ces nombres détermineront un monde régi par des valeurs où des sommes immenses représenteront autant d'affirmations de la toute-puissance scripturale, parfaitement maîtrisée et métaphorisée par l'or de l'"aureille."

Le *G* renvoie à Gargamelle comme nous venons de le voir, mais aussi au "gramme" élément mathématique inséré au sein même du nom Gargamelle : le mot "gamelle" représente une écuelle métallique en italien, et "gamella" agit comme une espèce de déclic qui force à se tourner et à se retourner. Dans cette accumulation de chiffres disproportionnés, l'auteur sature le texte pour illustrer de façon graphique une disproportion entre les géants les hommes et faire sourire le lecteur. La naissance de Gargantua prend ainsi une nouvelle dimension.

Une autre source comique du passage vient de l'utilisation d'expressions quotidiennes et de boutades gaillardes où le vocabulaire médical, encore à ses premiers balbutiements, trace des termes qui font rire. Entre "le droict intestine" (rectume instestinum) ou ce que l'on nomme diaphragme[29] et "les cotyledons de la matrice," Rabelais s'en donne à corps joie pour donner des torsions linguistiques des termes dans tout le texte. La technicité extrême renforce en quelques sortes les mouvements dissonants linguistiques et éditoriaux de la page.

Voir la torsion de l'oreille répond au souci de capter l'attention du lecteur, qui reste également un "écouteur" d'histoires, au moment où l'oralité du texte touche à sa fin. Une des taches que Rabelais veut faire est d'infuser cette lettre, ce nouvel apparat, dans le corps même de son écriture, mais d'en désigner également par subterfuge les anamorphoses avec le texte. "Voir devient dévorant," comme le souligne Michel de Certeau.[30] Mais cette vision du texte peut répondre à un désir profond : désir de renouveler le texte, désir d'y mettre à tout moment des pièges qu'il faudra dé-lire et relire. Cette lecture doit également se faire à haute voix, pour entendre psalmodier les lettres qui se répondent d'écho en écho. Ces dernières fournissent un espace et un temps dans lesquels le sujet se perd et se reconstitue sans cesse. Piera Castoriadis-Aulagnier[31] soulignait à cet effet que la parole se trouvait alors coincée en quelque sorte dans un pictogramme, c'est-à-dire une image de l'indicible, où la grammaire s'articule selon des codes flous et plastiques. *Gargantua* met en scène des mélanges de sens et de sensation, à la fois à l'insù de dessins allégoriques (emblèmes, cadre, genre) et dans l'inconscient qui révèle le texte.

Le rapport entre la lettre et l'écrivain devient alors extrêmement complexe : la lettre qui, à l'origine est neutre, s'insinue partout. Elle entraîne le lecteur dans une espèce de gouffre, où le décorticage de la page met en relief le fait que Rabelais veut infuser à son texte une part de doute, mais aussi une part de richesses. Le côté "invisible" au premier abord de ces éléments offre par ce procédé de relecture et de vision, la perception des choses visibles. Cet acte régressif découvre un univers en complète ouverture/fermeture, un autre monde régi par d'autres valeurs ou d'autres codes.

Comme le remarque également Jean Paris,[32] cette lettre *G* qui se rapproche du *C*, comme le souligne Geoffroy Tory, se trouve également coupée géométriquement en son milieu *O*. L'ouverture alors présentée permet une autre forme de distorsion et la forme finale du *G* peut apparaître grâce à la mesure d'un compas, comme le précisera Tory dans la description de son alphabet. On peut également projeter dans cette forme de *O* des sons sur une flute pour parvenir à une harmonie et à une meilleure connaissance de l'univers de la lettre et de son parcours (voir Figure 5.2).

Je veulx icy encore plus dire et faire que le divin flageol de Virgile fera représentation morale de notre ludique lettre I, a toutes aultres proportionnaire et

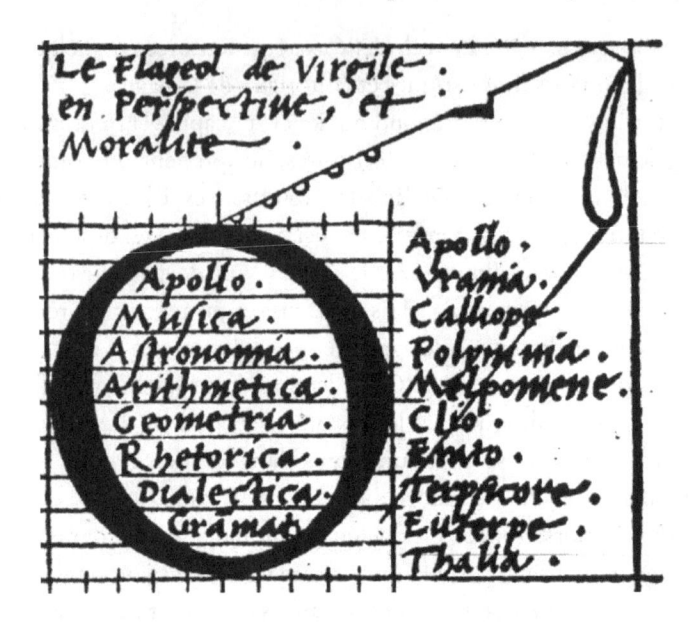

Figure 5.2. *La flute* de Geoffroy Tory. *Champ fleury*. 1525. Courtoisie de la James Ford Library, Minneapolis.

pareillement a le O et feray que noz susdicts mots de triumphe IO, 10 y feront trouuez symétriquement et armonieusement.[33]

Le travail suggère également que le célèbre objet "petit-a" de Lacan, qui enferme les différents sorts du désir, pourrait trouver ses origines dans le *a-petit* de Rabelais. En d'autres termes, selon le jeu des lettres le "*G* grand, *a* petit" ("j'ai grand appétit") (voir Figure 5.3). La faim se voit calmée dans la forme même du dessin, puisque la bouche du *G* va presque absorber le *a*. Le rébus résout la devinette de la soif et de la boisson des propos des *bien yvres* en même temps qu'il enclot la forme et la volonté de voir le petit bébé et entendre son nom : G. . . .. argantu. . .a.

Si à l'origine l'oreille est une peau où quelques cils agités par les ondes tiennent lieu de capteurs, cette peau va se trouver encapsulée dans un liquide pour attraper les sons lointains. Or le son se trouve littéralement expulsé de Gargantua qui crie "à boire, à boire," révélant ainsi au monde un propos de bon vivant, établissant un rapport inhérent entre corps et matière, diffusant un propos comique et cosmique où le dedans et le dehors se trouvent en perpétuelle tension, en perpétuelle relation : ce lien entre le dehors et le dedans est égrené à travers l'œuvre et rappelle par

Figure 5.3. **Geoffroy Tory.** *Champ fleury*, 1525. Courtoisie de la James Ford Library, Minneapolis.

la forme du *G* un cycle naturel où la naissance et la mort se répondront et feront corps indissociable avec la vie.

Ainsi, l'accouchement de Gargantua par l'oreille révèle de façon topographique un événement à la fois comique qui renverse la façon traditionnelle d'enfanter, mais pose aussi une géographie bien précise des membres corporels : il institue aussi un nouveau rapport du corps et du cosmos, dont le médecin Rabelais joue. Cette naissance promet aussi une ouverture sur un Nouveau Monde. La découverte de nouveaux territoires par Christophe Colomb, Magellan, ou Vasco de Gama influence également le redécoupage de l'univers. Toutes ces visions, ces découvertes très différentes les unes des autres marquent à divers degrés les écrivains : elles se coupent et se superposent dans l'élaboration de texte. En même temps, toutes ces images corporelles édifient un monument, entendons un "monstrarer" de la fête. Elles représentent également un maillon engagé dans le suivant où la vie d'un corps naît de la mort d'un autre plus vieux.

La naissance par l'intermédiaire de cette oreille divulgue aussi un moyen d'effectuer et de poser un corps dans un espace précis de la page. Le tuyau auditif externe du *G* joue une sorte d'un amplificateur acoustique dans lequel le lien intime se poursuivra entre le nouveau-né et la vie. Le moyen d'accéder à la vie par l'oreille est ainsi fondé : Rabelais instaure deux façons d'appréhender le corps : grâce à l'oreille vestibulaire, Gargantua sera assuré d'un équilibre, et par l'oreille cochléaire, il pourra s'entendre écouter les autres.

Dans cette acrobatie en forme ascendante de colimaçon, le monde s'ouvre pour le bébé. Le bas et le haut se répondent de façon visuelle, graphique, sonore dans cette forme d'inscription du *G*.

Par cest inconvénient feurent au-dessus relaschez les cotyledons de la matrice, par lesquelz sur saulta l'enfant, et entra en la nene creuse, et gravant par le diaphragme jusques au dessus des espaules (où ladicte vene se part en deux) print son chemin à gauche, et sortit par l'aureille senestre.[34]

La gesticulation de l'enfant et son ascension vers l'extérieur graphiquement ancré par les sons et sur la page binaire s'effectuent à travers un dédale de membres bien énumérés qui soulignent leur importance et découverte. "L'aureille" inscrit également le graphème et les sons de l'or, "aur," et génère inconsciemment chez le lecteur et l'auditeur une valeur extrêmement prisée. Si le côté senestre augure en général un mauvais présage en latin, Rabelais joue ici de cette superstition, l'annule en raison des différentes parodies qu'il a faites sur la naissance, comme la parodie de la naissance du Christ. Le rapport métaphorique qui s'établit ainsi entre le *G* et le rapport en colimaçon de l'oreille est essentiellement vivant. Il pourrait regrouper deux ordres essentiels du monde tel que le xvie siècle le conçoit : un univers à l'image de l'homme, où seul Dieu est le maître détenteur de tout savoir. Ou la métaphore du *G* et de l'oreille pourrait aussi correspondre à la vision du monde en tant que chant, message, ou chaque signe peut être identifié : l'imaginaire cosmique du xvie siècle hésite entre ces deux notions et ne cesse de montrer leur ambiguïté jusqu'à produire une troisième chaîne d'univers, celle des objets qui relie entre les extrémités et développe la technique – et aussi la rationalité. Ainsi l'anatomie, processus de pénétration du visible par l'esprit qui le restituera sous les formes d'images devient une forme, une technique et un art que Rabelais s'ingénie à mettre en scène tout en en montrant les limites. En liant l'acte technique et artistique, l'auteur informe le lecteur de la pose de l'image, de ses faux semblants et de ses possibilités d'être dévoilé. Dans ce chapitre l'auteur pose plus de questions que de réponses.

À la fois prodigue dans ses redondances verbales et sobre dans son élaboration récurrentielle, le texte-corps de *Gargantua* reste équivoque. Les premiers mots du bébé transcrivent et retranscrivent les espoirs et les questions anatomiques. Ils emblématisent un ordre sur un corps chiffré et lettré, dont l'hétérogénéité graphique contamine toute la puissance du livre. Le *Res* se voit chargé en *verbe,* dans un échange circulaire, mélangeant les genres et les données. En écho, se joue et se lit le début d'un programme rationnel, celui d'un contrôle sur les mots et la grammaire. Le désir du corps y circule dans l'état du livre chiffré. Le nouveau désir du monde, désir du bébé', sorti de l'oreille et qui va l'humer et l'avaler "a boyre, a boyre," joue sur ses propres transgressions. La lecture y devient ambitieuse et plurielle. Le corps constitue ainsi une exigence scientifique, morale et philosophique.

Le regard et l'écriture du docteur Rabelais travaillent comme des instruments de précision pour décrire la physiologie et dénuder les membres, les organes du corps et de l'écriture. L'autonomie des parties dans leur activité pose constamment au fil des pages leur troublante ambivalence, leur richesse et leurs trompe-l'œil. La représentation spatiale se dérobe ici aux règles de la perspective pour jouer sur les particularités du dispositif et s'en approprier "la quinte essence."

L'Abbaye de Thélème

Si la Renaissance a tendance à promouvoir l'idéal d'une société nouvelle et réformée où il s'agirait d'adapter les principes d'une vie humaniste tout en retrouvant une pureté évangélique, les caractéristiques ambiguës de l'abbaye de Thélème ou de Chambord marquent une nouvelle perspective et exposent la possibilité d'autres jeux et d'autres mythes dans leurs trompe-l'œil et leurs dysfonctionnements. Ces textes et ces dessins témoignent en faveur d'une recherche omniprésente, dans les esprits renaissance d'une cité utopique d'harmonie et de paix tour à tour sacrée ou parfois profane.

De la fin du xve siècle à la mésaventure de Pavie (1525), la France connaît une période de construction intense. Ce ne serait pas lui rendre justice si l'on se limitait seulement à souligner l'influence de l'Italie, qui, bien que présente, ne sera plus déterminante. On pourrait parler de "renouvellement" architectural. Principalement située dans les régions moyennes déployées avec les épisodes les plus connus et les plus brillants autour du val de Loire, l'architecture fait preuve de nouveauté. Que ce soit dans les principes de construction, ou ceux d'ornement, la place de l'espace à la maison et à l'extérieur change. Ainsi Rabelais va lui aussi contribuer dans son œuvre à parler de ce renouveau dans les derniers chapitres de son second livre *Gargantua* et y insérer trompe-l'œil et anamorphoses. C'est en effet en 1535, date de l'édition princeps de *Gargantua*, imprimé en lettres gothiques par François Juste, que le texte de l'abbaye de Thélème apparaît. Un changement spécifique dans l'exploitation des détails de construction et de la disposition spatiale ainsi que de l'espace-temps des occupants semblent à l'œuvre. Les détails de leurs vies et des lieux surabondent dans un décor particulier, celui d'une abbaye et non d'un château. Le changement des espaces et du temps des Thélémites est savamment répertorié dans le dédale des espaces de cette construction. La nuit et le jour ne cessent de vibrer d'activités. Une espèce de "trop plein" parcourt les chapitres. En trompe-l'œil se dessine quelque chose de singulier : un "nouveau domaine" où l'abbaye traditionnelle des prêtres est remise en question ainsi que l'architecture d'un "château." Tous les éléments humains et architectoniques sortent des "cadres" traditionnels d'utilisation. La transformation et le mouvement exercent comme nous le verrons des "caches" importantes.

Le plan et la construction de l'édifice embrassent des repères architecturaux connus de l'époque. Ils se basent, n'en doutons pas, sur les relevés du château de Chambord et Bonnivet. Influencé également par la cosmographie du levant de André Thévet,[35] Rabelais situe son texte de manière un peu "exotique." On en a beaucoup glosé.[36] La relation proprement de l'espace, de l'homme et des temps "nouveaux" nous semble cependant vital dans la conception de cet édifice. Située après la guerre picrocholine, l'abbaye se trouve comme excentrée de l'histoire, un peu comme un supplément, un assemblage élaboré qui marque un "vuide au tour."[37]

Sa construction répond à l'attention de Grandgousier d'accorder un don à Frère Jean et met en scène un bâtiment qui se veut différente des autres. La structure de six chapitres et de ses titres (voir ci-dessous) correspondra à celle de l'édifice en hexagone. Cependant, certains lieux rompent avec le caractère traditionnel des édifices, comme le "corps" de l'édifice, les escaliers et les fontaines : ces espaces qui se veulent parfaits révèlent eux-aussi aussi un tourbillon (figure 5.4), entrelacé de jeux de mots et de transformations des lieux en trompe-l'œil. Mais certains autres espaces cachent d'autres lieux qui sont introuvables : les cuisines, les toilettes sont ainsi évincées de l'architecture. Ces "trous" ne sont pas des oublis. Ils cachent eux-mêmes d'autres édifices, ou sont remplacés par d'autres éléments étourdissants. Voici visuellement les chapitres concernés :

Chapitre 52 : Comment Gargantua feist bâtir pour le moyne l'abbaye de Thélème

Chapitre 53 : Comment feust bastie et dotée l'abbaye des Thélémites

Chapitre 54 : Inscription sur la grande porte de Thélème

Chapitre 55 : Comment estoit le manoir des Thélémites

Chapitre 56 : Comment estoient vestuz les religieux et religieuses de Thélème

Chapitre 57 : Comment estoient reiglez les Thélémites à leur manière de vivre

Dans une première étape descriptive, l'auteur montre les raisons de la construction de l'édifice (chapitre 52), puis il décrit les bâtiments (chapitre 53). Mais les deux chapitres s'enchevêtrent et déplacent également à tout moment la narration : par exemple le titre du chapitre, "Comment Gargantua fit bâtir pour le moine l'abbaye de Thélème," n'illustre qu'une des facettes de l'histoire et provoque une espèce de suspens qui sera démêlé dans le titre du chapitre 53, "Comment fut

Figure 5.4. **Escalier du château de Chateaudun**. Ma photo.

bâtie et dotée l'abbaye de Thélème," où pourtant il n'y a encore aucune trace de la construction de Thélème mais seulement son "désir." "Désir" manifeste d'entreprendre un récit imaginaire, utopique, et peut-être donc difficilement classable, mais peut-être aussi discours difficile parce que, comme Louis Marin le dit :

> Il ne faudra jamais oublier, en ce qui nous concerne, que l'utopie est d'abord un livre, dont la pratique productrice fait peut-être apparaître ce que la lecture des livres, depuis la Renaissance, nous fait oublier : qu'elle est un texte dont la réalité n'est nulle part, un signifiant dont le signifié n'est pas une idéalité spatio-temporelle, ou une intelligence rationnelle, mais le produit de son propre jeu dans l'espace pluriel qu'il construit.[38]

Dans cette utopie, Rabelais propose un lieu où rien n'est réglé. Basé sur les concepts de spontanéité, d'amour et de bien-être pour tous, elle maintient une double fin : celle de vouloir que tout soit fait selon son bon plaisir, mais en même temps est réglée de façon trop précise. Cette contradiction joue alors un rôle essentiel dans la proposition de Thélème. Ce paradoxe va être mis en relief tout au long de l'élaboration de ces six chapitres : ces derniers naviguent dans des thèmes repris toujours plus loin qui dramatisent l'espace. Les espaces des mots et des structures ne résonnent jamais eux-aussi complètement où ils sont placés ; ils débordent des cadres des chapitres, se voient repris de paragraphe en paragraphe et essaiment au grès du vent des contradictions, ou des solutions en trompe-l'œil.

L'interprétation de l'enjeu utopique bat alors son plein. Construite selon sa "religion au contraire de toutes aultres," l'abbaye fait basculer les rapports entre une société noble et jeune et une abbaye traditionnelle catholique où la devise "fais ce que vouldras" résonne déjà (puisque Gargantua est aussi un texte oral) sous le couvert du jeu de mot et trompe-l'œil auditif "fesse queue/cul vouldras" donnant une résonnance plus paillarde que ce que l'architecture ou les lois vont demander aux habitants de cette abbaye. Si Meredith Clermont-Ferrand[39] y voit un point d'unification entre les quatre genres d'utopie, une parodie en trompe-l'œil des utopies et des contre utopies se dessine aussi en catimini.

N'oublions pas Louis Marin qui commente l'utopie de Rabelais fait d'éléments divers, composites et variés.

> Discours sur l'utopie, discours intenable : les espaces de l'utopie, topographique, politique, économique . . . jouent au sens où l'on dit que les pièces d'un mécanisme, que les éléments d'un système, que les parties d'une totalité jouent, qu'ils ne sont pas éléments d'un système, que les parties d'une totalité jouent, qu'ils ne sont pas parfaitement ajustés, qu'il y a de l'espace vide entre ces espaces pleins ou qu'aussi bien, en certains points, le "mécanisme" se coince par excès.[40]

Thélème est alors aussi un corps en trompe-l'œil, plein, cosmique réduit dont le microcosme devra être en symbiose avec le monde. Dans la définition de Thélème et dans son plan,[41] nous pouvons discerner l'image d'un corps : il pourrait s'agir d'un homme ou d'une femme couchée, bras et jambes écartés et tendus, accroché par la pointe du compas dont le centre est placé au nombril, circonscrit dans un cercle et délimité par le carré (voir Figure 5.1) – une véritable carte à lui tout seul.

Comme le souligne l'étude sur l'urbanisme utopique à la Renaissance, Robert Klein indique que l'utopie libérale "laisse le centre vide" au contraire des cités idéales et autoritaires.[42] Le corps de cet hexagone-femme-homme de l'abbaye paradoxalement n'a ni tête, ni jambes : on pourrait assimiler le corps de Thélème à celui d'une femme ou d'un homme, mais où haut et bas feraient défaut : pour la tête il n'existe aucun détail à proprement parler d'ensemble strict régissant des lois ou l'élection d'un maître, d'un directeur. Aucune notion du bas n'est formulée : aucune allusion sexuelle n'entre dans la proposition de Thélème ; à l'exception de ces trois fontaines, aucune nourriture n'est dégustée ou consommée.

> Au milieu de la basse-court estoit une fontaine magnificque de bel alabastre : au dessus, les trois Grâces avecques cornes d'abondance, et gettoient l'eau par les mamelles, bouche, aureilles, yeulx et aultres ouvertures du corps.[43]

Ce corps représente un espace de figuration de discours, où les relations de dehors et dedans, du microcosme au macrocosme se déploient, se retournent et s'inversent constamment : les correspondances analogiques inscrites sous les couches du texte se transforment à chaque page, dans un ensemble diversifié.

> Le dessin imaginaire du corps permettrait de mieux comprendre la dénonciation de la comparaison et de l'analogie au profit d'une perception globale du corps, telle qu'elle se livre dans les images littéraires de Rabelais.[44]

Le six est ainsi selon Platon une figure belle et harmonieuse. Ce chiffre s'associant à la "perfection" et retrouve aussi un écho chez Leon Battista Alberti dans *L'architecture et art de bien bastir* :

> Encores voyons nous aussi qu'elle se resiouit de la figure hexagone ou a six faces, & cela par les mousches a miel, par les freslons & toutes autres bestioles de leur espece : car iamais on ne leur veit faire leurs petites cellules ou retraictes sinon en manière sexangulaire.[45]

Cette recherché de la proportion se fonde également sur un modèle de la nature sous la forme de l'alvéole, mentionné par Alberti ci-dessus.[46] L'impressionnant arsenal des nombres jalonne alors tout le parcours de l'organisme qu'est l'abbaye. Les chiffres donnés peuvent être manipulés dans de nombreux sens comme l'indiquait Alfred Glauser et Jean Paris.[47] Rabelais les détourne ainsi que la tactique pythagoricienne pour s'amuser, certes, mais aussi pour répondre à un souci constant d'illusion. Dans la précision chiffrée, la bâtisse semble tout d'abord se cacher. Elle comporte six étages, abrite 9,332 chambres avec des galeries qui mesurent 312 pieds, et joignent "des tours d'un diamètre de 60 pas." Ce n'est pas au terme de ressemblances avec la réalité que Rabelais veut mettre ici en plan cette abbaye. En compilant autant de chiffres, il permet de cacher et de déployer pour qui le veut un entre-deux, entre la réalité des constructions et la virtuosité des plans d'architecte comme Vitruve ou Jean Pèlerin dans son *De artificiali perspectiva* de 1505 ou les données chiffrées du *Songe de Poliphile*. L'espace représenté opère de façon explosive en quelque sorte entre la représentation de la vie des Thélémites et la structure de l'édifice qui apporte une continuité entre passé et futur de l'individu et de l'objet : la construction de Thélème.

Dans ce fourmillement, le spectateur peut se voir abusé, voire évincé d'une bonne et belle compréhension rapide en un seul coup d'œil de la construction ou du plan architectural en général. Nous pouvons y voir aussi en trompe-l'œil une démarche qui veut ironiser sur les grandes constructions qui parcourent la Loire. Ou bien une réponse à ces nombres infinis de la guerre picrocholine en symétrie. Cependant, ces nombres rappellent aussi une harmonie entre eux, se posant dans l'espace des six chapitres de-ci de-là comme pour rappeler qu'ils sont importants ou parfois négligeables, mais toujours présents. Rien n'est jamais totalement sûr avec Rabelais. Ce grand bonimenteur sait aussi reprendre à tout moment la narration pour la faire dévier en tourbillon sur autre chose.

Également, le changement de la relation à l'espace et au temps semble lui tenir à cœur. C'est ainsi qu'il reprend les idées d'architectes dans l'établissement de l'extérieur et de l'intérieur pour donner des effets sensibles aux influences de l'architecture du temps des Valois. Souvent invraisemblable, comme le remarque Jean Guillaume,[48] certains bâtiments fautent par l'excès de grandeur "Les cors même longs de 3 pas (environ 180 m) et dotés de cinq niveaux habitables ne sauraient abriter 9 logis, comportant une chambre et quatre pièces annexes." Ce n'est certainement pas une erreur si Rabelais présente cette abbaye en rythmant savamment une exposition des murs, des soutes, des escaliers dans un excès de démonstration pour impressionner le lecteur, ou lui montrer que cet édifice manque parfois de logique. Il s'agit de construire un entre-deux ; cet entre-deux de l'espace et du temps qui marque les rapides changements dans les constructions et les expériences qui en découlent. Cet état de passage jouxte une narration précise dans les détails et une vision de l'espace où les différentes étapes de la construction narrative vont dépasser une fixité des constructions traditionnelles. Avec cet entre-deux, l'auteur surimpose également une dimension temporelle à son travail ; il peut ainsi représenter l'événement en train de s'opérer en apportant une semi-continuité entre passé et futur de l'individu et de l'objet "Thélème."

Dans ce lieu, certains éléments donnent un aperçu des changements sur la façon d'organiser l'ensemble. Ainsi, les tours du château dominant la Loire ont toutes des noms :

> La rivière de Loyre découlloit sus l'aspect de septentrion. Au pied d'icelle estoit une des tours assise, nommée Artice, et, tirant vers l'Orient, estoit une aultre

nommée Calaer ; l'aultre ensuivant, Anatole ; l'autre après Mesembrine, l'aultre après Hesperie ; la dernière Cryere.[49]

Ces toponymes ne sont pas influencés par l'antiquité mais jouent avec les points cardinaux traditionnels : "glaciale," "arctique," "antarctique" s'affichent et soulignent l'importance de la cartographie de l'époque. La puissance de ces lieux dans le discours et dans la structure montre un souci d'orientation précise, qui est donné pour bien se repérer dans l'espace et aussi dans le temps des saisons qui vont s'égrener. L'influence de toute cette architecture vient sans doute du château à Concressault dans le nord du Berry qui fut rebâti par le duc Jean, mais c'est surtout Bonnivet et Chambord (dont l'auteur a certainement vu la construction s'étaler entre 1520–1527) qui vont retenir son attention. Ces tours n'ont plus le rôle de simple défense avec meurtrières comme dans les châteaux du Moyen-Âge. Ici, Rabelais le comprend bien. Dans l'élévation de six niveaux qui veulent synchroniser les formes avec l'hexagone, ces étages portent la marque de transformation dans les constructions. L'auteur imagine d'ailleurs un édifice encore plus grand que Chambord avec un étage carré en supplément. Si les étages de Thélème ne sont pas voutés, leurs plafonds à poutre sont recouverts de "guyrlandes" que les critiques ont compris comme "plâtre." Ou "gystre" comme nous le dit Abel Lefranc.[50] Ce revêtement est assez épais. Comme le souligne Jean Guillaume,[51] Rabelais ne semble pas bien le connaître ou peut-être a-t-il imaginé des plafonds de plâtre, qui ont été eux-mêmes décorés de motifs en culs-de-lampe. À moins, et cela est essentiel quand on connaît la vaste érudition de Rabelais, qu'il ait voulu parler de châteaux en Angleterre où les plafonds sont couverts de plâtre.

Le confort dans le château vient certes de sa disposition vers l'extérieur sur un jardin et la Loire, sur le manque de murailles qui ne ferait qu'enfermer et créer des "murmures" comme le dit le moine. C'est aussi au chapitre 52, après la description de la forme hexagonale, que Rabelais montre l'importance de la toiture :

> Le dessus couvert d'ardoize fine, avec l'endousseure de plomb à figures de petitz mannequins et animalx bien assortis et dorez, avec des goutières que issoient hors la muraille, entre les croyzées, pinctes en figure diagonale de or et azur, jusques en terre, où finissoient en grands eschenaulx qui tous conduisoient en la rivière par dessoubz le logis.[52]

En refusant gargouilles et grottesques, Rabelais s'oriente pour une nouvelle sorte d'édifice qui pourrait être même plus belle que Chambord :

Ledict bastiment estoit cent foys plus magnificque que n'est Bonivet, ne chambourg, ne Chantilly, car en ycelluy estoient neuf mille troys cent trente et deux chambres . . .[53]

L'enjeu des *montages* et des *rapports* entre les objets traités devient des clefs à énigme. Deux autres monuments jouent aussi un rôle important de trompe-l'œil : ils sont là, créent l'illusion de la réalité, et font mener l'expérience ludique jusqu'au bout. Il s'agit tout d'abord de l'escalier à vis. Tel qu'il apparaît, il pourrait s'agir de l'escalier à vis de Bonnivet.[54] Il est relié en forme de tourbillon dans le texte, porté par la richesse et la sonorité des sons. Il relie l'aventure amoureuse, jusqu'à son extrême limite. Il renouvelle le mensonge de la page, un monde clos, où l'on va pouvoir jouer. En même temps, il conduit et invite à retracer tous les évènements de l'histoire de Thélème dans une spirale. Rabelais joue sur les mots "vis" et "vit" comme dans le *Tiers Livre*. Tout suggère dans cet escalier la grandeur, l'harmonie, l'ingénieuse solidarité :[55]

Entre chascune tour, au mylieu dudict corps de lois, estoit une viz brisée dedans icellluy mesmes corps, de laquelle les marches estoient part de porphyre, part pierre Numidicque, part de marbre serpentin, longues de xxij pieds ; l'espesseur estoit de troys doigtz, l'assiete par nombre de douze entre chascun repous. En chascun repous estoient deux beaulx arceaux d'antique par lesqulz estoit en un cabinet faict à clere voys, de largeur de ladicte viz. et montoit jusques au-dessus la couverture, et là finoit en pavillon. Par icelle viz on entroit de chascun cousté en une grande salle, et des salles ès chambres.[56]

Les escaliers de Thélème témoignent alors d'une connaissance profonde de l'aspect matériel du texte, un peu comme un mouvement en tourbillon qui fait aussi une symétrie avec la naissance de l'oreille "en colimaçon" du chapitre 6. Cet escalier donne la voie belle à une revendication architecturale d'un espace devenu ici fictionnel, qui défait et refait tout l'ordre social en suivant des projets architecturaux du roi – et lie de nouveau l'espace et l'identité linguistique : en évoquant les questions de savoir, de pouvoir, de nouveauté technologique, l'auteur déroule ici dans cet escalier autre chose qu'une simple donnée architecturale. Les rencontres dialogiques et des espaces, devenus "réels" sous sa plume, permettent paradoxalement de confondre le lecteur dans des termes souvent abstraits, ou parfois très concrets dans d'autres endroits du texte dans une surabondance de détails.

Dans cet édifice, une autre image importante apparaît en trompe-l'œil dans le troisième chapitre de cette construction, au chapitre 55, noyée dans le flux de détails comme peut le faire une carte dont la multipolarité et la variété des signes empêchent une focalisation immédiate (voir à cet effet les chapitres 8 et 9.) Le centre de l'édifice porte des éléments caractéristiques de trois fontaines placées au milieu.

> Au milieu de la basse-court estoit une fontaine magnificque de bel alabastre ; au-dessus, les trois Grâces avecques cornes d'abondance, et gettoient l'eau par les mamelles, bouche, aureilles, yeulx et aultres ouvertures du corps.[57]

Rabelais utilise ici une méthode analogique : sous une couche descriptive s'inscrit alors à demi-mot un corps parcouru de divers organes eux-mêmes. Mais en même temps, le fait de tripler ce centre de Thélème par les fontaines n'aboutit qu'à renvoyer sur autre chose. Le glissement, produit dans un cadre absolument stable de l'hexagone, permet à l'auteur de multiplier les possibilités de redécoupage de l'abbaye et provoque le "jet" de possibilités : nous avons trois grâces exprimant la fécondité dans le monde humain, mais elles représentent avant tout un corps ouvert, corne d'abondance, qui déverseront la richesse. Elles portent le "nombril" en quelque sorte de cette abbaye, un centre qui bouge. Comme tout centre de la carte, la navigation entre les multiples emplacements n'est pas simple et demande un réajustement constant. L'emplacement de l'axe de ces fontaines de cet hexagone pose lui aussi problème : le chapitre central de l'édifice qui pourrait s'atteler à décrire l'agriculture et les fonctions des salles à manger ou des parties communautaires, n'est en fait dévolu qu'à un lieu de passage.

Ces statues des trois grâces figurent la joie : dans leur étymologie, la relation entre *charis*, la grâce et *charein*, qui signifie "se réjouir" peut également être impliquée dans le nom d'une des trois grâces, Euphrosyne, symbole de l'allégresse et de la gaieté. Ces trois grâces ont pour coutume de distribuer les dons d'Apollon et de promouvoir les arts et les sciences. Leur choix n'est donc pas fortuit. En les plaçant dans le texte au début du chapitre, Rabelais dévie l'attention du lecteur sur elles pour accroître la pléthore d'éléments et les représente de façon sensuelle et féconde. L'abbaye de Thélème génère ainsi l'intervention des grâces dans l'essor démographique, intellectuel et sensoriel dans la manifestation intrinsèque de leur état. De l'eau qui coule de tous les orifices de leurs corps, Rabelais en montre leurs liens étroits avec la terre et le ciel dans une espèce d'élément unifié avec le cosmos, tel que l'avait présenté Bakhtine,[58] ou à la manière de la cosmographie contemporaine de Cosimus ; mais aussi, ce jet présente un détour en contre-point, une illusion de réalité et en même temps une continuité spatiale et temporelle donnée à cette abbaye. Ce rendu pictural, par son réalisme savamment dosé, donne en grande mesure le degré de réalité de la scène et conquiert une autre dimension, celui de l'image à travers même les couches du texte. Ce corps, cette statue, ainsi que cet escalier permettent des transitions et des détours sur le texte. Ils suscitent à la fois la surprise et l'ambiguïté : le spectateur ne réalise pas toujours la supercherie. Ce n'est que lorsque l'on réécoute le texte, puisque Rabelais est également un grand conteur, ou lors d'une deuxième lecture, que l'on s'aperçoit de l'importance stratégique de leur position et de leur détournement dans le texte. Ces traits architecturaux offrent un message plus profond, celui de voir et entrevoir les silences spatiaux bien importants. En effet, un blanc géographique très net apparaît donnant un espace entièrement dévolu au social, à la culture et au jeu, et excluent l'ingestion des aliments ou la production d'excréments.

Dans son texte, Rabelais porte les traces d'une ouverture sur les nouvelles façons européennes de construire des bâtiments, mais en divulgue une vision utopique qu'il questionne aussi. Même si les trompe-l'œil de l'histoire surprennent, ils font naître tour à tour le doute et l'incertitude dans un réajustement répété du regard. Le spectateur-lecteur intrigué est soumis à un conflit entre le message visuel et celui de l'intellect. La lecture de ces trompe-l'œil y devient complexe, car les reflets ambigus renvoient aussi à l'image du spectateur et celle de son monde avec ses chimères – et ses vérités. Ils abritent en eux la question de la limite du texte, des débordements de cadre,[59] du contenant et du contenu, tout en étant structurés et intenses. Les caractéristiques ambigües de l'abbaye de Thélème portent en écho tous les troubles d'une époque qui se veut renaissante et qui lutte avec la tradition. L'absence de fonctionnalité du lieu désigne de nouvelles perspectives qui exposent dans leurs trompe-l'œil et leurs dysfonctionnements de reformuler d'autres jeux et d'autres mythes. La cité utopique crée semble se désagréger à tout moment pour montrer un corps en pleine transformation.

Ainsi le regard de Rabelais sur la ville invite à parcourir de nouveau *Gargantua*. Dans un livre achevé, structuré, porteur en miroir des lignes de force de son œuvre à venir, de sa personnalité, de l'esthétique de son siècle, la variété du trompe-l'œil, la surprise qu'il suscite, ainsi que sa profondeur infiltrent le travail de marqueterie de l'auteur et la manière de ce maître du puzzle et de la perspective et de la carte. Les thèmes en relief y cachent la platitude et vice et versa. Façon de se moquer de l'esthétisme et de l'absorber, Rabelais exige une attention incessante.

Notes

1 Nous utilisons pour nos propos François Rabelais, *Œuvres complètes* dir. Mireille Huchon (Paris : Gallimard, Bibliothèque de la Pléiade, 1994).

2 Lucien Febvre, *Civilisation. Évolution d'un mot et d'un groupe d'idées* (Paris : Renaissance du livre, 1930).

3 Clément Marot se réfugia à Genève en 1543 et fut prié par Calvin de continuer la traduction des psaumes en vers. Mort à Turin en 1544, Marot ne put en traduire que 49 ainsi que *Le Cantique de Siméon*, les *Commandements*, le *Credo*, la *Salutation angélique*, et *Prière avant et après le repas*.

4 André Chastel, *Mythe et crise de la Renaissance* (Paris : Albert Skira, 1968/1969), 230–235.

5 Montaigne, *Les Essais*, dir. Pierre Villey et Verdun Louis Saulnier (Paris : Presses universitaires de France, 1965), 67 : Exemplaire de Bordeaux, f. 162,r0. Toute citation des *Essais* qui suivra va renvoyer à cette édition et au fac-similé numérisé qui l'accompagne, en ligne, du *Montaigne Project*.

6 Rabelais, *Œuvres complètes* ; Michael Screech, *Rabelais*, traduit par Marie-Ange de Kisch (Paris : Gallimard, 1992).

7 Erwin Panofsky parle de ce que le script et l'imprimerie de la lettre dérivent de la Renaissance italienne et s'opposent au Gothique. Erwin Panofsky, *La Renaissance et ses avant-courriers dans l'art en Occident*, traduit par Laure Meyer (Paris : Flammarion, 2008).

8 Geoffroy Tory, *Champ fleury* (Bourges, 1529), cd. J. W. Jolliffe (Paris–The Hague: Mouton and Johnson Reprint, 1970), ff. xiiii–xviii. Cette édition reproduit une autre édition (British Museum 60. e. 14) ; traduction anglaise (New York : Dover, 1967).

9 François Rabelais, *Gargantua*, dans *Œuvres complètes*, dir. Mireille Huchon (Paris : Gallimard, Bibliothèque de la Pléiade, 1994).

10 *Hippocrate, I, III* (1ère partie), traduit et annoté par Jacques Jouanna avec la collaboration d'Anargyros Anastassiou et de Caroline Magdelaine (Paris : Les Belles Lettres, 2013).

11 François Rabelais, *Hippocratis ac Galeni libri aliquot, ex recognitione Francisci Rabelæsi* (Lyon, S. Gryphe, 1532).

12 Mikhaïl Bakhtine, *L'Œuvre de François Rabelais et la culture populaire au Moyen-Âge et sous la Renaissance* (Paris : Gallimard, 1982).

13 Tory, *Champ fleury*.

14 Bakhtine, *L'Œuvre de François Rabelais*.

15 François Cali, *L'ordre Flamboyant et son temps. Essai sur le style gothique du XIVe au XVIe siècle* (Paris : Arthaud, 1967) 230. Cali explique et insiste dans son chapitre "Le bûcher des images" sur l'importance du feu comme "rédempteur" et purificateur. Il montre que l'image cassée ou détériorées pouvait alors être susceptible de miracles, ou de restructuration et donc susceptible de nouvelle représentation, et d'adoration.

16 Tory, *Champ fleury*.

17 Michel de Certeau, *La fable mystique* (Paris : Gallimard, 1982), 25.

18 Pierre Legendre, *La passion d'être un autre* (Paris : Seuil, 1978), 100.

19 Claude Galien, *Les Belles Lettres* (Paris : Collection des universités de France), 2000–2008.

20 Romain Menni, "L'accouchement de Gargamelle (Gargantua, VI) : Hippocrate et Galien cul par-dessus tête," *Revue des littératures et des arts*, Alter EA7504, no. 17 (Automne 2017).

21 Rabelais, *Œuvres complètes* ; Screech, *Rabelais* ; Michel Beaujour, *Le jeu de Rabelais* (Paris : L'Herne, 1969).

22 Menni, "L'accouchement de Gargamelle."

23 Philippe Descola, *Par-delà nature et culture* (Paris : Gallimard, 2005). Descola reprend la question du rapport de l'homme au monde et s'interroge lui aussi au niveau universel sur les modalités culturelles d'appréhension par l'homme de son environnement. Dans ce livre, il souligne la continuité matérielle et morale entre les hommes et le monde par le biais de l'analogisme, l'animiste, le naturalisme, et le totémisme.

24 Tory, *Champ fleury.*

25 Tory, *Champ fleury,* Livre III, feuillet XLII.

26 Tory, *Champ fleury,* Livre II, feuillet XXIII.

27 Tory, *Champ fleury,* Livre II, feuillet XXI.

28 Guy Rosolato, "L'objet de perspective dans ses assises visuelles," *Nouvelle revue de psychanalyse* 35 (1987) : 143–164.

29 Menni, "L'accouchement de Gargamelle." Menni souligne que "Dans la traduction latine de Wilhelm Cop (*Copus*) du *De locis affectis* de Galien, *diaphragma* était encore rendu par *septum transversum*. Preuve que même en latin, le calque hellénisant ne faisait pas encore l'unanimité chez les humanistes. Même chose pour la 'vene creuse' : Rabelais écrira 'veine cave' une fois dans les matériaux du *Cinquiesme livre*. Jean Céard a montré que l'invention du lexique médical en vernaculaire était, surtout avant 1550, une affaire de tâtonnements. Pour ce qui est de '*larrys*,' qui fait une paronomase comique avec '*eslargis*,' il s'agit en revanche d'un vieux mot, qui signifie 'coteau inculte' ou 'lande' au Moyen-Âge."

30 De Certeau, *La fable mystique* 25.

31 Piera Castoriadis-Aulagnier, *La violence de l'interprétation : Du pictogramme à l'énoncé* (Paris : Presses Universitaires de France, 1975), Chapitre 2. Castoriadis-Aulagnier souligne que le mot-pictogramme va dans trois sens : premièrement, le pictogramme peut enchainer des images. En deuxième lieu, d'autres images peuvent surgir à l'intérieur de l'énoncé grâce à des correspondances de sens. Troisièmement, le lecteur peut arriver à déceler de nouveaux sens dans ces images et multiplier également ment les significations.

32 Jean Paris, *Rabelais au futur* (Paris : Seuil, 1970), 42–43.

33 Tory, *Champ fleury,* Livre II, feuillet XLII.

34 Rabelais, *Gargantua*, 56.

35 Frank Lestringant, dans *Écrire le monde à la Renaissance* (Caen : Paradigme, 1993), nous rappelle que "À partir de l'île et de la ville, dont l'image de la *Cosmographie* d'Apian offrait la synthèse instantanée, deux sous-genres cartographiques vont connaître un développement sans précédent au cours de l'âge classique : d'une part les livres de ville qui relèvent du genre de la "poligraphie," pour faire nôtre le concept employé par André Thevet dans l'épitre de ses "Vrais Pourtraits et Cies des Hommes illustres de 1584 (15) . . ." (54).

36 Voir notamment Ch. Lenormand dans *Rabelais et l'architecture de la Renaissance ; Restitution de l'abbaye de Thélème* (Paris : J. Crozet, 1840).

37 Richard Regosin, "Montaigne between the lines: Reading the interstices," *Les parcours des Essais* (Paris : Aux Amateurs des Livres, 1988), 47–57. À propos de Montaigne, Regosin montre que l'écriture de Montaigne bouge et attire sur un supplément : "Writing, and the writing of the self, is always a question of additions juxtaposed in an endlessly decentered – or uncentered – process of supplementation and of deferral, like a wall to which one forever adds."

38 Louis Marin, *Utopiques : Jeux d'espaces* (Paris : Minuit, 1973), 92.

39 Meredith Clermont-Ferrand, "Laughter in Rabelais's Gargantua and Pantagruel: Utopia as Extra-Textual Space," *Medieval and Renaissance Studies* 40, no. 2, 370. Lefranc évoque aussi un mythe qui tracerait le nom de Canada au même sens qu'"utopie." Abel Lefranc, *Les Navigations de Pantagruel* (Genève : Slatkine Reprints, 1967), 293.

40 Marin, *Utopiques*, 93.

41 Nous voudrions souligner la qualité du plan de l'article de François Billacois, "Thélème dans l'espace et en son temps," dans *Études Rabelaisiennes* (Genève : Droz, 1980), 97–115.

42 Robert Klein, "L'urbanisme utopique de Filarete à Valentin Andreae," dans *La forme et l'intelligible* (Paris : Gallimard, 1970).

43 Rabelais, *Gargantua*, 199.

44 Marie-Madeleine Fontaine explique les relations mécaniques et perceptives dans "Quaresmeprenant : l'image littéraire et la contestation de l'analogie médicale," dans *Rabelais in Glasgow*, dir. James A. Coleman and Christine Scollen-Jimack (Glasgow, 1984), 90–93.

45 Leon Battista Alberti, *L'architecture et art de bien bastir*, traduit par Jean Martin (Paris : J. Kerver, 1553), 125.

46 Voir également les commentaires de Whytney Mueller dans *Mutatis mutandis. La perspective et les transformations spatiales dans Gargantua et Pantagruel*, thèse soutenue à Bryn Mawr College (2015).

47 Alfred Glauser, *Fonctions du nombre chez Rabelais* (Paris : Nizet, 1982) ; Paris, *Rabelais au futur*, 233–240.

48 Jean Guillaume, "Le manoir des Thélémites, rêves et réalités," *Études rabelaisiennes* 33 (1998) : 249–250.

49 Rabelais, *Gargantua*, 194.

50 Abel Lefranc, *Les Navigations de Pantagruel*, t. II (Paris : 1913), 405.

51 Guillaume, "Le manoir des Thélémites," 249–250.

52 Rabelais, *Gargantua*, 194.

53 Rabelais, 194.

54 Marie-Madeleine Fontaine, "Images littéraires de l'escalier," dans *L'escalier dans l'architecture de la Renaissance*, dir. André Chastel et Jean Guillaume (Paris : Picard, 1985), 111–116.

55 Françoise Boudon et Jean Blécon, "La vis, la marche et le noyau. Leurs relations au début du XVIe siècle," dans *L'escalier dans l'architecture de la Renaissance*, dir. André Chastel et Jean Guillaume (Paris : Picard, 1985) : 75–81.

56 Rabelais, *Gargantua*, 195.

57 Rabelais, 199.

58 Bakhtine, *L'Œuvre de François Rabelais*.

59 Renée Kaës, "Le groupe baroque. Ensemble vide et figures de l'excès," dans *L'effet trompe-l'œil dans l'art et la psychanalyse* (Paris : Dunod, 1988) : 123–146. Kaës insiste sur le "débordement baroque." Nous voudrions suggérer que Rabelais distille ici certains éléments non-traditionnels pour l'époque, et les place face à des éléments structurés et méthodiques.

6

Trompe-l'Œil Graphiques et Verbaux dans *Champ fleury*

Dans le *Champ fleury*[1] de 1529, Tory juxtapose un traité de typographie et un essai sur la langue française, tout en articulant un système pour tracer les lettres qui harmonisent le langage. Il s'agit de voir dans quelle mesure la tradition de la présentation d'un essai sur la langue découle d'une écriture basée sur des principes de composition picturale. Mettre en regard la création de l'essai de typographie en matière langagière est au cœur du débat. Comme l'a fait remarquer Tom Conley,[2] *Champ fleury* théorise l'imagination spatiale qui est liée à l'écriture de la géographie. La perspective du typographe est multiple. Le nombre de distorsions et trompe l'œil s'accélère au fil des pages.

Dans ce traité, le concept d'entre-deux du trompe l'œil offre aux arts visuels ce que leur médium ne peut leur donner, c'est-à-dire la possibilité de développer une narration, plusieurs étapes d'un même récit en une image dont la fixité est ainsi transcendée. Par l'"entre-deux," peintres, typographes, ou sculpteurs ajoutent une dimension temporelle à leur travail, pouvant ainsi représenter l'événement en train de s'opérer et apportant ainsi une continuité entre les états passé et futur de l'individu ou de l'objet. L'examen de ce livre a eu pour but de considérer l'entre-deux comme un objet d'étude à part entière – et non pas comme un moment de passage d'un état à un autre, insignifiant par rapport à la situation de départ ou au résultat final. Le trompe-l'œil y règne en maître. Ainsi, Tory introduit l'esthétique antique en reprenant le créneau du livre d'heures au style figé qu'il avait publié en 1520 avec ses lettres bâtardes et ses illustrations gothiques. Avec de nombreuses innovations graphiques résultant non seulement de ses qualités de concepteur (il fait figure de directeur artistique) et de fédérateur de talents, il allie les compétences de différents corps de métiers et d'artistes, et, grâce à son esprit syncrétique, il combine différents éléments de la culture visuelle de son temps.

Comme le font très bien remarquer José Bouman et Frans A. Jansen,[3] le texte du premier livre met surtout en relief le concept mystique de la correspondance entre les lettres, l'homme et le cosmos. *Champ fleury* théorise en effet l'imagination spatiale et unifie l'écriture avec la géographie. Le projet se situerait dans la ligne de création d'une "carte de la langue" qui rappellerait tout l'héritage historique et socio/culturel de la France et déploierait toute l'ingéniosité de l'écriture spatiale soit sous forme narratrice, soit sous forme de poésie, ou même de traduction. Ce dessein tient à la fois de la composition sérielle de l'éminence de la typographie et de l'art combinatoire. Le lecteur/spectateur lors du parcours de ce livre est certainement frappé par l'enchaînement et la complexité des genres : poèmes, emblèmes, cartes, figures, dessins alternent avec des citations, des comptines, des dialogues. Mais sous un apparent décousu de digressions, l'auteur prend des prises de position esthétiques et politiques sur les mœurs du temps. Ainsi, le livre cache une composition certaine en trompe-l'œil.

Tory accorde à la minuscule bâtarde et à la forme de la lettre une grande importance : il insère presque à chaque tour de phrase ou dans chaque paragraphe des possibilités de variation, de mutation sur les langues, des explications sur les lettres et les dessins qu'il produit. La formation et la déformation réversibles de ces images virevoltent en anamorphose grâce à l'usage des règles et des compas ; l'auteur établit ainsi un jeu d'échecs où l'espace bouge à l'intérieur de la page et de la lettre dans des mouvements plus précis qu'il n'y paraît au premier abord. En même temps, la diversion du regard vers des points de fuite établit une véritable déroute et provoque le lecteur/spectateur. Dans notre approche, il s'agira d'étudier la création de ce texte/ces images en tant que matière langagière elle-même parsemée de marques visibles ordonnant la surface de la page et fonctionnant dans un rapport lisible/visible/audible.

Geoffroy Tory, éditeur de Bourges, est aussi peintre, graveur et premier imprimeur royal. Il a été également réformateur de l'orthographe et de la typographie sous François Ier. Son influence est grande chez les graveurs et les écrivains comme Rabelais ou Montaigne. Artiste passionné par la langue française, il fut le premier à porter le titre "d'imprimeur du roi." Son ouvrage principal renouvelle l'art de la typographie en y introduisant les proportions idéales de la Rome antique.[4]

L'auteur enseigne tout d'abord de 1507 à 1512 dans plusieurs collèges, tout en s'intéressant de plus en plus à l'art de la fabrication du livre. Il devient libraire à Paris et prend comme emblème "un pot cassé" qui figurera dans plusieurs de ces ouvrages et qui restera sa marque de libraire. En tant qu'imprimeur, par exemple, il devient en 1509 un des correcteurs de l'imprimerie de Henri Estienne. On lui doit la révision de *Psalterium Quintuplex* (1508*)*, de la *Cosmographie* d'Aenas Sylvius (autour de 1512) et de *Itinéraire* d'Antonin (1512), où il orne également ces éditions. Admis en 1512 dans la corporation des Libraires de Paris, il s'applique à perfectionner les caractères de Jose Baldius. Il forma ainsi Garamond, l'un des plus célèbres graveurs de ce genre. La plupart des estampes dont ses livres sont ornés portent la double croix dans la croix de Lorraine, marque de Pierre Woeriot, graveur lorrain. Nous avons vu au chapitre 4 que Tory avait également un magnifique *Livre d'Heures* en 1524. L'auteur semble toujours fasciné par la dichotomie entre la lettre et le son de ce dernier et, quel que soit l'ouvrage qu'il traite, il insère souvent des références cachées et des perspectives différentes qui font voir "autre chose."

L'ouvrage qu'il présente dans son *Champ fleury. Auquel est contenu l'art & science de la deue et vraye proportion des lettres attiques, qu'on dit autrement lettres antiques, & vulgairement lettres romaines proportionnées selon le corps et visage humain* de 1529 est à vrai dire une œuvre assez originale dans le thème : il ne s'agit pas moins dans le premier livre que de "comprendre" et de présenter des règles précises sur l'orthographe française et de rappeler l'influence d'autres langues tels que le Grec et le latin sur la langue. Pour le second livre, l'auteur s'attèle à décrire la formation de chaque lettre au moyen de la perspective et dans le dernier livre, de récapituler la grammaire, l'orthographe et la linguistique et de recombiner leur importance dans la description et la figuration des lettres au compas. Dans ses livres, Tory devient un ardent défenseur de la syntaxe qui donne accès aux belles lettres, mais il essaie aussi de rapprocher l'arithmétique et la géométrie avec différents dessins sur la formation imprimée de l'alphabet et de la langue. Cet auteur est bien conscient des problèmes de la grammaire ; il enchâsse dans son texte une défense de la littérature en y attelant une architecture particulière à la fois théorique et rhétorique. Détournant les thèmes, les exploitant à travers ses trois traités, il expose au fur et à mesure une cartographie "morale" – et parfois même une caricature.[5] Cependant, il apparaît que la représentation de la lettre imprimée de l'œuvre ainsi que les dessins au compas des lettres compilent et cachent du regard et de la lecture beaucoup plus qu'il n'y paraît. Dans un effort de trompe-l'œil, Tory enchaîne successivement les langues, les idiomes, les références et les citations. Le leurre instauré préfigure ici une recherche sur le devenir et l'histoire.

Les narrations élaborées de Tory visent à informer sur le centre des origines et des fonctions de l'écriture mais divergent sans arrêt vers autre chose. Le point de fuite des histoires soumises en face de la lettre et du dessin semble toujours s'échapper sur un lieu décrit mythiquement en référence aux Anciens. Tory propose aussi une vue spécifique de ce qui est à l'origine un "essai" de convergence et d'histoire sur la langue.

Les Raisons de l'Ouvrage

Les motivations de ce discours sur les lettres et de son discours sont multiples. Tory semble déployer une rhétorique de la "forgerie" de la lettre et de ses allusions spatiales et diagrammaticales. Ensuite, il rappelle au lecteur l'importance de la langue française :

> Notre cher et bien aimé maistre Geoffroy Tory de Bourges, libraire demeurant a Paris, nous a faict dire et remonstrer comme pour toujours divulguer, accroistre & decorer la langue Latine & Francoise, il a puis certain temps faict et compose ung Livre en prose & langaige francois.[6]

Le phrasé de cet extrait insiste bien sur les instances du "dire" et de "remonstrer," puis de "divulguer." Le livre établit bien ainsi une adéquation entre les deux principes. Cependant, Tory va s'ingénier à brouiller les pistes, empiéter les dessins à l'intérieur du texte et divulguer de nombreux caractères dans des diagrammes toujours refaits et manipulés de façon autre. Le mouvement de la langue et de ses différentes descriptions ainsi que la circulation des dessins atteignent les structures de composition même de l'œuvre et permettent de nombreux jeux de mots, de torsions, de déformations et de trompe l'œil.

L'époque de Tory voit fleurir une standardisation et une certaine homogénéisation des textes copiés des textes imprimés et manuscrits. Il commence à être de bon ton pour les érudits de cultiver des textes vernaculaires copiés de style gothique. Un vocabulaire spécifique émerge qui se conforme ainsi aux textes et aux canons.[7] Aimant souvent utiliser un type spécifique – la lettre bâtarde, la lettre de forme et la lettre ronde – Geoffroy Tory reste fasciné par la dichotomie entre la lettre et le son de ce dernier. Dans *Manière de parler et de se taire* il avait déjà insisté sur le fait que :

> Nicofhrate disoit que le vray signe de Folie estoit dire legerement incontinent beaucoup de choses. Et qu'il estoit necessaire accommoder la parolle a la nature

de l'oreille de l'auditeur. Deux oreilles/et une langue, afin que oyons deux fois/ et beaucoup plus que nous parlions.[8]

Quelques Exemples

Le titre du livre est en lui-même un trompe-l'œil. Il s'agit de donner à cette œuvre une relation avec la nature. Ainsi seront exposés à la fin du texte un ensemble d'alphabets qui constituera une sorte de dictionnaire de l'espace – *le champ* des lettres et des illustrations. Or le mot *champ* est déjà une illusion. Le domaine fertile de l'écriture des caractères, de leur forme et de la langue est en analogie avec le concept de l'humanisme naissant qui est d'établir un équilibre entre toute chose et avec la nature. L'apposition "fleury" peut bien sûr évoquer la constellation d'éléments floraux mais travaille aussi sur l'homonyme "langue fleurie." Tory semble alors faire découvrir d'autres perspectives en trompe-l'œil.

Ce titre fort se retrouve dans la première page du livre avec le célèbre pot cassé de l'auteur, connu et reconnu comme éditeur et libraire. Ce dessin peut figurer comme emblème de malentendus ou de ce qui est rompu. L'auteur implique dans cette recherche sur l'emblème qu'il va se détourner d'une certaine tradition typographique pour suggérer d'autres éléments et s'aventurer dans la recherche d'autres symboles. La proportion que l'on voit dans le dessin de ce pot cassé (voir Figure 6.1) va se retrouver ici dans l'en-tête de *Champ fleury*. Ce manuel regorge ainsi d'idées cassées, parcellaires, malgré un désir certain de synthèse sur la langue. Les trois livres de l'ouvrage défient tous les proportions : celles de la grammaire, celles de la perspective et celles de la typographie.

Cette valeur de "proportion" inscrite dans le titre établit une jonction entre la grammaire et l'architecture et en même temps expose les creux et les cassures de l'état actuel de ces deux entités. C'est par une reconnaissance des principes mathématiques qui permettront de réinscrire le tracé des lettres que le livre commence : "Auquel est contenu l'art et science de la deue et vraye proportion des lettres attiques, qu'on dit autrement lettres antiques." Or, cette proportion semble elle-même s'enliser dans d'autre paradigmes puisque l'auteur joue simultanément sur les tableaux des langues, de l'espace, des calculs, de l'histoire, de la socioéconomie, ou de la linguistique. À l'intérieur de ces caractères et de ce discours vont se cacher tout un ensemble d'éléments. Il semble que le texte initial – qui se veut en prise directe sur la formation des lettres – de l'alphabet et ses origines cache un autre programme plus actuel, plus personnel. Ce texte touffu, en même temps qu'il reste lourd de références, se présente tantôt comme un ouvrage sérieux et moral, tantôt dans ses déformations d'une richesse et d'une verve sans pareille.

Figure 6.1. *L'enseigne du pot cassé*. Geoffroy Tory, *Champ fleury*. Courtoisie de la James Ford Library, Minneapolis.

Construit dans cette double charge de significations intriquées par des biais multiples de lettres, figures et enchevêtrements de thèmes, il convie le lecteur à une méditation hermétique sur la langue, les écritures et les nations.

Le texte du livre *L'art et acience de la deue et vraye proportion des lettres antiques* débute après la présentation de ses livres, suivie du "privilege au Roy," d'une table des matières précise et ordonnée, et l'élaboration des vertus des lettres dédicacée "Aux Lecteurs de ce Présent Livre," petit incipit où il s'amuse des anciens, fustigeant les "Ecumeurs de Latin, Plaisanteurs & Jargonneurs." La perception du livre mobilise dès l'entrée les itinéraires de l'imagination et de la rêverie, qui se mêlent au regard en procédant par libre association de thèmes divers. Les premières phrases vont ici de pair avec le dessin de l'enluminure.

C'est en effet le matin, le jour de la fête du Roy que l'inspiration semble avoir frappé notre auteur :

Le matin du jour de la feste aux Roys, apres avoir prins moins someil & repos, & quand mon estomac desa legiere & joyeuse viande avoit fait la facile conco-chon. que lon comptoit M.D.XXIII. me pris a fantasier en mon lict, & mou-voir la roue de ma memoire/pesant a mille petites fantasies, tant serieuses que joyeuses.[9]

Dans les deux pages qui suivent cette introduction sont menées tambours bat-tant des variations sur ce qu'il va faire, de façon savante et moins savante sur la décoration et l'élaboration des thèmes sur la nation française. Ces changements sur les Français et la France sont repris, comme il se doit à l'époque, d'un texte en latin reprenant les mêmes arguments. Les marges deviennent alors intrigantes. Si le texte tourne et retourne sur le même principe d'écrire en langue française, il se voit encadré de sous-titres ou explications sur les côtés de la feuille pour que le lecteur repère ce qui est "important," comme il le ferait avec une carte de l'époque.[10] L'argumentation fluctue comme un cours d'eau : le débit y est rapide, l'humeur enjouée. L'intrusion de ces listes et les explications dans les tracés de l'argumentation ajoutent à la collection de détails. Les premiers débordements, les premiers grossissements des points de vue narratifs surgissent. Le cadre du texte et son centre – celui de commenter et d'expliquer – voltige.

À plusieurs reprises, l'auteur examine l'importance d'écrire en français – "Je ne cesserai à écrire en François comme homme francois" – pour bien, distinguer son œuvre dans la tradition humaniste et répondre à une attente certaine des lec-teurs : "Doncues descripray en Francois selon mon petit utile et langage materner [. . .] a faire plaisir aux devots amateurs des bonnes lettres."[11] Le premier livre insiste ainsi sur les notions de "décorer" et d'"enluminer" la langue française. Or ces verbes "décorer" et "enluminer" se trouvent sans arrêt déroutés et transfor-més. Ainsi, l'auteur aura recours à l'élaboration et la reprise de deux mythes qu'il modifie ; tout d'abord sera mis en scène le mythe de Hercule Ogmios, un dieu éloquent, véritable version de la mythologie du Mercure grec, et ensuite celui de l'explication de l'origine du mythe d'Io à l'origine de l'écriture.

Le graveur, soulignant l'influence d'Érasme, entend décrire une nouvelle sorte d'homme : Hercule. Le choix de ce personnage antique n'est pas fortuit ; il va s'agir de démontrer comment ce héros est rattaché à l'histoire de la France[12] et comment Hercule s'inscrit dans une cartographie médiévale particulière. Ce per-sonnage est aux portes de ce qui est connu, touché et répertorié en Méditerranée, et aux portes du "paradis," dans un lieu connu des historiens et des lecteurs – celui aussi de la langue – mais également comme centre d'une identité mythique particulière où le rôle de la force est important. Dans ce dessin (voir Figure 6.2),

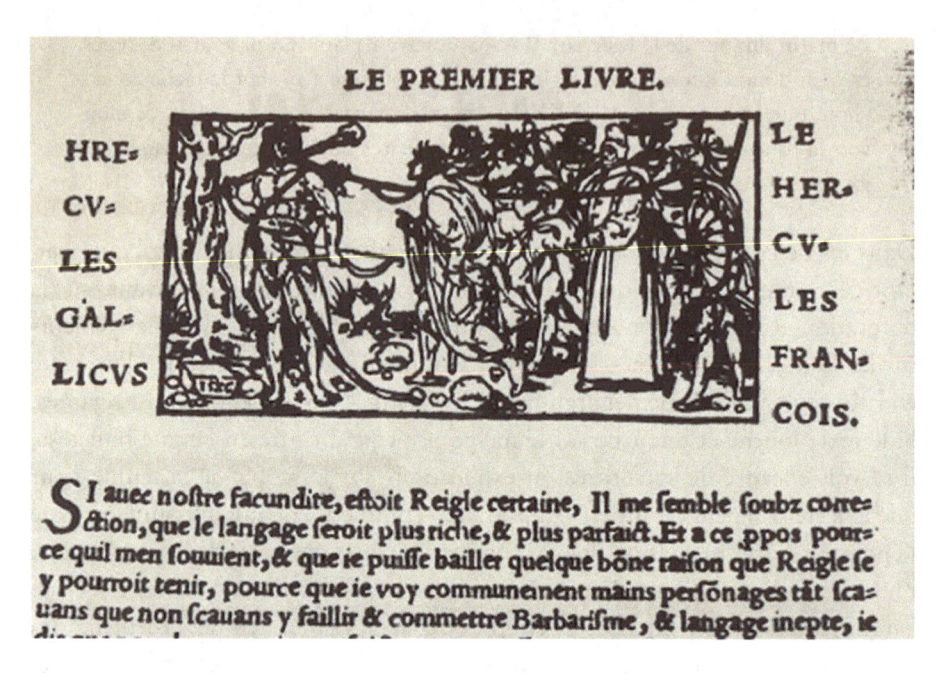

Figure 6.2. ***Hercule*, Livre I**. Geoffroy Tory, *Champ fleury*. Courtoisie de la James Ford Library, Minneapolis.

Hercule représenté dans la force de l'âge est situé de face à gauche. Il tient dans la main gauche un arc pouvant décocher une flèche, tandis qu'il tient une matraque dans la main droite. L'attention des lecteurs se détourne rapidement sur les autres personnages, qui semblent le tenir en laisse à droite. Le texte de Tory souligne la dissociation entre la force et la mise en joug de la figure : "Comme un hommage sage qui scaict persuader en soubzmettant a luy ce quil veult." L'allégorie pour Tory reste claire. La langue française est pleine de grâce et elle persuadera de façon plus véhémente avec un homme connu et mûr que si elle est représentée en latin ou en grec. Ce dessin permet de structurer l'introduction de Tory en faisant l'amalgame des références connues de l'*Iliade*, des poètes et mythes grecs. Il représente et articule une argumentation sur les termes linguistiques et modèle une représentation graphique inhabituelle du célèbre héros. Dans une allusion métaphorique sur la force, le personnage va être redéfini et rapproprié autrement. Comme le précisait très bien Gisèle Mathieu-Castellani,[13] le parasitisme entre l'image et le discours s'accentue. Entre le langage verbal et non verbal, le tissu des liens va se montrer plus flexible, et la fissure entre le texte et le graphisme s'accentue.

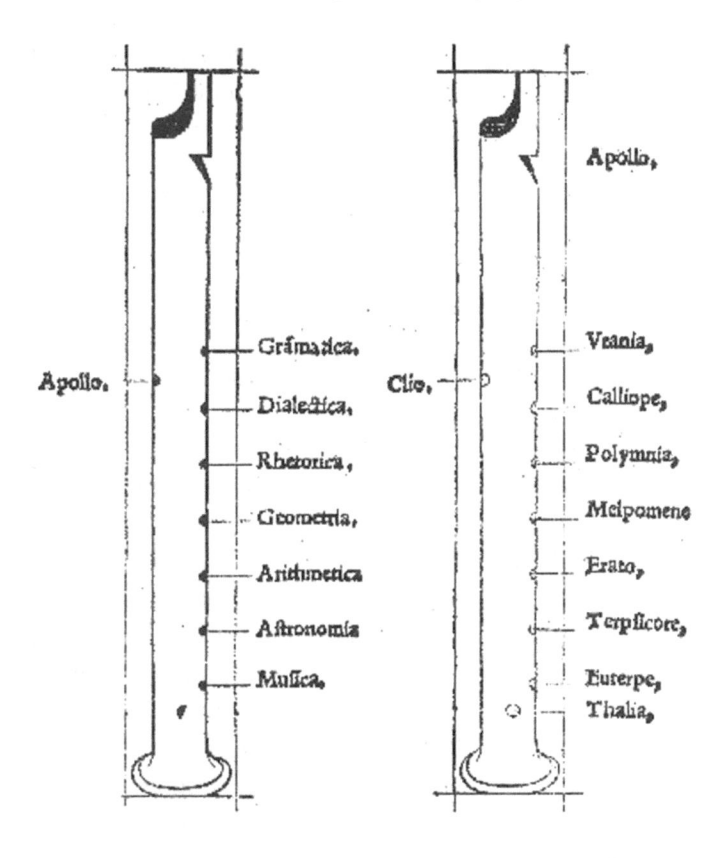

Figure 6.3. *La flute*. Geoffroy Tory *Champ fleury*. Courtoisie de la James Ford Library, Minneapolis.

L'œil du lecteur suit ainsi la corde dans un itinéraire qui fait entrevoir à la fois un homme s'empressant vers lui (on ne saurait dire si c'est pour le sauver, ou lui porter quelque mauvais coup) et celle d'un prêtre qui semble regarder de loin. Le dessin modifie dès l'entrée le jeu du texte sur les premières lignes de la page qui s'attacheraient à rendre la grammaire perceptible. Mais il mobilise également toutes les interventions picturales que le lecteur retrouvera plus tard. Le travail porte des signes allégorisés : Hercule et ses travaux pourraient représenter le roi, ses amis, mais aussi peut-être Tory. L'attraction vers ce personnage connu "en laisse" à gauche semble manier à la fois le désir de tenir et d'enclore le personnage, mais aussi d'aller vers lui comme vers le nouveau monde des mots et des "reigles" tels que Tory le stipule. En contrepartie à cet emblème placé dans le coin supérieur gauche, Tory mène le regard du lecteur vers un poème sur le côté inférieur droit de la page où l'expression "Pour le meilleur" revient par trois fois. Le rapport entre l'image et le dessin prend alors une distance considérable.

En continuant sur la formation des lettres et de leur importance passée et présente, Tory adresse le problème des langues grecques et latines par rapport à la langue française et commente sur leur importance. De toutes ces origines (Prician, les Egyptiens, les Phéniciens), Tory admet cependant :

> Je dirois volontiers qui cest qui les inventa ne apporta en France, mais nous sommes si pouvres historiens & exécuteurs de bones lettres, que je ne puis cognoistre asses bon autheur qui en aye suffisamment laisse memoire.[14]

L'auteur avouera bien humblement son ample tâche à plusieurs reprises dans ce premier tome. Après avoir entretenu son lecteur sur les différentes origines du mot "France," il continue sur la vertu d'une bonne hygiène du corps par la lecture, l'importance d'une bonne nourriture, la force du soleil sur la "tempérance," ainsi que l'empreinte de la nature sur la vie importante "spirituelle" en France. Puis l'auteur se tourne sur des commentaires sur la jeunesse. Enfin, il souligne les difficultés de l'âge mur quand la lecture – "memoire de la mutation de l'Intemperance vers la sagesse" – contribueront à une existence plus forte. L'ensemble et l'amalgame des sujets tourbillonnent vite et détournent toujours le sujet vers une autre perspective, cachée sous les mots et les illustrations comme le texte ci-dessous nous le montre. La science s'allie ici d'une conversation sur les dieux et les origines des mythes :

> Un autre thème exposé dans ce premier livre concerne l'origine de l'écriture et du mythe d'Io. La combinaison de ces deux caractères originels – deux formes géométriques, la ligne droite du *iota* et la courbe de l'*omicron* que Tory, pour les besoins de la démonstration, substitue à l'*omega* de IW, donne naissance au tracé de toutes les autres lettres. Le dieu Mercure apparaît dans une seconde version de l'origine des caractères, qui attribue cette invention à un récit de métamorphose : comme Apollon a assassiné Hyacynthe, ce dernier se change en une fleur frappée des lettres *upsilon* (Y= *iota* accolés en fourche) et *alpha* (A) (f° IX b et XXX a). Outre leur connexion par la figure de Mercure, les deux mythes sont ainsi reliés par une combinatoire géométrique (droite et cercle ou droite et triangle).[15]

Les digressions du livre soulignent assurément la culture humaniste de l'auteur. Mais elles vont plus loin. Les descriptions s'étirent, isolent une facette spécifique (langue, référence à un auteur, emblème) et en même temps donnent une illusion optique d'avoir été trompée. Ainsi, l'analogie entre la vue et la connaissance se renouvelle. Il s'agit de voir le livre en perspective et aussi de le rendre pleinement manifeste, sans ambiguïté. Cependant, les doutes ne cessent de s'accumuler. L'illusion est atteinte si l'observateur, devenu déchiffreur, participe au jeu incessant qui miroite devant lui.

La fin du premier livre se consacre à la place de l'alphabet et des lettres, et en particulier de la lettre *A* (sans dessin cette fois-ci dans le texte) dans l'espace de la page binaire. L'auteur la rapproche de la formation géométrique du carré et du triangle et attribue des relations aux nombres – pair/mâle et impair/femelle – tirant des analogies entre membres et correspondances. Apian n'est jamais loin dans ces jonctions.[16] La méthode de construction d'une lettre "attique" classique retrace également la fondation et l'aspect des lettres. Suivant de près l'évolution de la page imprimée, Tory s'éloigne de l'incunable qui utilisait une police de caractère standardisée pour développer et dessiner une taille de police issue de mesures antiques, géométrisées, quantifiables et reproductibles pour le lecteur ou amateur de lettres. Il souligne à la fois les formes graphiques qui circulent dans les lettres françaises des années 1530 et revalorise les formes qui avaient été courantes en France depuis le xive siècle. Abreuvant son lecteur de détails et de points qui se déplacent et naviguent au cours des pages,[17] tous les éléments deviennent classables et quantifiables. L'itinéraire proposé exploite les intérêts de l'auteur en traçant en catimini un dessein architectural clair et organisé qui se veut précis, mais qui oscille dans un flux constant soulignant la complexité des recherches en jouant sur les mots, les lieux et les coutumes.

Le Deuxième Livre

Dans le second livre, Tory insiste et reprend certains des thèmes abordés précédemment. Ce sont surtout la proportion et l'esthétique des majuscules qui seront mises en place, en à-plat en quelque sorte, déverrouillées de leurs fioritures. Suivant les ouvrages de Dürer, *L'instruction pour mesurer avec le compas et la règle*, daté de 1525 qu'il dénomme aussi *Livre de perspective*, ainsi que celui de 1528 nommé *Proportions du corps*, l'auteur suit de près la géométrie dans la construction de son deuxième ouvrage. Partant du principe que toute chose dans la nature existe par nombre et mesure, il tente de nouveau, comme dans le Livre I, de refonder en perspective les lettres tout en leur accordant des expérimentations linguistiques. Dans une langue qui se voudrait "tirée au cordeau," comme la figure d'Hercule du livre premier, Tory analyse maintenant "l'idée de la langue" associée aux lettres. La règle de formation des conjugaisons et des soucis pour le faire cache un programme de restauration de la langue française en trompe-l'œil, au détriment de la latine ou de la grecque. En définissant une grille universelle de proportions de lettres et de grammaire, le livre explicite et renvoie sans cesse à des implications mathématiques et mythologiques de ce découpage. Les perspectives se fondent et se mêlent.

En reprenant les éléments des lettres brièvement abordés dans le Livre I et en dessinant toutes les lettres sous un autre angle à l'aide de compas et de règles, Tory se met à développer une théorie sur l'espace de ces unités, s'appropriant l'espace binaire de la page pour développer un système où tout s'emboîte à la manière de trompe-l'œil mural. Dès le début, l'auteur élabore des connections plus systématiques entre les lettres et le monde : il reprend ainsi la perfection de la théorie des proportions géométriques et organise leur lien avec la lettre. En quelque sorte, il établit la lettre comme un relais – un relais avec la langue et les hiéroglyphes.

Ensuite dans ce second livre, Tory propose un système figuratif entre corps humain et corps de la lettre. Il décide de jouer et de "loger" des jeux de lettres à l'intérieur des caractères romains et de les façonner en corrélation avec le corps de l'homme : il veut ainsi montrer les preuves d'une création universelle de son et de figure, et parallèlement décrire le corps humain et le cosmos. Enfin, il reprend et élabore un mythe de l'écriture entre le *I* et le *O*, premiers éléments de l'homme qui écrit. L'analyse de certaines lettres du second livre permet ainsi de voir comment les théories de Tory échafaudent des liens entre la lecture, l'écriture, le graphisme des caractères, leur forme et leurs valeurs pour l'homme. À cet effet, Tory discute plusieurs fois dans le texte des hiéroglyphes et de leur importance.

Les hiéroglyphes sont en effet redécouverts avec grand intérêt à la Renaissance grâce à l'apparition des manuscrits de Horapollon (à Andros en Grèce) en 1419, édités pour la première fois à Venise en 1505. L'époque apporte à ces textes hiéroglyphiques toute une conception erronée latente : ces derniers recèleraient et cacheraient les codes secrets de l'univers. Dans les hiéroglyphes, chaque mot en effet est pris comme un idéogramme et présente une forme d'écriture utilisée par les prêtres égyptiens pour prévoir la sagesse divine. Si conçu à l'origine pour visualiser un élément graphique d'un mot[18] qu'il voulait représenter, ce même code égyptien, dépourvu de voyelles, pouvait attribuer une grande quantité de noms sur le même idéogramme. Or, Horapollon a joué particulièrement sur le côté idéographique, et non acoustique, de ces dessins. L'équivoque ainsi proposée porte une double nature ; le pictogramme porte en même temps un message visuel et un ensemble de sons. Sous les yeux se profilent une écriture invisible, désincarnée. Dans une impossibilité même phonétique, le système hiéroglyphique donne cependant un modèle de l'écriture absolue, car cette impossibilité lui permet alors d'échapper aux lois d'une uniformisation. Cette forme devient alors ésotérique et mystique.[19] La forme est divinement pourvue et devient immédiatement la cause et la preuve, comme pour ainsi dire l'image crachée de son être propre dans le cosmos. Tout en écrivant en français et en latin, Tory imprime une langue qui partage le monde des dieux où l'inscription, l'image et le relais se combinent pour produire un hiéroglyphe. Des icônes et le discours confluent dans l'espace : un ordre dans une révélation et une énigme se trouvent restaurés dans les pratiques de l'écriture maintenant en jeu dans les dimensions à la fois "manifestes" et "latentes." "Idéogramme anthropologique, voire cosmologique,"[20] la grille décimale que Tory veut universelle s'associe "à la chaîne d'or d'Homère et au rameau d'or de Virgile."[21] Dans ce circuit homérique, un axe du monde tente de prendre racine dans toutes les branches de la connaissance. "Une série de dix maillons étirés sont posés verticalement de la terre au ciel :"[22] au centre un *O*, lui aussi jouant en symétrie avec le mythe d'Io et celui d'Apollon (voir Figures 5.2 et 6.3). "Chaque lettre correspond alors à chaque intersection à un art et une muse."[23] Le rameau d'or de Virgile fait référence aux "vingt-trois vers relatifs à l'épisode et évoquent le nombre des lettres de l'alphabet, dont chacune constitue une feuille." Ainsi, "le rameau compte trois branches ; au centre, les consonnes (*BCDFGKPQT*) au nombre de neuf comme les muses, et à gauche, sept semi-vocales, qui représentent les arts libéraux(*LMNRSXZ*)."[24] Le lecteur distingue aussi sept lettres à droites et le *H* aspiré, "laquelle pour ce quelle nest du tout reputee uraye lettre, est escripte en la plus basse fueille" avec les quatre vertus et les Grâces. Le jeu de mot sur "nest" associe alors le verbe être tout en cachant en contraste le "né" de la naissance du langage et de cette écriture. "Le livre s'achève sur le triomphe des muses et d'Apollon."[25] Cette présentation de lettres embrasse alors tous les problèmes de la prononciation. La lettre devient une figure géométrique certes, mais porteuse de son, elle véhicule un sens humain et coordonné en trompe-l'œil.

La Formation de la Lettre A

Les premières lignes du second livre relancent tout d'abord le programme d'enseignement : "Avant que je commence à enseigner notre première lettre *A* . . ." La lettre est ainsi fixée dans un carré, avec l'image d'un homme où l'image est reprise en perspective avec d'autres lettres (voir Figures 6.4 et 6.5). L'auteur rejoint l'usage dominant des géographes de son temps, comme Oronce Finé ou Léonard

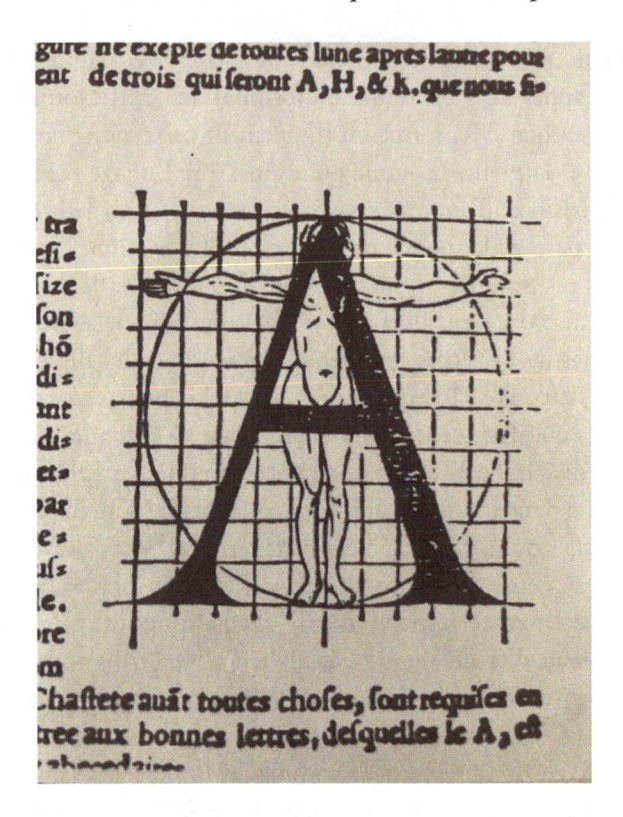

Figure 6.4. **Construction du A**. Geoffroy Tory, *Champ fleury*. Courtoisie de la James Ford Library, Minneapolis.

de Vinci, avec l'homme dans un carré dans un souci de bonne production claire et dans la recherche d'une adéquation entre l'espace du dessin et le texte.

C'est ainsi que la notion de ligne prend dans l'élaboration de cette lettre *A* toute son ampleur dans sa formation et les diverses approches pour la construire et relayer un savoir. L'une des méthodes les plus simples, précise Tory, est de poser deux lignes en oblique et de les joindre au sommet, puis de les couper par une barre horizontale fermant la lettre dans un triangle. À partir de l'élaboration de ce principe de la ligne et de cette lettre *A*, et ne suivant pas la logique de l'alphabet, mais la théorie de la ligne (ou barre), Tory examine la lettre *I*, en forme verticale. Il montre le même principe d'élaboration de la ligne, avec des références mathématiques. Et ce n'est qu'ensuite qu'il révèle au lecteur les notions de cercles, de triangles et de carrés délimités qui contribuent à l'élaboration de lettres plus compliquées. À partir de ce précis géométrique, l'humeur et l'humour de Tory

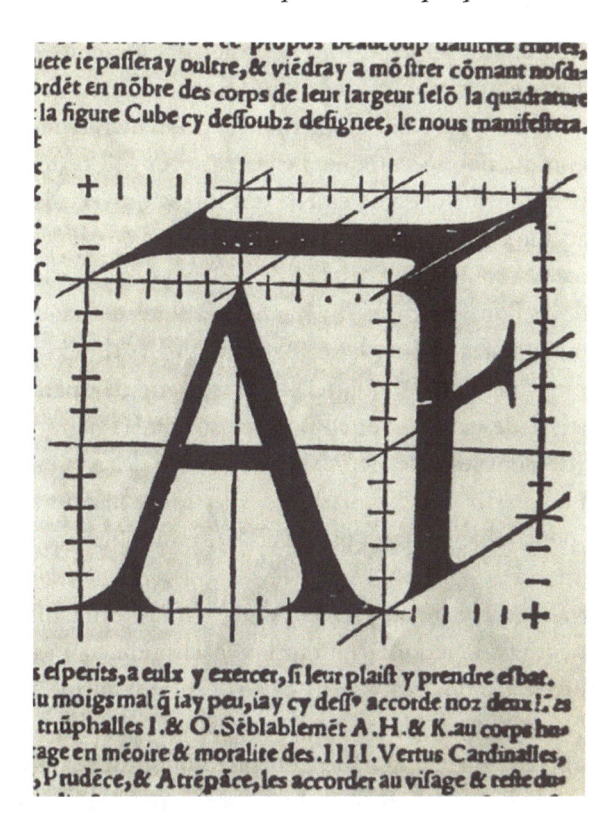

Figure 6.5. **Construction du A en perspective**. Geoffroy Tory, *Champ fleury* Courtoisie de la James Ford Library, Minneapolis.

vagabondent dans l'espace de la page : que ce soit dans l'usage des noms des Anciens ou dans l'élaboration de la langue italienne aux feuillets .XII et .XIII, la narration est souvent interrompue par un autre fait et vient s'enchaîner sur un autre. La technique de discontinuité permet l'échafaudage de listes, de calambours et de développements sur l'Architecture en Égypte ou en Grèce. En particulier, le rapport visuel et tactile de la ligne se développera dans l'élaboration du tracé de la flûte (voir Figures 6.2 et 6.3) et de la nomination horizontale et précise des différentes muses. Ces dernières sont placées à chaque correspondance d'un trou de la flûte, en échelle spatiale. Tory rêve de produire une façon efficace d'accommoder et de synthétiser les lettres et les muses dans un espace vertical où la mythologie prend une large part (comme le montre le discours l'accompagnant). En quelque sorte, une marque typographique souffle à la mémoire une percussion initiale de l'impression écrite. Les doigts touchent la page comme une carte avec des caractères doués, semble-t-il, d'extension. Remplie d'énergie, l'instrument veut transmettre une connaissance. L'auteur met ici en lumière un procédé rotique des lettres tout en essayant d'organiser et de vivifier le monde par l'intermédiaire de la reproduction mécanique. Le lecteur peut voir cette page d'écriture qui retrace la mémoire du rassemblement des forces universelles embossant la page, lui donnant son contour en "un clin d'œil" (voir Figures 11.4 et 11.5). Plus loin, l'élaboration du monde dans l'espace de la page et dans les lettres s'accentue dans le dessin de la flute penchée. Au bout de la flute se matérialise le souffle posé sur les sciences de façon circulaire (Astronomie, Arithmétique, Géométrie, Rhétorique, Dialectique et Grammaire). C'est à partir de ce schéma que Tory poursuit son analyse des sciences et commence à insérer l'homme dans ses dessins dans un cercle dont les côtés reprennent les noms des muses. L'organisation du monde se fait à partir de l'association des lettres qui prennent alors le rôle d'intermédiaire pour véhiculer des notions et des savoirs anciens, ou de nouvelles perspectives du monde.

Ainsi, le travail de la lettre proprement dite est un travail dans lequel la lettre qui s'unifiera au cosmos fonctionne en tant qu'inscription et "passage" ; elle permet qu'une fissure soit momentanément ouverte entre la forme et le sens, ou la cause et l'effet. "L'entre-deux" donne au lecteur la possibilité de noter la position de la lettre dans un cadre rectangulaire qui la tient jointe aux autres lettres, dans la courbe d'une ligne d'un certain type. Le caractère reflète ainsi en miniature la proportion de la hauteur et de la largeur de la page imprimée. Vu selon l'art de la composition dans un atelier d'imprimeur, le font de chaque lettre est porté sur une grille. De ce point de vue, la lettre signifie qu'elle est en formation et transformation, en conjonction avec une image ou une figure. Cependant, comme la langue qu'elle représente, les facettes visibles investies dans ce jeu ne peuvent pas totalement fonctionner de façon identique à l'ordre de la grammaire. Les lettres peuvent en fait reproduire un sens figuratif de la phrase dans laquelle elles sont placées, mais elles montrent aussi une autonomie qui leur est propre. Si on leur enjoint des formes figuratives qui rehaussent la signification, la forme devient alors un matériel linguistique "joignant" le langage aux représentations iconiques des choses. Si elle n'a pas de traits picturaux, alors, comme Montaigne le dit dans "De la gloire," la lettre reste un objet "étranger" qui n'a qu'une relation conventionnelle à son référent.

Ici, le littéral et le mouvement des formes et des lettres s'entremêlent. Comme le cite Dragonetti :

La force graphique de l'écriture implique une dialectique lecture-écriture, c'est-à-dire un jeu de liaisons visant, consciemment ou inconsciemment, à nouer sans cesse, dans le tissu anagrammatique du langage, des rapports de similitude entre les signes graphiques des mots et leur sens, à percevoir par conséquent le semblable dans les différences, l'un à travers l'autre, en direction d'une synthèse dont la force, qui le meut tout entière, est le mode analogique de circularité.[26]

Si, comme les historiens l'ont noté, la langue des années 1530–1598 a évolué dans une direction qui a progressivement perdu sa texture significative visible,[27] la dissimulation de la présence graphique pourrait être une conséquence de division, où les études et les fissures sont déjà écrites dans une culture écrite après l'incunable. La visibilité de la lettre de la littérature à la Renaissance marque des points coextensifs de lien et de multiplication, mais aussi des coupures de signification en trompe-l'œil. En ce sens, on peut comprendre la lettre comme unité graphique, enfermée dans l'entourage des ordres de la syntaxe, qui porte son attention immédiatement sur des propriétés visuelles et référentielles. Elle produit des idées, mais son contour, sa forme et son penchant pour le mouvement jouent souvent des rôles inattendus dans les rations de sens. Même quand elle est vue dans son contexte, cette dernière nous dit que l'imprimerie est une forme endettée de "traces" qui distinguent l'image du son et véhiculent d'autres liens avec le monde (voir Figures 6.6 et 6.7). Divisée entre des fonctions autonomes mais qui jouent une forme intégrale, elle est disponible pour travailler à l'intérieur et à l'extérieur des ordres syntaxiques qu'elle sert ; elle est soumise par le contexte : elle gagne aussi son indépendance de ce qui contrôle ce qu'un contexte impose, sa forme ne se conformant pas toujours à des ordres unilatéraux de signification. Elle relaye ainsi plusieurs mondes.

Allégorie des Lettres

Ensuite, la lettre établira dans le Livre II un renvoi constant au corps de l'homme en y cachant des allégories et des symboles. L'allégorie, vue comme mode d'enquête "médiéval," empêche d'embrasser un monde sans fin comportant des significations cachées : elle ne révèle aucun secret. Tout comme les Humanistes de souche rabelaisienne avaient dénoncé l'allégorie avec un appareil interprétatif inadéquat parce qu'elle répercutait des mystères concoctés dans une forme autonome et ne procédait pas de l'expérience immédiate du langage et du monde, Tory voit comment l'écriture et la lecture peuvent donner des agents complices, selon un processus fermé de révélation contenue et légitimée en soi. Le livre devait devenir

Figure 6.6. *Le O*. Geoffroy Tory, *Champ fleury*. Courtoisie de la James Ford Library, Minneapolis.

l'objet même qu'il décrivait, et sceller toutes les différences entre les caractères, les mots et les représentations des choses, ainsi que les motifs à l'intérieur des choses.

L'auteur construit ainsi une construction bio-mécanique[28] qui permet une approche de la cosmologie et montre par différents éléments mathématiques les rapports proportionnels et l'établissement des données. Ce système de mathématiques traduit ainsi l'effet et la puissance des recherches en cours sur la divulgation du compas, de l'imprimerie, des calculs mathématiques de l'époque. Au fil des pages, une relation de la lettre et du corps, unis dans un espace binaire devrait être accessible en y regardant de près. Corps du monde et corps de l'homme se font écho et se renvoient la balle dans un jeu constant de miroirs. L'analogie mettra alors différents réseaux de signes en évidence ; corps du savoir à base de

Figure 6.7. *La lettre Y*. Geoffroy Tory, *Champ fleury*. Courtoisie de la James Ford Library, Minneapolis.

chiffres et de lettres, corps du monde et corps de l'homme se répondent et se créent dans un jeu de miroirs.

La Lettre L

Ainsi l'impression de mouvement de la lettre appelle l'attention du spectateur devant la figure du corps, à "voir." La lettre de Tory marque l'espace, comme le montre la figure 6.8 d'un homme nu, debout, les pieds joints, dont la projection de l'ombre est placée de manière à couper les pieds, en raison du soleil d'automne. Le sexe est caché comme dans beaucoup de lettres, par pudeur, mais aussi par jeu. Le bras et la main gauche entourent la barre verticale du *L* dans un mouvement de soutien ou d'étreinte avec le corps de la lettre. Le mouvement des obliques, la mensuration du corps et la présence de l'équerre indiquent l'influence d'Alberti et de Léonard de Vinci. Ici, corps cosmique et corps humain se rejoignent :

> La lettre *l*, fust jadis faicte et figurée des bons anciens en perspective et consideration du corps humain et de son ombre au regard de l'aspect du Soleil estant

au signe de la balance, qu'on dict, au signe de *Libra*, au mois de Septembre un homme nu estant pieds joincts . . .[29]

En même temps, le sujet est prisonnier de la grille en un sens, confronté aux sigles de la grille et aux codes alphabétiques de telle façon que l'on pourrait la considérer comme une poupée musculaire, dont l'opération pourrait être effectuée comme une marionnette, déplacée par des changements de ficelles, et qui pourrait alors détériorer les lettres.[30]

Ces références anthropomorphiques sont nombreuses et concourent entre l'analogie entre corps humain et le corps de la lettre. Elles empruntent rarement la voie directe. L'univers se voit doté d'un alphabet, qui, par le médium du corps humain devient le reflet d'une grande figure mathématique où le cercle, le triangle et le carré sont des éléments de construction. Le corps humain se réduit alors à un

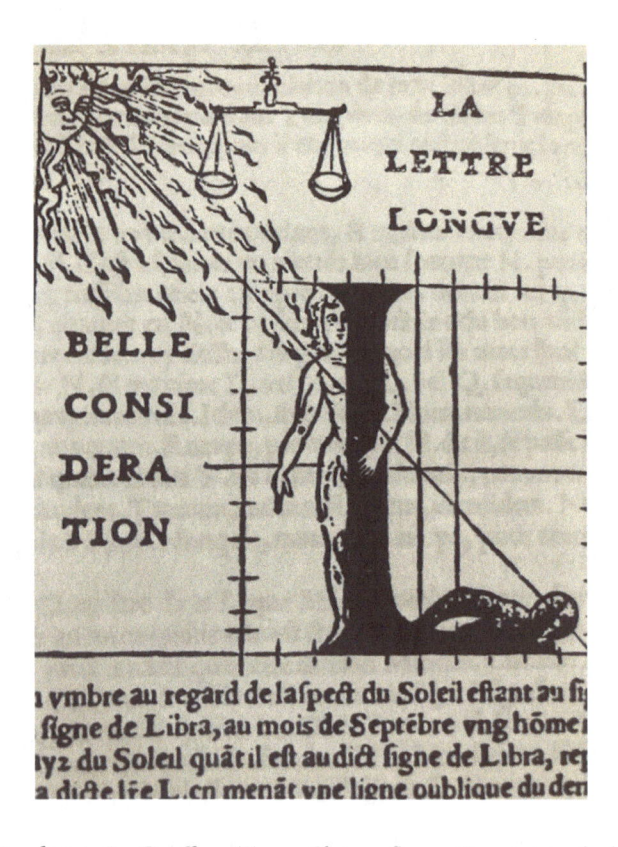

Figure 6.8. *La lettre L*. Geoffroy Tory, *Champ fleury*. Courtoisie de la James Ford Library, Minneapolis.

espace de figures cryptées et encodées, sans sang, lymphe et bile, mais se construit de combinaisons astucieuses d'espace vectoriel, binaire (avec les lignes horizontales et verticales), basé sur les chiffres pairs et impairs.[31]

La lettre Y

Si on regarde plus attentivement la lettre *Y* (voir Figure 6.7) par exemple de ce second livre, les yeux du lecteur se portent non seulement sur le système de l'équilibre de la lettre donnant au côté gauche des vertus inflammatoires et au contraire des vertus raisonnées et de justice, mais ils convergent aussi vers une lecture plus allégorique et morale, invoquant de nouveau Hercule au carrefour de la formation de la lettre.

> Ces marches et degrés la, nous signifient en Sens moral, la voye, & lascendant a beatitude, que peuvent avoir facilement ceulx qui ont la cognoissance & perfection des bonnes lettres, Ars, & Sciences. À propos de quoy iay designe au dessus de la lettre ung petit esperit diuin estant sus les pieds prompt ou a donner la Coronne, le sceptre, la Palme, ou le Chapeau de laurier, a tous ceulx qui bien & diligentement se euertront a acquerir Science, en montant de degre en degre iusques a la perfection dicelle ou gist tout acomplicement dexcellent prix, & glorieux honneur.[32]

Ainsi la dimension visuelle de la lettre comme relais, allégorie et mythe d'origine montre une contre-écriture ou une écriture en sourdine, faites de formes muettes en trompe-l'œil ; elle oriente l'œil vers une écriture autonome, très fortement picturale, tout en investissant la perspective et le mouvement en une voix ; en même temps, elle tente d'élargir l'analogie ; cette dernière est déjà, tout au moins dans le cosmos de Tory, le lieu où la politique et la poésie se rejoignent.

De ce style carré de figures, qui peut parfois paraître enfantin, on peut dire que Tory confronte la réalité importante de la naissance et l'évolution de la typographie et de la cartographie, en même temps qu'est considérée l'émergence d'un caractère littéraire, reprenant les formes de Dürer et de Léonard de Vinci pour en déstabiliser les règles de grille, y ajouter un autre espace et en jouer, celui de l'autre et de l'entre-deux.

Dans les deux cas, un procédé d'analyse communique des informations sur le jeu de la lettre. Si nous avons perdu au xxe siècle certaines clés de décodage de cet univers, il ne faut pas oublier que Tory est l'un des premiers à structurer dans ces trois livres de *Champ fleury* cette forme d'imaginaire sur laquelle reposent certaines théories de l'évolution à la Renaissance. L'idée essentielle que tout se ramène à un principe unique et qu'on peut tout expliquer avec ce principe se voit faussé dès le départ avec les théories compliquées de la perspective, l'imaginaire (toujours bien difficile à contrôler) et le rêve d'une langue idéale, langue de Babylone qui même jusqu'à nos jours semble déjà condamnée avant que d'être formée.

Il reste cependant l'effet que Tory, comme nous avons pu le voir dans ces quelques pages, a remarquablement assemblé diverses notions de cartographie, de l'imprimerie, de corps de lettre dans un assemblage posé de façon érudite, afin de transmettre l'idée de passage de la lettre comme figure capitale dans l'écriture, de marier le corps humain avec le cosmos et les lettres ainsi que de reprendre l'origine mythique de l'écriture. Il reprend également la lettre comme unité importante de son ; la combinaison des deux permettra un jeu infini, accentuera un brouillage dans les pistes de lecture, de son déchiffrage, ou atteindra un silence par manque de focalisation. Il sensibilise la lecture sur les liens entre le monde réel et le monde de l'écriture. C'est aussi la quintessence d'un savoir global sur le monde, où le temps et l'espace, la physique et l'histoire, sont résumés dans cet aide-mémoire visuel en trompe-l'œil.

Derrière l'œuvre de Tory se dessine en filigrane Rabelais et son amour des jeux de mots et de rébus tels que ; *G* grand *A* petit (j'ai grand appétit) du chapitre VI de *Gargantua* (voir Figure 5.3 du chapitre de Rabelais)[33] ou certains sonnets de Marot *dans l'Adolescence clémentine* de 1538. L'établissement d'un langage où l'espace cartographique et anamorphique repense la perspective et les symboles au xvie siècle français se profile dans les transpositions, les trompe-l'œil. La mythographie gréco-latine française dont l'auteur se sert à tout instant sert à instituer des repères bien français, rendre nationaux des objets et lieux particuliers à des degrés tels que ces objets ou lieux établissent des liens entre les dialectes locaux, le passé et un modèle de perspective établi et réputé. Comme les cartes à venir, un système nationalisé, standardisé de lettres et d'espaces s'installe et fait entrevoir un style dédié au passé, retransmis et retranscrit, qui fait surgir un personnage littéraire déstabilisant et détrompant tous les cadrages.

Notes

1 Geoffroy Tory, *Champ fleury* (1529), dir. J. W. Jolliffe, (Paris: Mouton and Johnson Reprints, 1970).

2 Tom Conley, *The Self-Made Map, Cartographic Writing in Early Modern France* (Minneapolis: University of Minnesota Press, 1997), Chapter 2.

3 José Boulman et Frans A. Janssen, "*Champ fleury* revisited; some of Tory's sources reconsidered," *Quærendo* 26, no. 1 (Winter 1996), 37–51.

4 Martine Sauret, *Les voies cartographiques. À propos des cartographes sur les écrivains français des XVe et XVIe siècles* (New York : Edwin Mellen Press, 2004).

5 Marie-Luce Demonet-Launay, "L'architecture morale de Geoffroy Tory," *Bulletin de l'Association d'étude sur l'humanisme, la Réforme et la Renaissance* 31 (1990), 17–33. Pour la période ultérieure à ce que nous étudions ici, Béroalde de Verville, *L'histoire véritable ou le voyage des princes fortunés.* (Paris : Passage du Nord/Ouest, 2005) suggérera une continuité dans la multiplicité des approches dans un texte.

6 Tory, *Champ fleury,* "Privilege du Roy nostre Sire."

7 Paul Saenger sur la correction des proportions et de leur reproduction dans "Incunable Description and Its Implications for the Analysis of Fifteenth-Century Reading habits," dans *Printing the Written Word: The Social History of Books, circa 1450–1520,* dir. Sandra Hindman (Ithaca: Cornell University Press, 1991), 225–258.

8 Geoffroy Tory, *La mouche de Lucian, et la manière de parler et de se taire,* traduit par Lucien de Samosate (Paris : 1533), extrait du XXVII, 2.

9 Tory, *Champ fleury,* Livre I, feuillet 1.

10 Christian Jacob, *L'empire des cartes. Approche théorique de la cartographie à travers l'histoire* (Paris : Albin Michel, 1992).

11 Tory, *Champ fleury,* Livre I, préface.

12 "Les colonnes d'Hercule dans la cartographie médiévale," dans *le Rivage des mythes. Une géocritique méditerranéenne. Le lieu et son mythe* (Paris : Pulim, 2001), 339–365.

13 Gisèle Mathieu-Castellani, "La parleuse muette," *L'esprit créateur* 28, no. 2 (Summer 1988): 25–35. Et Gisèle Mathieu-Castellani, *Emblèmes de la mort : le dialogue de l'image et du texte* (Paris : Nizet, 1988).

14 Tory, *Champ fleury,* Livre I, feuillet VI.

15 Pierre Cordier, "Geoffroy Tory et les leçons de l'Antique," *Anabases* 4 (2006), 11–32.

16 Pierre Apian, *Cosmogaphicus Liber Petri Apiani mathematici studiose collectus. Excussum Landshuti typis ac formulis* (Landshut, Impensis Petri Apiani, 1524).

17 Bernard Ribemont, "Une géocritique de la littérature médiévale," dans *Littérature et espaces. Actes du XXXe Congrès de la Société Française de Littérature Générale et Comparée* (Paris : Pulim, 2003), 41–47.

18 Peter Daly, *Literature in the Light of the Emblem* (Toronto: Toronto University Press, 1979), 11.

19 Anne-Marie Christin, *L'image écrite* (Paris : Flammarion, 1995), 65. Christin souligne en particulier que "le rêve de l'idéogramme avait donc conduit l'Occident à attribuer une écriture aux anges. Mais c'était une nouvelle fois afin de mieux assurer, en fait, la supériorité de l'alphabet. Quand l'Occident quitte, ou, du moins, croit quitter la parole, il élimine en même temps qu'elle tout support tangible : toute matière : ses rencontres ne sont désormais plus que de fantômes. Encore moins

saurait-il concevoir que cette écriture sans corps soit un système qui offre à ses lecteurs un choix quelconque entre ses valeurs ; cette hypothèse est proprement impensable."

20 Cordier, "Geoffroy Tory et les leçons de l'Antique," 16.

21 Cordier, 16.

22 Cordier, 16.

23 Cordier, 16.

24 Cordier, 16–17.

25 Cordier, 17.

26 Roger Dragonetti, *La vie de la lettre au Moyen-Âge* (Paris : Seuil, 1980), 66–67.

27 Claude-Gilbert Dubois, *L'imaginaire de la Renaissance* (Paris : PUF, 1985). Dubois écrit au sujet du savoir au xvie siècle et remarque que vers le milieu du siècle, "Chaque détail graphique a son importance et renvoie à un signifié au moins double, dans l'ordre physique et dans l'ordre des choses et l'ordre des mots, entre le signe et le référent, sans lequel il n'y a pas de langage possible" (76). Mais la même distance, ajoute-t-il, "s'accroît quand le siècle tire sur des trais fermés et générateurs de figure et de signe ou de choses et les mots s'en trouvent alors atténués."

28 Claude-Gilbert Dubois, *Mots et règles, jeux et délires. Études sur l'imaginaire verbal au XVIe siècle* (Caen : Paradigme, 1992) 78–79.

29 Tory, *Champ fleury*, Livre III, feuillet L.

30 Conley, *The Self-Made Map*, 62–85.

31 Claude Gilbert-Dubois, "Corps de la lettre et sexe des nombres. L'imagination de la forme dans le traité de Geoffroy Tory sur la *Vraye proportion des Lettres*," *Revue des Sciences Humaines* 170 (1980), 77–91.

32 Tory, *Champ fleury*, Livre II, feuillet XXIX.

33 La formule de Tory est cadrée de telle façon que le *G* est bisecté au milieu dans l'axe horizontal et le sommet de la barre majeure du *A* coupé dans son axe vertical. La voyelle *A* se trouve alors intériorisée dans le *G*. Il s'agit de sténographier le rébus, de le rendre visible et audible pour les lecteurs de Rabelais.

7

Les Anamorphoses

Comme nous l'avons vu au premier chapitre, l'expérience du regard et de sa relation avec le dehors et le dedans d'une œuvre est toujours un phénomène complexe. L'anamorphose transforme et change la perspective de ce qui est montré. Ce mot est dérivé du mot grec αναμορφωειν ou *anamorphoein*. Pour la faire, les artistes créent des œuvres déformées qui peuvent se recomposer à partir d'un point de vue préétabli.

Historiquement, ce procédé est l'une des applications de Piero della Francesca[1] sur la perspective. Les conditions historiques permettent de dire qu'elles seront plus populaires au xviiᵉ siècle dans les salons comme l'a bien montré Baltrusaïtis.[2] Cependant, pour le thème de ce livre, il est bon de pouvoir comprendre que ce phénomène si populaire un siècle plus tard en Europe jalonne le parcours du xviᵉ siècle en France. Il s'agit de voir dans les chapitres suivants comment elle sera disséminée en France dans les arts et dans certains écrits. Ainsi, face au changement des mathématiques et des sciences, ce procédé prendra un ton particulier dans les dessins et les peintures au xvᵉ et xviᵉ siècles sur le sol français.

L'anamorphose est ainsi une déformation faite de façon mathématique qui expose au regard une figure étendue et souvent déformée, que l'on peut voir grâce à l'aide d'un miroir placé concavement. Ce jeu de perspective constitue un maniement de l'espace souvent jusqu'à l'anéantissement de la représentation.

Ce processus permet aussi la migration du concept d'anamorphose au domaine littéraire et son application en tant que pratique de création et outil de réception.

> L'anamorphose [. . .] procède par une intervention des éléments et des fonctions. Au lieu d'une réduction progressive à leurs limites visibles, c'est une dilatation, une projection des formes hors d'elles-mêmes, conduites en sorte qu'elles se redressent à un point de vue déterminé : une destruction pour un rétablissement, une évasion mais qui implique un retour. Le procédé' est établi comme une curiosité' technique mais il contient une poétique de l'abstraction, un mécanisme puissant de l'illusion optique et une philosophie de la réalité' factice. L'anamorphose est un rébus, un monstre, un prodige.[3]

Bon nombre de peintres l'ont utilisée. L'une des premières est certainement celle de Léonard de Vinci au XVe siècle. Bien qu'encore domicilié en Italie, ses carnets sont d'une extrême importance pour comprendre ce qui est en jeu dans l'anamorphose à l'époque et les emplois que les artistes français pourront en faire.

D'un point de vue général, l'anamorphose marque la limite avec laquelle l'illusion de projection peut fonctionner. Plus spécifiquement, on peut la décrire comme une technique d'autocorrection qui vient de l'application de l'optique d'Euclide[4] quand ce dernier s'intéresse à la perception des objets dans l'espace pour fabriquer des perspectives distordues.

Le Cas de Léonard de Vinci

Le développement de l'anamorphose à l'intérieur des études de la perspective a fasciné Léonard de Vinci. Les "origines" de la perspective italienne décrite par Brunelleschi et Alberti à la Renaissance l'ont intrigué. En particulier, les perspectives "naturelles" et "artificielles" ont suscité chez lui un enthousiasme intellectuel sans cesse croissant. En faisant l'éloge de la peinture, celui de l'œil et de la vision, il fête également l'âge de la perspective.

> Ne vois-tu pas que l'œil embrasse la beauté du monde entier ? Il est le maître de l'astronomie ; l'auteur de la cosmographie, le conseiller et le correcteur de tous les arts humains ; il transporte les hommes à différentes parties du monde. Il est le prince des mathématiques ; ses disciplines sont tout à fait certaines ; il a déterminé les altitudes et dimensions des étoiles, a découvert les éléments et leur niveau ; il a permis l'annonce des événements futurs grâce au cours des étoiles ; Il a engendré l'architecture, la perspective, la divine peinture. À la plus excellente de toutes les créations de Dieu..[5]

Léonard cherchait ainsi à comprendre les distorsions visuelles qui apparaissent à la périphérie de la vision. Il voulait résoudre le problème qui consistait à peindre les dômes et les murs courbes lorsque l'angle de vision est oblique sur les surfaces peintes.

Les expériences de Léonard sur l'anamorphose sont dérivées de ses recherches sur le raccourcissement latéral et la relation entre la *perspectiva naturalis* (vision optique) et la *perspectiva artificialis* (perspective artificielle).[6] Au fur et à mesure de ses recherches, Léonard a pris conscience des problèmes posés par les deux perspectives ; si le point de vue posé par la perspective n'est pas fixé, une appréhension optique incontrôlée de la surface peinte bidimensionnelle entre en conflit avec l'opération d'extension de la profondeur à travers le cadre de l'image. Par conséquent, la perspective de l'artiste est vulnérable à la distorsion visuelle. Léonard était particulièrement troublé par la disjonction entre l'appréhension latérale dans la perspective naturelle et la représentation latérale dans la perspective artificielle. Dans la perspective naturelle, lorsque l'œil appréhende un plan perpendiculaire le long duquel sont placés une série d'objets équidistants de même largeur (une rangée de colonnes latérales unies, par exemple), les objets qui apparaissent d'un côté de l'axe central seront vus à des angles de vision plus étroits. Les objets réels apparaissent alors à la fois plus petits et plus éloignés que ceux qui sont proches du centre. Un problème au peintre, se pose alors au peintre, car les objets figurés dans le plan de l'image restent plats et n'adhèrent qu'à un seul point de vue et à un seul angle de vision. Ainsi, si une image se conforme trop bien aux règles de la perspective artificielle, elle ne peut être vue qu'à partir d'un seul point de vue fixe. Avec n'importe quel autre point, les objets situés sur le côté du plan de l'image apparaîtront déformés par rapport à la perspective naturelle. Selon Léonard, la façon de composer avec la perspective naturelle et celle artificielle devient alors une perspective composite qui "devrait" être évitée,[7] mais qui a cependant engagé sa curiosité et des expérimentations.

Si Léonard n'a pas vraiment donné de nom à cette forme de perspective "composite," Gian Paolo Lomazzo[8] mentionne deux œuvres qui ont disparu et qui contenaient ces distorsions ; il s'agirait d'un profile du Christ de Gauden-Ferrari et une autre dans une bataille entre un lion et un dragon et autres chevaux produits pour François Ier. Lomazzo parle de perspective inversée.

Une autre perspective inversée se situe se situe dans le *Codex Atlanticus*. Il s'agit de l'image d'un visage d'enfant et d'un œil sur le côté droit (voir Figure 7.1). Elle est considérée comme une des premières anamorphoses de l'auteur. Les raisons de cette insertion dans ce codex à ce moment bien précis révèlent – comme dans tous les carnets – une joie de "gribouiller" et de chercher partout et à tout moment. Comme il l'indique bien dans ses carnets, "le mouvement est le principe de toute vie."[9] Et c'est ainsi qu'en observant, en cherchant et en analysant les formes, l'auteur va se dégager des contraintes de la page, en reconnaissant les faiblesses de la perspective "orthodoxe" en ce qui concerne les œuvres de grande échelle, vues de près.[10] La nature et l'homme sont des laboratoires constants pour De Vinci. Au contraire de l'utilisation de la perspective comme une critique sociale comme Erhardt Schön,[11] il semble que le côté ludique a alors tout à fait titillé Léonard de Vinci.

En construisant un système perspectif de l'image, Léonard savait qu'il était crucial de déterminer la relation proportionnelle correcte entre la taille des objets projetés, leurs pyramides visuelles et l'angle de vision : sinon les corps représentés dans l'image ne diminueraient pas verticalement et l'illusion de profondeur tridimensionnelle serait compromise. Comme le montre James Ackerman,[12] Léonard a essayé d'empêcher la distorsion qui provient des spectateurs mobiles et des mouvements oculaires dont Alberti[13] ne tient pas compte lors de l'élaboration de cette *costruzione legittima* (1436). L'innovation de Léonard dépendait de la détermination des proportions correctes de la pyramide visuelle par rapport à l'angle de vision, lorsque les images sont vues à partir d'un point inhabituellement proche du plan de projection. Sur la base de cette approche, il a tenté de rétablir la diminution correcte des objets projetés sur le plan de l'image, en déplaçant l'orientation des pyramides visuelles et, avec elle, la position de l'œil. On peut se demander si Léonard a d'abord compris que les différences entre la taille angulaire et la taille projetée pouvaient être surmontées par un ajustement optique, ou inversement, que ces anomalies pouvaient être produites en séparant les principes sur lesquels l'ajustement était basé à partir de la réalisation technique de certains types de perspectives. Lorsque Léonard de Vinci a découvert l'anamorphose, il connaissait

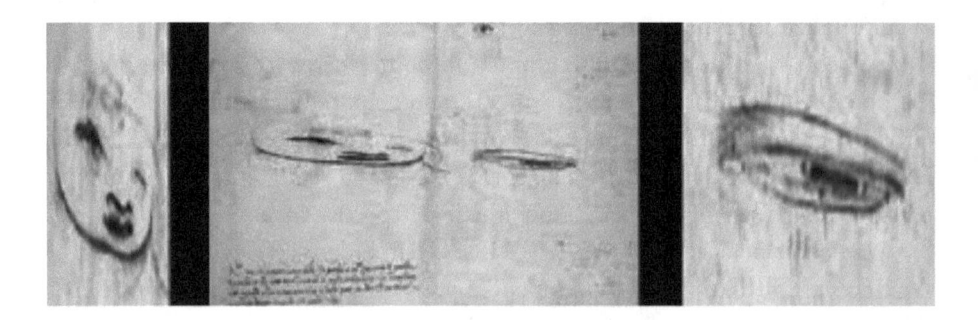

Figure 7.1. **Extraits de l'*Anamorphose* de Léonard de Vinci**. La partie droite du dessin est une restauration de cette anamorphose et fait partie du domaine public.

le précédent des changements radicaux dans l'apparence des projections qui se produisaient lorsque celles-ci étaient vues de points de vue inhabituels ou lorsque les rayons visuels étaient projetés sur des surfaces inclinées : ce phénomène était fourni par des ombres portées qui pouvaient être observées directement dans la nature ou produites dans des conditions expérimentales contrôlées.

Léonard a ainsi prêté une attention particulière au déplacement et au phénomène intrinsèquement variable des ombres dans les deux contextes. Ces expérimentations lui ont fait reconnaître que la projection des ombres et celles de la perspective était intimement liées, puisque toutes les deux sont conçues en termes d'intersection de la pyramide visuelle.[14]

Cette première anamorphose (voir encore Figure 7.1) peut ainsi s'inscrire dans "l'esprit du réel" dont l'auteur parle.[15] Cette géométrie de l'expérience devient un processus de transformation et d'objectivation du visible, ainsi qu'une révélation de démonstration. Grâce au relevé et à l'observation des ombres, une projection se met en place dont les proportions sont déformées notamment sur des plans inclinés.[16] Cette conversion par l'artifice et l'artefact est ainsi double. D'un côté, elle établit un nouveau rapport avec la nature. Des processus qui étaient naturels et biologiques deviennent pensables, reproductibles par les nouvelles technologies, et servent de modèles à la création en art et architecture. De l'autre côté, s'installe un autre processus post-culturel, qui modifie le social et peut faire dialoguer les cultures, au moment même où l'on assiste à l'inverse aux replis identitaires, voire guerriers. Il est donc très important de déconstruire "une philosophie de la relation" au sens d'Édouard Glissant,[17] c'est-à-dire une philosophie de l'altérité et une poétique à l'intérieur de cette vision globalisante, pour ne pas tomber dans une simple marchandisation de l'art.

Impacts

Pour présenter l'impact de l'anamorphose, il faut sans nul doute se référer à Baltrušaitis[18] et, pour comprendre l'intérêt des artistes et créateurs, il faut aussi se référer à Jacques Lacan. Ce dernier témoigne tout au long de sa carrière, et en particulier dans *Le Séminaire XI : Les quatre concepts fondamentaux de la psychanalyse*,[19] d'une fascination pour le phénomène. Le modèle de l'anamorphose, parangon des illusions d'optique et du trompe-l'œil, est incomparable par la merveilleuse solution qu'il apporte à toute la problématique du décentrement des champs de la vision et du regard.

Ainsi Lacan démonte la structure de cet artifice pour essayer une théorie sur l'impulsion et le désir. Tout d'abord, comme le souligne l'auteur, la fonction de l'anamorphose est liée à la vision du monde. Quels que soient les intermédiaires optiques pour établir leur relation, qu'une image soit virtuelle, ou qu'elle soit réelle, la correspondance point par point est essentielle pour déterminer ce qui se passe dans ce qui est exposé. Si la perspective géométrique doit être acquise et bien maîtrisée, il va falloir, dans un jeu spécifique, reprendre l'image pour essayer de voir "autre chose" : autrement dit, l'importance de rendre raison à l'usage inversé de la perspective va être cruciale. Sur le plan psychanalytique, l'auteur émettra même le concept d'"érection," puisque toute image doit être levée, mise de côté, en angle particulier pour rétablir ce que le peintre voulait cacher. Nous verrons dans les chapitres suivants que l'anamorphose et le trompe-l'œil dans les cartes (chapitres 8 et 9), chez Théodore de Bry (chapitre 10) ou les éditeurs (chapitre 11) peuvent suggérer en effet non seulement un aspect ludique, mais aussi une transformation sur l'espace de la page ou de la représentation en faisant voir ce qu'il ne fallait pas toujours regarder de prime abord. Au souci de la censure se conjugue quelquefois un mouvement esthétique puissant : la déformation du baroque et parfois des courants maniéristes. Selon deux modes d'être, le voir et le savoir ne fonctionnent pas de la même façon et ne produisent pas les mêmes échanges entre le spectateur/déchiffreur et les objets, les peintures ou les problèmes proposés. L'anamorphose est, comme le trompe-l'œil, un instrument important du décentrement de la vision. Rien n'est plus surprenant de ne pas "voir" tout d'abord ce qui est proposé. Puis de passer au phénomène de la surprise et parfois du choc. Rien de plus impressionnant qu'une anamorphose, rien qui ne nous donne davantage le sentiment d'être piégé par la représentation, d'être absorbé par elle et en elle, d'être vu par la chose qu'on est censé regarder, reconnaître et identifier. D'où la colère de certains, ou l'absolue fascination par d'autres. Le tableau devient un piège à regard, entre ce qui est proposé de voir en un premier temps et la deuxième invitation à regarder autre chose. Une sorte de fascination et de "vampirisme" se mettent en place. Lacan parle de "pulsion scopique"[20] et décidera d'illustrer et de commenter le célèbre tableau de Holbein en 1533, *Les ambassadeurs,* pour en démonter les mécanismes et relever les moments "psychanalytiques" importants. Cependant, nous voyons aussi dans ce tableau d'autres anamorphoses et des trompe-l'œil, jusque-là souvent ignorés, qui peuvent soulever d'autres points de discussion. Cet artiste allemand peint un moment crucial de l'histoire française et européenne. Les nouvelles techniques qu'il emploie transforment sa peinture et multiplient les significations en un véritable tour de force.

Le tableau a été longuement décrit dans bon nombre d'ouvrages.[21] Quelques éléments importants mettent un relief singulier sur l'anamorphose proposée du maître. Cette peinture célèbre contient ainsi deux anamorphoses dans les crânes, de nombreuses distorsions, des étirements de plan étranges, des cachettes et des trompe-l'œil. Tous ces phénomènes d'allongement et de transformation évoquent un moment culturel et historique qui remet en question bien des connaissances sur le monde, la vie et la mort. Le tableau met en scène la commémoration de deux ambassadeurs français Jean de Dinteville et Georges de Selve, évêque de Lavaur, représentant le roi François Ier qui cherche à contrecarrer les plans de guerre de Charles Quint. En tant que délégués officiels, ils représentent le souverain officiel français et ils doivent présenter un agenda serré à Henri VIII (notamment de ne pas le défier ouvertement dans ses positions de vouloir divorcer, s'opposer au pape et fonder une nouvelle église). Que de complications dans l'échafaudage de ces dissimulations politiques !

À la croisée des chemins, les deux diplomates français doivent être montrés dans le tableau de la façon la plus "véridique" qui soit. Deux corps politiques s'entremêlent alors.[22] Dans ce contexte, tout observateur curieux du xvie siècle aurait pu participer à cet échange métaphorique complexe où les deux personnages français divisaient la souveraineté entre des composants mortels et immortels. Les contenus réprimés socio-économiques et politiques, ainsi que les secrets déposés aux intersections de l'État et de l'Église, se fondent dans ce double portrait.

Le contexte historique est certainement primordial pour entrevoir les jeux de l'artiste. Après voir fait de nombreux portraits et dès son retour à Bâle en 1528, Holbein exerce son métier, malgré la censure de la réforme, dans des manifestations plastiques d'art religieux. En fait, de nombreuses œuvres et récits brûlent au cours de cette année-là. Ces destructions transitoires culminent dans l'autodafé de février 1529. C'est là que, pendant deux jours et deux nuits, une bonne partie de l'art dans les églises et dans les alentours se consume. Érasme, sidéré par la situation, rapporte que ce qui n'avait pas été mis au feu se trouvait recouvert d'insultes badigeonnées sur la pièce ou l'œuvre à brûler. Holbein quittera la ville pour aller se réfugier pour la deuxième fois en exil en Angleterre où il y séjournera jusqu'à sa mort, espérant que Thomas More, alors chancelier du royaume d'Angleterre, l'introduirait à la cour pour qu'il puisse continuer sa peinture. À son arrivée en Angleterre cependant, Thomas Moore a été arrêté et jeté au cachot puisqu'il avait osé s'opposer au divorce de Henri VIII avec Catherine d'Aragon. C'est donc dans une ambiance assez lourde qu'Holbein fera la connaissance des deux frères de Dinteville qui lui feront obtenir la place de "peintre-valet de chambre" de Henri VIII en 1536. Cette évolution particulière va laisser dans la peinture des Ambassadeurs des traces précises. Le peintre s'affirme conscient des temps troubles et des savoirs d'autrefois, rejetant la vision médiévale d'un cosmos fini. À la croisée des chemins des nouvelles découvertes territoriales et mathématiques, il va procéder à multiplier les points symboliques dans la peinture, tout en peignant la scène, non pas avec un portrait traditionnel de deux hommes, mais avec un jeu sur les anamorphoses. La contemplation des hommes n'est plus uniquement le but recherché. Le moment est au changement, à la transformation. Holbein traduit cet instant historique, sociologique et créatif dans des teintes méditatives. Par l'accumulation des symboles et des figures détaillées, transformées et/ou à découvrir (crâne, trompe l'œil, perspective angulaire, déformation du monde dans la sphère et la carte, etc.), l'artiste démontre qu'il est bien un humaniste avant tout en procédant à démanteler et à amplifier ses raisons (que nous évoquerons dans un instant).

Tout d'abord, ce portrait semble être fait dans un souci de mettre en valeur la diplomatie : ceci se traduit dans le tableau par la présence de deux envoyés internationaux : Jean de Dinteville et Georges de Selve, envoyés du roi François Ier pour l'aider à contrer Charles Quint. Leur mission devait s'étaler entre neuf mois à un an.[23] Devant réassurer le monarque anglais que François Ier ne serait pas un obstacle à son annulation de mariage avec Catherine d'Aragon, leur tâche était de convaincre le monarque anglais. Cependant, le roi François Ier jouait en même temps sur les conditions du pape qui était contre l'annulation de ce mariage. Anne Boleyn, alors maîtresse du roi Henri VIII, avait également un rôle capital dans ces affaires, et notamment sur la bonne installation de la réforme anglaise. Sur le refus du roi français d'accorder un retour de Dinteville souffrant, ce dernier devint de plus en plus anxieux. Celui-ci avait également un autre souci en tête : quatre mois environ avant la production de cette peinture, Merveilles, un des agents infiltrés à la cour milanaise, avait été brutalement assassiné par le Duc Sforza. Ayant peur que sa mission ne se retournât contre lui, Dinteville essaya de représenter le roi de France auprès du roi d'Angleterre du mieux qu'il le pouvait. En ce qui concerne l'évêque, il devait arranger un mariage entre le second fils de François Ier et la nièce du pape.[24] Pourtant, dans ce portrait, aucun souci n'est montré. L'attitude des deux ambassadeurs est sereine. Le luxe des habits et des objets semble au premier coup d'œil montrer une prestance sure des personnages et des objets bien ordonnés. Tout semble n'être que luxe, calme et volupté, régi dans une belle prise de focalisation mathématique et de perspective. Ce premier moment calme se voit bouleversé rapidement à l'examen du tableau. Cet instant de changement qui va de la sérénité du savoir établi à l'incertitude s'appuie sur un renversement de la lecture des séquences de l'ordonnance des signes représentatifs

des objets et des hommes. Et bien sûr, une forme blanche transversale assez mena-
çante au pied du tableau apparaît. En regardant de biais, l'image se déforme et
fait apparaître un premier crâne de mort qui semble balayer la quiétude de la
scène du premier coup d'œil de l'observateur.

Il existe plusieurs façons de découvrir cette anamorphose. Afin de mieux la
découvrir, il faut rappeler la destination que Jean de Dinteville réservait à cette
œuvre. Ayant prémédité toute une mise en scène pour mettre en valeur les secrets
de cette peinture, il voulait que le tableau décorât une grande pièce conviviale de
son château de Polisy. Sa demeure située dans le cadre des châteaux de la Loire fut
rénovée en 1544. Les impératifs pour dévoiler le mystère étaient que la peinture
soit installée près du sol, et qu'il y ait une issue sur le côté droit du tableau. Ainsi,
quand le spectateur placerait son œil dans l'axe du mur qui supportait le tableau,
et par conséquent de biais, il pourrait percevoir clairement des formes étirées,
mais presque peu identifiables. Cette vision claire désigne la mort sous-jacente au
monde. Ce rétrécissement visuel donne une image où l'ordre et la signification de
cette représentation portent un concept de finitude. Si le spectateur se positionne
en face de l'œuvre, il peut – grâce à l'utilisation d'un objet en verre cylindrique –
retrouver l'image du crâne. On peut aussi utiliser le dos d'une cuiller ou un verre
pour voir surgir cette figure. Une autre façon certainement pour Dinteville et
les spectateurs prêts à participer à ce jeu de ne pas oublier cette dernière. Dans
les deux cas possibles, et pour trouver l'objet de cette anamorphose, la caution
de la science est nécessaire. Qu'il s'agisse de la perspective plane sur la surface
du tableau, ou celle à miroir conique ou cylindrique, les règles du jeu restent les
mêmes : un jeu sérieux, qui jette à la fois un regard émerveillé ou un doute et une
inquiétude face à ce qui est présenté.

Une autre stratégie de lecture possible de cette anamorphose est possible et en
dévoile une autre. Ainsi, si on utilise un tube de verre de 3 mm d'épaisseur, à bout
de bras face au tableau, on peut découvrir, en orientant son tube obliquement,
entre la cavité nasale et l'orbite gauche du crâne déformé, un autre motif : celui
d'un autre crâne, enroulé sur le premier et plus petit.

Lacan, dans ses réflexions sur l'anamorphose,[25] a vu une relation évidente
entre l'épanouissement de l'art anamorphique et, un siècle plus tard, "l'institution du sujet cartésien," qui est lui aussi une sorte de point géométral, de point de
perspective. Il voit également dans cette peinture une révélation de notre néant."
Le luxe de cette peinture et le détail de cette anamorphose ne nuisent aucunement à la rigueur mathématique de l'ensemble. Tous les éléments visibles de cette
toile donnent au lecteur/déchiffreur/spectateur une pensée en passages, en sauts.
Deux éléments importants apparaissent également essentiels pour la construction

de cette anamorphose. Si l'on trouve une perspective traditionnelle dans l'élaboration des personnes, dans la représentation de la table et celle des différents objets symboliques, on peut souligner que, pour découvrir l'image en diagonale penchée, Holbein met en place une perspective "curieuse" avec des distorsions étonnantes qui engagent le regard dans un jeu avec l'objet en anamorphose : un crâne. Un message particulier est ainsi révélé où la mort fait son entrée de biais, mais avec force. Tous les hommes, même les érudits, n'y échapperont pas. Le thème de l'égalité suprême est ainsi plus ou moins ouvertement exprimé comme dans les devises et *vanitas* qui apparaissent au xvie siècle et fleurissent au siècle suivant.

Est-ce que la mort serait alors le grand sujet du tableau ? Face à cette dernière, les hommes présentés semblent peu préparés devant elle. En passant des vêtements ornés aux multiples objets, les éléments rappellent l'abbaye de Westminster et la Chapelle Sixtine : l'accumulation des motifs du sol, des tentures chamoisées et des dessins élaborés sur le tapis de l'étagère produit une sensation de richesse savamment mis en scène. Devant une vie artificielle, parfois lourde, la mort représentée avec ce crâne principal et le plus petit semblerait être la plus forte, puisqu'elle est illustrée de manière dynamique, en oblique et se trouve parcourue d'une lumière venant de la droite. Elle semble même rire avec une mâchoire puissante. Serait-ce alors l'héroïne de ce tableau ? Rien n'est moins sûr. D'un côté, les richesses et de l'autre la mort qui renie les vanités de la vie semblent s'étaler. Ni pouvoir, ni le luxe, ni même le savoir ne permettront de lui échapper.

Il existe aussi à partir de ce crâne un point de vue perpendiculaire, permettant d'aplanir la mort. Un Christ bien caché dans le coin supérieur gauche de la peinture renverse de nouveau les données. Holbein utilise ainsi les mouvements physiques du spectateur pour lui faire prendre conscience d'un mouvement qu'il doit faire sur son âme : se détourner des biens terrestres et se tourner vers le salut de l'au-delà.

La leçon des Ambassadeurs semble cependant s'étirer aussi vers les objets et les questionner. Tout d'abord, la première étagère sur laquelle s'appuient les ambassadeurs. Une première ligne de symbolisation est donnée dans la représentation des cadres cosmiques de l'existence même du destin humain : le ciel et la terre. Ainsi le ciel, siège de la spiritualité, est représenté tout d'abord par la Bible, posée sur cette étagère. Elle figure pour le peintre la parole que Dieu adresse aux hommes et aux diplomates. Ces derniers sont aussi entourés d'objets de valeur et de savoir humaniste. Le regard du spectateur est aussi dirigé vers un globe sur l'étagère inférieure grâce au geste de l'ambassadeur. L'artiste souligne ici les nouvelles découvertes du voyage de Magellan et met en scène un globe légèrement

incliné et peu stable qui contraste avec le globe céleste posé derrière l'ambassadeur. Tous les objets placés sur la table comme le quadrant, le troqueur, le cadran
solaire, le cadrant universel de l'équinoxe désassemblé, et le livre d'arithmétique
d'Apian montrent, de façon apparemment négligée, toute l'importance de la
science qui touche, de près et de loin, ces hommes dont les habits chatoyants pour
l'ambassadeur à gauche et plus sévères pour l'ambassadeur à droite ne dévoilent
que les mains et les têtes, cachant un ensevelissement de choses, d'autres objets et
d'autres effets sous un luxe renforcé sur les sols et les tentures murales.

Entre les globes terrestres ou célestes et le globe oculaire, on trouve encore la
persistance d'une équivalence, d'une affinité qui donne à croire que notre rétine
est le miroir de la création. À droite du tableau est peint un livre des hymnes où
s'inscrivent les paroles que les hommes adressent à Dieu. Le globe terrestre porte
en particulier des reproductions cartographiques de l'époque en distorsion. Il
montre le souci du peintre pour les détails précis des navigations. La déformation de l'Afrique rappelle bien sûr les cartes de l'époque (Gérard Mercator ou
de Oronce Finé), mais celle de l'Arctique et l'entraperçu du nouveau continent
donnent plus de place aux continents qu'à la mer. La place de l'Europe en jaune
correspond au savoir cartographique de la période. Dans un élan humaniste, ce
globe doit être lu et vu pour donner toutes les nouvelles instantanément. Dans
ce souci d'optique, Holbein reproduit la nouveauté et l'ancienneté dans une symbiose bien particulière, rompant les perspectives et les multipliant, questionnant
également la fonction de ces objets. Le globe est posé en diagonale et inversé de bas
en haut. Il permet d'établir un jeu et oriente l'œil vers un point de fuite différent
du tableau si l'on suit la manette de bois qui culmine sur ce globe. L'observateur
peut ainsi porter son regard ailleurs et descendre vers la ligne angulaire de cette
surface déformée qu'est le crâne. On peut ainsi dire que ce globe reflète les distorsions et les appréhensions de l'époque. En position diagonale et dans un recoin
de l'étagère, il se trouve confiné dans un angle et suggère la rotation de la terre
dans de bonnes dispositions de latitudes. Cependant, le point central apique de
la manette fonctionne comme une possibilité de rotation de la terre mettant en
relief sa fragilité. Positionné en haut de la première étagère, un globe plus stable et
certainement céleste semble plus conforme à la tradition de l'époque. Le spectateur peut observer l'inversion des positions de la terre et la prédominance de bleu
enserrée de montures qui ne peuvent que dénier l'effet d'équilibre, pour rendre
plutôt un espace quadrillé et trop formaté.

La Terre : les détails qui évoquent le monde tellurique sont en correspondance,
terme à terme, avec ceux qui illustrent le domaine céleste : le pouvoir temporel
représenté par ce jeune ambassadeur. Alors que penser de tous ces détails et objets

savamment orchestrés ? Dans leur précision "anodine," dans leur surabondance, ils évoquent le savoir sans pour cela évoquer la paix. C'est grâce à l'anamorphose que le sujet de la peinture s'échappe une fois de plus.

Cependant, la matérialité des objets et la mort qui sont montrées ne sont peut-être pas non plus les gagnantes du tableau. Un crucifix en diagonale sur le côté droit du tableau se cache. Face à une vie difficile et devant les interrogations sur la vanité, le luxe, le pouvoir, le savoir et la mort semblent en un premier temps répondre aux hommes. Mais après ces premières interrogations, l'œil continue ses pérégrinations sur le côté gauche. Le plan perpendiculaire de ce Christ pose encore un autre doute : l'ordonnance du savoir, du pouvoir et de la mort bascule de nouveau. La brisure de l'énigme apparaît. Le lecteur passe de l'inanimé des objets et de la mort à autre chose. La communication entre les hommes et leur Dieu est soumise à de l'incertitude car c'est à demi caché par une tenture de théâtre que ce Christ est posé, en exil en quelque sorte dans la vie humaine. Sa mise en place rompt avec une représentation ancienne du Moyen-Âge ou de la Renaissance italienne, où le corps central du Christ montrait à tout un chacun des références de rédemption possible. L'escamotage et le déplacement de cette figure marquent des interrogations spirituelles de l'époque. Les diverses partitions de cette toile soulignent un certain désenchantement ainsi qu'une réévaluation de la société, de l'homme et des religions. Le regard semble se perdre et se tord en l'absence d'un recadrage et d'une dynamique de recentrement avec la toile présentée. Le point de vue est en relation directe avec une sorte de division, d'un entre-deux de l'espace. L'optique reste le modèle d'une certaine connaissance esthétique, mais elle est mise en œuvre dans un contexte de mouvance. Si le spectateur n'est pas averti, il ne saura donner des liens entre ces coupures. Lacan dans sa discussion de ce tableau reconnaîtra la teneur "symptomatique" de cette toile. Holbein semble inventer une autre combinatoire, pose un acte esthétique et métaphysique dans une torsion de la représentation de la toile, c'est-à-dire dans ce déchirement entre le crâne et le crucifix. Le premier étonne et le deuxième a tendance à être voilé par la tenture. Dans ce monde, les différentes anamorphoses de crânes réduisent et dérobent le crucifix vers d'autres significations.

La transgression de ces anamorphoses et le trompe-l'œil des globes coordonnent dans le temps et l'espace une grille de lectures possibles où se meuvent les gens et les objets. C'est dans un retrait singulier de l'observateur et de ses divers déplacements dans la pièce et à différents moments, qui peuvent être en continuité ou provoqués séparément, que s'ouvre en quelque sorte un autre monde : déformé ou détruit, ou en voie de destruction et de reconstruction par le spectateur/lecteur. Ces différentes anamorphoses qu'il faut trouver favorisent un autre lieu où le regard critique mêle de nouvelles façons pour appréhender les sujets, les couleurs, l'histoire et les personnages. Le *je* est avant tout transgressif et multiple. Il ne se dévoile pas à première vue. Demandant un intérêt soutenu, il provoque d'autres distorsions de la conception sur cette peinture : en déjouant les caches et en les retrouvant, le lecteur participe à une élaboration théâtrale qui mène et fait chavirer les points de fuite sur des lieux divers. En quelque sorte, différents courants traversent l'image et répondent à l'établissement de différentes appréhensions de la matérialité de la peinture, de sa véracité.

À l'aube du maniérisme et d'une période de crise religieuse, de politique troublée et de doute généralisé, la valeur et la dichotomie de l'être atteignent leur apogée. Ainsi le néoplatonisme florentin avait rappelé en filigrane que la compréhension se trouvait souvent derrière le spectacle. La parole du monde pouvait aussi se percevoir en écho. Les certitudes séculaires se voyaient fissurer et même s'effondrer dans les écrits de Luther d'un côté, et de Copernic de l'autre, ouvrant la voie à d'autres champs d'investigation comme Descartes, Pascal et Galilée. Sous cette dislocation brutale, un certain ordre se conservait. Ici, dans une éclipse illusionniste, Holbein désigne en clair-obscur et à couvert un monde où il jongle en montrant une fin possible. La pensée sur le luxe et le savoir, puis sur les détails de la mort, ne résout pas l'énigme. Devant ce choix, entre mort et ivresse de pouvoir et de savoir, Holbein essaie de rénover par le biais de l'anamorphose et des trompe-l'œil un ton précis sur le discours de l'âme et de la matérialité. L'âme et la matière ne sont pas deux choses irréductibles l'une à l'autre. Elles représentent deux états particuliers de la pensée, de la même réalité. Ainsi, l'artiste joue sur toutes les facettes de la représentation. Ce tableau complexe demande ainsi une attention soutenue de la part du spectateur où les sujets de la mort, de la volupté, de la *vanitas* se saisissent dans une disparition temporaire. Méditation sur la fugacité de la vie, la perspective de Holbein reflète une peinture en mouvement, en pleine transformation et une vision humaniste de l'époque.

Premières Anamorphoses Architecturales en France

L'anamorphose se répand en France assez vite pour la période étudiée dans ce livre. En architecture par exemple, elle est bien présente dans certains châteaux comme le château d'Anet ou celui de Tanlay.

Château d'Anet

Avant que Diane de Poitiers n'entreprenne de faire édifier le château actuel, sous la direction de l'architecte Philippe de l'Orme entre 1547 et 1552, Anet avait déjà deux châteaux. Le premier, bâti au xiie siècle, était une forteresse féodale avec d'épaisses murailles, quatre tours et un gros donjon rond. Philippe Auguste y fit plusieurs séjours et partit de là assaillir la Normandie, dont la rivière l'Eure formait déjà une frontière. Ce côté double revient également hanter bien des salles dans le nouveau domaine que fit refaire Diane de Poitiers et dans les anamorphoses examinées ci-dessous. C'est en donnant à son fidèle conseiller et Chambellan, Pierre de Brézé, les quatre seigneuries de Nogent le roi, Anet, Bréval et Montchauvet en récompense de ses services contre les Anglais, que l'histoire du château d'Anet prend un second souffle. Vers 1470, le fils de Pierre de Brézé, Jacques, grand Sénéchal de Normandie, prend possession de Anet et de ces édifices en brique rouge. Bien triste demeure avec d'assez vastes proportions de fenêtres et meneaux, le château va changer sous la houlette de Diane de Poitiers.

Cette dernière maria le Comte de Maulevrier, fils de Jacques de Brézé. Très proche du roi François Ier, le couple aimait y séjourner et participait à de nombreuses chasses. À la disparition de son époux, Diane resta la Grande Sénéchale. Elle fut la maîtresse du prince Henri, second fils de François Ier qui lui porta son affection pendant longtemps. C'est en 1536, à la mort de son frère aîné, que le jeune Henri devint Dauphin de France et put entrevoir la perspective du trône. Renforçant ainsi la situation de Diane et sous prétexte d'hommage platonique, le dauphin adopta lui aussi les mêmes vêtements noir et blanc que Diane, identifiant son emblème, le croissant à celui que la mythologie attribuée à la divine chasseresse. L'entrelacement des *H* et *D* est constant à travers le château. Ces signatures entremêlées sont projetées sous les pieds dans la chapelle funéraire de Diane, sur son tombeau, sur les murs, aussi sur certaines portes et sur la grille du château. Ces lettres sont en général de toute petite dimension. Elles engagent l'œil de façon sporadique sur les signatures de Diane et Henri et sont caractérisées par des détails entrelacés d'orfèvrerie, de maçonnerie, ou de granite. Ce travail d'ornementation n'est en aucun cas gratuit. L'ingéniosité et les différentes cachettes où elles se trouvent relèvent à dessein un engagement des artistes à rendre hommage aux deux personnages. Elles témoignent d'une sorte d'ivresse dans la célébration de Diane comme divinité officielle non seulement de la chasse – retour à l'antique – mais aussi celle d'une grande dame amoureuse et aimée. L'inscription du portail, "Cette vaste demeure de la noble Diane est consacrée à Phébus ; elle lui restitue ce qu'elle a reçu de lui," est audacieuse pour l'époque. Ce langage tout à fait particulier, qui rappelle les vers de Pontus de Tyard amoureux de la dame[26] et l'exploitation constante, cachée à demi-mots du mythe de Diane,[27] accentue une série de signes dans des proportions extraordinaires. En reculant les frontières du réel et de l'imaginaire, le portrait du château prend place dans un débordement et une richesse sans fin à la gloire de Diane. Les multiples formes d'art utilisées dans le château, le parc, les murs et les pièces mettent en place un vaste programme de redéfinition de l'amour et de la femme de façon soutenue, parfois sous forme grandiose de sculptures ou de tapisseries, parfois sous de simples petites signatures contrastées.

La construction d'Anet retint l'attention de nombreux intellectuels. Tout semble s'articuler souplement et de façon différente du château d'Écouen puisque Diane veut accorder un espace nouveau à sa vie et à ses amours. Deux anamorphoses du château situées dans la chapelle où l'architecte Philippe de l'Orme révèle toute son habileté sont ambitieuses dans leur élaboration.

Située sur le côté est de l'aile orientale de la cour d'honneur, une première anamorphose (voir Figures 7.2, 7.3 et 7.4) est conçue au plafond de la chapelle selon un plan en croix grecque centralisé sous un dôme en diagonale. L'entrée d'origine était sur la façade de la cour de l'aile est qui fut démolie par la suite. Avec un porche constitué de colonnes ioniques jumelées et largement espacées entre les tours couronnées de flèches pyramidales, ce bâtiment est un modèle unique de virtuosité. Enfermée dans un cercle par la saillie incurvée des chapelles à l'extérieur et l'espace intérieur, la chapelle se compose d'un cylindre surmonté d'une coupole prolongée par une lanterne à arcades. Les lignes du plafond et celles du sol se répondent. L'espace allant en profondeur est ainsi divisé par le dessin d'un "carrelage" où les distances correspondant à chaque carré sont établies par de nombreuses courbes. Les carrés s'emboîtent dans ces courbes et donnent parfois l'impression d'un rétrécissement ou d'un étirement qui rapproche les lieux vers le rond de lumière du centre, où l'architecte accroît les effets en exagérant quelques proportions. Les cannelures des pilastres, le découpage des niches, les peintures, les profils des caricatures sont soumis à de doubles courbures et renforcent le sentiment de grandeur. Le sol (deuxième anamorphose) quant à lui, est en écho avec la voute et de par ses multiples couleurs faites de noir, de blanc et de vermeil réunit lui aussi des étirements correspondants. Si le spectateur se trouve au milieu de cette anamorphose du sol et qu'il lève la tête, il sera surpris par un léger vertige, dû aux distorsions de perspective. À signaler que l'inscription latine "timor domini corona sapientis" peut évoquer le trouble de ce point de fuite vertical allant vers l'infini de la lanterne.

Figure 7.2. **La voute en anamorphose du château d'Anet**. Ma photo.

Cette double anamorphose céleste et terrestre amorce un passage entre les constructions d'Écouen et de ce château vers un lieu qui se veut "plus serein" dans la décoration. Ici, à Anet, il est question de mêler la politique du roi et d'allégoriser sans arrêt une idéologie d'humanisme et d'amour. La perte d'équilibre qui résulte de la position de la personne placée au centre du sol et levant les yeux sur la coupole produit un effet spécifique, où la condition humaine se voit prise dans des tourbillons de l'infini. Cet art anamorphique exploite le champ visuel afin d'exciter également la curiosité du spectateur, tout en insistant sur sa contribution dynamique dans un processus de construction de sens. Pourtant, le "sens" devient ici un acte de voilage où le ciel tourne dans des méandres illimités. On peut y voir également une rupture de la perfection imaginaire et de la perspective géométrique qui force le lecteur/spectateur à abandonner le sens d'une maîtrise visuelle. La scénographie de ces anamorphoses utilise les ressources et les contraintes de l'architecture pour créer un rapport autre, qui se déroule vers l'infini, avec celui que, soudain, l'anamorphose va rencontrer. Les choses vont et viennent, apparaissent ou disparaissent, car les mondes proposés par ces distorsions permettent le passage du haut vers le bas et du bas vers le haut. Le temps ne semble pas se

Figure 7.3. **La voute vue en angle de la Chapelle**. Château d'Anet. Ma photo.

Figure 7.4. **Le sol en anamorphose de la Chapelle**. Château d'Anet. Ma photo.

dérouler de façon linéaire. Les amours de Diane et d'Henri II sont ici concentrés pour l'éternité et la politique de la cour oubliée.

Château de Tanlay

Le château de Tanlay se situe en Bourgogne. Les fondations d'origine datent du xiie siècle. C'est l'amiral de Coligny, François de Coligny d'Andelot, qui hérita de cette construction en ruine en 1547. Les campagnes de reconstruction s'étalèrent de 1555–1568 pendant les guerres de religion, au moment où Tanlay fut un centre de résistance huguenote importante, et ne furent jamais totalement achevées. La construction fut reprise un siècle plus tard par l'architecte Pierre le Muet entre 1643 et 1649 sous les ordres de Michel Particeli d'Hemery, surintendant de finance sous Mazarin.

Cette époque encore bien troublée avec les guerres de religion va laisser des marques importantes dans l'architecture. Par exemple, la tour de la ligue qui a accueilli les chefs protestants révèle leur passage dans une fresque murale. Sur la voute de la salle basse se trouve un décor assez pompéien aux attributs marins, qui ont certainement vu le travail de l'amiral Coligny. Ce sont les fresques de la voute en coupole de l'étage supérieur qui méritent toute notre attention.

Tous les personnages sont placés en rond comme dans un panorama cinématographique (voir Figures 7.5 et 7.6). Certains, vêtus à la mode de la cour, représentent des membres de la cour princière de France. Différentes scènes se profilent tout au long du plafond et font lever le nez du spectateur sur différentes aventures. De gauche à droite un chevalier vêtu de noir (certainement Coligny), coiffé du casque typique de guerre de l'époque, en pleine conversation avec une déesse nue et blanche est mis en scène. Certaines figurines placées derrière ont le regard tourné vers le mur comme pour continuer la conversation en dehors de la coupole. En continuant de gauche à droite, le spectateur peut voir une enclume surélevée sur un établi de bois sur lequel trois dieux travaillent avec ardeur. Entre Coligny et l'enclume, une jeune déesse dévêtue semble converser avec lui et rappelle sans nul doute le silhouettes de Botticelli. La scène qui jouxte ce récit fait apparaître un roi aux deux visages (certainement Henri IV), vêtu richement d'une robe et assis dans un nuage tourbillonnant. Tenant un parchemin dans la main gauche (qui pourrait être le traité de la fin de la guerre des religions), il regarde à droite deux femmes de l'olympe dont l'une est dénudée et l'autre recouverte de voiles. À sa gauche, le roi peut voir une femme guerrière (Mars) tenant un javelot, pendant qu'un homme portant un triton (Neptune) parle avec celui qui détient un gourdin. Derrière ces figures, un cheval blanc se repose. La fin de la peinture

Figure 7.5. **Détail de la Coupe du plafond**. Château de Tanlay. Ma photo.

est dénuée de personnages et le jaune domine l'espace. Au cœur de cette représentation et au-dessus de ce spectacle, le dieu Zeus assiste au déroulement de ces histoires siégeant sur un nuage bleu et fait penser à Michel Ange dans la chapelle Sixtine.

La transposition des mythes et de l'histoire de France ne vise pas seulement un objet ou un mode de présentation d'un objet, mais aussi les coordonnées du temps et de l'espace où se posent et se meuvent les hommes et les objets. L'événement transgressif n'est donc pas l'anamorphose manifeste, mais le lien entre cette anamorphose et la réalité des faits. Les personnages, leur stature déforment à la fois le temps et l'histoire qui sont racontés en entrechoquant diverses formes de représentation des Dieux et des contemporains de l'époque. La projection sur le mur amplifie l'élongation des figurines. Augmenter la hauteur de cette illustration par la déformation des personnages plus longs dans la circonférence d'un cercle devient sous la force de l'imaginaire un monde "vrai" peuplé de figures

Figure 7.6. **Détail de la coupe du plafond**. Château de Tanlay. Ma photo.

mouvantes, comme si l'œil du spectateur traversait en quelque sorte le temps de cette narration picturale. L'élongation des formes suscite un appel à l'élévation mystique, en route vers le sublime. L'espace décrit ici n'est pas neutre : ses directions peuvent avoir une pensée symbolique. Augmenter la hauteur, c'est procéder à une élévation au-dessus de la mêlée terrestre. Figure de mysticité utilisée plus tard par Greco pour une idée de la sublimation et de la sublimité, l'artiste de notre fresque apparaît vouloir faire de même. En échappant aux murs verticaux, cette anamorphose nous entraîne au-delà d'un simple compte-rendu historique des gens protestants se réunissant. Le pêle-mêle des figures de l'olympe et des hommes et femmes réunis atteste d'un moment historique bien plus important qu'il n'y paraît. En amplifiant le déroulé de l'histoire de manière circulaire, en élevant la fresque sur une coupole et en déformant les formes des personnages, le peintre assure un espace qui semble s'amenuiser vers la droite face à ce qui se dérobe : la politique et le rêve. La manipulation de l'image, de la couleur et de la lumière invente en quelque sorte une nouvelle façon de dépeindre un mural et de reconstituer l'histoire autrement. Les déambulations de l'anamorphose, prise entre différentes sciences des miroirs et perspectives miment dans leur diversité une réalité bien à elles. Dans un savoir de pensée bien rectiligne, académique et en perspective, l'anamorphose se rie de leurs principes.

Les regards placés sur l'anamorphose, qu'ils soient obliques, surélevés, ou faits de regard sur les côtés, convergent alors sur des ruptures et des distorsions effectuées par le travail de l'imagerie : ils contrefaçonnent les accords liant les images à leurs modèles, en quelque sorte "chassant le naturel." L'artiste prétend, dans l'exploitation des règles de l'art, aller jusqu'au bout de la magie qu'il a réinventé et restructuré. Projeter les corps ou les objets en plan horizontal, avec l'aide d'un miroir, ou grâce au plissement des yeux chez Léonard de Vinci, ou par la surélévation des éléments, ne donne pas un art qui corrompt et ne récuse en rien les procédés traditionnels. Une volonté d'indépendance s'affirme où les grands principes de l'esthétique définissent d'autres liens avec la nature, le spectateur et le récit déroulé. C'est aussi l'histoire d'un genre inattendu qui déroute mais qui mérite toujours de s'y attarder.

Notes

1 Margaret Daly Davis, *Piero della Francesca's mathematical treatises: The "Trattato d'abaco" and "Libellus de quinque corporibus regularibus"* (Ravenne; Longo Editore, 1977).

2 Jurgis Baltrušaitis, *Anamorphoses : Les perspectives dépravées* (Paris : Flammarion, 1984), 7.

3 Baltrušaitis, *Anamorphoses*, 7

4 Euclide, *Les Éléments*, traduit par F. Peryrard (Paris : Louis, 1804) ; Marcel Berger, *Géométrie*, (Paris : Cedic Fernand Nathan, 1977) ; Rémi Goblot, *Agrégation de mathématiques : Thèmes de géométrie* (Paris : Masson, 1998).

5 Léonard de Vinci, *Traité de la peinture*, dir. François Chastel (Paris : Berger-Levrault, 1987), 89.

6 Erwin Panofsky, "Artist, Scientist, Genius: Notes on the Renaissance Dämmerung," dans *The Renaissance: Six Essays* (New York: Harpertorch Books, 1962), 134; Robert Klein, *La forme et l'intelligible* (Paris : Gallimard, 1970).

7 Léonard de Vinci, *Traité de la peinture*, dir. François Chastel (Paris : Berger-Levrault, 1987), 262–264.

8 Giovanni Paolo Lomazzo, *Trattato dell'arte de la pittura, scultura, et architettura* (Milan: Gottardo Ponzio, 1584).

9 Léonard de Vinci, *CLV 1*, 75.

10 Martin Kemp, *The Science of Art: Optical Themes in Western Art from Brunelleschi to Seurat* (New Haven: Yale University Press, 1990), 47.

11 Jennifer Nelson, "Directed leering: social perspective in Erhard Schön 's anamorphic woodcuts," *Notes in the History of Art* 34, no. 4 (2015): 17–22.

12 James Ackerman, "Leonardo's Eye," *Distance Points* (Cambridge, 1993), 101.

13 Leon Battista Alberti, *On paintings*, traduit par John R. Spencer, édition révisée (New Haven: Yale University Press, 1966), 53.

14 Victor I. Stoichita, *A Brief History of the Shadow* (New York: Reaktion Books, 1997), Michael Baxandall, *Shadows and Enlighenment* (New Haven: Yale University Press, 1995); Da Costa Kaufmann, "The Perspective of Shadows: The History of the Theory of Shadow Projection," *Journal of the Warburg and Courtauld Institutes* 38 (1975), 275.

15 Da Vinci, *CLV 1*, 84.

16 Tous les auteurs cités dans la note précédente – Stoichita, Baxandall, Kaufmann – parlent de ce processus.

17 Édouard Glissant, *L'Intention poétique : Poétique II (1969)*, nouvelle édition (Paris : Gallimard, 1997), 45.

18 Baltrušaitis, *Anamorphoses.*

19 Jacques Lacan, *Le Séminaire XI : Les quatre concepts fondamentaux de la psychanalyse* (Paris : Seuil, 1973).

20 Jacques Lacan, "L'anamorphose dans le séminaire, leçon du 3 février 1960," *L'art en théorie*, <https://theoria.art-zoo.com/fr/lanamorphose-dans-le-seminaire-jacques-lacan.htm>.

21 Hans Holbein. *Les Ambassadeurs. Rendez-vous avec la mort* (vidéo de 36 minutes, YouTube), <https://www.canal-educatif.fr/videos/art/25/holbein/les-ambassadeurs.html>.
   Marie-Madeleine Martine, "Le crâne entre le regard et la main dans le portrait anglais du xviiᵉ siècle : de la mort vanité à l'être de la mort," *dans XII–XVIII. Bulletin de la société d'études anglo-américaines des xviᵉ et xviiᵉ siècles* 22 (1986) : 47–52 ; Olivier Douville, "D'un au-delà de la métaphore, ou lorsque l'anamorphose brise l'allégorie," *Figures de la psychanalyse* 1, no. 11 (2005) : 105–130.

22 Martine, "Le crâne entre le regard et la main."

23 Mary F. S. Hervey, *Holbein's "Ambassadors," the picture and the men: an historical study* (London: George Bell and Sons, 1900), 204.

24 J. Thuillier, "Études sur le cercle des Dinteville. L'énigme de Félix Chrestien," *Art de France* I (1961), 58–63.

25 Lacan, *Le Séminaire XI.*

26 On dit que ce dernier aurait influencé les tapisseries d'Anet dans le recueil *Douze Fables de fleuves ou fontaines avec la description pour la peinture* de 1585. Voir André Chastel, *L'art français. Temps modernes, 1430–1620* (Paris : Flammarion, 1994), 175.

27 Gisèle Mathieu-Castellani, "Actéon ou la beauté surprise," dans *Mythes de l'Éros baroque* (Paris : PUF, 1981), Chapitre II, 51–100. Sanam, Nader-Esfahani. *Knowledge and Representation through Baroque Eyes: Literature and Optics in France and Italy ca. 1600–1640.* Doctoral dissertation, Harvard University, Graduate School of Arts & Sciences, 2016.

8

Anamorphoses dans les Cartes

Les cartes peuvent souvent être considérées comme un discours traduisant des idéologies politiques et peuvent être lues comme un instrument de pouvoir, de légitimité, ou comme une possession symbolique. Les portulans et les cartes du xvie siècle en France et en Europe mettent en jeu de nombreux processus intellectuels et il faut – pour pouvoir lire leurs espaces particuliers de représentation – une attention soutenue. Si elles s'éloignent peu à peu de la représentation des cartes en *T* plus idéologiques du Moyen-Âge et souvent peu utilisables dans la navigation et l'intérieur des terres, elles restent cependant vitales pour traduire l'espace, le déformer consciemment ou inconsciemment. Toujours dessinées sur parchemin, un matériau fort résistant, ces cartes mettent en valeur les lignes de vents, de rhumb avec tout un code de couleurs (vert pour les huit-demi-vents par exemple) et les réseaux des côtes et des récifs. S'affinant de plus en plus au cours des siècles, elles se voient comblées par des monts, des vallées, la topographie des fleuves, etc. et une variété de toponymes à l'intérieur des terres qui sont de mieux en mieux répertoriées. Destinées à orienter le monde du spectateur et à parfaire ses directions dans l'espace, elles restent cependant éphémères puisque d'autres explorations mettent souvent à mal le tracé de leurs côtes et de l'intérieur des terres. C'est dans la représentation de la peinture, des frises, des grottesques, ainsi que dans la distorsion des personnages ou des quadrillages de la page, que le cartographe prend un rôle considérable et modèle des sujets qui lui tiennent à cœur.

L'examen de la distorsion de cartes de la Méditerranée, de certaines cartes de Léonard de Vinci, celles de formes anthropomorphiques contenant des tracés de femmes, et enfin l'analyse de la déformation de cartes chez certains cartographes de l'École Dieppe montreront un rôle essentiel dans la cartographie de l'époque : en faisant entrevoir un ensemble de transformations, d'anamorphoses et de trompe-l'œil qui ont pu déranger le spectateur/lecteur de l'époque, la critique des espaces répertoriés, qu'ils soient politiques, sociaux, économiques, ou historiques, devient souvent un jeu élaboré.

Le rapport du corps à l'espace de la carte se dessine et se perçoit de façon intime en déterminant chez le spectateur une forme d'imaginaire. Comme l'avait bien perçu Gaston Bachelard,[1] la matière des objets, des globes, des cartes, le choix des matériaux et des personnages traverseront l'imagination et étendront le domaine de ses ambitions. Ainsi les cartes pliables qui permettent un autre rapport à l'espace manipulent ce dernier et l'objet dans sa conception. Le dépliage et le re-pliage offrent des instants précis et pédagogiques : en déployant ses plis, le monde peut mieux se comprendre. Le pli[2] renvoie directement au marquage cartographique des lignes immatérielles qui découpent le monde : fuseaux horaires, rhumbs, ou roses des vents.

Les altérations sur les cartes de la mer Méditerranée montrent en général combien les plissures et les calculs géométriques peuvent malmener l'espace et créer un imaginaire particulier. Si le parchemin reste encore un des matériaux les plus utilisés dans les cartes et atlas du Moyen-Âge au xvie siècle, il reflète, grâce à des côtes de couleur particulière (vert pour les huit demi-vents, rouge pour les seize quarts de vents, ou encore noir pour les huit vents), les traits des pays connus. Cependant, l'axe est–ouest de la Méditerranée apparaît souvent erroné dans son relevé de 8° 11° 15 minutes. Ce problème attribué aux rendus de la déclinaison magnétique persiste plus ou moins jusqu'à l'apparition des innovations techniques du xvie siècle (équerre, compas, calculs, etc.). En introduisant cependant une échelle des latitudes sur le bassin méditerranéen, certaines cartes semblent alors plus exactes comme celle du portulan conservé à la bibliothèque nationale.[3]

En ajoutant des échelles et des latitudes sur toutes ses cartes, l'auteur anonyme de cette carte partage la Méditerranée en deux feuilles et fait glisser la feuille orientale vers le sud par rapport à celle de la moitié occidentale : de cette façon, la Crète et Chypre viennent se trouver à une latitude approximativement correcte, entre 35° et 36° nord, mais on ne remarque aucune continuité entre les deux illustrations et cette solution semble n'avoir pas été reprise ultérieurement. Ce n'est que plus tard vers le courant du xviie siècle que la distorsion s'affaiblira et que les échelles seront mieux instaurées. Comme le souligne bien Corradinon Astengo,[4] c'est au cours de ce siècle que l'axe de la Méditerranée prend une rotation en sens inverse et semble remettre les îles de Crète et de Chypre à la hauteur du détroit de Gibraltar. Ces écarts inévitables par méconnaissance, ou abus de mauvais calculs, vont se combiner souvent à des jeux spécifiques au xvie siècle pour les auteurs français de cette époque. Il en résulte souvent un état particulier de "réalité" qui permettra d'aller plus loin dans l'élaboration de schémas ou de territoires du continent européen et de la mer méditerranée.

Ensuite, si on examine les distorsions de ces projections méditerranéennes, le lecteur s'aperçoit qu'elles engendrent d'autres fonctions. Par exemple, le cas de la cartographie anthropomorphique est complexe. Que ce soit pour Opicinus de Canistris dans l'élaboration des mappemondes du continent européen avec les mers dont nous avons discuté ailleurs,[5] ou des cartes spécifiques de représentation de femmes ou d'animaux, ces élaborations restent loin d'être innocentes et surpassent souvent tout ce qui avait été fait auparavant. Qu'il s'agisse d'asseoir l'espace monarchique, intellectuel, ou spirituel, ces représentations semblent porter beaucoup d'espoirs et d'illusions. En examinant quelques particularités de ces dessins dans ce chapitre, deux exemples français restent probants : ainsi, la représentation de la Provence en forme de femme de Nicolas de Lorraine et la carte cordiforme d'Oronce Finé configurent des distorsions singulières et jalonnent leurs espaces de trompe-l'œil tout au long de leurs illustrations.

La Carte Anthropomorphique

De nombreuses cartes anthropomorphiques européennes existent. Pour nos propos, il est temps d'examiner ce que les cartes françaises mettent en jeu dans leur déformation. Au contraire de certaines cartes qui veulent montrer la femme en défenseur public ou en souveraine nationale,[6] régissant leur domaine en conquérante et assumant le rôle des valeurs chrétiennes, il existe dans la cartographie française une tentation de ne pas faire ce genre d'illustration. Soit parce qu'il n'y a pas eu de femme française reine, selon la loi salique, soit parce que les cartographes français ont nié l'effet qu'elles pouvaient avoir. À ceci une exception : celle de la carte de la Provence.

Ces premières figures et silhouettes dans les cartes sont apparues à l'aube de la cartographie moderne et se distinguent bien des premières cartes en *T* ou celles de

Ptolémée. Elles la précèdent même avec celles que dessina Opicinus de Canistris à Avignon dans les années 1330. Au début du xive siècle, alors qu'il est en âge d'une quarantaine d'années, ce prêtre italien se mit à élaborer d'étranges cartes de la Méditerranée. Les cartes personnelles d'Opicinus de Canistris donnent une approche très particulière à la naissance des premières cartes politiques. Certes, ces dernières enfermées aux archives du Vatican n'étaient encore guère connues. Au xvie siècle apparaissent de nouvelles cartes, donnant une interprétation faite d'associations de personnages à la forme de l'Europe. Joahannes Putsch, cartographe apparaissant souvent sous le nom latinisé de Bucius, en est un exemple. Sa création d'une reine en forme d'Europe en 1537 correspond à un nouveau besoin, semble-t-il, d'interpréter l'espace et les signes des diagrammes. La carte devient elle-même une image précise d'un savoir qui se voit sans cesse renouvelé.

Michel Foucault a montré que cette "archéologie des sciences humaines"[7] procède des théories de la ressemblance, avant que naisse la volonté de classer et de catégoriser. En puisant aux sources des anciennes correspondances, ces analogies font aussi référence entre l'espace du microcosme et du macrocosme. Dans une page célèbre de sa *Cosmographie* (voir Figure 8.1), Pierre Apian précise bien ce qu'est la chorégraphie et la topographie, entendons par-là "la description des villes, ports, pays, cours des rivières, édifices, maisons, tours et autres choses semblables."[8] L'homme reste avant tout "la mesure de toutes choses." Cette forme d'esprit scientifique qui établit une analogie certaine entre l'homme et le monde devient populaire à l'époque. Il faut ainsi présenter l'œil ou l'oreille avec la plus grande exactitude si l'on veut faire un portrait ressemblant et le calque des parties du corps peut être vu et lu comme une similitude entre l'homme et la terre. Dans son livre, de nombreuses illustrations mettent en rapport la partie et le tout entre le planisphère, le portrait des villes et les organes. Ces anatomistes semblaient alors partir vers la découverte d'un corps, comme les voyageurs vers des continents inconnus. Cette recherche de la bonne mesure et d'analogie entre l'homme et le monde est souvent discutée. Ainsi Thevet indique que la multitude des îles est "inconstante."[9] Au contraire, Michel-Ange cherchera dans ses blocs de marbre une beauté des formes en rapport avec Dieu et l'univers.

La figure de l'Europe devient ainsi une belle invention pour montrer qu'une grande partie de la terre correspond au corps humain et que tout est bien disposé et ordonné. Ainsi Doni, dans son ouvrage *I Mondi* (1552),[10] donne de nombreuses considérations sur les relations multiples que le spectateur/lecteur peut établir entre le corps de l'homme et la nature : "La tête est au ciel comme l'Esprit de Dieu, le flux et le reflux des océans correspondent à l'estomac, les vents sont l'haleine de l'homme."

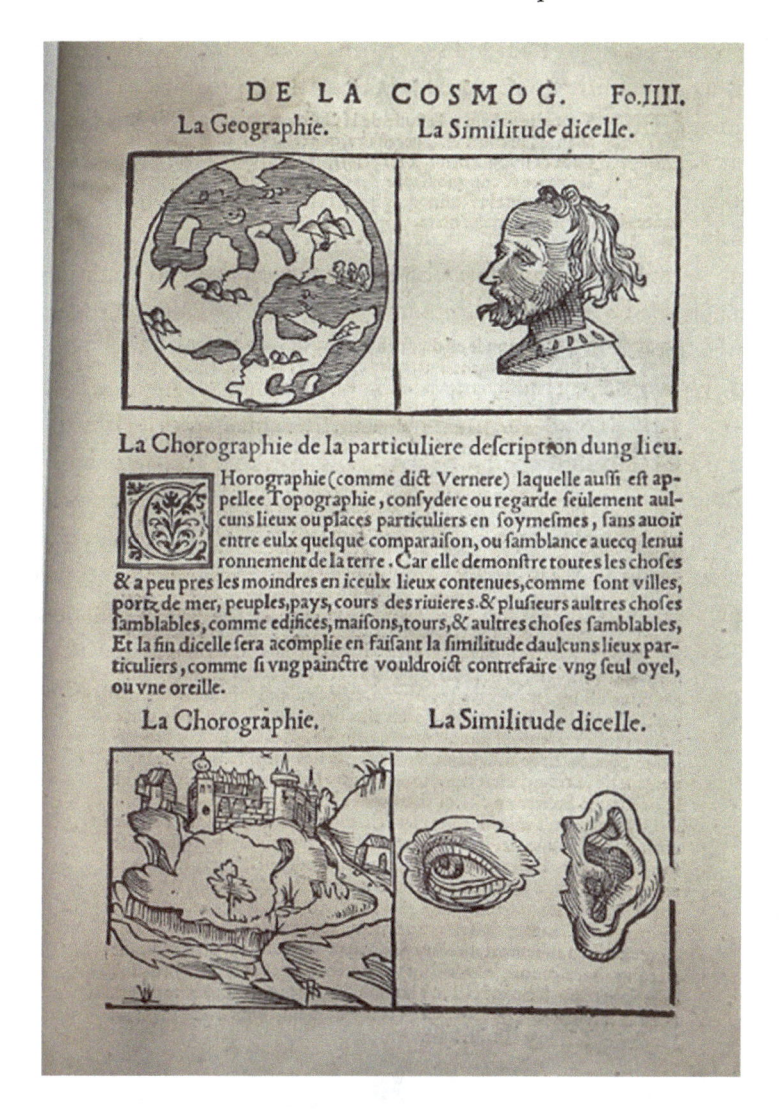

Figure 8.1. ***La Cosmographie* de Pierre Apian**. 1544. Courtoisie de la James Ford Library, Minneapolis.

Le dessin français de Nicolas de Lorraine (voir Figure 8.2) est en encre sur parchemin et montre ainsi une femme allongée. Adossée aux Alpes, elle se repose. Les cheveux défaits et la poitrine dénudée, sa robe se voit constellée de villes. Elle semble – avec ses yeux fermés – reposer en paix et construire un ensemble de provinces calmes, chatoyantes de couleurs et parsemées de rivières et de petites villes. Les noms des lieux indiquent que l'on se trouve en Provence. La côte de la Méditerranée est figurée par le liseré parme de sa robe. Sur l'océan naviguent deux bateaux. Au centre de l'image les blasons de la province et des banderoles tourbillonnent. Deux bras recouverts d'armure noire et entourés de phylactères proclament "j'espère avoir" encadrent le blason et corroborent l'espoir futur décrit dans le poème.

Il semblerait que cette carte n'ait jamais été gravée et n'ait pas été copiée. Seule cette version dessinée subsiste. Serait-ce uniquement un cadeau dédié au père de Nicolas de Lorraine, M. Antoine de Lorraine ? La longue lettre établie par le fils semble montrer que l'illustrateur n'arrivait pas à trouver un cadeau idéal. Mais nous y voyons également une recherche élaborée qui marque la trajectoire de la province qui se doit d'être amicale, peu stressante et même divertissante. La démarche d'avoir fait figurer une femme dans une pose lascive dénote l'impor- tance attribuée à l'époque de la représentation anamorphique de femmes dans les cartes. Ce moment unique dans l'écriture de l'histoire de la cartographie semble distribuer des figures, des allégories chrétiennes et féminines de façon ironique, synthétique, ou faussement respectueuse : c'est en même temps un contraste net par rapport aux cartes de reine absorbant les pays pour montrer la richesse de leur territoire de Büntig, de Sebastian Münster, ou de Opicinus de Canistris.

Figure 8.2. *La Provence* **1536–1538**. Courtoisie de la BnF, Paris.

C'est dans "La complainte de la Provence" qui suit la carte que Nicolas de Loraine compose et dans sa forme que l'allégorie de la femme est alors plus soutenue et expliquée :

Mais alors reviendra mon bonheur
Mes pleurs en ris et mon deuil en liesse
Tornez seront En Ioye seray sans cessse
Sur ce propos le mens vays à Marseille
Pour dormir le mais Ie veulx qu'on mesveille
Car désormais bien fauldra que veille
Pour recouvrir ce qu'avoir nous voulons.

Au cœur du poème le verbe "je mens ; le m'en vais ou je mens" adresse ici le problème de feinte : la carte ne cesse de mentir sur ce qui se passe et la situation de la Provence qui voudrait faire sécession. En catimini, le vers "Tornez seront en Ioye" projette la distorsion du poème et renforce l'idée du miroir que constitue la femme. La surface se veut réflexive, comme le regard du poète ou celui du lecteur qui capte les images, les recompose et reproduit des noms à l'intérieur du corps et des jeux au cœur même du poème. Les mots "œil" et "tournez" projetés ici dans ces vers permettent de reconstruire à la fois la démarche de l'auteur qui est avant tout de "voir" ce qui se passe et, comme chez tout cartographe de l'époque, de "tourner" la carte. En faisant et en voulant jouer à ce jeu, le spectateur pourra lire, voir et "tourner" dans sa tête les vertus des différentes provinces et mettre l'accent sur les richesses de ces territoires. La référence au roi René, l'aïeul de Loraine, rappelle les anciens rêves de grandeur de la maison de Lorraine tout en exaltant de nouvelles promesses. Ce poème est alors inscrit comme un tatouage, et non plus comme un emblème. Bien avant l'heure des calligrammes, Nicolas de Lorraine fait reposer son écriture sur les bras allongés de la femme en entourant l'image de phylactères proclamant "j'espère avoir." Espoir qui fut déçu puisque la Provence restera attachée au royaume de France. L'éphémère et le suspens règnent alors en maître. Cette énergie cartographiée et scellée dans l'écriture ne renonce pas aux désirs de changer les choses. Une certaine beauté s'abandonne à la mélancolie et au sommeil avec l'humour d'un monde autour d'elle tour à tour trop grand ou trop petit.

Il existe aussi d'autres genres de déformations amoureuses et territoriales dans les cartes. Le succès de ces cartes politiques anthropomorphes continuera bien sûr tout au long des siècles.[11]

Oronce Finé et les Distorsions Particulières

La célèbre carte cordiforme de Oronce Finé reste un objet de curiosité important. Si le roi François Ier demanda à ce cartographe de représenter la nation française ainsi que le monde et les nouvelles expéditions sur l'Amérique du Nord, elle montre plusieurs distorsions. Le type de projection que le cartographe effectua a l'originalité d'inclure les nouvelles terres découvertes du Nouveau Monde (voir Figure 8.3). Elle incorpore les "terres australes" selon la conception de la terre de l'époque. La liaison entre l'Amérique du Nord et l'Asie est également largement représentée. La mappemonde originale de 1536 est connue uniquement en deux exemplaires. Véritable joyau technique et savant, elle hérite des modèles de projection de Ptolémée, dont elle s'éloigne relativement peu en proclamant une idéologie, une iconographie et une signature bien distincte. Comme beaucoup de ses contemporains, Finé (ou Fine) devait faire face au problème de la reproduction sur une surface plane de la rondeur de la terre. Bien souvent reproduite par la technique de la gravure sur bois qui consiste à entamer la planche selon la taille d'épargne, la projection ainsi représentée devait être en relief dans des traits encrés. Les caractères typographiques étaient également mis en valeur par ce procédé et la même presse pouvait imprimer le dessin et le texte. Cependant, cette méthode avait aussi l'inconvénient de reproduire des contours grossiers et imprécis dans l'amalgame des deux. L'exigence des cartographes ne pouvait se satisfaire de cette imprécision pour rendre précisément les nouvelles découvertes, la quantité de noms et le modelé géographique qui s'affinait au fur et à mesure des observations et des découvertes.

Oronce Finé suppléa à cet inconvénient en faisant imprimer la carte et son dessin en taille douce, dans le cuivre, que l'on devait entamer au burin. La presse que ce système exigeait devait être plus puissante, car c'est en écrasant fortement le papier que les lettres et les tracés pouvaient s'incruster sur le métal. La carte est ici appliquée sur deux feuilles et coloriée comme bien souvent à la main. Encadrée par un carré rehaussé de traditionnelles colonnades, elle semble en trompe-l'œil puisqu'elle est en dehors du bord et cache en partie la signature élaborée de l'auteur. De cette façon, la pose particulière de cette sphère du monde "hors cadre" s'ajoute en parallèle à la distorsion des formes. Les banderoles au nombre de quatre accentuent le moment de "flottement" du cœur. La carte affirme dès le titre qu'elle est récente et que de nouveaux éléments ont été intégrés : "recens et integra orbis descriptio." Cette illustration est effectivement exacte pour l'époque et moderne dans sa description du pôle antarctique, de ses rivages tels qu'on les connaissait à l'époque et dans la convergence des masses autour du pôle Nord.

Figure 8.3. *La carte cordiforme* de **Oronce Finé :** *Le sphère du* Monde. Courtoise de Houghton Library, Cambridge, MA.

La répartition des terres et des mers ainsi que la symétrie des petits textes emblématiques nous montrent tout un champ visible accessible pour l'éducation et la compréhension du lecteur. C'est dans la présence "harmonieuse" des masses terrestres et marines que Finé fait une avancée. Tous les continents du monde de l'hémisphère du Nord sont inclus et font le contrepoids aux étendues marines qui constituent l'hémisphère Sud. La carte visualise de façon compacte tous les endroits connus et répertoriés du monde. Comme nous le rappelait Tom Conley et Anne-Marie Lecoq,[12] l'image colle de très près à la politique et à l'esthétique des premières années du règne de François Ier, quand une iconographie "cordiforme" était dominante. C'est ainsi que lors de la prise de possession de la ville de Poitiers le 5 janvier 1520, les conseillers politiques du roi ont voulu implanter dans le psychique des gens des images fortes ; la carte serait en forme de cœur et célébrerait l'union divine du roi avec son peuple lors de son couronnement en mai 1517. Cette alliance exprime aussi l'union entre la reine et Dieu. Finé conçoit ainsi un hommage vibrant au roi, mais l'écusson en fleur de lys au sommet de la carte "accroche" en quelque sorte le point central de sa carte sur un domaine relativement connu à l'époque – la côte arctique – pour y fixer le noyau. De cette façon, le dessin peut se lire en mouvement : la rotondité de la terre y semble accentuée bien sûr par la forme du cœur et surtout de son contraste orangé. De plus, le point polaire central semble engloutir l'ensemble des masses. La projection placée en quelque sorte en anamorphose semble pouvoir se déformer par la pliure verticale qui est le méridien central, mais aussi dans ce rond polaire, qui officie comme une bouche ou un centre capable d'aspirer les masses ou de les faire expulser. Cette illustration nous rappelle l'importance des vents "souffleurs" qui sont paradoxalement absents de la carte, et qui fonctionnent dans un mouvement d'inhalation et d'expulsion. Le centre de la carte englobe et épure comme un souffle les continents, présentés "à la dérive."

Le méridien central nous informe de la coupure de la carte et du livre. En même temps, les deux côtés de la carte semblent se renvoyer l'image équilibrante des parties et des continents. Le continent antarctique englobe de façon similaire les côtés gauches et droits, accentuant par leur couleur orangée leur opposition au Nord. L'Arctique, quant à lui, semble se refermer autour du cœur pour se déplacer vers ce centre, autour duquel sont étalés et déformés les pays de Russie et d'Asie à droite, et, à gauche, les terres du Canada. Le corps du pôle Nord est poussé vers le bas dans le corps du monde, étendant le méridien vers le sud pour céder aux grandes courbes de gauche et de droite, de manière à ressembler à une étrave, un nombril, c'est-à-dire, à une cicatrice d'une connexion ancienne dans un corps plus grand. Des attributs physiques et métaphysiques convergent vers le pôle Nord. Les latitudes rayonnent à partir de son axe, tandis que les longitudes suivent une parabole d'extension vers l'extérieur et descendent vers le bord sud. L'origine de la carte ressemble aussi à un méridien apique, un point embryonnaire à partir duquel la forme du monde est générée. Ce point central vers lequel tout semble converger s'offre comme un orifice, qui s'aligne avec un point de fuite. Il peut être vu d'en haut, aligné avec le point central des Iles Canaries, seuil des terres connues et inconnues, et favorise la position du lecteur/déchiffreur/specta-teur en position extérieure et céleste, s'approchant et se détachant de ce monde et de son intérieur à sa guise. Il s'agit presque d'un modèle albertain. Le jeu attrape l'œil. L'effet de la signature dans le frontispice en bas ouvre sur un point de vue différent, celui de l'autobiographie ; en même temps, l'attachement à la couronne est renforcé.

À cet appel qui montre l'écartement des continents, la distorsion apparaît nettement dans le tracé de l'Amérique latine et celle de l'Afrique. La carte est conçue de telle façon que l'on peut "voyager" d'une page à l'autre. En structure mobile, elle bouge dans un espace raccourci entre le spectateur et la surface plane du carré qui l'entoure. Elle porte les traits générateurs qui ont moulé les projets cartographiques et idéologiques de l'époque. Les relations à l'inconnu sont directement projetées dans ce centre ou vers ce centre obscur. Les caractéristiques de cette carte cordiforme continueront dans le déploiement entre les relations entre les formes humaines et abstraites avec Mercator ou de Giovanni Cimerlino en 1566. Mais ici, dans le contexte de la culture imprimée moderne, cette relation est perçue directement dans l'immersion de Finé avec l'histoire, Dieu, le corps du Christ, le sacré, l'aimé et l'inconnu, et dans le traitement autobiographique de son nom, attaché et accroché, dans les jeux et petites cartes. Finé essaye de programmer son identité dans un monde en devenir, d'y laisser sa trace, de cartographier ce moi dans l'élaboration spatiale et scripturale du texte. S'il passe de l'un à l'autre, c'est à la fois pour respecter les lois de la géographie et de la perspective, mais aussi pour renvoyer sur autre chose, un autre monde.

Les nombreuses articulations de perspective sur la carte et dans le monde sont ici mises en relief. Dans le contexte de la culture imprimée moderne, la relation[13] qui fonctionne entre les formes abstraites et humaines est aussi visible dans ce que Finé projette comme identité d'une différence entre des formes figurées et lexicales, infligeant son propre jeu et l'être dans le cosmos. Cette relation est évidente dans l'écriture, mais se trouve la mieux focalisée dans la carte de France et dans sa première projection régionale de ses territoires du sud-est. Il faut aussi noter que la représentation semble flotter entre les espaces de l'intérieur et de son cadre. L'entre-deux proposé souligne un effet trompe-l'œil immédiat où la sensation de sortir de ce cadre renverse la façon de la voir. Tout en lui assurant un emplacement bien réel sur la page binaire, l'auteur s'évertue à en détourner le propos. Que ce soit dans sa forme en cœur et en anamorphose, Finé renouvelle ici les champs des cartes studieuses et "réalistes." Certes, les dimensions de cette carte sont aussi bonnes que possibles, vu la déformation de la terre, et les emplacements des nouveaux territoires s'incrustent dans une forme de nouvelle réalité, mais le cartographe joue sur les thèmes de forme de cœur et de distanciation du lieu où elle devrait se trouver.

Léonard de Vinci, l'"Entre-Deux"

Bien qu'Italien, né dans le petit village d'Anchiano le 15 avril 1452, c'est vers la fin de sa vie, en 1516, que Léonard vint en France.[14] Il reste une figure importante dans la construction des cartes européennes et montre dans ses dessins et ses esquisses un renouveau fondamental qui va s'imposer dans toute l'Europe et notamment dans les cartes faites en France. En établissant une transformation dans le parcours et les motivations de ses cartes, Léonard de Vinci inaugure un espace d'entre-deux crucial dans la formation et l'élaboration des schémas. Ce dernier s'est vite imposé dans la métamorphose des cartes et de l'espace.[15] L'auteur a su rendre des proportions compliquées et déformées de la terre en projetant une image réelle, non illusoire. Nous voudrions ainsi examiner ce qu'il a représenté et ce qu'il a déformé ou mis en *perspective* – et notamment en France ou dans les représentations européennes, soit pour des raisons politiques cette fois-ci, soit pour des raisons de bel et bon ordre de rendu. Quels que soient ses dessins de carte, on peut cependant tenter de recenser l'immense connaissance pratique et la perspective "en vue d'aigle" qui deviendra de plus en plus importante au xvie siècle. C'est au cours de ses voyages en Italie et de son séjour en France qu'il a contribué à l'enrichissement des cartes européennes et a influencé bon nombre de cartographes français comme l'École cartographique de Dieppe.

Le concept d'"entre-deux" offre aux arts visuels et aux cartes de cet artiste ce que le médium ne peut pas toujours lui donner, c'est-à-dire la possibilité de développer une narration, plusieurs étapes d'un même récit en une image dont la fixité est ainsi transcendée. Avec l'"entre-deux," peintres, sculpteurs et Léonard de Vinci ajoutent une dimension temporelle à leur travail, pouvant ainsi représenter l'événement en train de s'opérer. Ils apportent alors une continuité entre les états passé et futur de l'individu ou de l'objet. Ceci est une des premières forces de ces représentations.[16]

Si Léonard n'était pas un cartographe à proprement parler puisqu'il ne reçut pas une formation spécifique pour devenir géographe, il ne négligea pas pour autant cet aspect important du savoir au xvie siècle dans sa vie. Toujours chercheur, toujours avide de savoir et de connaître ce qui l'entoure, il n'hésita pas à construire plusieurs cartes. Pour lui, la pratique de la cartographie fut avant tout une étape pour mieux connaître le monde et voir d'après les mathématiques ce qu'on pouvait faire de ces données. Elle entre ainsi dans un continuum de pensée qui lui est cher. Parfois les données spécifiques qu'il va obtenir lui montrent comment on peut comprendre un site, un problème spécifique et le transformer. Sa rencontre avec les problèmes liés à la cartographie répond d'une part à sa curiosité sur la cosmologie et d'autre part l'aide à établir une synthèse sur ses recherches. Le stimulus intellectuel qui découle de ses dessins lui permet de consolider ses connaissances, de poursuivre d'autres recherches. Le processus de transformation est avant tout un élément fondamental dans la formation de la pensée dans la vie de l'artiste. Si "le mouvement est le principe de toute vie,"[17] ses recherches sur le changement des cadres de la carte et de son rendu sur la surface bidimensionnelle sont avant tout le saisi "immédiat" dans son ensemble, obtenu à partir d'un mélange d'observations, d'analyses spécifiques des lieux, de leurs perspectives, des couleurs, des dimensions et de l'intégration de leurs données mathématiques. L'artiste observe la terre et la surface de façon multiple et transformative. Sa conception de la nature comme un être animé affecte non seulement la géologie et la nature, mais elle touche aussi à la géographie et la détermine. En esquissant le découpage des terres, leurs dispositions, l'auteur transforme la finesse du dessin, la qualité de la vie des habitants dans ses ébauches hydrauliques, de forteresses, ou de barrages pour contenir les eaux.

L'activité cartographique de l'artiste est directement reliée à ses activités d'ingénieur et d'architecte. Sous diverses commandes de Cesare Borgia, Niccòlo Machiavelli et Giuliano de Medici, Léonard exécuta plusieurs cartes à des fins militaires ou hydrauliques en utilisant des techniques diverses de relevés de topographie et différents outils (astrolabe, quadrant, compas, etc.).[18] On peut – en regardant de près les cartes – voir la touche des ateliers florentins de l'époque et en particulier reconnaître les travaux de Piero del Massaio, Francesco Berlinghieri et Nicolò Germanico. Ses études sur les aspects géomorphologiques d'une région ou d'une ville peuvent être ainsi considérées comme le résultat d'une analyse approfondie appliquée directement dans un contexte spécifique pour lequel, quel que soit le document dont il s'était inspiré, devient sous ses doigts transformé et remodelé. De cette remarquable capacité à dessiner et synthétiser ce qu'il a appris, Léonard de Vinci essaye de rendre de façon ludique ce qui lui a été mandé. Ainsi le "site" et le saisi de sa réalité restent au cœur de sa recherche et de ses tracés. En 1473, il dessine "Le Paysage de la vallée de l'Arno" (Florence : Uffizi) et représente ainsi un des premiers paysages dans l'histoire de l'art.[19] Son travail progresse d'une analyse détaillée des territoires et d'une observation directe et soutenu du paysage. Même dans les premières illustrations, la déconstruction et l'assemblage technique nous font penser à la méthode de Ptolémée qu'il admirait. À la fin de sa première période à Milan (1482–1489), Léonard représente une carte de géographie de l'Europe dont les côtes sont marquées en sanguines et retouchées à la plume (voir Figure 8.4).

Figure 8.4. **Léonard de Vinci, CA 1006 r**. Courtoisie de la Bibliotèque Ambrosienne, Milan.

Ce sketch inclut la Sicile, la Sardaigne ainsi que la Corse, trois îles qui paraissent déformées et étendues. La péninsule de la Calabre ainsi que la courbe de direction ouest-est (Naples-Gargano) semblent compresser la mer Adriatique. La péninsule du Danube est plus adéquate dans les mesures. Trois villes sont nommées : Grenade (Granata), Nürnberg (Nolinberg) et Venise. Cette dernière ville est un point important de focalisation économique dans la description des routes maritimes allant vers l'est. C'est une image composite d'influence ptoléméenne qui favorise un concept de l'espace qui dépend de la mémoire. Cette ébauche souligne les erreurs de jeunesse de l'auteur, mais signale aussi un renouvellement dans la programmation des détails observés et enregistrés sur le papier. Cette représentation mentale de l'espace pourrait reconstruire une vision majestueuse des eaux de la Méditerranée. La vision mécanique et organique de la terre avec des calculs géométriques affichés sur l'illustration permet de rassembler tous les secrets fascinants de la vie de l'univers et de souligner les mystères des territoires éloignés, difficiles d'accès en un entrelacement continu et impressionnant de la réalité et de l'imagination. La silhouette à droite essayant de "voler" et le diagramme d'une ville à gauche reflètent les passages rapides d'un sujet à un autre, mais dans leur agencement reprennent des vues où le processus de la création par l'observation se fait devant le lecteur en quelque sorte, en débordant des cadres traditionnels des projections un peu à la manière d'un trompe-l'œil. La situation des plans tourne rapidement. En scrutant bien, le lecteur pourra avoir une réalité brève. Le flux des images et l'indéfini, comme dans le sfumato deviennent un moyen pour accéder à un secret d'atelier destiné à s'effacer devant l'œuvre accomplie. Les passages par le vague et les spéculations imaginaires s'appuient aussi sur un calcul et une technique sans cesse renouvelée.

Tout en développant une vision plus "végétale" de la terre et en lui accordant une unité structurelle, ce dessin de base ne montre pas seulement des approximations mais aussi une mesure adéquate pour l'époque, malgré certains oublis ou déformations. L'acquisition et la maîtrise de la théorie trigonométrique d'Euclide a permis au peintre/cartographe de décrire et d'observer le territoire dans un sens intellectuel en combinant rigueur, capacité scientifique et une représentation mentale que Léonard expliquera comme tel : "Si le parrain désire voir de belles choses, il est le seul qui peut les créer [. . .] s'ils désirent découvrir, révéler et exprimer les contours du paysage en passant des hautes montagnes aux vallées, et s'il désire voir l'horizon en delà, il en a le pouvoir."[20]

Une certitude se dessine au feuilletage des carnets de Léonard sur les sketches des cartes. Que ce soit dans le *Codex Atlanticus*, ou celui de Milan, la formation et la déformation des schémas montrent un esprit prolifique, un essai sans fin pour comprendre le monde et de le rendre tel qu'il est. Cette complexité du savoir se fait ainsi ressentir dans la feuille et le dessin. Les premières phases de ce sketch reconstruisent les distances, les directions et les alignements des bâtiments. Bien que non finis, ils dépeignent un moment crucial dans l'élaboration de la création et de l'exécution d'un balayage horizontal pour rendre les directions des détails topographiques de la ville. Ce dessin (voir Figure 8.5) a pour but la réalisation d'un plan de la ville. Dans cette application originale, l'identification de la position d'un objet, des constructions et les détails topographiques sont réalisés sur la base de deux éléments. L'azimut magnétique et la distance mesurés le long de la direction partent d'un point fixe d'origine. Des instruments tels que le compas, la ligne à plomb, le bâton de Jacob, le carré géométrique, les astrolabes sont utilisés. Les preuves de ces instruments sont signifiées dans le plan d'Imola (voir encore Figure 8.5) dans lequel on peut reconnaître les coordonnées.

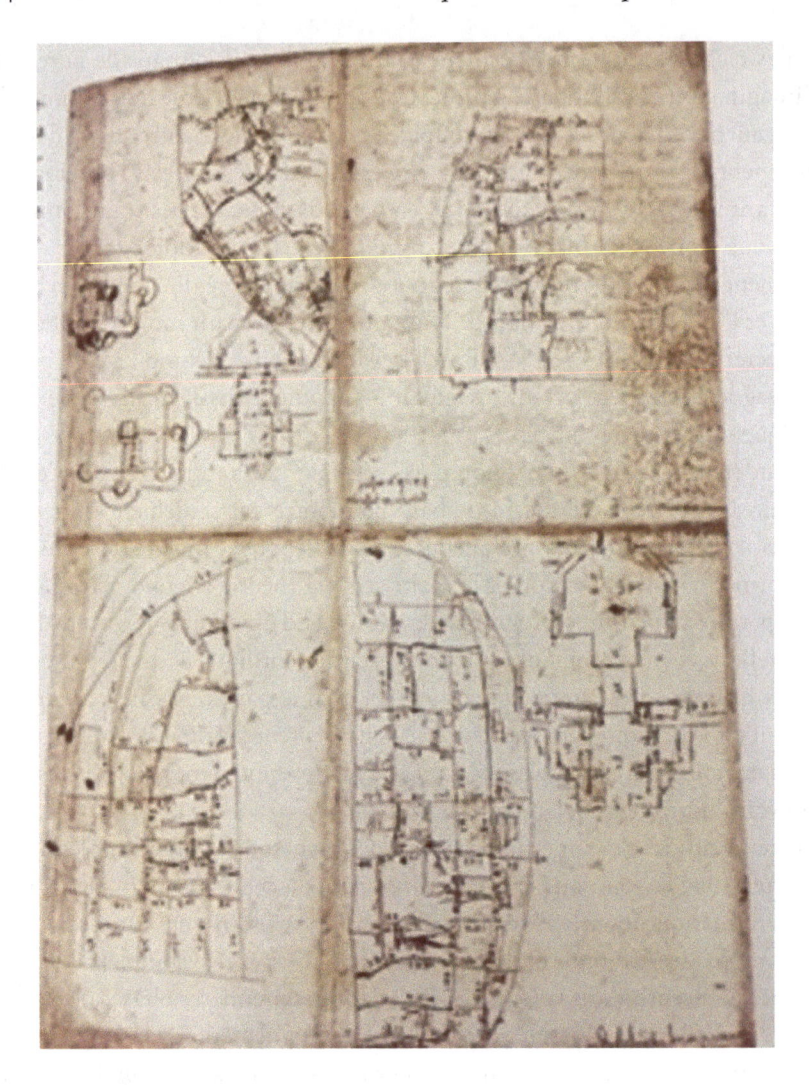

Figure 8.5. **Extraits du *Plan d'Imola*.** *Sketches et Notes* de Léonard de Vinci. 1502. Courtoisie du Château de Windsor, RL, 12686 r.

Ce dessin divisé en quatre parties propose une orientation distincte où Imola regarde Blegna au 5/8ᵉ vers l'ouest. La ville de Casstel Sanpiero est vue d'Imola au milieu et Faenza est examinée d'Imola entre l'ouest de Scirrocco. En distance : dix milles. Toutes ces directions et mesures de distance se réfèrent véritablement à des lieux en dehors de la ville. Cette carte expose la méthode employée pour enregistrer les tailles des voisinages environnants. Ce groupement de quatre parties souligne l'articulation et l'agencement de représentations différentes et leur incorporation sur une surface plane. Au premier regard, ces illustrations peuvent paraître décousues et en pleine distorsion, voire en anamorphose. Mais c'est en regardant de plus près que le lecteur perçoit l'intrication des éléments et l'interdépendance entre les quatre schémas. Cette recherche qui peut paraître aléatoire témoigne d'un changement d'attitude envers le dessin et l'enregistrement des données. Le regard est pris d'en haut à vol d'aigle et il explore un monde particulier : celui de la ville d'Imola. Cette exploration du monde se fait à l'intérieur d'un champ de vision multiple. En cela, Léonard répond à un besoin spécifique : celui d'associer mental et réalité dans ses dessins et cartes – tout comme Cicéron qui proposait dans son *De Oratore* d'installer des images mentales répondant aux idées du discours pour les mémoriser conformément aux arts de la mémoire. Cette "chambre" des images est celle d'une opération intellectuelle spécifique où les montagnes ou les rivières sont établies dans un travail minutieux, à partir de traits sinueux et en série bien référencés grâce aux relevés topographiques et au rendu "vrai" des dimensions sur la page binaire. La mémoire et l'œil pourront isoler tel ou tel détail infinitésimal, donnant un monde présenté au microscope et dont les détails sont rendus lisibles dans une valeur iconographique et picturale.

La carte d'Imola (voir Figure 8.6) est aussi intrigante. Elle est peinte. Au lieu de suivre une perspective oblique et de figurer les bâtiments en élévation, ce plan représente la ville vue d'en haut. Des lignes croisées partent de huit points précis à l'intérieur d'un cercle et on peut y voir le nom des vents. L'aspect technique du dessin est rehaussé par les champs artistiques de couleur : que ce soit pour le vert pâle des champs, ou le bleu léger du fleuve. En dessinant chaque rue, chaque parcelle de terre, les portails et les colonnades, l'auteur combine l'art et la précision. Si certains détails techniques sont sacrifiés (représentation des douves trop importantes), cette simplicité artistique donnera aux autorités militaires la possibilité d'améliorer la défense de cette ville afin de mieux la protéger dans l'éventualité d'invasions et d'attaques. Cette carte est avant tout une forme graphique d'écriture de signes avec des toponymes et des inscriptions, presque hiéroglyphiques et scénographiques. Le montage et l'articulation des parties du sketch débordent pour donner une illustration nouvelle où le point de vue rappelle le lecteur/spectateur de bien regarder minutieusement les détails.

En face de ces lieux de l'ailleurs, l'œil est à la fois surpris et curieux, pris dans une dynamique absorbante des choses. Mais cette "absorption" donne une valeur de singularité à cette projection. Si bien que la fascination et le fait d'être "happé" par cette illustration suscitent un message de proximité mais aussi de surface, en raison du rapprochement du modèle et de la surface peinte. Être détaché et

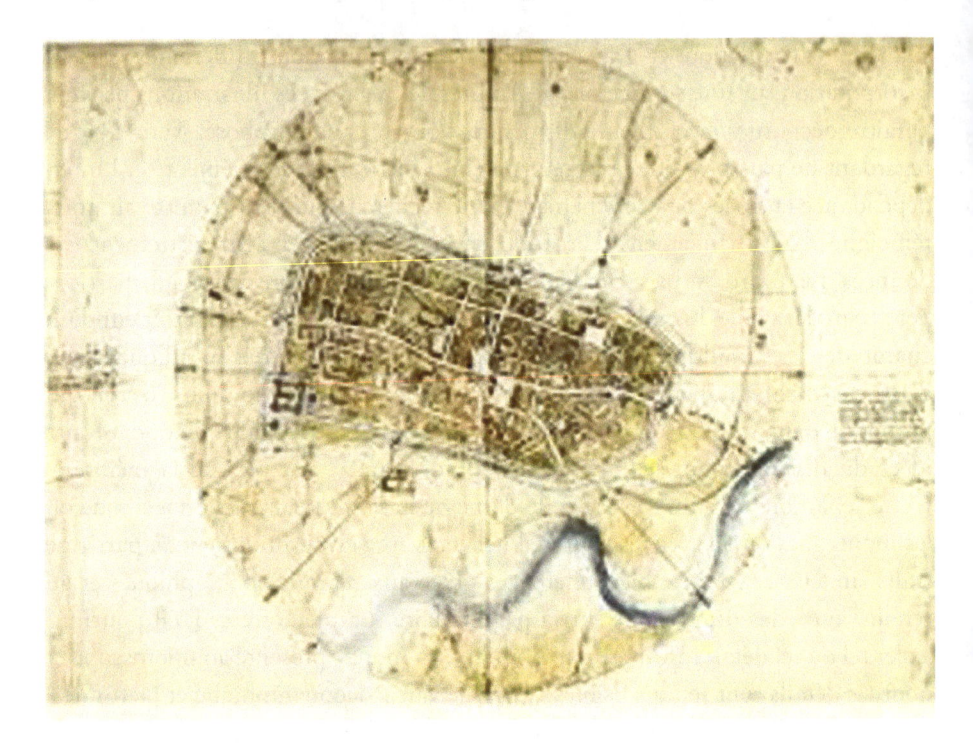

Figure 8.6. **Partie du *plan de la ville d'Imola***. Léonard de Vinci, 1502. Courtoisie du Château de Windsor, RL, 12284.

être absorbé ; voilà un double rythme qui hante le maniérisme de ses cartes et de cette peinture en traduisant l'image d'un monde sans homme, celui d'une pulsion qui habite le savoir et le voir dans une perte réelle ineffaçable du réel et du beau. Ce genre de cartographie véhicule le regard qui incarne l'expression d'une certaine conception de la relation de l'homme et de son territoire. En jouant sur ces échelles physiques, la complexité des phénomènes que Léonard met en jeu pour décrire la métropole se voit déterminée visuellement en tant qu'objet physique. Cette recherche interroge des registres de "visibilité," c'est à dire des échanges d'intégration entre regard et représentation, entre images visuelles et image mentale. Elle établit une réflexion sur les évolutions de la représentation mentale de la métropole et de ces pratiques au xve et xvie siècles.

En général, la carte ne montre que la méthode utilisée pour enregistrer les dimensions des quartiers isolés, "insulaires" et des bâtiments du canton. Elle ne contient pas de mesures angulaires horizontales. Ce carnet de croquis ou de notes est écrit d'un seul folio divisé en quatre parties, plié par Léonard afin de pouvoir dessiner des esquisses et noter des mesures linéaires tout en le tenant dans la paume de ses mains alors qu'il marchait dans les rues d'Imola. Ces plis témoignent de la richesse de l'utilisation des données. Ils traduisent l'absence de transfert des coordonnées "per se" pour la vue finale, mais intersectent plusieurs angles de vision à partir de deux ou parfois plus de points fixes dans une synthèse permettant l'accord de toutes ces quatre parties. La reconstitution de l'ensemble procède de manière mathématique et oblige à déterminer en un premier temps – grâce à la marche de l'auteur – une définition du périmètre mural dans lequel l'artiste va placer ensuite les routes, les pâtés de maison et les bâtiments. Ensuite, Léonard dépeint le "pina," le plan en commençant d'un point central, dont il dirige l'œil vers 64 directions, permettant à une grille établie pour l'établissement des locations et des orientations. Ces hypothèses[21] mettent en relief l'hétérogénéité des méthodes employées, qu'elles soient performatives, analytiques, synthétiques et empiriques. En faisant feu de tout bois, le résultat devient une carte construite qui ressemble aux projections actuelles, mais qui, dans sa nouveauté, relève d'une ambition particulière, souvent transformatrice. Si ce mouvement, principe de toute vie est vital,[22] le mécanisme conçu par la marche physique de l'auteur n'est plus seulement l'analyse topographique et un processus d'analyse : ce cartographe travaille à saisir, tantôt avec la plus grande précision, tantôt à travers des intuitions, des lois du changement comme principe de la vie.

Les références à la distance ne semblent pas être liées à une méthode d'arpentage spécifique. Néanmoins, dans leur apparent désordre, elles témoignent du soin que Léonard a consacré au rapport de proportion entre les parties, couplé à une observation directe et consciencieuse. Aucune trace de ses relevés ayant été effectués à l'aide de coordonnées polaires ou d'intersection n'est jointe. Il ne subsiste que les observations d'alignement soigneusement effectuées.

L'auteur dessine une sorte de cadre de référence qui lui donne le contexte géométrique global, les champs de la composition de son dessin. Ces transformations et ces variations dans les esquisses se déroulent sans cesse dans le modelé de ses carnets : mettre en place des hypothèses, les déformer, les reformer selon le goût du jour, ou selon les caractéristiques présentées dans la journée (vents, inondations, chaleur, etc.) – tel semble être ce qui convient à notre auteur. Il saisit les moments où il bascule dans l'autre. Ces illustrations portent sur les terres et les tracés, mais l'indice de ressemblance devient sujet à métamorphose. À l'inverse de l'École cartographique de Dieppe, Léonard de Vinci n'utilise pas la géométrie pour en faire un jeu ludique per se. Il se contente de transformer et multiplier les schémas pour en montrer toutes les difficultés et les soucis qu'il doit maîtriser. Il en résulte des tracés de carte plus "utiles," mais aussi plus complexes. Ce sont ses carnets qui révèlent ses doutes et sa manière d'exploration des matières – des distances dans un foisonnement et dans des transformations perpétuelles et variées. Cette approche est semblable à celle utilisée par les cartographes rationalistes et a été mise en place en cartographie technique plus tard : elle permet de compléter la représentation, avec l'un de deux choix alternatifs. Soit le dessinateur choisit d'illustrer une forme de vie en plaçant contextuellement tous les autres détails topographiques présents dans la zone sur le plan de la représentation. Soit il peut aussi procéder au dessin de la carte en transformant les croquis en perspective exécutés pendant les étapes de reconnaissance en une construction planimétrique. Cependant, dans les deux techniques, la production de la carte finale avec une perspective précise reliant les tours dans les châteaux comme à Romorantin ou Amboise s'achèvera par l'exécution de dessins qui sont fidèles à la réalité et qui visent à classifier, sélectionner, arpenter et co-localiser les divers détails topographiques sur le plan. Le cas échéant, il faut s'aider de la boussole afin de conserver les directions les plus clairement visibles. Les dessins et les projections de Léonard de Vinci ne font pas abstraction de ces méthodes. Mais les esquisses déclinent d'autres points, synthétisent le changement qui a été observé, et transposent autant d'éléments que possible sur la page imprimée. La multiplication des points de vue est toujours très soutenue chez l'artiste. Léonard de Vinci saisit un processus imitatif d'un espace complexe dans un mélange expert de scénarios différents et continus. En cela la modernité de sa vision ainsi que sa complexité ont pu échapper tout d'abord aux premiers lecteurs.

De la mutation comme élan vital au bouleversement, le monde est saisi comme malléable et précaire : toujours instable, toujours mu par d'autres échanges et d'autres voies. Cette complexité entraîne vers un ailleurs. Le dessin n'est pas déformé à proprement dit, mais la transformation de l'application des éléments réels, mathématiques et de leur projection sur le papier ouvre de nouveaux champs sur le monde. La compréhension de la carte et de ses tracés traditionnels se voit métamorphosée. À partir d'une mutation proprement mathématique et observatrice, un élan vital et un bouleversement de la nature mise en scène dynamisent un univers devenu malléable dans une vertigineuse densité de détails. En réalité, Léonard accomplit un processus imitatif d'un espace complexe, dans un mélange expert de scénarios différents et contigus ; base d'un principe sélectif et constructif qui remonte à l'idée d'imitation d'une représentation des "lois cachées" du phénomène du monde de la perception.

Cette méthodologie de création de cartes fournit alors des plans, qui commencent par une approche toujours géométrique de type Euclide. Elle vient ensuite structurer un espace de type topologique, au sein duquel il n'est évidemment pas possible d'établir des relations de positions ni en termes de mesure, ni pour les distances ou les surfaces, mais il est, en grande partie, possible de déterminer des relations de proximité, de juxtaposition, relations de voisinage, concomitance, etc.

L'artiste s'inspire profondément dans les plans de ville ou les dessins de Chambord,[23] par exemple, de diverses notions de précision en vue de rendre une architecture adéquate. Tandis qu'en règle générale, les relevés moyens effectués attirent l'attention sur des données en général plus approximatives. La fonctionnalité dans l'agencement de la structure envisagée (hydraulique, maritime, montagneux, etc.) est toujours ajustée. Certes, dans la méthode finale, Léonard ne montre pas de contribution innovatrice dans l'exécution des relevés topographiques, puisqu'il a simplement appliqué des connaissances et des techniques scientifiques qui étaient connues des architectes et des ingénieurs de la Renaissance. Il a cependant apporté de nouvelles connaissances remarquables dans le domaine de la technique cartographique.

La transformation de l'espace et les changements d'optique et de mathématiques restent toujours un souci important pour l'auteur. Les méandres des rivières et les structures en perspective des bâtiments offrent aux yeux du lecteur de nouvelles façons de représenter le monde. Opérant directement et synthétiquement, l'auteur reforme et réévalue la cartographie traditionnelle de l'époque. En utilisant des effets de perspectives diverses et de nombreux graphiques dans ses notes et carnets, le lecteur peut percevoir les transformations, les tensions et les métamorphoses des paysages, du ciel et des distances. Offrant un avant et un après en quelque sorte, il joue sur les "entre-deux" des espaces et de la surface binaire de la page. Sa grandeur en tant que cartographe est donc le résultat direct d'un mariage heureux entre la culture scientifique approfondie et son excellence en matière de dessin. La distorsion et l'aménagement des cadres de la représentation des cartes et des bâtiments ou des villes sera également à l'ordre du jour dans les représentations de l'École cartographique de Dieppe que nous verrons au chapitre 9.

Notes

1 Gaston Bachelard, *La poétique de l'espace* (Paris : PUF, 1957).
2 Gilles Deleuze, *Le pli : Leibniz et le baroque* (Paris : Éditions de Minuit, 1988).
3 On peut trouver ce document sous ce numéro : GE EE 5610 RES.

4 Corradinon Astengo, "Les cartographes de la Méditerranée aux XVIᵉ et XVIIᵉ siècles," Expositions de la BnF, dossier "Les cartes marines" (2012), <http://expositions.bnf. fr/marine/arret/09-1.htm>.

5 Martine Sauret, *Voyages dans l'école cartographique de Dieppe au XVIᵉ siècle : Espaces, altérités et influences* (New York : Peter Lang, 2014).

6 Notamment les cartes de Michael von Atzing *De Europae Virginis* de 1588 ou *la Reine Europe* de Sébastien Münster Cosmographie, Bâle de 1570.

7 Michel Foucault, *Les mots et les choses. Une archéologie des sciences humaines* (Paris : Gallimard, 1966).

8 Peter Apian, *Liber Cosmographicus* (Landshut, 1524), Préface.

9 André Thevet, *Les singularitez de la France antarctique, autrement nommée Amérique, et de plusieurs terres et isles découvertes de nostre temps* (Paris : St Claude, 1558).

10 Antonio Francesco Doni, *Inferni Del Doni* (Venezia: Francesco Marcolini, 1552).

11 Laurent Baridon, *Un atlas imaginaire. Cartes allégoriques et satiriques* (Paris : Citadelles & Mazenod, 2011).

12 Tom Conley, *The Self-Made Map. Cartographic Writing on Early-Modern France* (Minneapolis: University of Minnesota Press, 1997), 92; Anne-Marie Lecoq rappelle que "L'image mentale du cœur a finalement assumé une forme visuelle et concrète [. . ..] Au centre, 'l'Amour Divin,' et dans les panneaux latéraux étaient inscrits 'l'Amour National' et 'l'Amour Conjugal.' Les trois types d'amour n'étaient pas seulement illustrés d'exemples tirés de l'histoire biblique et classique, mais étaient aussi liés à la réalité contemporaine. Au-dessus du cœur de Dieu (au centre) était perché l'écusson français, celui du Roi et de la Reine Claude, au-dessus de l'Amour Conjugal et de l'Amour National, celui de Louise de Savoie." Anne-Marie Lecoq, *François Iᵉʳ imaginaire* (Paris : Macula, 1987), 386.

13 Robert Karrow, *Mapmakers of the Sixteenth Century and their Maps* (Chicago: Speculum Orbis Press for the Newberry Library, 1993), 176.

14 Marcel Brion, *Léonard de Vinci,* (Albin Michel, Paris, 1995).

15 Otto Letze, *Léonard de Vinci, l'inventeur* (Martigny : Fondation Pierre Gianadda, 2002).

16 Frank Zöllner, *Leonardo da Vinci, 1452–1519: The Complete Paintings and Drawings* (Köln: Taschen, 2003).

17 Léonard de Vinci, *CLV 1*, 75.

18 *Leonardo genio e cartografo. La ripresentazione del territorio tra scienza e arte*, dir. Andrea Cantile (Firenze: Istituto Geografico Militare, 2003).

19 Michel Jeanneret, *Perpetuum mobile. Métamorphoses des corps et des œuvres de Vinci à Montaigne* (Paris : Macula, 1996).

20 Léonard de Vinci, *De la peinture*, Chapitre 13.

21 Andrea Cantile, "Leonardo; The Genius and the cartographer," dans *Leonardo Genio e Cartografo. La rappresentazione del territorio tra scienza e arte* (Firenze: Istituto Geografico Militare, 2003), 299–331.

22 Léonard de Vinci, *CLV 1*, 75.

23 Voir le dossier pédagogique "Chambord 1519–2019, l'utopie à l'œuvre : 26 mai–1ᵉʳ septembre, exposition," dossier de presse, domaine national de Chambord, 2019, <https://cdn1.chambord.org/fr/wp-content/uploads/sites/2/2019/03/Dossier-de-presse-exposition-15192019-Chambord.pdf>.

9

Anamorphoses dans les Cartes : L'École Cartographique de Dieppe

L'école cartographique dont nous avons discuté dans un autre livre[1] a permis à une série de cosmographes issus de cette école d'appréhender le monde de façon différente en intégrant à la fois les nouveaux instruments géographiques de l'époque mais aussi en se démarquant d'autres cartographes dans leur rendu des terres australes, du continent sud-américain grâce à des relevés d'explorateurs français ou portugais, ainsi qu'à la façon dont ils ont illustré et décoré les cartes.

Ces cosmographes ont à la fois renversé la tradition des cartes en *T*, en défiant leurs aspects symboliques mais peu réalistes. Ils ont souvent relégué le domaine des portulans – toujours bien utilisés par les marins – pour montrer autre chose. L'impulsion cartographique et les changements qu'ils ont entraînés dans la représentation de l'espace ont esquissé une transformation importante dans la construction des cartes en France et en Europe, notamment au Portugal où de nombreux cartographes ont établi des plans.[2] L'espace bidimensionnel entouré de frises chez Cossin (voir Figure 9.1) mobilise l'espace en quelque sorte "en relief." La place centrale de la terre en forme d'ellipse et la juxtaposition de ces banderoles reproduisent un espace pictural singulier. Un sens imposé par les contraintes spatiales et les données fomente de l'intérieur et modèle en catimini un ou des projets de critique, de rationalisation, de répertoire dans une subjectivité cartographique d'où émerge des corps d'écriture et de lieux géographiques distincts.

Figure 9.1. ***Le monde en ellipses*** **de Jean Cossin**. Courtoisie du Château-Musée de Dieppe. Ma photo.

Toute la tradition symbolique avait en effet partiellement été remise en cause dans des cartes maritimes telles que la Carte catalane de 1450 ou celle de Fra Mauro de 1459. Si la terre restait circulaire, Jérusalem et le Christ du jugement dernier disparaissaient. La redécouverte et la rediffusion de la carte géométrisée de Ptolémée a certainement correspondu et coïncidé avec les bouleversements de cette partie du monde. Mais les nouvelles découvertes de ce Nouveau Monde stimulèrent aussi l'ambition des géographes et cartographes du temps. L'art et la science, la peinture et de nouvelles formes de savoir retiennent alors leur attention. Ainsi Jean Cossin illustre bien de nouveaux domaines de savoir.

Jean Cossin (ou Cousin) et son Planisphère

Si de nombreuses controverses existent encore au sujet de Jean Cossin ou Cousin,[3] on sait cependant qu'il navigua en 1488 sous le titre de "pilote entretenu," "sachant naviguer loin des côtes,"[4] et qu'il alla sur un continent mal connu – celui de l'Afrique – et qu'il fut le premier à désigner l'embouchure du fleuve Maragnon, c'est-à-dire le fleuve des Amazones. Il fit de nombreux échanges de marchandises et revint à Dieppe dans le courant de l'année 1489.

L'élaboration de son planisphère de 1570 est particulièrement intrigante dans sa conception et dans sa réalisation. Cette œuvre, conservée à la Bibliothèque nationale de France, se trouve également au Château-Musée de Dieppe. Si nous avons peu de détails sur la vie de l'auteur qui fut un marin, et beaucoup d'anecdotes inconfirmables sur sa vie,[5] cette illustration peut paraître inutilisable pour eux et se différencie des portulans qui fleurissent à cette époque. Il s'agit d'un type de carte sinusoïdale, encore appelée de Samson (1650) ou de Flamsteed (1729).

Cette représentation savant[6] est intitulée *Carte cosmographique ou universelle description du monde avec le vrai traict des vents*. Elle est bâtie sur une projection originale où les méridiens sont des sinusoïdes et les parallèles des droites équidistantes divisées en parties égales par les méridiens. Avec cette mappemonde, les parallèles sont des droites régulièrement espacées : c'est pourquoi ce système est assimilé à une pseudo-projection cylindrique. Seul le méridien central devient rectiligne.

C'est une projection équivalente mais très peu conforme aux pôles. Dans ce schéma, les surfaces sont conservées et la représentation des extrémités est moins déformée qu'avec une vraie projection cylindrique. L'échelle le long de chaque parallèle et du méridien central de la projection est respectée. Si aucun barème des longueurs n'existe, on trouve des lignes de l'équateur, des tropiques et cercles polaires. Le réseau de rhumbs circule de façon courbe et rayonne à partir de cinq points de l'équateur. Les signes du zodiaque apparaissent à gauche et les climats d'une heure se voient sur le côté droit. C'est le deuxième cartographe à employer cette projection complexe après le cartographe flamand Gérard Mercator (1512–1594.) Si Cossin représente assez nettement les côtes, sa carte est encore inexploitable pour la navigation puisqu'elle reste peu fiable sur certaines distances et les profondeurs des mers. Parée de nombreux reliefs "en perspective" tels que Léonard de Vinci a pu le faire sur ses sketches (voir le chapitre précédent), elle donne une vision nette du continent africain et de ce qui est connu tout en déformant le continent sud-américain en partie à cause du choix de la forme sinusoïdale. Cette œuvre illustre en particulier les caractéristiques de surfaces, sous forme interrompue ; sa lecture et sa vision rayonnent à partir d'un point central, qui est maintenant autre que la ville de Jérusalem et renvoie grâce à ce point vers les multiples méridiens de couleurs différentes. Il se peut que les travaux de Pedro Nunes sur les rhumbs courbes ne soient pas étrangers à notre cartographe. Si les parallèles correspondent en effet à des loxodromies particulières coupant tous les méridiens en réalisant ainsi un angle de 90 degrés sur la sphère, les angles sont ici bien déformés. Cette mappemonde savante souligne un code visuel plus descriptif et semble s'immobiliser dans un mouvement pensif. Le double rythme mathématique et ludique qui hante le maniérisme de cette carte, de sa peinture et des banderoles sans fin en dehors du cadre de la carte donne une image d'un monde sans homme, où bien sûr les nouvelles terres australes prennent un poids important dans le dessin ainsi que ce Nouveau Monde. Mais ce qui est vu à l'extérieur et à l'intérieur de la carte revêt aussi une dimension mélancolique, où la fusion de l'art au service des mathématiques reste au service d'une espèce de "vanité,"[7] où la conjonction de l'art et des mathématiques se voit dédoublée, transposée dans un phénomène d'apparences. Les trois points apiques (un central et deux latéraux) retranscrivent le savoir et triplent les façons de regarder la carte. L'œil semble se délocaliser et s'approprie le monde devenu en partie réaliste mais bien vite allégorisé.

Les tensions entre la carte et son dehors en frise remettent en place un jeu où cadre et profondeur s'allient pour soumettre une distorsion géographique et narrative dans un schéma cartographique contraignant de données à utiliser, mais qui se renouvelle ici dans un ailleurs bruissant de possibilités : morales ou idéales dans le cas de Cossin puisque nous n'avons aucun mémoire ou aucune note pour expliquer ce qu'il voulait vraiment faire dans ce jeu. La convergence entre les cartographes normands et celles des voyageurs vers le Nouveau Monde ou l'Asie est incontournable quand les géographes approchent les formes pour "raconter l'espace," en le rationalisant au possible dans des formes géométriques singulières et en respectant – autant qu'ils le peuvent – la proportion des échelles et des mesures. Cet effort de coordination entre frises et cartes propose à l'œil ainsi qu'à la pensée une nouvelle grandeur de la terre. La carte ne peut alors qu'être inachevée et temporaire, puisque d'autres mathématiciens et d'autres découvertes vont constamment changer les données. Mais cette ouverture de représentation de l'intérieur et son inachèvement soulignent un changement dans la lecture de l'espace, "un entre-deux" distinct qui donne pour l'époque une représentation visuelle unique.

Guillaume le Testu et le Jeu de Transformation dans ses Cartes

Guillaume le Testu[8] reste un cartographe incontournable des grands changements cartographiques qui s'opèrent durant le xvie siècle. Ses cartes semblent s'imposer comme un spectacle de calculs trigonométriques savants, tout en restant attachantes dans des formes uniques, souvent distordues et ludiques, de la représentation des espaces connus et ceux moins connus du Nouveau Monde et de l'Antarctique. Comme nous le mentionnions dans un ouvrage précédent,[9] les cartographes normands de cette époque conjuguent les récits des explorateurs sur les cartes, mais aussi des données mathématiques qui rendent perceptibles leurs défis vis-à-vis de la perspective. Ils essayent également de préserver un certain type de narration sur les découvertes. À mi-chemin du réel et de l'éphémère, ils jouent avec le spectateur de façon constante. En utilisant les dernières expéditions de Jacques Cartier, Jean Parmentier, ou celles de Giovanni de Verrazano par exemple, Le Testu illustre ce passage avec de nouvelles formes et dimensions de la terre de façon personnelle et divertissante. La transformation de son atlas et l'accès à de nouvelles formes dans ses cartes géographiques passent aussi par le changement du regard sur le monde découvert : une remise en place des données européennes se met en place ainsi qu'une réévaluation de la découverte de la perspective. La diffusion de l'imprimerie ainsi que les découvertes optiques induisent et indiquent non plus une valorisation du regard, mais une transformation des manières de voir et de penser le regard sur ses cartes. Cette transformation met en œuvre tout le savoir-faire de notre géographe. Elle s'accompagne de renversement de perspective, de dilatation de l'espace, de changement de point de vue tout en associant les clichés et les redites. Tout se joue dans un espace d'une vision qui mue à chaque instant. Les cartes de Testu soulignent le jeu et le pouvoir du dessin. Les dysfonctions des cartes évoquent autre chose. . . une bonbonne, une fleur, des hémisphères en miroir. La malléabilité de ces figurations toujours refaites et refondues affiche de bonnes compétences mathématiques et cartographiques. Ces schémas mettent en jeu les grandes déformations techniques dues aux incessants calculs politiques que l'auteur doit gérer, des anamorphoses et des trompe-l'œil, tout au long de son œuvre.

Sa *Cosmographie universelle selon les navigateurs tans anciens que modernes* de 1556 est dédicacée à Coligny, ministre protestant, et se voit composée de 56 cartes peintes et enluminées. Les 6 premières cartes sont avant tout des projections savantes suivies par 50 cartes portulans régionales. Conservée à la Bibliothèque du Ministère de la Guerre, cette œuvre mesure 53/67 cm. Les 59 feuillets comprennent 56 cartes dessinées par l'auteur : chaque carte est abondamment commentée. Le dessin est placé sur le verso d'une feuille, et le texte s'inscrit sur le recto du feuillet suivant selon la tradition de l'époque. Ce phénomène favorise un jeu constant pour une bonne compréhension du texte avec l'image. L'ambivalence de cette œuvre est cependant moins naïve qu'il n'y paraît : en donnant à voir autre chose et à rêver, elle ne prétend pas toujours détenir la vérité qui est montrée. Les cartes sont en fait des miniatures de 450 x 325 millimètres et sont coloriées de diverses couleurs. Ouvrage splendide dans sa composition artistique, géométrique et mathématique, Le Testu montre une connaissance profonde du monde contemporain qui l'entoure et des nouvelles découvertes de son temps. Selon Harrisse,[10] ce portulan dériverait des cartes portugaises qui auraient servi à la même époque. Le Testu a cependant changé bien des noms qu'il a francisés sauf pour quelques possessions vers le Nouveau Monde. La dédicace faite au roi est chaleureuse, humble : il ne croit pas être digne de ce travail et le soumet en demandant "de l'indulgence et de la patience." L'Amiral Gaspard de Coligny est sollicité pour donner son accord à ce livre : "me donnerez l'enhardissement qui faict à tous hommes entreprendre cela qui leur est possible soubz le ciel accomplir, pour vous donner plaisir."

L'épitre, dédicacée à Coligny, semble bien avancer le programme de ce livre à bien des égards emblématiques de l'époque dans sa théâtralisation des cartes, et aussi dans ses distorsions projetant alors des dimensions particulières d'ouverture et de fermeture entre les mondes. La modernité des nouvelles contrées pour y fonder des établissements et établir la Chrétienté se voit souvent préférée au monde des Anciens. L'œuvre de Guillaume Le Testu juxtapose toutes les données recueillies et les transforme au gré des cartes. L'ambiguïté de la démarche souligne ainsi un dédoublement entre le cosmographe et le "négociant," entre un commentateur souvent facétieux et un artiste plus téméraire. Ainsi quand il commente les cartes, Le Testu se garde toujours de bien retranscrire ce qui est connu ou ce qu'il pense ne gêner personne et ce que le peintre va montrer en anamorphose ou en trompe-l'œil.

Si l'auteur répète bon nombre de clichés et modèle bien les nouvelles connaissances sur les territoires, il semble aussi dévoiler un monde en paradoxe, inachevé, en tourbillon pouvant laisser place à d'autres conjectures et d'autres interprétations. Les merveilles décrites peuvent susciter le doute. Comme le dit Lestringant, "La Terre de Le Testu est remplie de 'possibles non réalisées. C'est ce qui en fait la force et aussi bien sûr une faiblesse."[11] Ses cartes semblent nouer et dénouer au fil des pages ce qui a été vu et appris. En restant dans la tradition de peindre le monde, Le Testu s'acharne à le combler de monstres, d'ogres et de peuples à têtes de chiens. L'inventaire encyclopédique ne se clôt pas dans ses illustrations et se voit en représentation encore non achevée et souvent reprise de carte en carte. Le globe terrestre est donc équivoque. Figure du savoir, capteur du monde, il révèle aussi la complexité des apparences et se double d'une ontologie du rien, où l'appréhension du monde ne passe plus uniquement par Dieu, mais où le regard d'un lecteur provoque sans arrêt une présence-absence, dans des surfaces réfléchissantes. Ainsi, la représentation des vents se voit dramatiquement programmée dans un effort constant pour souligner leur validité et en même temps les réfuter, les transgresser et les déformer dans leur nombre et leur variété afin d'illustrer la gloire des anciens et montrer une touche énigmatique sur leur sort et leur devenir dans les projections futures.

Trois particularités soulignent le travail de Le Testu sur ces vents ; il modifie tout d'abord leur emplacement. Leur localisation est ainsi généralement dessinée entre l'espace de représentation des bordures et la carte même de façon externe à la carte souvent en trompe l'œil. Il les met ensuite en scène en dehors de la carte, et non plus à cheval entre l'espace de représentation des bordures comme celle de Ptolémée refaite en 1492 lors de sa projection du monde. Cette façon de réévaluer le support et l'ornementation de la carte domine un espace en apesanteur, favorisant l'imagination. Enfin, leur caractérisation altère souvent la façon dont la carte peut se lire.

En effet, les différentes figurines ont en commun leur souffle en dehors – pour insister sur leur importance, leur bienveillance ou leur pusillanimité – et mettent aussi en valeur leur capacité à pouvoir changer le monde du dessus pour le monde du dessous. Cette figuration spatiale se mêle aussi aux banderoles qui les entourent. Chaque vent est caractérisé (Nord ou Sud) et différencié (tête de mort, chérubin, homme âgé, etc.). Souvent nominalisés, leurs attributs physiques illustrent un aspect historique (Poséidon, Borée, etc.) et narratif sur la carte. Le tumulte du cosmos est souligné par la multitude de nuages et leur furie. Les souffles tempétueux et mortels des vents glacés du Nord et de l'Ouest s'opposent à ceux frais et charmants du Sud. Les mouvements du monde s'inscrivent et traduisent la difficulté à le comprendre. Ainsi, par exemple, la première carte (voir Figure 9.2) porte une figurine jeune, blonde et alanguie qui ne regarde pas son homologue d'en face, mais se tourne vers le lecteur l'invitant à parcourir l'espace et le spectacle du texte et de la carte. Les vents de la partie Nord signalent des hommes d'âge mûr, aux yeux fatigués. En haut du pôle arctique figure le phœnix, animal symbolique et mythique teinté de marron qui contraste par rapport à la qualification humaine de ces figurines. Ces vents, en voix "off," contrastent les

Figure 9.2. **Première carte de Guillaume Le Testu**. *Cosmographie universelle.* 1556. Courtoisie du Service Historique de la Marine, Vincennes.

différents espaces et semblent enchâsser des lieux les uns dans les autres : ainsi se profile le cadre, puis les banderoles en général, puis les vents, et enfin la carte. La place de ces caractères transforme ainsi leur rôle, souligne leur théâtralité et les rend "mobile" en quelque sorte. Flottant tout autour des cadres proposés, ils déforment de par leur souffle tout un système et une représentation cartographique.

Dans la deuxième carte, les vents du Nord (voir Figure 9.3) sont représentés par des adolescents qui soufflent en dehors de la terre comme pour faire pivoter cette étrange forme qu'elle est. Des vents à tête de mort agitent l'air directement sur l'Antarctique vers la terre australe. Le lieu pictural de l'Australie est ainsi une topologie de déplacement où ce qui n'est pas encore sérieusement répertorié est

Figure 9.3. **Deuxième carte de Guillaume Le Testu**. *Cosmographie Universelle*. 1556. Courtoisie du Service Historique de la Marine, Vincennes.

mis en place dans un réseau spatial et temporel, à savoir les réseaux du présent virtuel, du passé commémoré et du futur préfiguré.

Pour la troisième (voir Figure 9.4) et la quatrième carte (voir Figure 9.6) tous les alizés sont encore bien distincts. Ils sont caractérisés par des visages d'hommes et de vieillards pour la quatrième carte. Ils donnent une narration sur la situation sur la terre et présentent à leur façon un monde difficile et peu stable où la jeunesse, la maturité et la mort alterneraient en harmonie avec les continents et leurs emplacements. Comme au Moyen-Âge, leur représentation continue la tradition de l'embellissement de la carte, aidant à visualiser certains emplacements : le vent du sud-est, appelé "liurnus ou sirocco," ou le vent d'Ouest, appelé "zephirus, ou

Figure 9.4. **Troisième carte de Guillaume Le Testu**. *Cosmographie Universelle*. 1556. Courtoisie du Service Historique de la Marine, Vincennes.

pavunius ou ponant," souligne qu'ils ont des fonctions d'aide précise pour les navigateurs. Ils n'ont souvent qu'un ou deux types de représentation : celle d'homme ou de petit joufflu. Le Testu va plus loin en les distinguant et en leur donnant des traits particuliers. Ainsi délimités en dehors de la carte, le cartographe accentue leur importance, leur utilité et leurs différences. Choisissant de centrer la vision du lecteur autour du dessin du monde toujours construit et délimité par un trait de couleur sombre, le cartographe offre une division entre le monde des humains et celui de l'aléatoire. Dans une configuration "pédagogique," les vents de l'auteur retracent une lecture traditionnelle, tout en apportant une autre possibilité de déchiffrement de la terre et de ses continents. Le monde de ce Havrais d'origine est un monde caractérisé par une infinie de variations. La visualisation des vents contribue à le déterminer et à le modeler indéfiniment. En dehors de la place des vents, des blasons, des cartouches, des instruments, ou des phœnix, les cartes de cet atlas se caractérisent elles-aussi par la figuration de nouvelles terres et par des projections différentes du monde[12] que nous étudierons ci-après.

Dans le travail de Le Testu, la représentation de la terre australe est importante. On y reconnaît certainement les traces d'une réelle exploration conduite dans les parages de l'Australie et de la Nouvelle-Zélande qui apporte une certaine symétrie dans la représentation de ces cartes. C'est en exploitant sciemment les bandes jointes de la sphère que Le Testu conjugue le réel et l'irréel et les déformations certaines dues aux délires imaginés et aux cheminements réels des explorateurs et de leurs récits. La forme de la terre australe resurgira d'autant plus au pire moment des guerres de religion où un esprit visionnaire y verra un exécutoire idéal pour décharger ce trop-plein d'exacerbation qui déchire le royaume. Les manifestations intentionnelles qui prolongent les insuffisances de la technique vont chez Guillaume Le Testu donner un parti très rentable : en prenant acte de l'impossibilité où il se trouve de calculer avec précision toutes les destinations et les mesures du globe, ce cartographe va insérer et réunir toutes les données connues en les transmettant sur la carte de façon continue mais en perpétuelle transformation. Tout se passe comme si notre auteur voulait "recréer" le nouvel espace du globe en le déformant souvent en anamorphose.

La Première Carte

Représentant le quart de l'hémisphère Nord, c'est un triangle sphérique avec trois angles droits et trois arcs de 90 degrés ; pour le figurer, il faudra que le cosmographe construise un triangle équilatéral et dessine ensuite les arcs de cercle de centre avec un sommet. On pourra noter que les parallèles sont partagés régulièrement et que les méridiens joignent les points des divisions qui leur correspondent. Cette projection avait déjà été faite par Léonard de Vinci en 1514, et Oronce Finé l'utilisera aussi en 1551 dans son *Sphère du monde*. Pour Léonard de Vinci, il n'y aura pas de méridien. Pour Oronce Finé la construction de cette carte sera équivalente à celle de Le Testu. Anthiaume[13] parlait d'une sorte de "fiole" qui se trouve en quelque sorte soutenue en ballon par les vents qui l'entourent. Les sommets vont aux 315 degrés et 45 degrés de longitude. Les méridiens sont alignés régulièrement. De nombreuses îles imaginaires et légendaires sont placées vers l'Atlantique Nord. De grosses vagues zèbrent les océans et de par leur quantité et leur emplacement dans le dessin divisent de façon presque symétrique les masses de continent en deux pôles ; les mers à gauche et au centre, les continents à droite. De cette apparente symétrie reste un dessin qui montre bien que l'effet des masses est (comme il est de tradition à l'époque) respecté. Le regard navigue de bas en haut de façon à soutenir la place de l'Amérique en haut et contraster le continent africain déjà connu. La distorsion permet de jouer sur les hypothèses d'un futur alléchant sur les rives du nouveau continent, tout en laissant la part belle au passé avec une bonne construction de l'Europe et de la Méditerranée.

La Deuxième Carte

Elle poursuit et complète la première. Presque de nature cordiforme, elle est sans aucun doute inspirée de Ptolémée. Reprise par Philippe Apian et Martin Waldsmüller (voir Figure 9.5), elle diffère cependant de la représentation de ces deux cartographes dans la figuration d'un hémisphère entier et en transformation. De plus, les parallèles se voient dotés d'une longueur proportionnelle à celles des parallèles terrestres. Originale dans sa déclinaison et sa représentation, la carte montre à la fois un monde passé et qui aurait pu être tel qu'il est signifié et celui d'un monde nouveau en devenir. L'anamorphose réside dans la conjonction d'un jeu sur les mathématiques associé au bon vouloir du spectateur. En mettant les parallèles en arc de cercle ayant un centre bien délimité et soutenu par les armes de Gaspard de Chatillon, sieur de Coligny, Amiral de France, ces armes proposent une représentation dans la représentation. En effet, l'aigle de Coligny se voit lui-même inséré dans une sorte d'œuf bleu, comprenant une ancre marine. L'ensemble est décoré de frises dorées en forme de collier avec un pendentif représentant l'ordre de Saint Michel. Cet ordre n'est pas fortuit puisqu'il a toujours représenté une défense contre l'envahisseur anglais, notamment lors du siège de 1424–1425. La devise de ce groupe "Immensi tremor Oceani," qui pourrait se traduire comme "l'effroi de l'immense océan," manque dans la carte. Cette terreur pourrait être ici celle de l'aventure mais aussi celle du gouffre que ces aventures pourraient créer. Le Testu indique que "Si l'océan tremble jusque dans ses abysses, s'il frémit et frissonne de toutes ses vagues, c'est qu'il est soumis à une autorité supérieure, celle que manifestent le glaive de l'archange et son triomphe sur le dragon."[14] La position de ce pendentif tombe véritablement dans le point représentant le Nord – ou comme l'auteur le nomme, "la forme d'une moictié de balle ou et œuf." Ainsi ces armes se voient en quelque sorte rayonner au-dessus de la carte en trompe-l'œil tout en étant prêts à être absorbés (voir encore Figure 9.3).

Pour la construction des méridiens, véritable nouveauté pour cette représentation, Le Testu s'attache à former des triangles en quelque sorte équilatéraux qui définissent des arcs de cercle de façon spécifique. D'autres sont des courbes passant par les graduations en formation régulière des parallèles. Cette double utilisation et cette représentation de méridiens soulignent une bonne compétence du cosmographe sur l'étude de ces derniers. Mais l'élaboration se fait plus maniérée et plus ambiguë sur les territoires et les mers. L'œil avance comme une pendule de droite et de gauche autour de la sphéricité de la représentation. Dans une structure qui se voit immédiatement, le cartographe calque des informations anciennes et nouvelles en augmentant aussi la quantité d'informations. Il rehausse la qualité du dessin par trois anges placés eux-aussi dans une sorte de triangle : deux sont à équidistance l'un de l'autre en haut, celui du bas est situé en ligne verticale par rapport à l'écusson. L'itinéraire de la lecture part ainsi du concret vers de l'abstrait pour recommencer vers l'abstrait au concret. Ce tour de force suscite alors bien des questions sur la mobilité de ce voyage de l'œil.

La volonté de Le Testu est aussi de donner différentes projections à l'intérieur des dessins en quelque sorte pour assurer une variété, approfondir les connaissances et peut-être jouer en même temps de tous les paradigmes. En ne négligeant

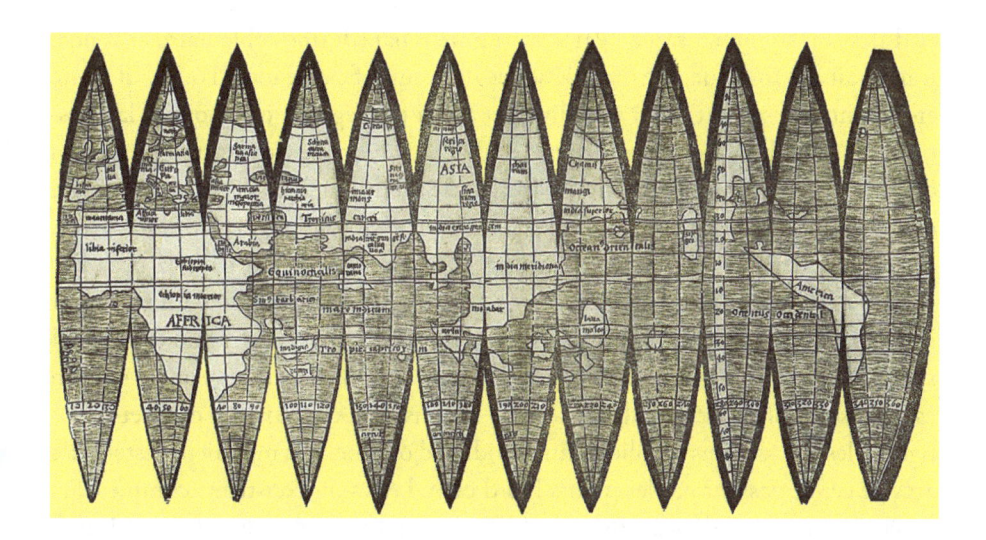

Figure 9.5. ***La carte qui nomma L'Amérique*** de **Waldseemüller**. Courtoisie de la James Ford Library, Minneapolis.

aucune hypothèse de montage, il parvient à étaler une variété infinie de possibles. Son texte souligne que "la carte faict demonstration de la meilleure partie de toute L'Asie, tant en latitude que en longitude." On y voit que les deux extrémités de l'arc équatorial correspondent aux 45 degrés et aux 345 degrés de longitude, et on y redécouvre, comme dans la première carte, des îles imaginées et anciennes.

La troisième et la quatrième carte précisent bien un nouveau jeu de dessins et d'habileté cartographique. Si comme l'écrivait Ptolémée "la géographie est une imitation de la peinture de toute la terre,"[15] cette entreprise est certainement chez Le Testu celle d'insérer l'œil et la lumière de l'histoire. Dans ses dessins, les figurations de la terre contrastent l'usage des vents et des nuages tout en se déclinant soit dans une forme ronde (3ᵉ) soit dans une forme en ellipse (4ᵉ). Elles continuent la tradition cartographique et s'en détachent dans un univers en pleine fantasmagorie. Cette troisième et quatrième carte présentent de par leur forme l'ubiquité des territoires, alimentent leur propre simulation en quelque sorte et construisent un univers en dehors de tout, en anamorphose.

La Troisième Carte

Reprise d'Apian, elle présente elle-aussi un canevas symétrique et montre l'habileté du cartographe à reprendre les données pour les faire dévier. En décalquant le pourtour de la terre comme celle de Gemma Frisius en 1536, Le Testu opère des transformations minimes qui passent surtout par des suppressions de territoires et d'îles. En soulignant que "Par ceste figure tenant forme orbiculaire et ronde, n'apparait a la foys que une moictié seulle de la superficie de toute l'orbe," il invite en faisant une séparation et une division à peu près égale à questionner la question de l'équilibre des masses de terre et d'océan. En représentant une projection dans un hémisphère figuré d'un pôle à l'autre allant du 270ᵉ degré au 90ᵉ degré de latitude, il n'illustre que la nouvelle terre du "Labroudor" au Nord jusqu'aux terres australes et le détroit de Magellan. De nouveau comme dans la première carte, Le Testu soude le Labrador par une masse de terre qui forme un isthme et rejoint la partie septentrionale de l'Europe. En contraste, la partie Sud qui se veut symétrique est une masse de terre assez grande. La construction géométrique en est très semblable : les parallèles restent équidistants et ceux de l'équateur soulignent les graduations régulières du méridien d'origine. Les méridiens restent des arcs de cercle passant par les points Nord et Sud. Ils sont construits comme ceux de la mappemonde de Jean Rotz de 1542. La qualité du dessin et le jeu à l'intérieur de l'illustration viennent aussi sans aucun doute des vents qui ici semblent "propulser" la terre comme un ballon, leur donnant un aspect dynamique.

Le Testu relance un processus historique en soulignant la valeur de ces têtes de chérubins et celles d'hommes âgés. Mais leur place met en scène une symétrie entre le Nord connu, et donc considéré plus vieux, et le Sud où les découvertes continuent. Ces dessins de vent personnalisés mettent en place une orientation plus humaine, orientant le regard vers un rappel de leur importance dans la vie de tout un chacun, soulignant leur importance dans la germination et la dissémination des graines dans la culture des sols aussi bien que dans la destruction de ces derniers, ou dans les différentes maladies qu'ils peuvent apporter. Ils constituent un passage important, c'est-à-dire la possibilité de développer une narration, plusieurs étapes d'un même récit en une image dont la fixité est ainsi transcendée. Dans cet "entre-deux," ce cartographe ajoute une dimension temporelle à son travail, pouvant ainsi représenter l'événement en train de s'opérer et apportant ainsi une continuité entre les états passé et futur de l'individu ou de l'objet.

La Quatrième Carte

Au contraire celle-ci représente toute la terre (Figure 9.6). Projection utilisée par Münster en 1532, cette mappemonde reste très proche du graphisme d'Ortelius dans sa représentation du monde en 1595. On retrouve de nombreux demi-cercles et non plus des demi-ellipses comme chez ce dernier. Différentes échelles à l'intérieur de la carte se superposent : la carte du bassin méditerranéen semble plus étroite et correspond au monde des Anciens, alors que les continents de l'Amérique et les terres australes deviennent plus grandes. La superposition de l'espace qui entoure cette ellipse forme alors un monde sublunaire à la manière d'Aristote. En contraste, le monde déjà connu se voit fermé. C'est par le jeu des souffles des vents que les objets et les lieux semblent flotter.

Dans ce monde agrandi et distendu, des vents de mort apparaissent formant un contraste très net par rapport aux autres cartes. Représentant les quatre âges de l'homme de l'enfance à sa mort, Le Testu les place de façon théâtrale : chaque personnage a des mouvements de flexion de joue bien particuliers. Tous ont des pilosités différentes selon les âges ; des coiffures particulières reprennent sans aucun doute les nouvelles rencontres avec des autochtones des expéditions de Jacques Le Moyne de Morgue dans son expédition de la Floride en 1562. Le cartographe revitalise la tradition de ces vents en montrant sa virtuosité et son ingéniosité dans le dessin. Il les confronte aussi à des nouvelles données et les place ici pour de nouvelles aventures et transformations : celles des découvertes et de leur utilisation. La carte est dédiée à Henri II, roi de France. L'auteur souligne les terres australes et met en valeur une déformation politique et imaginative de nouvelles terres au point qu'un continent semble naître. En effet, le terme clé "d'imagination" est de nouveau employé dans le texte. En prenant les devants des futures explorations, le cartographe répond à l'usage immédiat pour les navigateurs qui risquent de naufrager dans ces régions, et en même temps, il décèle et réanime les fantasmes sur les terres encore non découvertes. Selon une politique de changement et d'écho de ce qui est fait, cette carte devient également plus politique qu'il n'y paraît. Ne voulant pas remodeler le monde, le cartographe exerce des choix à la fois épistémologiques en reprenant Thevet dans son *Grand Insulaire et Pilotage* des années 1586–1588. Mais dans les lisières de la carte apparaissent des distractions de ce qui est connu. Dans ses grandes lignes, le visage de la terre se voit ancré et l'équilibre politique jouant à ce moment-là en faveur de l'Espagne interdit à l'auteur la moindre initiative. Son "imagination" se retrouve, comme dans les autres cartes souvent ailleurs : dans la complexité des formes en dehors de la carte, des frises, de la représentation des nuages, et dans l'étirement elliptique de ce modelé, Le Testu trouve un "ailleurs" à figurer et reformule sans arrêt d'autres innovations techniques.

La Cinquième Carte

Comme le stipule Le Testu dans la représentation, cette carte représente "la rondeur de la terre, laquelle tient la forme d'une fiole bien ronde." Cette forme des deux hémisphères aplatis en forme de grosse bombonne (voir Figure 9.7) décalque en anamorphose les rondeurs de la terre. On peut certes penser que cette mappemonde s'étalant sur deux parties avec en ligne verticale le pôle Nord comme centre dans cette partie, et l'antarctique pour la partie Sud peut correspondre à la description cosmographique savante en fonction des symboles grecs qui montrent que la terre doit être décrite "selon les cercles du ciel."[16] En cela, suivant bien Strabon ou Ptolémée, la projection de cette terre en deux parties peut apparaître comme un support essentiel, établi comme dans l'antiquité à partir des astres. C'est aussi grâce à ce mouvement possible de la cosmographie ancienne que l'établissement de ce dessin peut renforcer l'idée d'un miroir et d'une symétrie entre les deux hémisphères. On pourrait alors y voir le monde du dessous, en quelque sorte comme un globe transparent sur lequel les continents sont peints avec une ouverture de part en part de 23 degrés de l'équateur. Dans ce monde à l'envers, les explications manquent et aucune nouvelle révélation n'est faite. En inversant et en ne montrant rien de particulier, Guillaume Le Testu semble jouer de son savoir et de ses connaissances pour le but de dérouter le lecteur.

Figure 9.6. **Quatrième carte de Guillaume Le Testu**. *Cosmographie Universelle*. 1556. Courtoisie du Service Historique de la Marine, Vincennes.

Figure 9.7. **Cinquième carte de Guillaume Le Testu**. *Cosmographie Universelle*. 1556. Courtoisie du Service Historique de la Marine, Vincennes.

Une élaboration pointue du jeu des distorsions et des anamorphoses qui commencent à se répandre est soulignée. Peut-être ce cartographe veut-il aussi mettre le lecteur en garde contre les péripéties de l'aventure et retourner de tous les côtés les atouts des voyages et leurs périls. Tout comme les textes de Rabelais sur le monde de *Gargantua*, celui de Le Testu semble devenir infiniment renouvelable. L'espace est produit à base d'une représentation traditionnelle, mais son opération de production se double d'une autre figuration. Ce dispositif technique provoque une abstraction de l'espace et du regard, qui est la condition de leur universalisation. Le regard et l'espace agissent de façon "détachée" des implications vécues subjectivement grâce à la médiation des dispositifs de mesure et de report.

Cette carte pourrait aussi se lire et se déchiffrer par le biais de la projection du ciel entourant ces deux hémisphères et dans une sorte d'inspection pour voir et comprendre la surface changeante de la terre. Si les anamorphoses et trompel'œil incluent souvent des chérubins dans les dessins, la forme baroque et insolite de cette carte provoque le lecteur et l'invite à une relecture assidue sur les moyens et les phases de l'image. L'espace issu de l'application des principes de la géométrie ptoléméenne se présente non pas comme une chose, mais comme un intermédiaire symbolique, méthodiquement constitué et utilisé, par lequel le cosmographe/géographe se relie aux choses.

La Sixième Carte

Présentée en quatre fuseaux (voir Figure 9.8), elle ressemble à une fleur, ou, comme le mentionne Anthiaume, est en forme "d'étoile"[17] dont le centre est de nouveau le cercle arctique. Si l'on découpait ces quatre fuseaux, on pourrait obtenir un globe. Ce n'est certes pas la première fois qu'un tel stratagème est utilisé. Ainsi Waldseemüller (voir Figure encore 9.5) créa en 1507 deux cartes qui reflétaient les informations que les érudits de St. Dié avaient reçues sur la découverte d'un nouveau continent dans l'Atlantique. Il dessina une carte, destiné à être découpé et collé sur une sphère pour former un globe et donner une représentation "plate" de la terre, conçue sur 12 panneaux. Pour aider à la compréhension de ces panneaux, les érudits de St. Dié ont créé un petit manuel appelé *Cosmographiae Introductio*, qu'ils ont relié avec une nouvelle édition des *Quatre Voyages d'Amerigo Vespucci*, que Sandacourt avait traduit en latin à partir d'une copie française que Lud avait obtenue du Portugal. C'est sur ces cartes et dans ce texte que le nom *America* a été utilisé pour la première fois.

Le Testu reprend le même genre d'audace mathématique, mais il dessine dans cette carte un monde élaboré de méridiens dans les fuseaux. Dans ses explications données sur l'autre page, l'auteur avance que ces méridiens permettent de mieux voir les différentes régions que sur un planisphère et d'observer comment ils sont répartis : "Selon cette manière, on peut coignoistre la manière de diviser l'orbe." Ce qui arrête le lecteur dans cette première phrase est le mot "manière" et le mot "orbe." La manière dont les cartes sont projetées est en effet originale. Dans la description des cinq premières cartes, Le Testu effectue de "manière" substantielle une organisation et une structuration de l'espace et de l'orbe de la

Figure 9.8. **Sixième carte de Guillaume Le Testu**. *Cosmographie Universelle*. 1556. Courtoisie du Service historique de la Marine, Vincennes.

terre de façon toujours différente et toujours surprenante. Comme dans le mouvement maniériste, il semble que l'achèvement de la carte projetée tourne de façon à toujours relever un défi pour développer l'espace connu et inconnu. Comme le soulignait Claude Dubois,

> Si l'on parle du maniérisme comme mode général de production des œuvres esthétiques, on s'aperçoit que l'une de ses revendications fondamentales, bien qu'elle ne soit pas toujours explicitement exprimée, est l'indécision ente le sujet et l'objet, et, par un jeu subversif qui rend la substance perméable de toutes les

qualités, le désir de retrouver une unité indifférenciée du langage, en faisant éclater par une hyperbolisation ses propres catégories de classification.[18]

Les distorsions passent toujours chez Le Testu vers une autre configuration, une autre manière de programmer chaque orbe dans un regard à chaque fois renouvelé, qui n'apporte aucune conclusion définitive. L'auteur laisse au lecteur le soin de choisir son point de vue pour la lire, tout en lui proposant bon nombre d'alternatives. Ainsi, il pousse son commentaire dans la sixième carte sur la division en parties "égales" et montre ensemble le tout "comme les provinces." Plus loin, il insiste que "Ladite figure, ainsi divisée en quatre parties égales, fait démonstration par les quatre angles ensemble conjoints, que le lieu du pôle arctique est le point de leur assemblement, et les autres quatre séparés et divisés représentent le pôle Antarctique." Cette possibilité d'illustration donne alors la représentation de l'antarctique posée quatre fois dans le schéma. L'éclatement des parties demande un assemblage spécifique, mais ceci favorise alors la mise en scène de ce nouveau continent encore peu connu. Cette projection réaménage l'espace de façon autre où la place du vide est désormais celui des anges et du ciel en tourbillon.

Chaque fuseau contient un titre, à la manière d'une banderole verticale comme s'il fallait attacher ces quatre fuseaux pour qu'ils tiennent ensemble et renouveler l'espace. La forme des nuages est circulaire et ne cesse de s'enrouler sur d'autres, vers un infini. L'emblème du roi Henri II, les armes royales aux trois fleurs de lys, se voient entourés du collier de Saint Michel, lui-même libellé dans une sorte de croissant de lune avec une devise de "Donec totum impleat orbem," c'est-à-dire "jusqu'il remplisse l'orbe entier." En bas des fuseaux, et en plus petit, on retrouve la marque de Coligny et de l'aigle. Nul doute que cet incipit cache un enjeu diplomatique de territoires des conquêtes. L'emblème/dédicace renvoie alors non plus à un seul hommage pour ces nobles, mais il indique aussi que ce sera la fin de ce genre de cartes dans le livre. Paradoxe ou avertissement que le divertissement se fera autrement certainement. La présence de l'explicit "Se livre fut achevé/ par Guillaume Le Testu le cinquiesme /jour d'avril 1555 avant Pâques" souligne la clôture de ces jeux et distorsions particulières de l'espace tout en invitant le lecteur, le roi ou Coligny, à parcourir le monde des cartes plus traditionnelles de l'Europe. La variété et la multiplication des différents modèles offerts au lecteur l'invitent à parcourir alors le globe dans un principe d'organisation interne : soit dans des mouvements "in saltus" dans le maniérisme, soit dans le baroque, dans un rejet de ce monde et vers une restauration tentative de la création faite par un seul auteur, Dieu.

Une autre série de métaphores s'organise également dans la figuration du monde. L'homme devient habitacle et machine. La mécanique et les changements mathématiques inspirent et procurent un bon nombre d'associations et de découvertes ou redécouvertes (e.g., utilisation du compas, de la boussole, calculs des latitudes, longitudes dans le domaine des cartes). Les figurations semblent alors jouer de tremplin dans un processus de signification. Un message semble parcourir le monde. Par exemple, les formes engendrent leur propre histoire, leurs propres *legenda* et portent l'homme comme quelqu'un habitant la terre où les cieux et l'enfer ne restent que des endroits particuliers. *Le jardin des délices* de Bosch montre dans son triptyque un univers en gestation. L'autre monde reste dans cette œuvre une façon de sublimer et d'expérimenter de façon autre les transferts d'habitat et ceux des "transports" de l'âme. Cet autre espace et ces nouveaux mondes font leur chemin. Le déroulement pictographique de l'École cartographique de Dieppe suit ce spectacle. Leur cartographie engendre de nouvelles formes sur le vélin et le papier, l'imaginaire social et culturel. Dans cet agglomérat de tracés et de points, le lecteur navigue dans les cartes trompe-l'œil ou parfois en anamorphose. Les cartes paraissent alors acquérir leur propre dynamisme et leur mobilité dans les bords instables du parchemin ou du livre, retrouvant et permettant l'examen de fêlures dont les auteurs ne sont peut-être pas pleinement conscients, mais qu'ils ressentent comme un malaise, une tâche floue à l'horizon de la pensée.[19]

Le Planisphère de 1566

Ce planisphère (voir Figure 9.9) dessiné sur parchemin dix ans après la *Cosmographie universelle* présente des caractéristiques et des distorsions différentes des premières cartes examinées ci-dessus. Destiné au capitaine Pierre de Courtes, Le Testu insère les nouvelles connaissances sur les continents américains (e.g., l'île de Jave), mais le contexte historique est tout autre. Le roi Charles IX, maintenant au pouvoir, fait face durant cette année-là à de nombreux conflits entre protestants et catholiques. La forme de la carte suggère certainement un instant nouveau dans le moment de représentation cartographique pour notre auteur qui veut montrer les deux côtés en harmonie du monde. On peut noter dans la nomenclature des noms l'usage plus important de la langue française ainsi que leur éparpillement dans l'espace. En reprenant des commentaires explicatifs dans six cartouches placées autour de la carte, Le Testu reprend la tradition de l'École cartographique de Dieppe ou de certains portulans (Frau Mauro de 1459, ou l'atlas catalan de 1375). Mais il semble que le jeu de devinette de ces écussons et de distorsion ne soit plus aussi intense comme dans certaines cartes dont nous avons discuté dans les dernières pages. Sous les yeux du lecteur se déroule une carte non colorée où quelques vents spécifiques sont posés aux quatre points cardinaux et aux quatre angles du parchemin. Leur nouveauté réside dans l'emploi de différents dialectes qui les nomme : on trouve ainsi du latin mêlé d'italien, du français et du provençal. Il semble que Le Testu veuille se distinguer en incluant toutes ces langues, tout en défiant aussi le lecteur dans la compréhension des deux hémisphères. Ces deux parties symétriques sont dessinées par rapport à une perpendiculaire qui traverse le milieu de la carte. L'équateur sera également représenté par deux arcs. Ici le respect de la courbe de la terre est rendu par un dessin qui ressemble à une projection conique modifiée de Ptolémée, mise en œuvre par Apian et Finé. Les parallèles sont curvilignes et les longitudes posées de cinq degrés en cinq degrés. Les douze signes du zodiaque écrits en latin donnent une dimension céleste. Dans les bordures extérieures de la mappemonde se jouxtent dix-huit écriteaux "posés tant nor que su" indiquant les climats (neuf pour chaque hémisphère). On retrouve bien sûr dans les armoiries celles de l'Amiral de Coligny dans la partie supérieure de la carte, avec son aigle et Saint Michel, mais aussi celles de Charles de Moy, Sr de Malleray, gouverneur du Havre et "Vice-Amiral de France." Les armoiries du commanditaire de la carte sont illustrées à gauche : ce sont celles du Sr de la Chapelle et celles de sa femme à droite. Le lecteur doit se déplacer pour voir la réunion de ces deux écus.

Une sphère armillaire se détache en dehors du canevas pour faire référence à Oronce Finé et aux doctes savants. Mais dans l'ensemble, la distorsion principale de cette illustration provient de l'effet de découpage et d'équilibre des deux espaces ronds. Une adaptation des éléments anciens et symétriques sur de nouveaux continents et une symétrie politique où Le Testu cherche avant tout un équilibre dans un monde qui se voudrait harmonieux sont mises en scène. Le cartographe a bien incorporé le passage des époques des portulans aux cartes plus descriptives du xvie siècle. En joignant ses connaissances technologiques et mathématiques, il conjugue sur ses cartes le passage à d'autres formes de représentation. Le mouvement de ces espaces atteint les structures de composition même de la carte. Les lignes courbes des latitudes, les dimensions, l'emplacement des données et des vents hors champ figurent de véritables représentations plastiques en véritable métamorphose des cartes traditionnelles.

Ce géographe instaure ainsi une césure fondamentale entre la fiction et la réalité. S'il est souvent difficile de prendre au sérieux ses illustrations ou ses formes particulières, Le Testu reste cependant un témoin essentiel d'une phase de composition imaginative – mais qui sera éphémère. Dans ce temps suspendu que l'auteur propose, ce dernier met en place de nombreux trompe-l'œil dans ses

Figure 9.9. *La mappemonde* **de Guillaume Le Testu**. 1578. Courtoisie du Service Historique de la Marine, Vincennes.

vignettes, sa signature, ou ses roses des vents qui surgissent de la carte en relief. Les effets des différentes perspectives qu'il utilise sont agrémentés d'une collaboration avec la mythologie et l'hydrologie, des mers et des continents parsemés de vagues, de montagnes, de couleurs chatoyantes de la flore et de la faune. La transformation est au cœur de son ouvrage.

La vision de ce cartographe s'imprègne de tous les détails dans un rêve d'empire, mais en même temps, cet auteur renouvelle tout un imaginaire cosmique et foisonnant qui ne peut qu'être déformé pour être reformé et réformé par d'autres géographes et illustrateurs. Les lieux et les sites proposés se transforment et deviennent mobiles, passagers et toujours en pleine mutation.

Les Tours et Détours de la Mappemonde de Guillaume Postel de 1578

Guillaume Postel, de son côté, ne faisait pas partie à proprement parler de l'École cartographique de Dieppe, mais il en connaissait bien les caractéristiques. Il sut lui aussi dessiner certaines particularités de distorsion et d'utilisation mathématique dans ses dessins comme l'avait fait Rotz ou Cossin. Né à la Dolerie, près d'Avranches dans la Manche entre 1505 et 1510, il fut avant tout un grand orientaliste. Envoyé par François Ier et Marguerite de Valois en Orient 1535 pour ramener des manuscrits arabes et turcs d'astronomie et de cosmographie, il prit l'habitude de les traduire. À son retour d'orient, il fut alors nommé lecteur royal au Collège de France afin d'y enseigner les langues orientales, le grec, l'hébreu, l'arabe et les mathématiques. Ses cours attiraient grand nombre d'étudiants qui pouvaient assister à ses conférences gratuitement dans cet établissement royal. D'autres voyages en Orient lui permirent également d'approfondir ses connaissances cartographiques.

Considéré comme un grand savant mystique, il fut aussi surnommé "Le Docte et Fol Postel." La carte dont nous voulons parler illustre bien, à notre avis, un usage particulier des ajouts, des excroissances, des connaissances mathématiques de l'époque et de l'usage didactique, ésotérique et pédagogique qu'il en fit. Les distorsions et les effets en trompe-l'œil jalonnent son parcours cartographique. Très préoccupé par les affaires religieuses de son temps, Postel fut vite conquis par le désir de convertir les musulmans au christianisme et c'est ainsi qu'il offrit une traduction en arabe du *Nouveau Testament* afin de réconcilier tous les chrétiens, catholiques et protestants, sous la monarchie universelle du roi de France. Toujours très en contact avec les humanistes et les parlementaires, il continuera toute sa vie à être préoccupé par le succès du calvinisme. Cependant, sa tolérance lui permit de toujours bien entretenir des relations avec les protestants. Visionnaire, déçu par l'église, Postel se réfugia souvent dans l'écriture, l'assimilation des langues et la compréhension des espaces lus, vus ou traversés. Bien qu'il ne fût pas à proprement parler un cartographe à plein temps, ses nombreux voyages, ses différentes rencontres et ses bonnes connaissances mathématiques lui donneront un sens bien précis de l'orient et de ses tracés. Ainsi, ses voyages en Palestine lui permirent d'inclure dans son traité, intitulé *Description et charte de la Terre Sainte*, un plan panoramique du Caire auquel il avait collaboré. Ces données fourniront des informations précieuses à Ortelius (notamment sur les coordonnées géographiques publiées en arabe) ; ce dernier le cita comme source pour la réalisation de sa carte de l'Asie de 1567.

La mappemonde de 1578 (voir Figure 9.10) propose une sorte de naissance et renaissance sur les continents de la présence du passé et du présent des activités des explorateurs et dévoile d'autres sources de détournement de cartes traditionnelles. Au contraire des cartes et illustrations de Théodore de Bry (voir chapitre 10) ou celles de Rotz, la mappemonde de 1578 reprend l'utilisation d'outils mathématiques traditionnels et malmène bien des perspectives. Souvent dissimulés sous l'usage de l'alidade et du miroir, ou d'emblèmes insérés sur la page ou d'hémisphères placés particulièrement, les territoires semblent saturés de noms topographiques et de lieux de toutes parts. En même temps, les errances du parcours mathématique et scientifique montrent une mémorisation intense des relevés faits auparavant, une connaissance approfondie d'autres cartographes comme Piri Reis, Peter Apian, Ptolémée, Oronce Finé. Avec les nombres, les lieux, les locutions, les adages et ainsi de suite, l'étoffe de la carte est complexe – à la limite de la transgression cartographique telle qu'elle est connue à l'époque dans sa représentation des côtes et de l'intérieur des continents. Le monde semble se prêter à toutes les sortes de syntaxes conceptuelles et visuelles possibles ; elle met le monde dans le monde en quelque sorte.

Cette cartographie véhicule alors un regard incarnant l'expression d'une certaine conception de la relation de l'homme et de son territoire. En déplaçant la

Figure 9.10. **Extrait du *Le planisphère* de 1566 de Guillaume Postel**. Courtoisie du Service Historique de la Marine, Vincennes.

réalité de l'individu et de son espace, le cartographe s'évertue à contrarier la simplicité de certaines cartes. Les échanges et les interactions entre regard et représentation, entre les images visuelles et les images mentales, deviennent encore plus importants dans cette projection. Une transformation plus radicale des modes d'élaboration et de diffusion de l'espace intervient, bouleversant la perception visuelle des acquis de l'époque.

Par exemple, le siège et l'importance de certains lieux amorce de nouvelles questions. Dans la cartouche de droite de cette carte, l'auteur mentionne que Paris, ayant pour latitude 48 degrés, se trouve au septième climat – ce qui signifie que le jour peut durer 16 heures – et que le parallèle de Paris mesure 43 miles au degré. Le fait d'accorder une telle importance à cette ville met en relief cet endroit ; tout déplacement vers la capitale entraîne alors le lecteur vers un rapport différent avec ce lieu et vise à en magnifier l'importance. Certes, Postel ne sera pas le seul à le faire, mais ici le cartographe semble vraiment vouloir poser une image forte et convaincante de la ville. Le décalage avec d'autres villes est nettement souligné. Le renforcement de la centralité de la capitale attire l'attention sur une opposition nette entre ville et campagne. Une sorte de double inversion du regard entre périphérie et centralité de la capitale se met en place. En quelque sorte, Postel s'ingénie à concevoir un projet territorial en utilisant des outils sûrs, tels que le compas ou l'alidade adaptés pour multiplier les perspectives.

L'alidade est aussi au cœur des enjeux sur la carte : elle permet notamment de recouvrir des lieux pendant quelques instants quand elle est placée sur un territoire. À ce moment-là, d'autres lieux surgissent et en font disparaître d'autres. Certes, Peter Apian le faisait déjà avec son alidade,[20] mais ici la mise en place de deux alidades simultanées posées dans l'hémisphère Nord apparaît plus susceptible de fasciner et faciliter le dépassement des représentations traditionnelles. En cachant et en ouvrant les espaces sur d'autres points et d'autres lignes, la transformation et les distractions sur ces objets s'effectuent en parallèle. D'ailleurs, Postel offre également en contrepartie deux autres alidades dans la partie sud de la carte pour parfaire un certain équilibre. Dans ces lieux, les deux hémisphères y sont inversés. En bas, apparaissent deux très belles cartes célestes, avec toutes les constellations : à gauche ce seront les étoiles de l'hémisphère Nord, et à droite celles de l'hémisphère Sud. Les cercles extérieurs montrent l'écliptique et sont divisés en 360 parties égales, parcourus par les constellations du zodiaque. Le lecteur trouvera aussi une inversion dans les tracés de la carte céleste de gauche par rapport à celle de droite.

Cette apparente symétrie se voit constamment déjouée et réinventée de façon à mettre l'accent sur le côté ludique, les difficultés du graphisme et la critique sur les cartes traditionnelles. Le canevas de la carte propose en effet une projection zénithale, qui fut déjà utilisée par Mercator, Apian, Vespucci et, plus tard, Reich en 1569. Cependant, si les parallèles se voient bien, c'est que ce sont des cercles régulièrement espacés comme dans toutes les cartes avec ce genre de projection. L'auteur transgresse cette belle entreprise mathématique en insérant ou en multipliant les points de vue sur et avec les alidades, les centres particuliers comme Paris et surtout dans les ajouts détaillés des planisphères Sud et Nord.

La représentation de l'œkoumène dans la partie nord est surdétaillée et reprend l'importance des tracés des Anciens. Mais en choisissant une projection polaire dans cet hémisphère Nord, Postel expose la méconnaissance des régions boréales et australes sans que certaines régions ne soient complètement omises. La découverte de Verrazano de la côte nord-américaine et de son passage du nord-ouest pour rejoindre l'Asie en contournant l'Amérique par le nord continue de hanter les esprits. En donnant à ce passage le nom "d'Aniane," le cartographe veut lui aussi créer son décor et répondre aux imaginations. La distorsion de cette zone rappelle que le Japon est trop proche du détroit avec l'océan Pacifique Nord qui est assez réduit pour la taille de la carte. Cependant, le contraste entre l'étendue des océans et les terres souligne que l'auteur ne veut pas rompre l'équilibre entre mer et terre de l'époque. L'auteur se concentre sur les insertions de tous les éléments et insiste pour que la représentation fonctionne immédiatement avec les paradigmes connus de l'époque. La nomenclature de cette partie y est riche : on peut y dénombrer 2 170 noms, au contraire des 540 noms de l'hémisphère Sud. Des bateaux sillonnent les mers, des montagnes traversent les continents avec des fleuves et quelques arbres prouvent un monde assez bien connu et référencé. Des animaux dont des éléphants en Nubie sont exposés. La démarcation de monuments présente l'importance des lieux. Sont inclues les expéditions de Cartier et Roberval dans les vignettes et les noms au Canada ainsi que leurs différentes étapes comme Hochelaga, Saguenay, etc. Les légendes sont à la fois en latin et en français et témoignent d'une bonne connaissance des expéditions passées et de l'hommage fait à Marco Polo.

Le Paradis Terrestre

Dans cette carte de 1578, Postel ne place plus le paradis terrestre aux Moluques comme il l'avait fait dans sa carte de 1553, mais son nouvel emplacement se trouve au pôle Antarctique. On peut noter que l'expression de "paradis terrestre" n'y est pas suggérée. Cependant les légendes latines attachées à cette région polaire insistent beaucoup sur la présence d'un lieu terrestre paradisiaque. Le déplacement des Moluques se fait vers le Pôle Nord et montre une nouvelle interrogation tout en remettant en question l'emplacement de cet endroit mythique. L'auteur s'inspire ici du planisphère de 1569 de Mercator quand ce dernier indiquait une projection polaire illustrant la région arctique de quatre îles bien précises. Postel les qualifia "d'îles saintes." C'est certainement la longueur du jour polaire qui a inspiré cette transposition puisque la "lumière constante" y règne. L'île du mont Stolp dans les parages de l'arctique est qualifié chez Postel de "montagne la plus haute du monde" et de "colonne du monde." Cette tradition d'élévation est souvent faite quand le paradis terrestre est exposé : un endroit surélevé pour pouvoir échapper au déluge était alors mis en place. L'auteur va plus loin dans la description de ce paradis puisqu'il invente même des découvreurs : en effet, ce serait des Anglais qui auraient découvert le mont Stolp en 1550. Il ignore également l'emplacement traditionnel du paradis terrestre souvent localisé en Mésopotamie selon l'Ancien Testament et, en particulier, la Genèse II (10 à 14), où le fleuve débouchant d'Éden se partageait en quatre bras de rivière, dont le Tigre et l'Euphrate. En quelque sorte, il calque les quatre îles avec les quatre bras de rivière sur sa carte. Si ce n'est certes pas une zone où les "jardins de grenadiers, de troènes et de roses" fleurissent avec des arbres à encens, notre cartographe semble aussi ignorer l'origine du mot en perse qui signifie "jardin planté d'arbres." C'est certainement dans le déplacement de la région qu'il veut frapper haut et fort. Ces nouveaux endroits ouvrent le monde alors élargi de tout un océan et d'un continent nouveau : celui du Nouveau Monde ainsi des contrées lointaines nordiques. Ces territoires suggèrent une géographie mobile, en attente, inachevée, et toujours prête à être modifiée. Au cours du xvie siècle et du xviie siècle, des globes et des planisphères continueront de localiser le territoire du paradis terrestre, mais celui-ci sera de plus en plus considéré au xviiie et aux siècles suivants comme faisant partie d'un âge d'or mythique : il se verra évincer des représentations cartographiques.

En réarticulant cet espace entre visible et mental, l'auteur formule et déjoue les a priori, met en évidence de nouvelles mutations en jeu. La cartographie de ce lieu peut aussi contenir implicitement une nouvelle orientation du regard non plus vers les cieux mais sur l'homme, pouvant alors accéder "directement" au paradis terrestre. Cette description du territoire peut alors être interrogée en tant que regard particulièrement orienté du cartographe, qui porte un regard critique sur le monde. L'idée de réduire ces décalages entre figure idéale, la perception sur le site et celle de réarticuler les espaces visibles et mentaux pourrait alors se concrétiser pour Postel dans un espace déformé où les relations avec l'intérieur de ce continent, imbriqué dans le réel des autres espaces, peuvent, elles aussi se compliquer.[21] Par exemple, si la région antarctique se voit de l'intérieur du globe comme pour mettre au défi la place de l'homme et du divin, Postel trace les terres à l'envers. Tout comme Léonard de Vinci, il faudra utiliser un miroir pour déchiffrer ce monde.

Il montre ainsi une bonne connaissance des miroirs qui reflètent sa pensée humaniste : celle de donner en un clin d'œil toutes les données en les intégrant à une vision spécifique du monde. Pour déchiffrer la carte, l'usage de ce dernier est nécessaire afin de retrouver le bon ordre des lieux. Cependant avec l'emploi de cet outil, la nomenclature, les illustrations et les cartouches sont souvent illisibles. En proposant ce jeu et en exposant des déformations constantes sur les noms établis par les expéditions de Cartier et Roberval, Postel déjoue les savoirs : les décalant, les changeant, il contribue à l'atmosphère du secret. En anamorphose, la carte va au-delà d'une représentation réelle. Cet "art de perspective secrète," dont parle Dürer, projette une abstraction concrète d'un monde qui semblé échapper et se tordre dans des méandres infinis.

Les Monstres et Sirènes

De même, la projection des monstres et des images mythiques des sirènes apparaît un peu partout. Si le procédé est connu de tous les cartographes et se voit ainsi bien mis en valeur chez Desceliers ou Rotz et dans l'École cartographique, Postel redonne un sens nouveau à ces éléments, renvoyant par exemple pour la sirène à une vision double de ses exploits. Ainsi, si elle est vue brandissant une couronne de lauriers et surgissant de l'eau telle une déesse, l'extrémité du corps se voit en quelque sorte plantée dans l'eau. Sa taille subséquente la valorise en tant que blason royal. Située dans la mer du Japon, et entourée elle-même de monstres et de bateaux, elle fait figure de proue par rapport aux dimensions des autres, ravalant même la taille du Japon à une île bien petite sur le dessin. En exhibant une couronne qui n'est cependant pas royale mais faite de laurier, elle rend hommage au vainqueur et semble assurer une protection divine et royale. De par sa place au nord de la carte, cette sirène répond diagonalement à l'incipit et vignette du coin gauche intitulé "Au très chrétien Louys le IVste, Roy de France et de Navarre" dans lequel Postel offre un hommage au roi et à ses "vertus."

On pourrait alors dans cette figuration de la sirène oublier le pôle plus négatif et moins vertueux de cette dernière qui est celui de faire couler les bateaux et qui vient directement confondre par ses chants les pauvres marins comme dans *l'Odyssée* de Homère. Dans cette représentation double, Postel s'évertue à compliquer les mythes et les détruire en même temps, laissant toujours une possibilité pour une autre légende ou une autre dimension. En effet, beaucoup de fables du Japon représentent aussi la sirène comme un être aidant les personnes. Si ce pays est encore mal connu à l'époque de 1578, et malgré la mission des Jésuites de 1549–1551, les Français restent encore absents de grands succès commerciaux comme les Hollandais, les Anglais, les Espagnols et la Compagnie de Jésus. Est-ce que la place de cette sirène si fièrement placée dans ces mers avoisinant le Japon représenterait alors une mise en garde contre tout rapprochement, ou de grandes possibilités futures pour les parages ? Rien n'est impossible. De plus, la couronne de lauriers verts posée dans la main symbolise l'immortalité. Attribué dans la Grèce antique à Apollon, le laurier reste une plante qui allie l'éternité et le don de prophétie de la Pythie Grecque en conférant aux personnes le statut d'un dieu.

Les monstres qui sillonnent également l'espace autour des sirènes montrent l'envers du décor et de ce paradis et sont distordus. Disséminés autour de la figure, ils chassent les navires pour les couler. Le plus effrayant est certainement une baleine qui crache des cascades d'eau. Certes, l'iconographie du XVIᵉ siècle regorge de ces dessins, mais la taille et la structure en groin du monstre aux crocs provoquants et aux nageoires imposantes peuvent faire peur. Tous ces éléments de la faune méconnue – qu'ils soient petits ou grands dans le dessin, ainsi que la sirène – rappellent au lecteur la férocité des voyages et redonnent à ces mythes une jouvence bien accentuée. La transposition des éléments se charge d'autres parcours et d'autres renvois mythiques possibles. Les distinctions entre les thèmes se brouillent à l'infini et appellent deux schèmes distincts du regard, celui qui est à l'œuvre dans le travail de l'artiste cartographe et celui qui est dans l'œuvre à travers la réception par le spectateur ou l'usager de ladite œuvre. La représentation des frises et des emblèmes théâtralise cette carte. Le goût de la mise en scène et l'ornementation deviennent proéminents ; la multitude des ovales circonscrits dans le cadre de cette projection souligne également l'attachement de Postel pour les formes circulaires et elliptiques.

Dans cette représentation, le cartographe place aussi de nombreux détails topographiques sur les côtes et à l'intérieur du schéma. Les points sont ainsi soigneusement calculés entre la partie et l'ensemble et harmonieusement représentés. En réalité, à l'inverse de Léonard de Vinci (voir chapitre 8 de ce livre), Postel accomplit un processus imitatif et inventif d'un espace complexe, dans un mélange expert de scénarios différents et contigus : la multiplicité des instruments qu'il rappelle dans sa dédicace à gauche montre son souci de renouveler la science. Que ce soit dans la représentation des engrenages ou des roues d'horloges, de la sphère armillaire ou la sphère terrestre, les machines se côtoient et se dédoublent en révélant alors aussi bien des turbines que des pompes aspirantes.

Le monde que Postel écrit est imprégné de tout un savoir antique et contemporain. Il défie la beauté et la sérénité de certaines illustrations en reconstruisant grâce aux miroirs, aux distorsions et aux alidades alliées à des perspectives différentes (en surplomb, inversées ou géométriques) un monde inquiétant plus compliqué qu'il n'y paraît. Ainsi, ces quelques cartographes étudiés dans les pages ci-dessus montrent la vaste disparité entre les moyens techniques qu'ils vont utiliser. En déformant le monde dans des jeux ludiques, ou en transcrivant le "réel" topographique, ils engendrent bien des points de vue différents sur les cartographies traditionnelles. La volonté des cartographes dieppois à représenter les mondes connus et inconnus de façon constante et ambivalente et la place de Léonard de Vinci marquant à chaque étape de son trajet dans les carnets de notes un réel transformé proposent des jeux importants sur la perspective, la profondeur de champ et la définition des cadres. Si les Dieppois s'évertuent à masquer les difficultés et jouer entre les cartes traditionnelles et celles nouvelles des portulans, ils reflètent avec Léonard une complexité différente et plastique au fil du temps ; ils pensent leurs cartes non plus uniquement comme un "jeu," mais un artifice de transformations et de la relecture de l'espace, où l'univers de la fiction cartographique n'est plus le seul à régir l'imagination des lecteurs et des spectateurs. Quant à la manipulation de la Méditerranée ou les anamorphoses des cartes représentant des femmes, elles suggèrent une ère nouvelle où le politique s'enchaîne souvent avec le social et l'hégémonie de certaines provinces. Tous ces cartographes ont le souci d'explorer les marges au détriment des centres et aiment ajouter des facéties visuelles. L'excentricité et l'élargissement des points de vue sont une requête constante dans leurs cartes.

Notes

1 Martine Sauret, *Les voies cartographiques* (New York : Peter Lang, 2014).
2 Sauret, *Les voies cartographiques.*
3 Edouard le Corbeiller, "La question Jean Cousin," *Bulletin de la Société de géographie,* 7ᵉ série, t. XIX (1898) ; Charles Desmarquets, *Mémoires chronologiques pour servir à l'histoire de Dieppe, et à celle de la navigation françoise ; avec un recueil abreegé des privilèges de cette ville* (Paris : 1785), 91–98 ; Capitaine Gambier, *Juan Cousin, verdadero descubridor de America, segun el capitan inglès Gambier, R. N., Boletín de la Real Academia de la Historia* 24 (Février 1894) : 149–158; Edouard Hypolyte Gosselin, *Documents authentiques et inédits pour servir à l'histoire de la marine normande* (Rouen : 1876), 146.
4 Le Corbeiller, "La question Jean Cousin," 99.

5 Albert Anthiaume, *Cartes marines, constructions navales, voyages de découverte chez les Normands, 1500–1650* (Paris : Dumont, 1916).

6 Nous recommandons à cet effet l'ouvrage de Danièle Baveret, Pascale Goutagny, Josette Méasson, *Les cartographes et les nouveaux mondes* (Paris : Points de vue, 2011) pour les constructions des méridiens et les traces mathématiques de l'écliptique.

7 Louis Marin, "Les traverses de la vanité," *Les Vanités dans la peinture au XVIIe siècle* (Paris-Musées, 1991), 24.

8 Guillaume Le Testu, *Cosmographie universelle selon les navigateurs tant anciens que modernes,* dir. Frank Lestringant (Paris : Arthaud, 2012) ; Albert Anthiaume, *Un pilote et cartographe havrais au XVIe siècle, Guillaume le Testu* (Paris : Imprimerie nationale, 1911) ; Albert Anthiaume, "Un pilote et cartographe havrais au XVIe siècle : Guillaume Le Testu," *Bulletin de Géographie Historique et Descriptive,* nos. 1–2 (1911).

9 Sauret, *Les voies cartographiques.*

10 Harrisse, *Découverte et évolution cartographique de Terre-Neuve et des pays circonvoisins 1497–1501–1769* (Londres : 1900), 31 et les pages suivantes.

11 Le Testu, *Cosmographie universelle,* 28.

12 Anthiaume, *Cartes marines.*

13 Anthiaume.

14 Anthiaume ; Le Testu, *Cosmographie universelle,* 30.

15 Ptolémée, *Traité de géographie,* traduit par Nicolas Halma (Paris : Édition Ebherhart,1828), 48.

16 Germaine Aujac, "La Symbolique des représentations du monde en Grèce ancienne," dans *Imago et mensura mundi: Atti del IX Congresso Internazionale di Storia della Cartografia,* dir. Carla Clivio Marzoli (Rome: Istituto della Encyclopedia Italiana, 1985), t. II, 433–441.

17 Anthiaume, *Cartes marines.*

18 Claude-Gilbert Dubois, *Le maniérisme* (Paris : Puf, 1979), 30.

19 Terence Cave, *Pré-histoires. Textes trouvés au seuil de la modernité* (Genève : Droz, 1999), 15.

20 Peter Apian, *Liber Cosmographicus* (Landshut, 1524).

21

Les *Grands Voyages* de Théodore de Bry : Anamorphoses, Trompe-l'Œil du Récit Français

Les *Grands Voyages*, ainsi appelés en raison de leur taille, sont une chronique illustrée par Théodore de Bry sur trois voyages effectués au Nouveau Monde au xvie siècle. Œuvre d'un Huguenot en exil, ils rassemblent les récits d'auteurs protestants, ce qui donnera un terreau idéologique et un intérêt polémique sur la retranscription des récits de l'Anglais John White, du Français René Goulaine de Laudonnière, et de l'Allemand Hans Staden lors de leurs voyages respectifs en Amérique et qui seront illustrés par De Bry. Nous nous attacherons en particulier à comprendre les enjeux de la lecture des voyages du Français Laudonnière et de la transcription visuelle de De Bry dans ces quelques pages.

L'intérêt porté au Nouveau Monde est en plein essor en Europe. Chez ce graveur, l'étude se voit rehaussée de magnifiques gravures, uniques en leur genre : elles apporteront de nombreux points de controverse, puisqu'elles examinent non seulement le cadre de vie des autochtones, les explorations, les habitations, mais elles cachent aussi tout un programme idéologique ambitieux. L'histoire dévoile en même temps un rapport intime avec des procédés lithographiques de l'époque. En indiquant des "trous" dans les narrations, en faisant jouer la mémoire du spectateur ou du lecteur, De Bry les engage à reconstruire et remonter le temps pour comprendre les évènements. Les trois styles très visuels des auteurs des textes retenus par ce graveur (White, Laudonnière et Staden) se basent sur des techniques qui interrompent la narration et déforment le panorama de l'image. Ces altérations sur la perspective en anamorphose illustrent un renversement de l'autorité catholique dans ses aspects mondains et un décor propice pour remettre en question les histoires de ses navigateurs. L'anamorphose devient paradoxalement une figure suggérant une transformation du monde et un regard qui se retournent sur le lecteur ; elle l'oblige à questionner inlassablement le pouvoir de l'histoire et de l'illustration par rapport aux sujets qu'il voit et qu'il lit. Les distorsions sont ici une des figures adoptées par trois auteurs dans le but de créer une esthétique d'opposition face aux mœurs et rythmes des explorations. Cette esthétique a aussi pour but d'inquiéter le lecteur, de le gêner dans sa tranquillité et sa complaisance spirituelle. En manipulant les formes de l'ivresse graphique, nos auteurs respectifs essaient de créer un mouvement réel en exposant les limites de leurs représentations.

Tout d'abord sur un plan textuel, ce théâtre annonce un procédé qui va marquer une bonne partie de la propagande de la colonisation ou la réfuter. Comme Jean Paul Duviols l'a mentionné,[1] le théâtre sera à voir, à entendre.[2] Nous pouvons y ajouter que, comme Abraham Ortelius dans son ouvrage *Theatrum Orbis Terrarum* avait pu le faire, le théâtre de De Bry va encore plus loin dans la rupture : il mélange les genres et construit des montages entre gravure et texte qui révèlent son ingéniosité et suggèrent de profondes critiques. Les points de fuite vont se multiplier entre la poursuite pour produire des espaces illustrés et un "récit" fécond en tout genre, submergeant le lecteur de détails et le troublant dans la circulation entre image et récit. Ensuite, le texte va jouer à la fois sur l'identité des histoires montrées et celle de l'architecture du livre.

L'ouvrage des *Grands voyages* voit le jour entre 1591 et 1598. De par son succès immédiat, il connaîtra de nombreuses rééditions. Différentes langues créent souvent des hypothèses différentes, d'autres attentes de groupes distincts de premiers lecteurs modernes ; ces espoirs ont été en partie définis et seront conditionnés par la langue de préférence. Theodore de Bry a exploité cette diversité linguistique et culturelle sans réserve.[3] Afin d'apprécier les variations résultantes, cette étude fera référence à l'étude publiée par Gallimard, issue de la collection conservée à la bibliothèque du Service Historique de la Marine.[4]

On peut distinguer ainsi trois grandes parties dans l'édition choisie : le récit des voyages des Anglais de John White, un second volet présentant le voyage des Français, et enfin le "voyage au Brésil" proprement dit. La collection De Bry suit l'exemple d'une compilation de quatorze parties publiées sur plus de quarante années :

The voyages to America were all concentrated in one series, while the other series was devoted to reports on the Eastern hemisphere. The relative weight attached to navigations to the New World was thus increased, which was not entirely surprising as the European interest in America gained real momentum at the end of the sixteenth century.[5]

Ce *Théâtre du Nouveau Monde*, comme le souligne le titre, est aussi un théâtre mélangé, où Floride, Virginie et Brésil feront partie intégrante d'un choix de description et de tracés des différents auteurs. De Bry ne se contente pas seulement de les reproduire. En plaçant des cartouches avec des titres, il indique aussi une collaboration avec d'autres auteurs. Ces illustrations reflètent un moment différent de conceptualisation. Elles seront toutes bien utilisées par les marins, mais la stratégie semble différente dans l'insertion des personnages et même des noms.

Chaque exemple des voyages de John White, de Laudonnière, ou de Staden suit de près la poétique d'Aristote, dont il annonce en même temps la clôture. Les événements sont souvent remis en question dans leur évidence, dans des effets commémoratifs des gravures. Les trois récits choisis sont mis dans une perspective de "rassemblement" d'autorités sur le terrain. Mais progressivement, le texte et les images des trois auteurs vont se dissocier chez De Bry. Petit à petit, ce dernier va également instaurer une divergence entre la représentation des Amérindiens et des Européens. Les "Indiens"[6] paraîtront de plus en plus cruels dans l'exposition des cannibales en Virginie pour culminer par six représentations au dernier livre de Staden. De même, les Anglais (John White) et les Français semblent moins inhumains. Au contraire, les illustrations des Espagnols seront posées à des moments précis qui reflèteront des indices de sauvagerie particulière, mettant en avant la position belliqueuse de ces derniers.

Les premiers volumes concernent chacun un espace géographique spécifique : la Virginie anglaise lors du second voyage de Walter Raleigh et de l'installation des colons en Virginie le 17 août 1785 et l'expédition de la Floride française pour le deuxième récit, reprise de René Goulaine de Laudonnière[7] par Théodore de Bry. C'est sur ce récit que nous porterons notre attention. Différent de John White, la chronique de Laudonnière et les dessins sur la Virginie donnent une dimension humaniste complexe dans les représentations de la nature, la flore et la faune, les incidents des voyageurs et la présence des Amérindiens. La perspective de christianisation et de colonisation laisse plus de questions dans le graphisme et plus de distorsions qu'il n'y paraît à première vue pour un lecteur. L'utilisation des nombreuses gravures de la Floride sera vue dans les pages qui suivent de façon plus thématique que chronologique. La lecture directrice de De Bry met en avant les difficultés des Français, leur engouement et leur passivité, et souligne aussi les enjeux de ses choix sur les gravures. Les Amérindiens seront souvent associés soit au thème de la nature et de ce que l'on appellera plus tard "le bon sauvage," mais surtout ils deviennent dans le texte de la Floride une œuvre de parabole : associés aux protestants persécutés en France, la dimension politique de l'entreprise éditoriale est toujours sous-jacente dans les illustrations de ce texte français.

Pourquoi la Floride et pourquoi un tel choix pour De Bry ? Il est important pour lui d'évoquer le Nouveau Monde, encore méconnu des Européens. Ouvrage pédagogique qui veut à la fois représenter les Européens et surtout les Amérindiens,[8] l'auteur cache également les malaises des expéditions qui n'ont pas bien réussi. En même temps, le récit et les dessins montrent les difficultés, les violences et les enjeux de telles découvertes au sein des configurations catholiques et protestantes, ainsi que leurs conséquences économiques et sociales qui peuvent en résulter. Rappelons tout d'abord que les Français se sont très vite tournés vers la Floride après le traité de Tordesillas (1494) qui leur interdisait l'accès à l'Amérique du Sud. Après leurs échecs chez les Tupinambas et leur tentative malheureuse sur le Brésil, leurs regards se portèrent sur la Floride. À l'instigation de l'amiral Gaspard de Coligny, deux navires partirent ainsi pour l'Amérique le 18 février 1562, commandés par Jean Ribault et le Breton Goulaine de Laudonnière. Les navires entrèrent dans la rivière de Mai le 1er mai 1562 pour établir une colonie protestante. L'amiral Gaspard de Coligny avait recruté ses colons dans les villes toutes acquises à la Réforme, voire sympathisantes comme Rouen, Dieppe, Saint Lô, ou Caen.[9] Cet attachement à vouloir établir une ouverture pour les huguenots en Amérique est vu par l'amiral comme une volonté de pouvoir donner aux protestants une liberté pour leur culte, les placer à l'abri de toute persécution. Le choix de Théodore de Bry, lui aussi protestant, marque dès le début du texte une continuation des effets de l'amiral. Le graveur veut retracer cette aventure, dont les marins sont en grande partie protestants, et assurer une continuité à l'aventure effectué par Laudonnière et secondé dès la première expédition par Jean Ribault. C'est sur l'œuvre de Jacques Le Moyne de Morgues que pivote la narration. Ce ne sera que dans l'image II, 1 que la première narration de Ribault sera mise en avant, "Galli prima in Floridam provinciam navigatione," lors de la première navigation en Floride.[10]

Les histoires de ce "théâtre d'histoire" mettent en évidence des lieux dans lesquels récits et gravures se déroulent à un rythme effréné, se perdant aux confins à la manière baroque de détails sans fin.[11] L'architecture et la géographie imaginaire de ce compte-rendu dévoilent un leurre d'authentification, tout en suggérant une ambivalence en ce qui concerne le statut narratif. Les morales impliquées devraient illustrer la vraisemblance, mais dans un champ mimétique qui les représente, le texte brouille les pistes et les gravures ne transcrivent que des moments multi-temporels qui s'échelonnent au fur et à mesure de l'ouvrage. Oscillant entre narration et illustration, la vraisemblance et l'amplification se confondent. Les trophées obtenus s'amoncellent d'ailleurs devant un spectateur ébloui ou horrifié. Si on ne peut pas parler d'exagération des formes qui caractérisent le maniérisme au xvie siècle, c'est dans la reprise des sites, de la flore, de la faune, ou des mythes que De Bry donne des symboles et des analogies complexes, qui s'étirent et changent au cours des trois récits. Il reste de la confrontation de ces images et de ces trois discours une ambiguïté croissante, qui montre et théâtralise de plus en plus le regard avec l'autre, le "différent," et interroge les relations humaines vis-à-vis du continent et des guerres civiles de l'époque. Ensuite, l'abîme connecté par la figure du théâtre devient un effet d'ostentation. Ainsi, les trois frontispices présentés par Théodore de Bry des trois narrations exhibent les enjeux politiques économiques et sociaux d'un Nouveau Monde, tout en reculant et en annonçant des désirs de vouloir tout dire et tout voir. Il se peut que la fébrilité de ce genre explique une identification au patrimoine européen. Dans ce sens, la composition verbale semble faire partie d'un programme culturel, qui utilise les innovations albertiennes et adapte à ses fins les carrures d'une architecture particulière. Produit de la rhétorique et du roman, il est le résultat des effets de voyages. De ce point de vue, la persuasion, la narration et la production d'images font partie d'un travail moralisateur dans la tradition emblématique. Les effets de "moralisations" de ses narrations ne peuvent cependant qu'être faits par le lecteur. Et c'est alors dissimulé dans le texte ou la gravure qu'ils pourront souvent apparaître ou disparaître. Dans un effet de cache-cache, De Bry se lance et crée des abymes.

La manière dont De Bry traite l'espace du Nouveau Monde dépose des lieux de visibilité spécifiques qui entrelacent des descriptions, des réflexions d'ordre géopolitique et souvent des métaphores, comme nous le verrons ci-après. En ouvrant d'autres questionnements – notamment sur ce que peut signifier, au regard du géographe, d'autres façons de gérer l'espace et comment ce dernier se voit catapulté et distordu – l'auteur s'ingénie à retourner la représentation géographique et ethnologique des sociétés amérindiennes.

Si à l'origine Théodore de Bry reçoit une formation artistique d'orfèvre sous l'égide de son père, cet enseignement lui permettra de travailler sous la protection du huguenot Étienne Delaune, graveur de bijoux parisien. Il sera également influencé par Lambert Lombard, qui voulait soumettre comme Dürer l'œuvre d'art à des formules mathématiques déterminant les proportions du corps humain. Parmi les contemporains, l'influence du peintre italien Le Titien, qui s'était déplacé à Augsbourg lors de la Diète tenue par Charles Quint en 1548 n'est pas à évincer. Ces divers contacts ont aidé De Bry à créer une image unique de l'Amérique, bien qu'il n'y fût jamais allé. Les rapports à la gravure sur cuivre avec la taille-douce et l'eau forte ont permis un changement spectaculaire dans les représentations qui deviennent plus élaborées et plus grandioses. Grâce à la souplesse de cet outil, la représentation des détails, leur finesse et la grande rigueur d'ornementaliste et de ciseleur que fut de Bry contribueront à créer une œuvre d'exception juxtaposant des clichés et de nouvelles trouvailles audacieuses sur la vie des gens de l'Amérique. Ancien et Nouveau Monde passent en effet à une allure vertigineuse dans toute l'œuvre. À l'époque de De Bry, les lecteurs européens ont conservé un intérêt pour le merveilleux, et les récits de Marco Polo ou de Jean de Mandeville continuent à les satisfaire. Ils ont également accès à des textes concernant les Indes orientales et occidentales, aux récits de Vespucci, de Colon, de Pinzon qui jouxtent ceux d'autres voyageurs – comme Joseph l'Indien, ou encore à la lettre d'Emmanuel, roi du Portugal, relatif aux Indes orientales.

Théodore de Bry compile, rassemble, et fait l'inventaire de nombreux ouvrages concernant les voyages au Nouveau Monde. Quand il rencontre en 1587 Richard Hakluydt, ce dernier l'encourage dans cette vaste entreprise. Il lui aurait fourni des documents et "dessins" sur le Nouveau Monde. En effet, John White avait fait le relevé des lieux et fait figurer les habitants de la Virginie lors de son passage. De Bry fit également la connaissance à Londres d'un autre peintre voyageur Jacques Le Moyne de Morgues, un Français qui avait participé à la seconde expédition de Laudonnière en Floride en 1564 et qui avait exécuté sur place toute une importante série de dessins. Il ne faut pas non plus négliger le voyage au Brésil de Hans Staden que De Bry insérera dans la troisième partie des grands voyages.

L'influence de l'école cartographique de Dieppe est certaine dans la nomenclature des cartes et dessins présentés : l'influence de Desceliers, Jacques de Vau de Claye, Nicolas Desliens est nette dans certains tracés, et notamment des jeux sur les orientations.[12] Si Verrazano a apporté avec le bateau *la Francescane* la délinéation de tout un espace nord-américain de côtes encore inconnues, c'est Jacques Cartier qui a communiqué aux hydrographes dieppois ce qui allait faire leur originalité. Guillaume Le Testu, né au Havre et faisant partie de cette école cartographique, sera mêlé à plusieurs expéditions américaines, notamment celle de Villegagnon au Brésil de 1507. Le Testu fera également la connaissance du cosmographe Thevet. Nommé pilote royal au Havre en 1566, il sera envoyé par le Grand Amiral en 1572 reconnaître le Golfe du Mexique. De cette expédition de reconnaissance conduite jusque sur les bords du Rio de la Plata naîtra un magnifique atlas enluminé sur papier, la *cosmographie universelle produite*, dédiée à l'amiral de Coligny en 1566 (il ne faut pas oublier cependant que la participation de Thevet à ce voyage est contredite par la chronologie puisqu'il semble avoir été pèlerin de Jérusalem sur les pistes du Levant à l'époque de cette expédition).[13] Il faudrait également citer l'expédition de Jean Ribault 1562 en Floride où celui-ci devait créer une colonie huguenote. Les épisodes tragiques de cette "Floride française" nous sont connus par la carte et les beaux dessins de Le Moyne de Morgue. Également à noter les influences du voyage de Jean de Léry dirigé par Villegagnon.[14]

Ces voyages et ces recherches de documents authentiques soulignent ainsi une entreprise qui fuit le plus possible l'à peu près, l'imaginaire et la fantaisie, pour s'attacher à une vraie entreprise de figuration et de véracité. Cependant, les desseins de Théodore de Bry restent complexes, reprennent souvent les textes et sources primaires pour montrer, démontrer et engendrer d'autres formules, embellir parfois la réalité, créer de nouveaux clichés, refaire le monde dans une esthétique et une éthique religieuse. Le livre offre souvent un triple aspect : une certaine authenticité du contenu, un récit transportant le lecteur "dans le pays même," et une mise en place d'une nouvelle forme de société avec critique à l'appui dans une forme esthétisante parfois ésotérique, toujours en trompe-l'œil.

De Bry rejette la notion du vide et ce n'est que dans l'ajout d'objets ou de plantes, sans parfois aucun lien entre eux qu'il s'avérera original. L'ornementation est en effet comme nous le verrons un "atout" majeur dans l'effet de surprise et de cache-cache que nous donne l'auteur. Ces additions ne perturbent guère les lecteurs européens, peu au fait de la réalité. Ils sont ici pour combler "les vides" de la page et permettent aussi aux lecteurs de prendre conscience que ce Nouveau Monde n'est pas si éloigné d'eux. En mélangeant les genres et les récits, l'auteur arrive à juxtaposer des espaces inconnus, souvent fantasmés, souvent détournés et toujours réinventés. L'auteur transforme les chemins traditionnels de la narration des voyages et de l'effeuillage des cartes. En même temps, il s'attache à revendiquer une certaine originalité. Que ce soit dans les couleurs, l'expression des visages, les tatouages, ou les frontispices, il exerce son art en longue "distorsion" au fil des pages, au fil de l'espace où le vent l'emporte. D'un passage à l'autre, l'œil doit exercer un vagabondage incessant de façon à pouvoir tout voir et se faire une trajectoire éducative.[15] Devant l'inconnu qui n'aurait pas de nom, il substitue des nomenclatures particulières et des effets d'anamorphose contrastant sans cesse avec le texte.

C'est pour ce clair-obscur de la vie de chaque jour en Floride dans un dédale des interdits et des croyances que l'auteur cherche son chemin vers l'expression. Les De Bry (en comptant ses deux fils) ont toujours fait une sélection des traductions pour créer des notes et des cartouches sur les gravures. Dans les deux cas de ce processus d'altération, les représentations textuelles du Nouveau Monde et des mers ont été changées. Les modifications des notices en d'autres termes sont des indications pour chercher des rajustements éditoriaux des gravures. De la présentation de la flore et de la faune, en passant par le détail de tous les jours, De Bry cherche son chemin vers une expression humaniste et certainement critique de la société contemporaine européenne. Au hasard des abris, des protections princières, il ruse avec le quotidien. On oublie souvent que la ruse est un scénario avouable ou non de la transgression sociale. En se défiant autant des sirènes de la tradition cartographique que des rêves endormis dans on ne sait quel terreau d'archaïsme, l'auteur avance masqué. Pour notre graveur, ruser n'est pas tromper, mais susciter des formes qui, abritées, protégées par quelque dénomination sécurisante, s'engagent avec l'artiste sur l'énigmatique possible. Les fictions représentées débordent souvent la géographie et les parcours littéraires de retranscription ; en percutant un axe temporel, dans des échappées à la gloire des indigènes ou des Européens, ou en se retranchant dans un passé magnifié, De Bry contribue à une fabrication idéo-politique, spatiale et historique, voire eschatologique, pour donner une expansion aux rêves qu'il va falloir ancrer. Quoi de mieux que de parfaire un texte avec des illustrations ? C'est avec bonheur et enthousiasme que De Bry s'y attèle.

La Floride de Le Moyne de Morgues, Vue par De Bry

En recueillant une série d'aquarelles en Angleterre, De Bry met en scène quarante-deux planches de la Floride et de ses habitants. L'auteur des illustrations s'appelle Jacques Le Moyne de Morgues et il connaît bien le territoire puisqu'il a participé à l'expédition avec le capitaine Laudonnière en 1564.

Frontispice et l'Arche de Noé

En offrant les mêmes caractéristiques que celui de la première partie des *Grands voyages,* ce frontispice (voir Figure 10.1) répond aux critères esthétiques néoclassiques de la Renaissance. En même temps, dans la mise en relief des colonnes et l'agencement des autochtones, il va plus loin dans la présentation des contrastes, des différentes perspectives. L'arc de triomphe, sous lequel le lecteur est invité à passer, représente un "entre-deux," un passage obligatoire pour arriver au pays de la Floride et de ses habitants. Le tympan et les socles semblent s'animer des mêmes personnages que l'on retrouvera dans les illustrations de l'ouvrage. En haut de l'image, le roi Atote, tatoué, pose au milieu de deux serviteurs, le spectre en main, assuré et provocateur. En trompe-l'œil, le pied touche le rebord du sol. Le fonds en hémicycle d'un gris foncé donne également un relief particulier aux poses des serviteurs et aux deux autres amérindiens postés à la droite et à la gauche du roi.

Au centre du frontispice, le titre, les noms, l'année de publication et la date s'imposent sur fond clair avec la mention de Jacques Le Moyne de Morgues.[16] En avant de cet arc, deux autres amérindiens postés sur les côtés invitent le lecteur à poursuivre la lecture vers le centre de l'image, à l'intérieur même de l'arche de la représentation. Le lecteur peut ainsi poursuivre l'expédition allant de gauche à droite d'Amérindiens circulant armés, portant leur roi en dehors de la gravure vers un point de fuite hors de l'illustration. Dans un effet de synthèse et dans un raccourci brillant rehaussé par l'utilisation de trompe-l'œil et d'ombres diverses, De Bry essaye de fixer des traits essentiels de la vie des peuples Timicua : celle d'une société organisée, hiérarchisée, armée et – qui sait ? – peut-être violente.

L'arche de Noé (voir Figure 10.2) est la deuxième représentation biblique (la première figurant en en-tête chez John White le couple d'Adam et Ève). Le sacrifice de Noé après le Déluge est mis en scène. C'est en effet dans la Genèse VIII, 3 que De Bry puise ses sources lorsqu'il est indiqué que Noé construit un autel à Yahvé et prend tous les animaux et les oiseaux pour les offrir en sacrifice sur un autel. L'arche est ainsi échouée sur le mont Ararat. Les animaux se suivent par deux sur le chemin comme indiqué dans la Bible. L'arc-en-ciel de droite signe aussi une alliance entre Dieu et la terre, garantissant la fin du déluge dévastateur. Les fils de Noé commencent à peupler la terre et construisent des maisons sur les ordres de Dieu. Cham, l'un des fils, est condamné par Noé pour avoir contemplé la nudité des gens et devient l'esclave de ses frères qui vont peupler les pays du Sud de l'Afrique. La tradition disait que Cham était noir. De Bry en prend note et transforme ce fait en faisant passer les Floridiens pour des descendants de Cham qui pourraient ainsi être rattachés à la chrétienté. Cependant, ce n'est pas de la façon la plus évidente, ni même la plus noble. De Bry s'attache à véritablement ancrer les peuples de la Floride comme des ancêtres de l'arche de Noé, tombés, pour lui, en Amérique.

> Nous constatons en effet que les pauvres habitants de la Floride et des pays voisins (qui descendent sans aucun doute d'un des fils de Noé, mais plutôt de Cham que d'aucun des autres, selon toute vraisemblance) n'ont aucune notion de Dieu.[17]

Figure 10.1. **Frontispice pour la Floride.** *Les Grands Voyage*s de Théodore de Bry. Courtoisie de la BnF, Paris.

Figure 10.2. ***L'arche de Noé****. Les Grands Voyage*s de Théodore de Bry. Courtoisie du Service historique de la Marine, Vincennes.

La progression et le déroulement des données s'imposent alors dans une image qui reprend elle-même les connaissances avec des animaux connus comme l'éléphant (qui n'existe pas en Amérique), le bœuf, des chevaux, etc. La "Province de l'Amérique," telle que le prononce De Bry, est avant tout un espace inconnu qu'il ne faudra pas confondre avec l'ancien monde. Le feu offert au Dieu d'Abraham vient ici répondre au feu qui sera répertorié pour la vie de tous les jours dans les gravures sur la Floride. La fumée s'échappe en un tourbillon noir vers le haut pour encercler un cercle jaune celui de Dieu. Tout se déroule le long d'un chemin qui ondule du dernier plan au premier plan de la gravure : ce mouvement de passage des animaux par couple du haut de la planche vers le bas est également à mettre en parallèle avec la figure du frontispice de la gravure précédente (voir encore Figure 10.1) de l'ouvrage. La juxtaposition de deux façons de représenter le monde, biblique et non chrétien, provoque un malaise chez le lecteur : où veut en venir De Bry ? Fait-il une nouvelle bible à sa façon ? Ou dénonce-t-il déjà les vicissitudes des conquêtes et des Amérindiens décrits comme belliqueux à l'arrière du frontispice ? L'auteur veut en tout cas ancrer l'origine des peuples du Nouveau Monde avec cette image. Mais, dans l'agencement des trompe-l'œil et la sérialité des plans, la thématique de la présentation vacille. Ce monde nouvellement mis à jour n'apparaît donc pas aussi pur que les Européens le voudraient.

La quête d'un rivage mythique demeure et continue en réaffirmant ce que les premiers explorateurs du Nouveau Monde avaient exprimé : "Les récoltes ne souffrent d'aucun dommage [. . ..] Tout pousse à merveille et rien que des herbes comestibles pour l'homme ou ses animaux domestiques."[18] Dans cette suite floridienne, la densité des éléments de la flore, les habitudes quotidiennes font toujours symétrie avec des images plus rudes : ainsi des crocodiles monstrueux pourront effrayer le lecteur à la planche XXVI puisqu'il ne faudra pas moins de six amérindiens pour les empaler et les tuer. Cette comparaison toujours faite de bien et de mal reflète alors un "binôme"[19] où l'Égypte, la terre promise de Canaan et l'Amérique soufflent en correspondance deux mondes où les problèmes cohabitent. De Bry continuera sur cette lancée de transformations et de questions en perte de repères.

La Carte de la Floride

Cette première carte de Le Moyne de Morgues (voir Figure 10.3) illustre une autre entité, une autre recherche et un autre trajet de pensée. Document de première importance, c'est cette illustration qui servira de référence pour les cartographes européens pendant plus d'un siècle. Aux tracés fins des côtes et des isthmes, il faut y ajouter une nomenclature portant des noms amérindiens comme Mongoack, Aguscogoc, des noms anglais comme Trinity Harbor, mais aussi celle abondante en latin. La rose des vents invite le lecteur à tourner et à pointer son nez vers d'autres lieux de la carte. Ce gros plan offert au lecteur du xvie siècle, ainsi qu'au lecteur contemporain, permet de donner le tracé des rivières dont les noms furent nommés par Jean Ribault lors de son voyage en 1562 : la rivière de Mai, la Seine, la Somme, la Loire, la Garonne, etc. Ces noms illustrent toute une cartographie connue du pays natal français et lui rendent hommage. Également dans la direction du nord, on peut distinguer les cascades du Blue Ridge, au pied des Appalaches. Cette carte trace également en "biais" une rivalité importante dans la région entre Français et Espagnols sur la conquête et la découverte de la région avec cette nomenclature faite de noms français et l'apposition des armoiries de la couronne d'Espagne. Dans ce tracé de couleur bleue et jaune, De Bry affiche une volonté de tenir les lieux français dans le choix des noms. Il n'y a par ailleurs que peu de bateaux. Le cartouche explique bien ce qui s'est passé dans les lieux, et c'est dans la représentation du compas, d'un petit bateau et de la rose des vents que De Bry reprend l'image des portulans classiques (notamment celles de l'École cartographique de Dieppe) quand ils détaillaient les côtes et signalaient des monstres. Cette carte prend aussi en compte les relevés effectués sur Cuba lors des expéditions précédentes (Christophe Colomb, entre autres). La narration des incidents entre Français et Espagnols est cependant omise. Le libellé de droite explique en effet aussi succinctement que possible ce qu'il faut retenir des côtes et de la faune pour y aller et se prévenir des dangers. L'échelle est établie en lieues. Elle est surmontée du compas ouvert comme il est coutume de le faire. Cette illustration semble se concentrer également sur le relief intérieur en insistant sur l'importance des rivières, leur nombre et leurs distances. Tout se passe comme si l'espace terrestre allait servir de "théâtre" où vont se dérouler les faits. Ils sont aussi importants pour la découverte lorsque les explorateurs les remonteront. Ils représentent aussi une source éventuelle pour le transport de marchandises et la promesse d'une bonne irrigation pour les cultures. Tout semble se mettre en place pour une future colonisation.

Les illustrations I–VI du territoire floridien sont surprenantes de par leur nombre tout d'abord. Les explorateurs français ne semblent en effet pas "voir" de continent, mais un assemblage de fleuves et de rivières. Ils cherchent à redécouvrir le fleuve du Jourdain, divin par excellence : "C'est en ce lieu que se trouve, à mon sens, la rivière du Jourdain, dont l'on a tant parlé."[20] La qualité de la représentation des éléments est sensible dans les six gravures ; que ce soit les bateaux, les autochtones, ou les Français, De Bry s'ingénie à retracer toutes les aventures. Une

Figure 10.3. ***La Floride***. *Les Grands Voyage*s de Théodore de Bry. Courtoisie du Service Historique de la Marine, Vincennes.

aire dévouée au "jeu" et au montage des histoires prend place. Bien sûr, comme pour prouver la légitimité de l'expédition au roi, une image de l'entrevue du roi et du chef de l'expédition survient tout de suite après la mise en place des presqu'îles. Comme le souligne Frank Lestringant, il est fort probable que cet événement ne soit pas déroulé ainsi. De Bry amalgame plusieurs expéditions. Il veut aussi renvoyer l'image d'autochtones montrés au roi (comme de coutume) lors du Voyage de Henri II et Catherine de Médicis à Rouen le premier octobre 1550 :

> [Les hommes] étaient accompagnés pour la circonstance de deux cent cinquante matelots et de leurs "garces," parlant leur langage et pareillement dénudés et peints. Un village tupinamba avec ses huttes de branchage se dressait sur les bords de la Seine, des fruits exotiques et des hamacs avaient été suspendus dans les saules de la rive.[21]

Les rondins où s'asseoient Ribault et Atore sont sans doute plus un aspect européen qu'amérindien.[22] Le recoupement de tous ces objets est savamment orchestré dans la gravure pour faire croire à l'abondance et au bon déroulement de l'entrevue. Dans un champ de vision dont le point de fuite est une stèle couverte des armes de la France avec fleur de lys, l'image se découpe alors en trois parties. Pour la première, Atore est accompagné de Ribault et cette section est en gros plan. À gauche de la stèle, un groupe d'autochtones. La variété des fruits, des légumes, des baies, des céréales et de gourdes pleines d'huile odorantes marque le trajet vers la stèle. Dans cette même partie, au premier plan, l'arc posé nonchalamment en biais et le carquois pacifiquement déposés évoquent plutôt une nature morte. Le choc des deux civilisations est définitivement mis en place dans l'agencement des objets et dans la richesse des Français vêtus à l'européenne et du chef Amérindien paré de tous ses atours. Le contraste entre le contact de la peau nue avec l'étoffe et le cuir devient symbolique pour deux civilisations qui essayent d'entamer des relations cordiales.

De cette première entrevue surgissent ensuite une multitude de gravures sur la construction du fort, la guerre et les occupations des Amérindiens. Souvent en premier plan et en arrière-plan, des scènes sur les gravures – toujours mobiles – vont se reproduire dans un décor sans cesse renouvelé, répété et déplacé. Comme chez Staden dans le troisième récit, la mer est située dans les premiers plans, de planche en planche, avec des incursions de terre où des rivières sillonnent des parties. Lestringant[23] parle de "qualité de topographie." Dans cette répétition, l'auteur qui imbrique les trois récits pour donner un continuum dans le temps et l'espace de ces découvertes impose d'autres conjonctures. Si les illustrations sont ponctuelles et souvent altérées, De Bry les place pour montrer un mouvement lent et presque "éternel" des populations, ou des aventures des Français. En quelque sorte, il déroule en succédané un film dont le montage et la partition des choix de récit entraînent le lecteur à reconstruire toute une aventure, à apprécier tous les phénomènes de monstres. L'aquarelle renforce l'impression d'un pays lumineux, verdoyant et amical. Cette anamorphose du récit transformée en carte pose une situation nouvelle où le graveur modifie le récit en s'appliquant à centrer ses dessins sur les activités des cartes I–VI de la Floride après avoir donné une "fiction" géographique sûre dans la carte. Dans l'exemple de la navigation des Français sur le fleuve Mai (voir Figure 10.4), par exemple, l'auteur reconduit le toponyme plusieurs fois dans le récit de la vignette pour permettre une circulation plus facile des noms et des évènements. Le lecteur procède à un va-et-vient entre texte et image pour pouvoir appréhender toute la situation qui lui est proposée. Les scènes différentes apparaissent simultanément dans l'espace alors qu'elles se sont déroulées à des moments différents dans l'exploration. Les vues s'amoncellent en juxtaposant des éléments singuliers, où quantité et qualité des détails façonnent, semble-t-il, un ensemble de faits sans faille ni interruption. L'espace des vignettes cependant n'établit pas une continuité de récit. Ces textes semblent eux-mêmes s'échapper du moule puisqu'ils sont projetés après le dessin. Ils reproduisent ainsi sur le dispositif de la page un déroulé revécu et intemporel. Ce résultat obtenu est sans nul doute comme l'affirme Lestringant[24] plus l'effet de la narration de De Bry que de Le Moyne et de Laudonnière pour les récits. De Bry projette une fiction en continu où les ellipses sont multiples : ainsi, au dernier plan de l'image précédente, des Français suivent un autochtone certainement jusqu'à son village alors qu'ils n'ont pas encore débarqué. Dans l'image (voir Figure 10.5), De Bry s'attache à faire descendre les deux barques en vue plongeante pour continuer vers la gauche en dehors du dessin. Toutes ces planches de I à VII ont en commun d'avoir des territoires "suspendus" de manière verticale en quelque sorte, et font dériver les yeux du lecteur en premier plan d'avant en arrière et de gauche à droite. La proéminence des territoires et l'abondance des îles et des rivières soulèvent la question de la richesse du pays. En calquant les noms français sur les fleuves et les endroits, les Français semblent bien prêts à vouloir faire fortune et s'approprier les territoires visités. En symétrie à la richesse des reliefs, De Bry construit parallèlement une vision grandiose de la culture et de la richesse minière comme dans la scène de l'orpaillage à l'image LVI.

Figure 10.4. **Extrait du *fleuve Mai*** (Illustration VI). *Les Grands Voyage*s de Théodore de Bry. Courtoisie du Service Historique de la Marine, Vincennes.

La gravure II (Voir Figure 10.5) déroule en succédané les barques des Français dans une remontée de la rivière Mai (dénommée maintenant la Saint-John's River). Les Amérindiens sont amicaux et rassurants ; se jetant à l'eau au-devant de barques, ils viennent offrir des cadeaux et des paniers tressés remplis de mil. Au dernier plan, les Français suivent également un habitant jusqu'au village alors qu'ils n'ont pas encore débarqué. Cette ellipse visuelle permet de figurer tout en un seul instant et reprend certains évènements pour que le spectateur contemple le tout en un instant, d'un point de vue imaginaire.

La distorsion du temps et de l'espace permet d'embrasser en un seul coup d'œil dans ces deux dernières images tout le récit dont les étapes s'échelonnent dans la profondeur du dessin que tout spectateur/lecteur peut contempler. De même dans la représentation suivante (voir Figure 10.6) où les Français explorent les six fleuves, l'angle de vue s'élargit : les terres deviennent soudain plus vastes et offrent en panoramique une vision du découpage de la région où paysage et histoire se rencontrent. Cette optique révèle également deux côtés symétriques des rives où des Amérindiens se tiennent en haut sur la gauche en arrière-plan

Figure 10.5. ***Les Français explorent d'autres fleuves*** (Illustration II). *Les Grands Voyage*s de Théodore de Bry. Courtoisie du Service Historique de la Marine, Vincennes.

avec trois huttes cylindriques au second plan. La construction de l'illustration est plus symétrique qu'il n'y paraît, mais grâce à la verticalité de la présentation, un déroulé des évènements se fait en discontinu. Sur la rive droite, un groupe d'arbres fait face aux gens locaux. Il en résulte comme dans les images des découvertes d'îles et de rivières des découpages et des montages de flore et de faune spécifiques. Dans la mise en place des navires qui ne peuvent pas débarquer, De Bry manipule en quelque sorte le récit originel pour montrer toute une variété de petites historiettes où les chaloupes débarquent de façon simultanée. Ce renversement du temps et de la représentation picturale bouleverse la réalité tout en la promulguant de façon autre. Le dialogue que l'auteur veut instaurer entre son récit et la figuration lui permet de faire "flotter" cette réalité. En donnant une illustration bien concrète des bateaux et des hommes, une nouvelle façon de "raconter" ce récit de voyage lui permet – à partir d'anamorphoses – de faire des choix distinctifs de détails et d'aller plus loin que le récit original afin de transporter le lecteur dans un "autre monde" et lui ouvrir les portes d'un théâtre particulier de l'exploration.

Figure 10.6. **Les Français parviennent à Port Royal** (Illustration V). *Les Grands Voyages* de Théodore de Bry. Courtoisie du Service Historique de la Marine, Vincennes.

C'est dans l'illustration VI (voir Figure 10.6) en particulier quand les Français parviennent à Port Royal que l'auteur enrichit le plus sa carte et ses personnages. Sans se soucier des échelles, il donne une vision instructive et informative d'un lieu inconnu. L'image et le texte dévoilent les richesses des produits de la terre, comme les melons, les raisins. Des chênes et des cèdres ainsi que des animaux qui peuplent cette contrée, comme les dindes, les dindons, les cerfs, sont mis en place. Le texte renseigne particulièrement sur la façon dont les indigènes se nourrissent de loups-cerviers. En choisissant de montrer la façon dont les autochtones les embrochent pour les faire griller ensuite sur un feu de bois, De Bry donne à l'entreprise de découverte une légitimité de documentation tout en évinçant les réels dessins de ces entreprises de "colonisation." Dans l'oscillation et la figuration des détails, il s'ingénie à reproduire et à défendre une découverte importante, en magnifiant et en distordant certains faits et habitudes des voyageurs. Le summum de l'entreprise se voit en effet illustré dans les figures IX et X dévolues à la représentation de la construction d'une citadelle.

Le Fort Caroline

De Bry focalise son attention dans un gros plan situant stratégiquement l'endroit le plus favorable sur cette île (voir Figure 10.7). L'activité fébrile de la petite troupe commandée par Laudonnière traduit une nécessité de protection pour éviter toute intrusion, mais retrace une structure familière d'établissement de fort. Sa forme triangulaire posée de façon montante dans les deux illustrations IX et X semble s'allier ici avec la forme de l'ile triangulaire. Entourés de rivières, les hommes s'affairent dans les deux illustrations qui se complètent. L'accumulation des détails et des procédés techniques de la mise en chantier de cette structure illustre une construction traditionnelle des forts dans la colonie française qui est souvent à l'opposé des maisons rondes et des palissades des Amérindiens à la gravure XXX. Cette distinction entre les formes triangulaires et rondes des autochtones se révèle cruciale dans l'argumentation du graveur. De Bry semble reprendre les thèmes de ces triangles pour les entrechoquer avec les formes rondes des réunions ou des huttes amérindiennes dans l'histoire de la Floride. Cet îlot "français" doit s'opposer au désordre de la société amérindienne tout en revendiquant une douceur de vivre. C'est en effet un contraste flagrant qui doit retenir l'attention du lecteur : si la construction du fort et la revendication politique et sociale de cette invasion sont soulignées dans l'affairement des gens à le construire, le premier plan agit comme un repoussoir quand on aperçoit un homme français pêchant et se plaisant à musarder. Les antagonismes entre la structure fonctionnelle du fort et son rendu dans la vie quotidienne doivent se mélanger pour De Bry afin de convaincre toute poursuite d'exploration et la justifier. C'est d'ailleurs dans les illustrations XXX–XXXII que l'auteur souligne bien que quiconque touche aux forts amérindiens se voit punir et que la guerre peut être un enjeu capital.

Images XI et XII

À la suite de la description du fort et en opposition aux joies de le construire, deux illustrations jettent le trouble dans les gravures XI et XII (voir Figures 10.8 et 10.9). Pour commémorer les cérémonies célébrées par Satouriouna (le roi) et le moment où Outina (l'autre roi) consulte les mages avant d'entrer en campagne (voir Figure 10.9), De Bry utilise le cercle pour détailler d'autres moments importants de la culture amérindienne. Autour de ce cercle dans les deux gravures, des hommes parés et nus joignent leurs chants et leurs forces pour écouter les deux chefs respectifs. Dans l'illustration XI, au centre, une autre forme ronde, celle d'un bouclier traversé d'un javelot, est posée à même le sol et se voit entourée de deux pots dans une représentation assez traditionnelle, à l'européenne.

Mais dans la gravure XII, le centre noir en trompe-l'œil semble littéralement engloutir le chaman en transe. La grisaille et les éléments solaires qui entourent ce cercle répondent en quelque sorte à celui de la gravure précédente. S'il s'agit de donner un compte-rendu des Français qui ont contracté et assisté au traité d'alliance avec le roi Satouriona leur voisin, il est cependant curieux de voir que la mise en place du javelot sur le bouclier et la position des urnes soulèvent des questions : le système d'alliances est hiérarchisé et bien mis en relief par le récit de Laudonnière. Ici, De Bry n'illustre pas les cris du roi mais accumule les traits qui préparent à la guerre. Tous les autochtones sont bien dessinés : musclés, bruns, athlétiques, ils dénotent une armée exemplaire, harmonieuse, prête à la guerre. Ce spectacle se voit couronné à droite d'un chef dont la gestuelle et les tatouages donnent forme à ses incantations.

Le "trou noir" dans lequel plonge le mage contraste avec la nonchalance des Français sur la droite qui assistent au spectacle et renforce l'image d'ethnies bien structurées et organisées. Devant le regard étonné et curieux des Français, les Amérindiens montrent leurs savoirs sur la guerre et leurs croyances. Cependant, cette disposition spatiale dans les deux gravures pose un ensemble de questions sur la rivalité entre les autochtones, leur organisation, leurs croyances et leurs velléités. Que feront les découvreurs au sein de ces tribus ? Que pourront-ils organiser ? Que pourront-ils apporter ? Ces formes rondes donnent une mesure de l'exploitation de De Bry des "entre-deux" de l'espace et dénient aussi une pureté

Figure 10.7. **Extrait du *Fort Caroline*** (Illustration X). Courtoisie du Service Historique de la Marine, Vincennes.

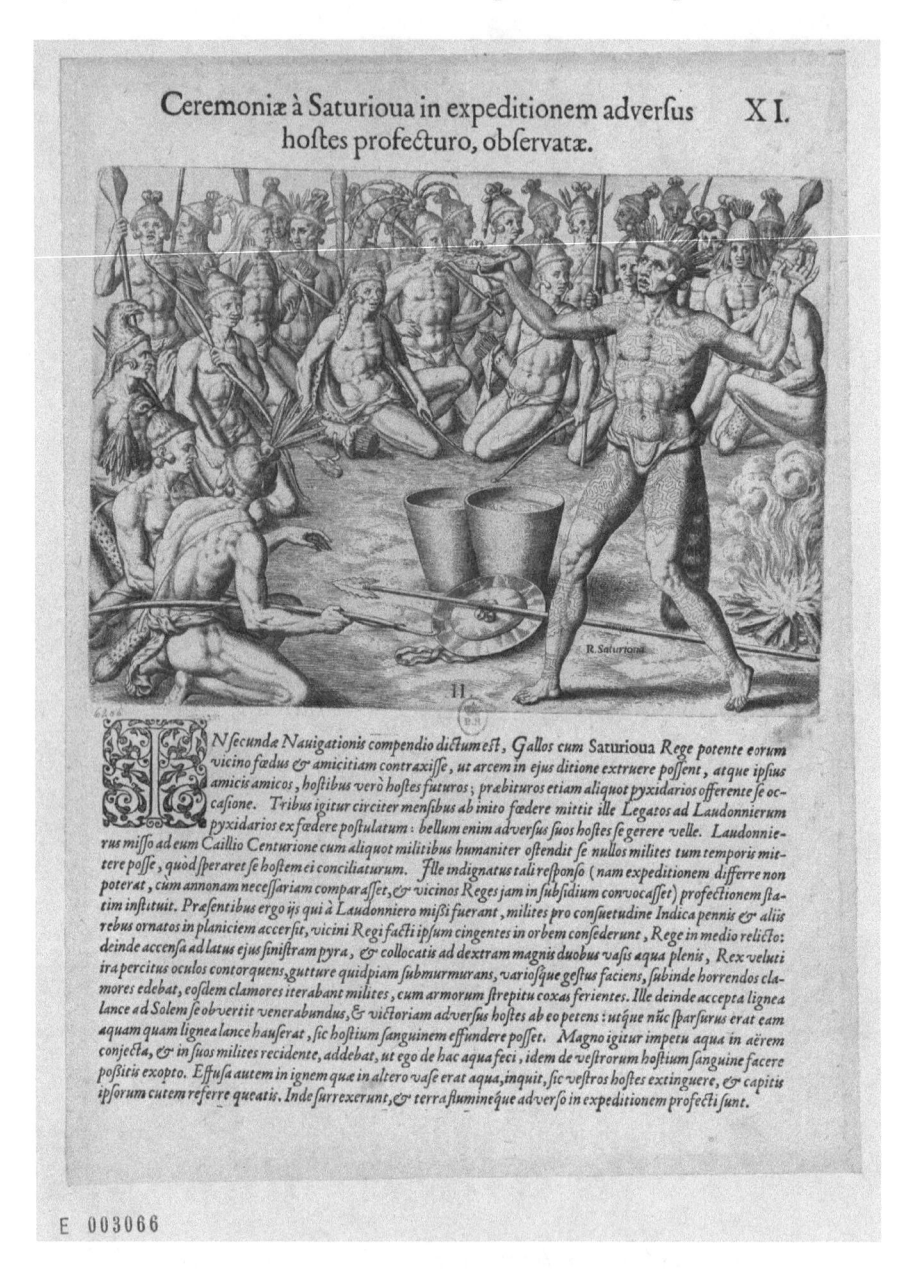

Ceremoniæ à Saturioua in expeditionem adverſus X I. hoſtes profeƈturo, obſervatæ.

R. Saturiona

N ſecundæ Nauigationis compendio diƈtum eſt, Gallos cum Saturioua Rege potente eorum vicino fœdus & amicitiam contraxiſſe, ut arcem in ejus ditione extruere poſſent, atque ipſius amicis amicos, hoſtibus verò hoſtes futuros; præbituros etiam aliquot pyxidarios offerente ſe occaſione. Tribus igitur circiter menſibus ab inito fœdere mittit ille Legatos ad Laudonnierum pyxidarios ex fœdere poſtulatum : bellum enim adverſus ſuos hoſtes ſe gerere velle. Laudonnierus miſſo ad eum Caillio Centurione cum aliquot militibus humaniter oſtendit ſe nullos milites tum temporis mittere poſſe, quòd ſperaret ſe hoſtem ei conciliaturum. Ille indignatus tali reſponſo (nam expeditionem differre non poterat, cum annonam neceſſariam comparaſſet, & vicinos Reges jam in ſubſidium convocaſſet) profeƈtionem ſtatim inſtituit. Præſentibus ergo ijs qui à Laudonniero miſſi fuerant, milites pro conſuetudine Indica pennis & aliis rebus ornatos in planiciem accerſit, vicini Regi faƈti ipſum cingentes in orbem conſederunt, Rege in medio reliƈto: deinde accenſa ad latus ejus ſiniſtram pyra, & collocatis ad dextram magnis duobus vaſis aqua plenis, Rex veluti ira percitus oculos contorquens, gutture quidpiam ſubmurmurans, varioſque geſtus faciens, ſubinde horrendos clamores edebat, eoſdem clamores iterabant milites, cum armorum ſtrepitu coxas ferientes. Ille deinde accepta lignea lance ad Solem ſe obvertit venerabundus, & viƈtoriam adverſus hoſtes ab eo petens : utque nüc ſparſurus erat eam aquam quam lignea lance hauſerat, ſic hoſtium ſanguinem effundere poſſet. Magno igitur impetu aqua in aërem conjeƈta, & in ſuos milites recidente, addebat, ut ego de hac aqua feci, idem de veſtrorum hoſtium ſanguine facere poſſitis exopto. Effuſa autem in ignem quæ in altero vaſe erat aqua, inquit, ſic veſtros hoſtes extinguere, & capitis ipſorum cutem referre queatis. Inde ſurrexerunt, & terra fluminéque adverſo in expeditionem profeƈti ſunt.

E 003066

Figure 10.8. **Extrait des *cérémonies célébrées par Satouriana en guerre*** (Illustration XI). *Les Grands Voyages* de Théodore de Bry. Courtoisie du Service Historique de la Marine, Vincennes.

Figure 10.9. **Extrait, *Au moment d'entrer en campagne*** (Illustration XII). *Les Grands Voyage*s de Théodore de Bry. Courtoisie du Service Historique de la Marine, Vincennes.

de sentiments des deux mondes. C'est d'ailleurs dans les gravures XIII et XIV que le crescendo de ces questions prend une autre mesure ; il s'agit dans les deux cas de l'art de la guerre pour la gravure XIII et celle de la discipline accordée aux vaincus. Dans la gravure XIII, De Bry ne privilégie pas les comportements et les rituels du texte de Laudonnière. Il présente au contraire le véritable "théâtre" des combats, et l'ensemble de la composition met bien l'ordonnance des armées. Le centre est occupé par la rixe qui montre les Français aidant le roi Outina. Cette démarche est certes celle de figurer l'aide que les Français ont apportée au roi. En même temps, la gravure suivante remet en question cette aide et montre le dépècement des victimes en insistant par l'usage de deux plans simultanés sur des images belliqueuses des Amérindiens. Trois scènes s'enchaînent en simultané dans la perspective des plans ; un dépeçage, le séchage des scalps avec un mouvement de fuite derrière la colline. Ces images veulent modifier l'image du beau Floridien que l'on retrouve dans les deux gravures suivantes. Dans les deux cas, les spectateurs dominent la scène à la gravure XVI. Et le roi tout vaillant et paré se trouve au premier plan.

L'alternance des rendus des Amérindiens – soit cruels, soit amicaux et reconnaissants envers les Français – soulignent des effets compliqués des relations entre le Nouveau Monde et l'ancien. De Bry n'assimile pas uniquement les Amérindiens à de simples curiosités avec une panoplie de faits et de clichés qui pourraient se loger dans des cabinets de curiosité qui se verront à la mode. La brutalité reportée semble aussi être perçue comme un rite avec des ustensiles primitifs pour "rassurer" quelque peu le lecteur/spectateur. Il révèle aussi une image composite dans ce récit sur la Floride en dressant par l'image et le texte un réquisitoire contre ces gestes mêmes, ce manque d'humanité de l'Espagne catholique ou la Révocation de l'Édit de Nantes. En campant ses nus et en les confrontant aux premières images semi-idéalisées d'Adam et d'Ève du début du livre de John White, De Bry isole des jeux sur les images, transformant sans cesse l'objet de curiosité que représente l'Amérindien, cet homme souvent "inquiétant" avec l'Européen. Une réévaluation des notions européennes sur l'homme s'incruste au fil des illustrations.

Quatre autres images qui pourraient sembler anodines au premier abord relatent les moments importants de l'après-guerre. La question des hermaphrodites secourant les blessés, le rituel des femmes en deuil demandant le secours au roi, et les cérémonies de deuil se voit présentée dans les gravures XVII à XX. De Bry introduit des éléments assez peu traditionnels pour montrer une hiérarchie importante dans la société et souligner la bienveillance des autochtones envers leurs morts. Dans la programmation de ces quatre gravures, le souci du détail des mises en scènes réalistes tourne de façon rotative. Bernadette Bucher[25] mentionne que "plusieurs actions distinctes sont réparties dans l'espace de la planche, le plus souvent dans un sens rotatif qui reproduit, par contiguïté et par succession l'ordre temporel dans lequel elles se sont déroulées." Une distorsion et une accumulation de gestes qui accentuent cet effet en mouvement peuvent également être soulignées.

L'idéal colonisateur et de mise en place du christianisme est mis en plan dans des perspectives ayant toutes en commun la figure du passage entre les mondes hermaphrodites, féminins. D'ailleurs, à bien y regarder de plus près, De Bry ne fait qu'inventorier le passage des hermaphrodites ou des femmes dans l'après-guerre en ne leur attribuant qu'une fonction modératrice de "l'après bataille." À aucun autre moment du récit floridien, ces personnages ne reviendront et n'auront d'explications. Au fur et à mesure des images suivantes, la cruauté et la mise en scène "cinématographique" des tribus allant à la guerre et s'y préparant dans des consécrations solennelles sont répertoriées en crescendo. Le point culminant est mis en scène lors de l'assassinat de Pierre Gambie XLII (voir Figure 10.13). Le lecteur peut voir deux scènes. Au fond à gauche, ce dernier prend congé du roi dont il est l'allié. Au deuxième plan, Gambie vit ses derniers instants. Accroupi dans une barque traditionnelle amérindienne, il ne voit rien de ce qui va se passer. Le graveur donne un caractère de suspens dramatique au dessin puisque c'est le spectateur qui voit l'atrocité se commettre par l'intermédiaire de l'homme brandissant une hache qui lui fracassera le crâne. Au premier plan, et comme en dérision, une frise de fleurs délicates et de coquillages servira de divertissement au regard du lecteur certainement bien troublé par cet assassinat. Ce meurtre confronte de multiples problèmes. Gambie ne semble pas avoir été l'un des meilleurs gouverneurs. Ensuite, la place de cette gravure (De Bry insiste pour ne pas briser l'exposition de son entreprise) pose plus de questions sur le pouvoir de Gambie, sa nomination et les effets qu'il a engendrés.[26] Les Amérindiens semblent bien comprendre qu'il faut rendre justice. Mais de quelle justice parle-t-on ? La mise en relief et la fin dramatique annoncent déjà la fin d'un théâtre idyllique et ramène les problèmes posés par l'envoi de ces troupes.

Stratégies

Des stratégies préférentielles dans la figuration des habitudes des Amérindiens et dans leur quotidien sont bien soulignées. Ainsi pour la mise en réserve du gibier et des autres provisions que le lecteur peut entrevoir à la gravure XXIII (voir Figure 10.10), la disposition spatiale se fait en deux plans comme chez John White et également chez Laudonnière : d'abord celui de gauche où des personnes regardent la corbeille de poisson de façon très majestueuse et ensuite, de l'autre côté du tertre et sur plusieurs plans des personnes qui vont disparaître au fonds de la colline. En quelque sorte, une perspective inversée multiplie les mouvements et les points de vue pour orienter une lecture qui ne correspond pas forcément à ce qui est montré. La dichotomie entre texte et image reflète le savoir de De Bry et son questionnement sur ces techniques. La façon de s'arrêter sur ce moment choisi, ou, comme plus tard, sur la scène des alligators, investit tous les champs de distorsion.

C'est dans ce même espace de représentation des activités journalières que De Bry télescope toutes les données : du présent au futur, du premier au deuxième voire au troisième plan. L'espace/temps se voit ainsi mis sur une page bidimensionnelle avec des fonctions de renfort pour des données traditionnelles ethnologiques, mais dans le montage les plans à lire se confrontent sans arrêt entre eux. Ces illustrations rappellent certes les images quotidiennes souvent évoquées à

Figure 10.10. **Extrait de** *la mise en réserve du gibier et des autres provisions.* Illustration XXIII. *Les Grands Voyage*s de Théodore de Bry. Courtoisie du Service Historique de la Marine, Vincennes.

Figure 10.11. **Extrait de la Figure XXV,** *Chasse au cerf.* Les Grands Voyages de Théodore de Bry. Courtoisie du Service Historique de la Marine, Vincennes.

Figure 10.12. **Extrait de *l'orpaillage* XLI**. *Les Grands Voyage*s de Théodore de Bry. Courtoisie du Service Historique de la Marine, Vincennes.

l'époque, mais elles vont plus loin dans l'instauration d'une normalité et de la convention approchant les thèmes dans une anamorphose due à une superposition des données du récit, de l'influence d'autres livres sur les exploits et les contraintes éditoriales. Ces représentations de l'espace nient ici toute représentation de la nature, et renforcent les amalgames du temps et des constrictions de l'espace. De Bry une fois encore altère le graphisme revenu à une certaine neutralité. Mais c'est dans la prolifération et le découpage de tous ces rendus qu'il veut enchanter son lecteur, quitte à diffuser des brouillages sur les espaces, les lieux et les moments.

Les tableaux et les différentes illustrations restent solitaires et peuvent être lues individuellement sans que le spectateur soit entraîné à lire la suite. C'est dans la composition sérielle des détails du récit dont les anecdotes sont mises parcimonieusement et dans la répartition de petits éléments dans les représentations graphiques que l'auteur dévoile un peu plus d'évènements et peut inviter le

Figure 10.13. **Extrait de *la mort de Gambie*** (Illustration XLII). *Les Grands Voyage*s de Théodore de Bry. Courtoisie du Service Historique de la Marine, Vincennes.

spectateur/lecteur à prolonger la découverte de ce théâtre du monde. Le graveur construit une narration visuelle qui tourne autour de petits thèmes afin de les cerner, de les expliciter, mais aussi de les révéler et de les cacher. Comme une sorte d'objet de perspective, ces points marquent la croisée du visible et de l'invisible.[27] Dans ce système figuratif, le lecteur cerne des objets de perspective qui marquent une rencontre violente du visible et de l'invisible.[28]

Une phase importante dans la description de la chasse est aussi mise en relief par la perspective au bord d'un fleuve. Des chasseurs (voir Figure 10.11) sont déguisés de peaux de bêtes pour attirer l'animal et l'attraper. Ce n'est qu'au second regard que la transformation et le subterfuge apparaissent. La lecture de la notice revendique une supériorité de ces chasseurs : "À mon avis, personne en Europe ne pourrait rivaliser avec eux sous ce rapport." En fait, la location de cette scène n'est pas à proprement parler proche de la forêt amazonienne. De Bry trace un paysage qui pourrait se situer en Europe. L'illusion qui accumule les détails et la rivière située au centre trompe par leurs reflets et déroule un paysage transformé. En choisissant ce moment et un lieu imprécis, l'auteur ne souligne pas uniquement un relevé ethnologique. Il se soucie également de montrer les marques de ruses des autochtones et qui pourraient les utiliser ailleurs et autrement et peut-être lors des guerres.

Le déplacement et la reconstitution incessante des images de la flore et de la faune donnent une image d'abondance, mais maintiennent aussi une constance dans la fabrication de l'image peinte, tout en plaçant vers un "ailleurs" un "devenir" d'exploration minant l'espace de redites exponentielles qui confortent le lecteur ou le perturbe. La profusion de détails vise également à projeter une image de stabilité de ces éléments, de mise en valeur de leur différence, puisque les images jouent sur les deux niveaux de familier/étrange de façon constante. Il en sera de même pour les gravures et le dernier récit du livre sur Staden. Difficile d'y échapper. L'encadrement et les explications fournies dans le récit du texte confrontent le savoir des Européens, en leur expliquant les fonctions et les pouvoirs de ces fleurs pour les vertus médicinales ou alimentaires et de cette faune pour la chasser et la dompter.[29]

De Bry continue d'altérer les perspectives des animaux en reprenant une figuration des bêtes qui sont dangereuses comme les lions, les panthères, ou les crabes. Il alterne tour à tour leur facette dangereuse et emblématique, tout en mettant en place des gravures de cartes d'animaux légendaires, de sirènes et de monstres qui continuent la tradition médiévale du merveilleux. À noter, comme l'indique M. Van Groesen,[30] que la figure de l'éléphant dans la planche "Benevolo Lectori" du récit de De Bry (voir Figure 10.2) en tête du récit de Laudonnière donne une parade d'animaux non trouvés dans les régions de l'Amérique du Nord comme l'éléphant, les chevaux, les dromadaires et les zébus d'Afrique. De Bry est en complète rupture avec l'imagerie qu'il a voulu conforter dans les premiers récits de John White.

L'Orpaillage

> Près de l'endroit où nous avons construit noytre hutte, s'élèvent de hautes montagnes appelées Apalachy dans la langue des Indiens. Comme on peut le voir sur notre carte, ces montagnes donnent naissance à rois rivières qui roulent un sable mélangé de beaucoup d'or, d'argent et de cuivre.[31]

Dans cette mise en scène du texte LVI, à la différence des premières images en biais et d'angle en haut l'image de la recherche et de la découverte de l'or (voir encore Figure 10.12) se fait dans une image dont la rivière sinueuse du premier plan s'engouffre vers l'arrière-plan. Des hommes poussent des bâtons. L'élégance et la souplesse des gestes transforment ce rude travail. En même temps que la découverte des lieux et des rivières montrait la richesse naturelle de la terre, de la rivière pleine de poissons, la scène d'orpaillage confirme maintenant la richesse minière des territoires.

En choisissant de publier cette suite floridienne et brésilienne, de Bry donne à voir, lire et traduire l'Amérique en bien et en mal, en produisant de l'inédit et en illustrant des textes authentiques. Pour prouver par image la véracité des faits du récit de Le Moyne de Morgues et de De Bry, les textes concrétisent une totalité d'un nouvel espace tout en fixant les déplacements dans les interlignes, dans une vision européenne : en restituant fidèlement les scènes de la vie indienne vues par White, Lemoyne de Morgues, ou Staden, puis par De Bry, la distorsion s'accumule et provoque dans ce dialogue image-texte une multiplicité de questions.

Dans les espaces géographiques concernés de ces gravures, le texte ne passe certainement pas par son attestation matérielle. Une dimension d'invisibilité semble régner et témoigne de ces espaces vécus. En cela la démarche de l'écrivain diverge du celle du cartographe ou de l'explorateur, surtout quand il implique sa propre culture. Les espaces trouvés de nos trois explorateurs manifestent des moments de leur éducation et de leur culture. Leurs espaces géographiques témoignent de cela. Leur "monstrare" implique tout un savoir qu'ils mettent en relief aussi bien qu'ils l'ont pu. Les traits saillants qu'ils ont vus rendent hommage à la fois à leur civilisation, tout en cachant des pans de ce qu'ils ne montrent pas ou ne disent pas. Ce non-dit est en trompe l'œil et déjoue sans arrêt ce qui s'est passé dans leurs textes.

La manière dont l'espace et les espaces sont traités chez De Bry joue sur plusieurs tableaux de l'écriture et des lieux de visibilité particuliers qui entrelacent descriptions et réflexions d'ordre géopolitique. L'auteur problématise à sa façon la question de l'espace amérindien et européen et transperce son texte et ses illustrations de déformations spatiales, tout en questionnant à la fois l'écriture des explorateurs et de leurs illustrations dans l'insertion de trompe-l'œil et d'anamorphoses. Cette approche en quelque sorte pluridisciplinaire entre le récit de voyage combiné à des peintures postule de nouvelles formes de distorsions ou de constats culturels qui affectent le lecteur et son imagination.

En incorporant trois récits différents de voyageur, ce graveur renouvelle non seulement la lecture de ces expéditions, mais il propose aussi une réinterprétation de leur lecture. Cette interprétation "géographique," voire "réaliste," contextualise le texte de façon différente, et l'attention aux paysages se superpose constamment aux espaces du texte et de l'image. On ne pourrait pas parler d'un "savoir" sur le paysage, mais dans une veine de méditation, l'auteur semble se substituer au géographe/illustrateur pour tracer des impressions convergentes, avec des traits distincts de lieu dans lesquels les personnages et les auteurs Staden, White et Laudonnière et le graveur Théodore de Bry s'identifient de manière affective. Il en résulte un travail troublant, troublé en pleine métamorphose des genres et de transformation sur la façon d'illustrer ces voyages. Les différentes anamorphoses et jeux du livre varient et questionnent le rapport direct sur la valeur et le genre des relevés. Le prisme créé par De Bry dans ses gravures renouvelle la lecture du texte comme la lecture de ce texte se voit renouvelée par ces espaces peints. Au croisement de ces genres naît une autre façon de traduire ces espaces et engendre malheureusement de nouveaux clichés ou de nouvelles ambitions de colonisation.

Notes

1 Théodore de Bry, *Le théâtre du Nouveau Monde. Les Grands Voyages de Théodore de Bry*, dir. Marc Bouyer et Jean-Paul Duviols (Paris : Gallimard, 1982).

2 Michel Gaudio, *Sound, Image, Silence. Art and the Aural Imagination in the Atlantic World* (Minneapolis: University of Minnesota Press, 2019).

3 Gregory Wallerick, "La place des images dans une collection de voyages : le cas des *Grands Voyages* des De Bry," *Forma: revista d'estudis comparatius. Art, literatura, pensament* 8 (2013), 97–114. Wallerick mentionne que "Ce qui résulte [. . .], c'est un léger décalage entre les deux éditions linguistiques. Alors que les livres en latin

sont moins nombreux que les livres en allemand, seize sur la période concernée, le nombre d'images y est cependant plus important, c'est-à-dire en moyenne plus de vingt illustrations par ouvrage publié en latin. Au début de la collection, le nombre d'illustrations est identique dans les versions allemande et latine. C'est à partir du huitième ouvrage qu'apparaît le décalage, en 1599, après la mort du père, et l'édition germanophone contient trois planches illustrées supplémentaires. Du vivant de Théodore de Bry, le nombre d'images est exactement identique entre les deux versions."

4 De Bry, *Le Théâtre du Nouveau Monde.*

5 Michiel van Groesen, *The De Bry Collection of Voyages (1590–1634): Editorial strategy and the representations of the overseas world* (UvA-Dare: University of Amsterdam, 2007), <*http://hdl.handle.net/11245/2.47113*>; G. B. Parks, "Tudor travel literature," dans *The Hakluyt handbook*, dir. D. B. Quinn (London: 1974), 98.

6 Nous reprenons ici le terme du texte. Dans l'excellent ouvrage David Graeber, & David Wengrow,. *Au commencement était… Une nouvelle histoire de l'humanité.* Traduit par Élise Roy (Paris : Les liens qui libèrent, 2021) les auteurs explorent la fausseté des rapports entre Amérindiens et explorateurs et redéfinissent les mythes qu'ils ont créés.

7 *L'histoire notable de la Floride* de 1586 fut traduite par Richard Hakluyt comme *A Notable Historie Containing Foure Voyages Made by Certayne French Captaynes into Florida* (1587).

8 Les expéditions vikings ont certes marqué le continent européen. M. Gravier, *Saga d'Éric le Rouge – Le récit des Groenlandais* (Paris : Aubier, 1955). Voir également Grégory Wallerick, *La perception des Amérindiens dans l'Europe à la fin du XVIᵉ s. à travers l'œuvre du protestant Théodore de Bry*, Master 2006 (Institut de Recherches Historiques du Septentrion, 2006).

9 Jean-Antoine-Samson Desmarquets, *Mémoires chronologiques pour server à l'histoire de Dieppe, et à celle de la navigation françoise* (Dieppe, 1785).

10 De Bry, 164.

11 Gaudio, *Sound, Image, Silence*, 20. Gaudio indique notamment la complexité des relations avec les images, qui ne reflètent pas uniquement les narrations mais les bousculent.

12 Malheureusement, toutes les archives de l'école hydrographique de l'époque ont été détruites dans la ville de Dieppe dans le bombardement Anglo-hollandais de 1694. "La Bombarderie de 1694", *Quiquengrogne* 18 (octobre 1999).

13 André Thevet, *Cosmographie de Levant* (Lyon : Jean de Tournes et Guillaume Gazeau, 1554 : édition augmentée en 1556 ; réédition en fac-similé, préfacée et commentée par Frank Lestringant, Genève, Droz, 1985. Frank Lestringant, *L'Histoire d'André Thevet, de deux voyages par luy faits dans les Indes Australes et Occidentale*s, Colloque International "Voyageurs et images du Brésil," MSH-Paris, 10 décembre 2003.

14 Frank Lestringant (dir.), *Histoire d'un voyage faict en la terre du Brésil* (Paris : Librairie générale française, 1994).

15 Tom Conley, *À fleur de page. Voir et lire le texte de la Renaissance* (Paris : Garnier, 2015).

16 Ce dernier participe aux expéditions de Jean Ribault et prend sur le vif de nombreuses aquarelles. De Bry le rencontrera à Blackfriars en 1587 et prend le relais de la commande avortée effectuée quelques années auparavant par Walter Raleigh. Ce travail inachevé est acheté par le graveur à sa veuve.

17 De Bry, *Grands Voyages*, 49.

18 Christophe Colomb, *Journal de bord* (Paris : Imprimerie Nationale, 2003), 13 octobre 1492.

19 Frank Lestringant, *L'expérience Huguenote au Nouveau Monde (XVIᵉ siècle)* (Genève : Travaux d'humanisme et Renaissance, 1996).

20 Susanne Lussagnet, *Les Français en Amérique pendant la deuxième moitié du XVIᵉ siècle. Tome II : Les Français en Floride* (Paris : PUF, 1958), 24.

21 Frank Lestringant, *Le Huguenot et le Sauvage : L'Amérique et la controverse coloniale, en France, au temps des guerres de religion (1555–1589)* (Genève : Droz, 2004), 49.

22 Lestringant, *Le Huguenot et le Sauvage*, 49. Lestringant a relevé quatre anachronismes dans la fonction de cet objet.

23 Frank Lestringant "Éden insulaire de la Floride," *Le livre des îles. Atlas et récits insulaire de la genèse à Jules Verne* (Genève : Droz, 1982), 191.

24 Lestringant, "Éden insulaire de la Floride," 191.

25 Bernadette Bucher, *La Sauvage aux seins pendants* (Paris : Hermann, 1977), 33.

26 Frank Lestringant, "Le Roi Soleil de la Floride, de Théodore de Bry à Bernard Picart," *Études de Lettres* 241, nos. 1–2 (1995), 13–30. Dans cet article, Lestringant dresse le portrait de Gambie. Il s'agirait d'un soldat de la maison de l'Amiral Gaston de Coligny, reconnu comme interprète, qui s'attire tout d'abord les sympathies du roi d'Adelano. Il se marie avec sa fille et se voit accorder des responsabilités dont il abuse ; petit à petit cet homme se comporte de manière tyrannique avec les hommes de la tribu, les fouettant, et les volant pour s'enrichir.

27 Maurice Merleau-Ponty, *Le visible et l'invisible* (Paris : Gallimard, 1988).

28 Frank Lestringant, "Des récits, des cartes, quelle relation," dans *Écrire des récits de voyage*, dir. Christine Pioffet (Paris : PUL, 2008), 299.

29 Michiel van Groesen, "The De Bry Collection of Voyages (1590–1634): Early America Reconsidered," *Journal of Early Modern History* 12, no. 1 (2008): 1–24.

30 Van Groesen, "The De Bry Collection of Voyages."

31 De Bry, LVI.

11

Les Éditeurs d'Architecture et de Traités

La publication de traités sur l'architecture ou le théâtre mérite pour le début de ce chapitre quelques rappels. Assez peu connus du grand public, ils constituent des références uniques sur les connaissances en architecture à l'époque du xvie siècle en France et en Europe. Les auteurs de ces œuvres veulent exprimer toute leur science et leur savoir-faire et considèrent leurs travaux comme des moyens pédagogiques importants. Transmettre les techniques savantes de façon érudite tout en multipliant les angles de vue semble leur convenir. Tous ces architectes manipulent également la page et y cachent parfois des trompe-l'œil et des anamorphoses au sein de leurs œuvres. Ayant la certitude de dominer leur matériau, de pouvoir connaître, dire, s'approprier les choses et rendre compte du mouvement même de la vie, ils s'embarquent souvent sur des travaux qui renouvellent la description de l'architecture. Leur art semble ne plus uniquement refléter une immuable beauté mais présente un aperçu varié des ébauches de plans et de cadastres dans un flot d'images qui renvoient souvent à des manipulations de perspective, à des lieux cachés les uns dans les autres. La réalité complexe et fuyante de ces ébauches s'étend dans les nouvelles manières de formuler ces nouveaux aspects de la vie sur la page, créant un dynamisme vital qui s'oppose souvent au texte qui précède ou suit l'image.

C'est l'invention de Gutenberg qui permet une divulgation rapide de ces manuels et donne une nouvelle force aux textes et aux images de ces ouvrages. Les conséquences de cette innovation vont aussi créer un espace particulier où les auteurs vont aller plus loin dans l'élaboration de leurs dessins en y incluant souvent des perspectives différentes dans un même chapitre (Serlio ou de Cerceau, par exemple, que nous verrons ci-dessous). Tout en alliant de savants contrerendus souvent austères dans leurs consignations et leurs élaborations, leur lecture est en quelque sorte une des conditions nécessaires pour avoir une meilleure connaissance sur les façons de modeler, d'agencer des bâtiments dans l'espace et de figurer les modes de pensée. Cependant leurs interprétations des lieux ou de nouvelles données de perspective soulignent aussi profondément des changements sur leur façon de déployer l'espace dans leurs constructions et sur la page binaire. Les perspectives dont nous avons parlé au chapitre 2 se conjuguent souvent avec des perspectives renversées sur la page. L'œil du spectateur est soumis à de nombreux chocs en parallèle. En quelque sorte, ces traités suggèrent une ouverture sur l'ailleurs qui se fait multiforme. En ouvrant un large éventail de modes d'emploi sur l'utilisation d'outils spécifiques, la fabrication de colonnes, d'édifices, etc., en expliquant aussi bien que possible les méthodes utilisées pour parfaire les constructions, les éditeurs de ces traités instrumentalisent aussi l'espace de la page de motifs ornementaux variés. Une révolution certaine est en marche. Un entre-deux de métamorphose se pose. Le passage de la programmation sur le papier à diverses sortes de construction pose en effet le problème de la mise en forme de l'image. Devant s'assujettir à la représentation d'un état fixe de la page et des mathématiques, les éditeurs ne dédaignent pas employer et manipuler les perspectives optiques en France et en Europe afin de mieux élucider leurs problèmes de façon à renouveler l'intérêt de leur mécènes ou acheteurs, ou du roi tout simplement.

Arrêtons-nous quelques instants pour voir comment ces auteurs fonctionnent dans le champ de la page et du temps, et comment certains enregistrent les perspectives tout en mettant en place des trompe-l'œil et des anamorphoses.[1] Leurs influences sur leurs contemporains dans les distorsions des structures présentées se reflètent aussi chez Rabelais (Chapitre 5) en particulier dans l'élaboration de Thélème. La capacité d'invention au sein d'un renouveau pictural semble mettre à jour un art mobile et protéiforme. Cet entre-deux semble alors s'insinuer un peu partout dans les textes étudiés. Ces essais offrent une belle possibilité de synthétiser un moment architectural spatial en démantelant la fixité à laquelle ils sont astreints en général.

Les traités du xvie siècle semblent bien correspondre au goût de mettre en forme et d'établir un "pli" comme Deleuze le soulignait sur la possibilité de dérouler tout un monde en perspective et répondre aux besoins des architectes, dessinateurs, maçons et autres parties impliquées.

> Déplier signifie tantôt que je développe, que je défais les plis infiniment petits qui ne cessent d'agiter le fond, mais pour tracer un grand pli sur le côté duquel apparaissent des formes, et c'est l'opération de la veille : je projette le monde sur la surface d'une pliure.[2]

Sans renier l'aspect pédagogique, ils sont aussi des représentations du temps. Mais ces dessinateurs et éditeurs vont aussi plus loin dans leurs agencements de dessins et de textes.

Comme nous le rappelle Tom Conley,[3] il faut parcourir ces éditions de façon scopique et revenir sans arrêt sur le dessin et le texte pour pouvoir accréditer ou discréditer l'image. L'écriture de ces ouvrages didactiques échappe aux cadres traditionnels de transmission des savoir-faire et incluent non seulement le ressort de l'humanisme puisque la pratique ne joue plus assez, mais aussi dans cette didactique apparaît souvent un autre point focal qui enlève alors le dessin vers des sphères plus emblématiques ou des trompe-l'œil, prouvant le jeu entre le dessinateur, le graveur, et/ou l'éditeur. Dans son salut au lecteur, Sébastiano Serlio indiquait dans le premier tome :

> Il nous fault indubitablement penser, qu'il y a aujourd'hui peu de vrais Architectes & que plusieurs qui s'en attribuent le nom doivent plutost estre appelés maistres maçons qu'autrement. Car les uns se sont seulement voulus exercer aux œuvres manuelles, sans se soucier de la cognoissance des lettres et disciplines, qui a été cause qu'ils n'ont tant su faire pour leurs labeurs qu'ils aient acquis grande réputation.[4]

Vont alors fleurir nombre d'ouvrages destinés aux "studieux d'architecture," amateurs avertis ou humanistes curieux. Les traités de Serlio, de Philibert de l'Orme et d'Androuet du Cerceau remplissent une fonction de bréviaire du monde architectural mais vont souvent au-delà.

Le père fondateur de ce mouvement général en Europe et en France est sans aucun doute Vitruve dans son *De architectura* imprimé à l'extrême fin du xve siècle en Italie, et Alberti, à Paris en 1512. Diego de Sagredo fut traduit de l'espagnol en français vers 1536. Et Serlio publia ses Livres I et II en 1545, son Livre V en 1547, et son *Livre Extraordinaire* en 1551. Ces ouvrages parurent chez Pieter Coecke à

Anvers. Les livres III et IV ne furent jamais publiés en français. Pour adhérer à l'activité éditoriale récente, ces auteurs vont reprendre les traités originaux d'Alberti et Vitruve. Ici la copie et la traduction vont au-delà des maîtres. En ajoutant l'usage de nouveaux outils ou les nouvelles découvertes techniques, ils perpétuent une longue tradition. Que ce soit pour les traités de route, les cartes, ou les atlas, la tradition cartographique fait la même chose.[5] Aller de l'avant ou reprendre ce qui a été fait dans le passé et ajouter de nouvelles données font partie du renouvellement de la matière et répondent aussi aux attentes des lecteurs.

Ainsi le cas du premier Vitruve publié en France pose un dilemme important. Publié en 1523 par les héritiers de Balthazar de Gabiano, un piémontais installé à Lyon, le livre est aussi une contrefaçon lyonnaise. Le texte de 1523 est en italiques. Inspiré des éditions florentines, il a été révisé, comme l'attestent les variantes. Comme nous le fait bien remarque Frédérique Lemerle,[6] les illustrations semblent en décalage et refondues. Les bois florentins semblent avoir dégorgé sur le papier. Les quatre nouvelles planches apparues dans les éditions de Florence et trente-cinq tirées du Vitruve de Cesariano paru à Côme en 1522 sont nouvelles. Le reste du livre semble bien une redite de 1511. Les ajouts ne défigurent aucunement le texte : en fait, ils contribuent à une sorte de "surclassement" du texte original. Aussi, les quatre nouvelles planches peuvent dérouter le lecteur : aucune source n'est indiquée. Le lecteur doit chercher. À la lisière du lire et du voir,[7] ces textes expérimentent un lieu de passage puisqu'ils semblent illuminer, disloquer, voire dévier le sens de l'écriture et du dessin et vice-versa. Les pages peuvent se parcourir d'avant en arrière et d'arrière en avant : la matérialité et la sérialité du document mettent en valeur certains fragments et semblent insister sur certains points. Choix de l'éditeur sans aucun doute. Mais aussi choix de l'écrivain. L'essor de l'alternance et de la distribution du rapport entre le dessin et le texte génère ainsi un commentaire sur Vitruve et sur ce qu'il a choisi, tout en instaurant un sous-entendu que d'autres éditeurs referont.

Que ce soit Serlio, arrivé en France en 1541 qui fera imprimer ses livres I–II chez Jean Barbé en 1545, ou l'édition de *De re oedificatoria* d'Alberti imprimé par Geoffroy Tory en 1512, ou Simon des Coline, Robert Estienne, Michel de Vascosan, la langue française s'imprime et imprime des éléments particuliers dans la construction de la lettre et des dessins dans les images. La proximité de la Sorbonne, les nombreux étudiants étrangers, et leur demande de faire des formats simples et portatifs contribuent à l'engouement de ces manuels. Coline adoptera ainsi en 1528 l'italique et le font grec pour refléter l'histoire et répondre aux demandes d'un public humaniste. La publication lyonnaise ne reste pas en reste avec Jean de Tournes ou Guillaume Philandrier sur Vitruve ou même Androuet du Cerceau.[8] La société lyonnaise tournée vers l'Italie publie aussi de nombreux textes italiens qui ne sont pas encore traduits. Cette euphorie connaît des troubles au moment de la Saint-Barthélémy ; le *Théâtre des instrumens mathématiques et mechaniques* de 1547 de Jacques Besson publié en français, en latin et en italien entre 1578 et 1582 altère parfois les parutions ou leurs dimensions.[9]

Les conséquences de ces ouvrages sur l'architecture française se manifestent particulièrement sous le règne des Valois avec des influences importantes sur les paysages, les structures et les sculpteurs. Le Sagredo français traduit de l'espagnol *Medidas del Romano*[10] devient fondamental dans son élaboration vers 1536 car il est le seul livre illustré d'architecture. Sa traduction donne également les premiers noms en français sur l'architecture. Jean Goujon, quant à lui, sera bien influencé par l'analyse minutieuse de la traduction espagnole en français de *La Raison d'architecture antique* (Sagredo). La version française de cette œuvre produit une surabondance de détails dans les choix de l'ornementation. Les précisions des règles graduées, les dimensions de chaque corniche se trouvent sans arrêt décortiquées et vérifiées. Où se loge alors l'imagination ? Les traités pourraient inviter à une relecture plus circonstanciée, où la mesure des structures et l'équilibre se verraient souvent repris et maniés en "déroulé." Ils modifient profondément la pensée et la pratique de l'architecture française à la Renaissance.

Ces traités établissent en effet le portrait d'un espace ou de plusieurs espaces dont les traits les plus saillants ne sont plus déterminés par une seule autorité (un mentor, un mécène, le Roi, etc.). Cette représentation picturale rend la vie belle à un espace devenu bien commode. C'est surtout dans les rapports entre les corps des ornements ou des structures que l'on s'aperçoit des transformations et des contestations spatiales. Dans les récits et les images, de nouvelles énergies de corps architecturaux imprimés rivalisent avec une autre force médiatrice – celle du "langage" que les éditeurs s'évertuent à montrer. Dialogue et miroir à la fois, la perspective employée par les différents traités et la perspective donnée pour les spectateurs décrivent aussi des rapports entre les corps spatiaux, leur errance et "navigations" dans l'œuvre et le corps réel des structures (château, jardins, ornements, colonnes, etc.) tout en parlant de structure, d'influences, de paiement. La confrontation entre l'écrit et l'image de la page offre souvent des mises au point nécessaires de la part des lecteurs.

Ainsi, l'œuvre de Serlio, italien d'origine qui s'installe à Fontainebleau en 1541, connaît une fortune éditoriale impressionnante.[11] Son but de penser plus l'architecture comme *disegno* que comme pratique technique semble convenir au public français et à la cour des Valois puisqu'il confronte différents genres. Son projet du *Quarto Libro* ou *Regole generali di architectura* met en place une architecture embrassant les divers genres. Son influence est grande.[12] En particulier, l'importance de la postface à la traduction de Vitruve par Jean Martin, publiée en 1547 doit être soulignée. Cette publication permet à l'architecte Jean Goujon de graver des bois dans le Livre III et IV et le Livre I qui ont été commandés. Le bref texte associé à ses dessins ne correspond guère aux illustrations qui révèlent nettement une fluidité des figures sensuelles aux nombreux drapés symétriques. L'influence de Serlio et de Sagredo est grande. Cette morphologie des formes reprend les sculptures grecques. La collaboration continuera souvent entre tous ces architectes (à l'exception de Goujon qui ne mentionne pas Guillaume Philandrier).[13]

Jean Goujon

Dans la grande planche que Goujon a insérée dans les folios 34 et 36 (Figure 11.1), l'influence de Serlio du *Quarto Libro* est nette. Mais cette imitation est plus composite, changeante et parfois aussi dominante dans la page. Toutes les colonnes sont représentées sur le même plan favorisant un certain étourdissement. Ici point de trompe-l'œil, mais une valse de détails qui se surenchérissent les uns les autres. En proposant également un chapiteau au folio 51v0, le diamètre des colonnes se voit également changé avec une échine plus dorique. La différence entre le texte et la figuration pousse alors le lecteur à un renvoi constant entre les illustrations et le texte pour comprendre ce qui se passe. Cette indépendance vis-à-vis du texte masque souvent autre chose : celle de prendre un appui différent sur le monde de l'écriture et de sa pratique de l'espace. Cette autonomie recherchée complète alors le discours des images vers un parallélisme de plusieurs visions d'architectes où Goujon dans le cas ci-dessus[14] devient traducteur de ces traités. Il unit sa version humaniste de l'époque à la conception pratique de la mise en œuvre de l'ouvrage. Il soumet son dessin, comme ses sculptures au cadre architectural dans lequel elles doivent s'inscrire. C'est aussi le point de vue d'un sculpteur, ou comme il se nomme "ymaginier architecteur." Sa version française synthétise tous les relevés connus, et charge aussi ses colonnes de nombreux détails. L'auteur a tendance à magnifier les exemples et précise toujours par des règles graduées les dimensions de chaque dent et de ses intervalles. La variété explicite tente de produire un effet de convaincre le lecteur que c'est à un "dictionnaire" de l'architecture, pour lui donner une valeur référentielle : les recensions et les multiplications de certains plans et détails lui permettent aussi d'accélérer le nombre de ses dessins et de créer plus de formes ou de distorsions. Comme nous le soulignions au chapitre 1, le

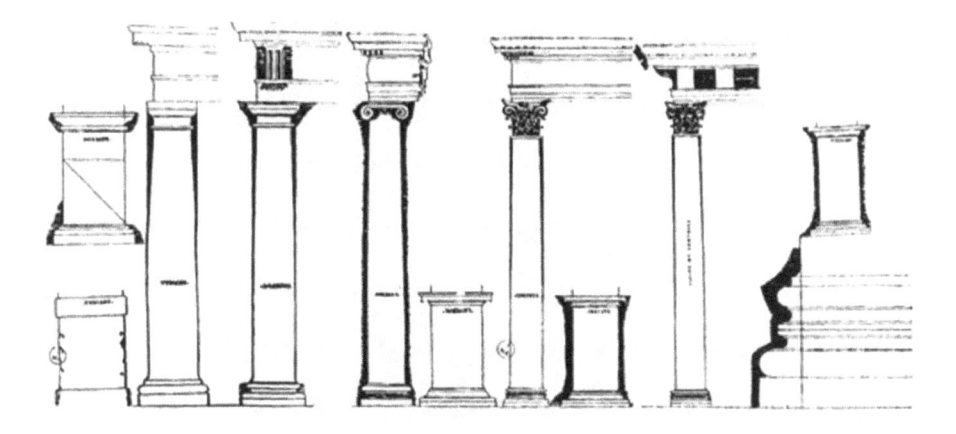

Figure 11.1. Courtoisie de l'École supérieure des Beaux-arts Paris. 1547. Dépliant f. 34.

trompe-l'œil de tous ces amalgames confère une crédibilité maximale, et tente d'imposer l'idée qu'aux énoncés qui sont lus correspondent des référents dans l'univers du lecteur.

Goujon n'est pas le seul à manœuvrer entre les espaces réels et les illustrations pour transformer la page en d'infinies courbes et de mouvements. D'autres crée-ront dans ces espaces des perspectives multiples et des trompe-l'œil.

Jean Bullant

Dans son ouvrage *Reigle generalle d'architecture des cinq manières de colonnes à sçavoir tuscane, dorique, ionique, corinthe et composite* (Paris, 1548).[15] Jean Bullant reprend et synthétise les cinq ordres. La première édition de sa *Reigle* ne pos-sède aucun commentaire. Le texte développé aux côtés des images n'est pas de lui. C'est un centon de la traduction de Vitruve. Le parcours des colonnes et des ordres s'échelonne en tourbillon. Un brouillage s'instaure puisque le texte et l'image ne correspondent que fortuitement. L'image reste prioritaire[16] et impose grâce à l'aide de compas, de l'équerre et de calculs un ensemble qui se transforme dans d'infinis tournoiements (Figure 11.2).

La prise de position de montrer tous les arcs et les détails renforce une idée de mouvement et de débordement. La surface de l'œuvre est l'espace, que l'au-teur travaille tout en essayant de maintenir une unité grâce aux tracés mathéma-tiques. Cependant, le dessin semble vouloir s'échapper du cadre. L'auteur explore ensuite la qualité des matériaux en mouvement, en faisant chevaucher les cadres

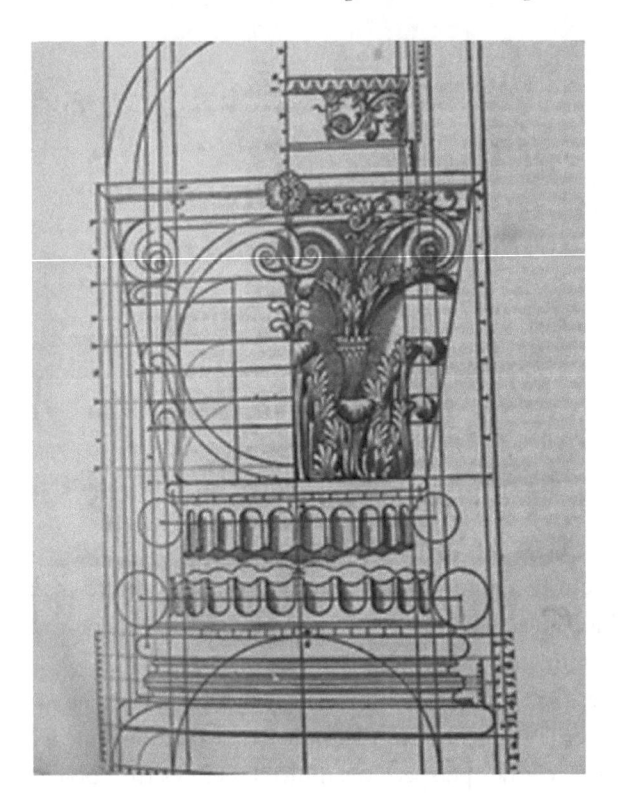

Figure 11.2. **J. Bullant, extrait du *temple des Dioscures*.** *Reigle generalle d'architecture. . .*, Paris 1568, f. 4. Courtoisie de l'École nationale supérieure des Beaux-arts, Paris.

traditionnels et en faisant figurer tout un ensemble de formes qui exposent des modifications essentielles dans les constructions élaborées tout en bouleversant leur montage, régénérant ainsi le domaine des tracés de l'époque. En quelque sorte, l'illustrateur montre un monde malléable ou précaire dans une semi-instabilité à partir de formes qui se veulent bien calculées. En feuilletant le monde de l'architecture en sa surface, l'illustration brouille les apparences, reconnecte les parties et modifie la tradition descriptive en composant plusieurs fragmentations analytiques de l'espace, en utilisant plusieurs points de fuite et en pratiquant l'art du détail.

Jacques Androuet du Cerceau

De même, Jacques Androuet du Cerceau, dans *les XXV exempla arcuum* de 1549[17] est attentif comme Bullant aux motifs de l'antiquité mais insiste qu'il est aussi un inventeur de formes. Les exemples y sont nombreux et originaux. Ils sont inspirés par le *Terzo Libro* de Serlio. On peut noter un ordre des parties qui est différent ; ainsi, l'arc de Titus de Rome généralement représenté de plusieurs manières composites est orné de chapiteaux corinthiens. De même l'ordre de l'arc de Constantin qui est corinthien se voit doté d'une corbeille garnie de glyphes qui n'est pas vue dans la ville de Rome. Cette imagination le distingue véritablement des auteurs latins ou italiens, mais aussi la liberté prise avec cette réalité donne une perspective plus poétique où se mêlent la fantaisie, les troubles et les différents points de vue qui agencent la page de façon à transformer l'espace.

Androuet du Cerceau continua ainsi toute sa vie de proposer tout un ensemble de livres qui connurent un réel succès à la cour des Valois et ne rencontrèrent guère d'équivalent dans toute l'Europe. Son livre intitulé *Le livre d'architecture contenant les plans et dessaings de cinquante bastimens tous différens, pour instruire ceux qui désirent bastir, soient de petit, moyen ou grand estat* (1559)[18] révèle les noms et la description de cinquante structures de châteaux répertoriées au début du livre.

L'auteur commence par expliquer les mesures de la toise et de son utilisation. Cette partie bien claire continue sur les bâtiments. C'est en fin de ce livre que se déroule le plan des diverses structures. Le lecteur doit alors faire un va-et-vient en continu pour comprendre de quel château ou de quelle demeure il s'agit. C'est dans la profusion de la description et de ses nombreux petits paragraphes ainsi que dans les nombreux dessins que réside en quelque sorte un esprit de trompe-l'œil. En faisant jouer la mémoire du lecteur, le texte semble se déformer au fur et à mesure de la perspective éducatrice et logistique. En quelque sorte, cette pratique de "déportement" ou "report" ultérieur de précision par le dessin détourne un moment les yeux du centre de l'action descriptive. Ce souci d'explorer le dessin à postériori pratique un exercice qui demande un grand souci d'attention. La valorisation de cette "vue oblique" permet d'explorer une poétique particulière sur un système trigonométrique et mathématique somme toute assez rigide.

Son livre intitulé *Les plus excellents bastiments de France* (1576–1579)[19]est une commande royale de Catherine de Médicis et ses fils. Conçu pour valoriser la cour et le roi, le traité déporte sans arrêt l'attention sur d'autres œuvres, renouvelle les champs de perspective utilisés et cache d'autres dessins sous d'autres dessins. Le cadre éditorial et luxueux présente les plus beaux châteaux de France. L'auteur dessine de nombreux plans en inclinaison, c'est-à-dire qu'il joue sur une perspective empirique de façon assez systématique pour montrer en simultané tout ce qui est possible dans la construction. Les invraisemblances entre les bâtiments et les structures sont cependant nombreuses. On pourrait citer par exemple le cas du château d'Écouen dont la réalité des dessins est bien conservée au château même. Or, la différence entre le bâtiment et les illustrations montre des incohérences. Ce livre n'est pas un recueil de documents sur les châteaux royaux comme le Louvre, Blois, Chambord, ou Fontainebleau ou des demeures proches du roi. Et en tant que tel, Androuet du Cerceau dévie et décentre le but qui était de noter exactement sur papier la richesse du patrimoine de l'époque. Ce livre est surtout un hommage aux pierres, aux fabricants et non aux Valois. Tout se fait en trompe-l'œil et si la commande est effectuée et régentée par Catherine de Médicis, l'auteur s'ingénie à détourner bien des noms : les commanditaires sont souvent nommés ainsi que les propriétaires, mais aucun architecte n'est indiqué. Cette priorité est pour lui vitale pour montrer et mettre en relief les transformations de la France, en indiquant bien la richesse des habitants. Le modèle est grandiose, inconnu encore en France, et suscite de nombreuses planches plus avancées que dans l'ouvrage *Le livre d'architecture contenant les plans et dessaings de cinquante bastimens tous différens*. Les perspectives surélevées dominent plus, sont moins rectangulairement posées, décortiquent de façon plus "sérieuse" les coupes intérieures de château (notamment Anet ou Chambord).

Au contraire, dans le livre *Le Premier (Second) volume des plus excellents bastimens de France. Auquel sont designez les plans de quinze bastimens et de leur contenu ensemble les elevations, et singularitez d'un chascun* de 1576,[20] se déroulent les commentaires sur les châteaux. À partir de la page onze, le lecteur trouve alors les dessins munis de titre. Mais la confusion du premier tome mentionné ci-dessus n'apparaît plus. La variété des dessins, des colonnes, ou des ornements rehausse la qualité des descriptions. Le lecteur peut appréhender une profondeur de surface, où les formules du texte et les titres encapsulent le corps de l'édifice et posent des brouillages. Investie en une expérience d'écriture, la figure graphique replie les pages les unes sur les autres en faisant miroiter d'autres lieux et d'autres travaux minutieux exigeant du lecteur un œil toujours sur la touche : scrutant les formes et s'apercevant de leur aspect fugace, s'éparpillant dans les dédales des explications. Ce traité ne sera pas le seul à brouiller les pistes entre écriture, dessin et représentation spatiale.

Joseph Boillot

Joseph Boillot représente un espace singulier dans les dessins d'architecture qu'il a faits. Dans les *Nouveaux pourtraicts et figures de termes*,[21] il publie en 1592 un traité qui connaîtra lui aussi un énorme succès. Le propos de l'architecte est de formuler des colonnes en y joignant des formes d'animaux variés tels que l'éléphant ou la girafe. Approche novatrice, le texte se donne à lire sous un certain plaisir comme l'auteur le suggère, mais de façon moins anodine qu'il n'y paraît puisque Boillot nous rappelle d'abord les difficultés de la France et de sa ville. Son approche se veut différente de ce que ses prédécesseurs ont fait dans le domaine :

> L'impétueux orage a tellement agité et violenté de tourmentes le vaisseau de notre France, que le patron mesmes & les pilotes semblent estre comme las & recreuz de leur travail continuel." En exposant sa démarche sous la forme d'une transformation.[22]

Ou plus tard,

> Ceste invention ou disposition de termes en forme d'animaux seroit pour sa nouveauté plustot receuë et bien venuë, que la façon ordinaire de forme humaine, laquelle quelque enrichissement qu'elle ayt, pour être trop commune, commencera possible avec le temps d'avoir moins de crédit.[23]

Dès le départ, le texte se voit dans un espace à la fois novateur, philosophique, et nécessaire pour restituer un ordre où l'homme ne doit pas être retenu comme le seul responsable pour porter et figurer dans les ordres.

> La force aussi ne nous est donnée telle, qu'au reste des animaulx robustes et valides, auxquels est plus séant & convenable d'imposer charges et pesanteurs, que non pas à l'homme qui est propre & duysant à chose de pris et excellence.[24]

En effet, la représentation des caryatides avec des esclaves ou des captifs en a fait des images pétrifiées qui perpétuent un asservissement certain où la dignité humaine du monde chrétien n'est pas dignement représentée selon Boillot. L'auteur s'attèle à parcourir l'espace zoologique et à l'insérer dans ses colonnes et colonnades. Il dessine ainsi cinquante-cinq termes figurant des bêtes sauvages ou domestiques allant du plus grand et puissant comme l'éléphant ou le taureau capables de porter des charges pénibles pour arriver aux plus petits et plus faibles comme le porc-épic ou le singe.

Le frontispice est intrigant (Figure 11.3). Le cerf en haut et au milieu du cadre projette immédiatement une image qui déborde du frontispice ainsi que les deux éléphants de gauche et de droite dont les oreilles franchissent les bords pour "écouter" et donner à lire et "savourer" le texte avec leurs trompes. Les pourtours sont eux-aussi dévolus aux animaux. Placés sur des stèles en équilibre, deux sortes d'oiseaux sont situés de chaque côté du titre. Ils ont des plumes mais aussi des sabots. Ce sont des griffons, en vue de dos et dont la silhouette ondule. Au-dessus de ces animaux fantastiques, deux éléphants suggèrent par leur trompe de se tourner vers le titre. Puis plus haut, d'autres bêtes se regardent de chaque côté : à gauche, le bouquetin déborde d'une acanthe et à droite un cerf en fait de même. En haut du frontispice, des créatures diverses comme deux renards entourent le cerf central. Il est très difficile de faire la distinction entre les feuilles, les fleurs, les serpents et les raisins. Ce haut mêle tout et son foisonnement contraste avec une seule grenouille posée en bas du frontispice : le lecteur peut voir qu'elle tient un panneau signalant que "Sage est qui mesure sa force." Cet adage est aussi renforcé par la position de deux lions couchés de part et d'autre de la pancarte. La variété des poses et le nombre d'animaux offrent un spectacle où le lecteur peut suivre avec surprise un tracé sûr dans les détours et les méandres de leurs positions, qui mêle la fantaisie d'animaux créés et d'autres repris pour entamer une discussion.

Dans l'exposition du traité, Boillot dresse un inventaire sur les bêtes : ainsi l'éléphant est déterminé dans le texte par des explications sur sa force, ses rapports sexuels, ou sa mémoire. Le cheval est décrit comme un grand ami de l'homme. Les clichés s'entremêlent avec des détails également précis sur la nature des animaux selon les rapports de Pline l'Ancien, Aristote, Élien, Hérodote, ou Plutarque, ou d'autres amoureux de la faune et de la flore, de leurs expériences et de leurs interactions avec les hommes. En quelque sorte, ces termes se transforment en un singulier bestiaire humanisé et transcendé. En leur donnant un statut de bipèdes et en leur faisant adopter une posture verticale, l'auteur empiète sur l'espace humain. Ainsi relevés sur les pattes postérieures, les bêtes sont également vêtues d'étoles et de costumes, parées de chapeaux ou de bijoux, et se servent de leurs pattes antérieures comme de mains. Chaque animal se voit associé à son contraire afin que la résistance qu'il devra déployer pour affronter son rival lui fasse tenir une "contenance dressée." Selon le principe des forces opposées, le cheval doux voit son contraire dans le loup animal farouche et difficile à aimer, le taureau est assailli par un crocodile et un lion, le bouc se retrouve face à son ennemi le loup, qui doit lui-même se débattre face au chien. La présentation s'accélère dans la proposition du dessin avec son animal opposé et dans le témoignage écrit. L'éléphant se voit associé au rat et au dragon "ennemi mortel," et le bouc au loup.

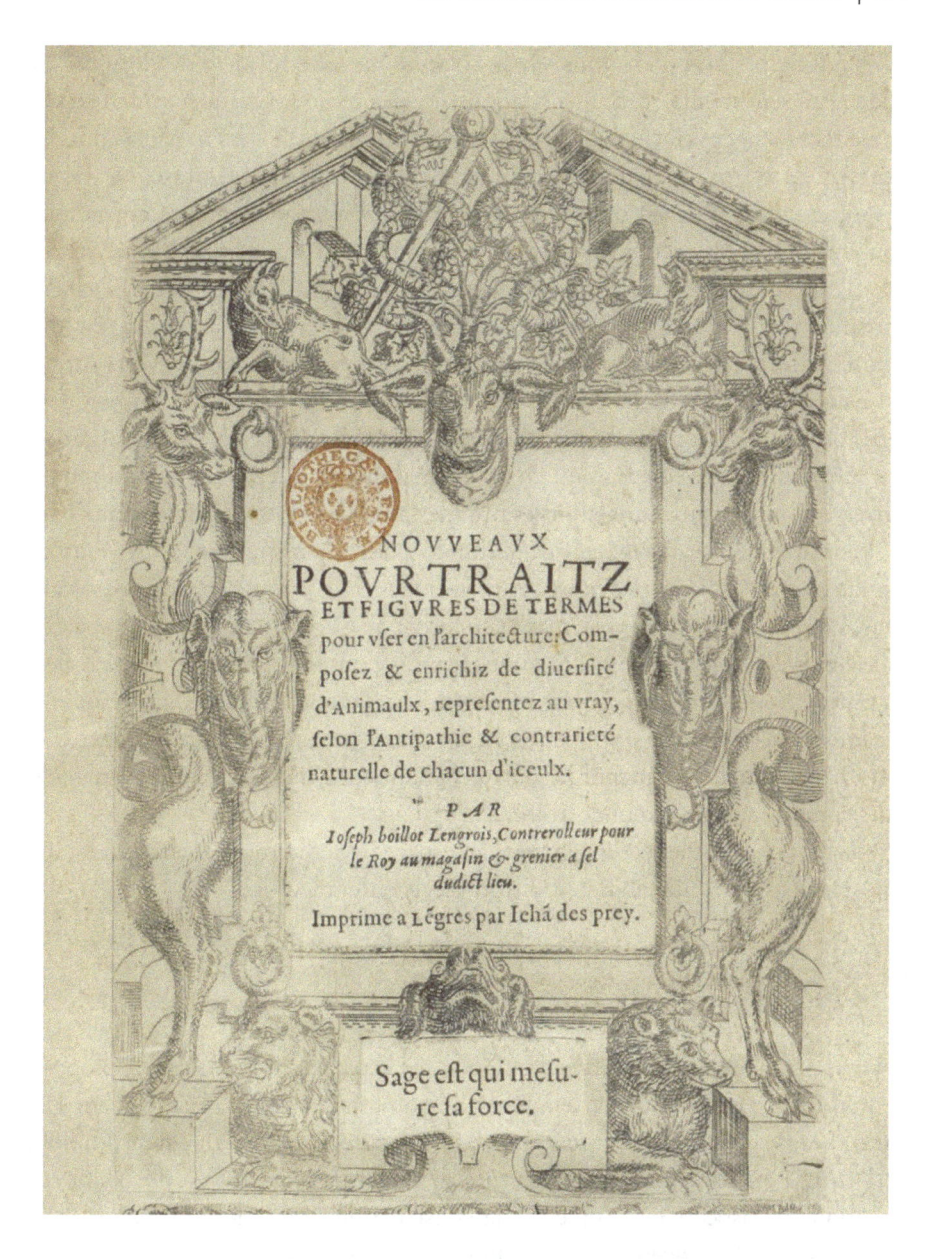

Figure 11.3. **Frontispice Joseph Boillot,** *Pourtraicts et figures de termes*. 1592. Courtoisie de la BnF, Paris.

Si les animaux s'enroulent tous sur la colonne, le texte lui déroule des phrases, calque des sentiments et des déclarations sur des redites. Chaque animal se voit immédiatement contrasté par son contraire comme dans le dessin. Ainsi l'ours est représenté avec un squelette, puisqu'il hait les cadavres, mais le tigre, qui d'après ce qui est connu à l'époque au xvie siècle "hait" la musique, sera accompagné de tambourins, de clochettes et même des trompettes. L'auteur propose de renouveler l'espace en transformant les scènes et en posant des bêtes avec des valeurs humaines. L'architecture de ces termes devient le prétexte à autre chose : une remise en forme et à plat de tout un ensemble de savoirs ou faux savoirs sur ces animaux. Leur trace dans l'architecture et leur position très particulière dans ce recueil leur donne un destin nouveau où le trompe-l'œil des connaissances fusionne sur d'autres chaînes ou chaînons manquants. Cette topique du monde renversé dont Curtius[25] analysait les origines antiques et les prolongements dans la littérature néo-latine médiévale se fonde aussi sur une critique des abus du monde tout en utilisant des procédés rhétoriques et artistiques comme le trompe-l'œil. Les pratiques du déportement supposent aussi qu'on détourne les yeux du centre et des valeurs qui lui sont attachées. En explorant la marge au détriment du centre, Boillot présente des facéties visuelles. Cette écriture de "grotesques"[26] encadre un régime bien singulier où les animaux prennent une importance plus considérable qu'il n'y apparaît, et renvoient alors sur l'inefficacité des humains et leurs connaissances du monde animal.

Boillot n'est pas le seul à déformer les espaces et remettre en question certains faits dans l'architecture au début du xvie siècle en France.

Philippe de l'Orme

Un autre concepteur et architecte qui joue sur le papier en France pour proposer de multiples combinaisons et englober de nombreuses transformations sur l'architecture, le dessin et l'écriture dans les illustrations est certainement Philippe de l'Orme. En enracinant l'architecture de façon nationale et en dévouant son attention aux aspects techniques de la construction, il donne un substrat théorique sérieux à la conception de l'architecture.[27] En faisant paraître chez Francis Morel les *Nouvelles Inventions* en 1567, l'auteur explique l'ensemble de construction pour les techniciens et les architectes. Les neuf livres sont particulièrement intrigants pour plusieurs raisons. Comme Geoffroy Tory (examiné au chapitre 6), l'auteur va au-delà de simples remarques mécaniques sur les précisions mathématiques. Ainsi dans l'élaboration des chapitres 1 et 2 "Comment il faut connaître les bons arbres et comment les choisir," il s'évertue à présenter des orientations pratiques sur les choix des bois, les lieux, etc. La géographie essaimée dans ces deux chapitres révèle une carte topographique de la France très importante. Le lecteur peut accumuler des connaissances sur les accidents qui peuvent s'enchaîner ou les dangers de construire sans soin. En accélérant les propos sur tous ces infinis détails, le traité peut être considéré comme un concept nouveau "d'entre-deux." De l'Orme développe ainsi une narration qui va au-delà des thèmes et des principes mathématiques. Il représente ainsi l'événement en train de s'opérer et apporte alors une continuité entre les écrits passés sur le sujet tout en donnant une continuité dans un moment de passage à un état autre. Se nourrissant de sources multiples, théoriques et pratiques, l'ouvrage se veut concret. L'auteur clame "Je désirerais de pouvoir ici dignement enseigner ce que je voudrais pour le profit des artisans et apprentis."[28]

Par exemple, les livres III et IV voient naître véritablement l'édifice. Tout en expliquant les raisons d'utilisation d'une bonne charpenterie, l'auteur constelle son chapitre d'"advertissement" et des fautes faites aux bâtiments. Certes, les deux choses sont liées, et l'auteur s'ingénie à remarquer et à inventorier tous les cas de figures auxquels il peut penser. En couvrant le texte de notes sur le côté (ce qui n'est pas rare pour l'époque), De l'Orme semble sans arrêt enchevêtrer autre chose, en trompe l'œil. Si le titre de l'ouvrage "a petit fraiz" nous indique qu'il sera possible de construire à moindre coût pour obtenir une meilleure rentabilité et une meilleure qualité, la créativité des moyens pour fabriquer les courbes et les hémicycles du chapitre V suivis de dessins plus hachés rompent le rythme plus personnel des premiers chapitres. Cependant les chapitres VI, VII et VIII deviennent plus spécifiques dans la description des pierres qu'il faut reconnaître pour pouvoir les tailler et donnent les détails pour faire des voutes et contre-courbes dans les coins. Cet ouvrage marque un réel changement de point de vue de la part de l'architecte. Les raisons données au roi et au lecteur participent à un mouvement de construction d'un autre ordre. En trompe-l'œil, le livre se montre éloquent et prolixe sur la réussite de l'entreprise. Il intègre le connu, mais le dis-sèque et le présente toujours avec des précisions sans cesse remaniées au fil des pages. Le traité est inachevé. L'auteur n'a pas eu le temps, semble-t-il de rédiger un second volume dans lequel il avait prévu de représenter ses propres œuvres avec sa doctrine de la "divine proportion." Moment important dans l'édition, il explique un mouvement sur la nécessité de mettre à plat des connaissances traditionnelles, véhiculées souvent oralement de maître à apprenti. En mettant ce livre de façon plus accessible pour tous, l'auteur utilise l'imprimerie pour divulguer un savoir spécifique : celui de mettre en relief des techniques nouvelles remplaçant poutres et solives à la manière des pierres dans une voute. Il souligne d'ailleurs qu'il a lui-même inventé les traits et le maniement des outils. Cette découverte résout, selon lui, les problèmes techniques traditionnels de charpente, de leur entretien, et permet d'ajouter des pièces maintenant standardisées et éviter les limites de travail avec les poutres.

C'est dans *Le Premier tome de l'architecture* que l'auteur révèle des facettes plus personnelles, plus intimes, mais aussi semble vouloir se distancer de ses maîtres tels Alberti ou Serlio. En intégrant un traité technique au livre, Philibert de l'Orme ne propose pas un livre d'initiation ou une progression didactique. Si l'auteur a une connaissance de chantier pour bien expliquer les moments cruciaux pour bâtir, si son éducation et ses nombreux voyages en Italie[29] lui ont permis de renforcer ses talents et de bien comprendre les mouvements artistiques sophistiqués, ainsi que la fréquentation à la cour des mouvements humanistes, sa culture protéiforme surgit à chaque tournant de page dans cet ouvrage. Dédié à Catherine de Médicis, l'épitre au lecteur renforce l'idée de l'importance de ce livre :

> ...es cruditions. De la il nous fault indubitablement penfer, qu'il y a auiourd'huy peu de vrais Architectes, & que plufieurs qui f'en attribuent le nom, doibuent pluftoft eftre appellez maiftres maçons , qu'autrement . Car les vns fe font feulement voulus exercer aux œuures manuelles, fans fe foucier de la cognoiffance des lettres & difciplines, qui a efté caufe qu'ils n'ont tant fceu faire par leurs labeurs , qu'ils ayent acquis grande reputation . Les autres tout au contraire fe font arreftez aux lettres feules, & demonftrations Geometriques, fans les appliquer à l'œuure, qui a fait que feulement ils ont fuiuy l'vmbre de ce beau corps d'Architecture, fans aucunement paruenir à la vraye cognoiffance & vfage de l'art, ainfi que Vitruue a fort

Ce ne sera d'ailleurs pas la dernière fois que l'auteur renouvellera son avertissement de nouveauté et d'explication géométrique : les premières pages allongent et reprennent la discussion de l'épitre en tourbillon dans les chapitres IV et V par exemple. En donnant divers commentaires sur les marges, Philibert de l'Orme semble vouloir marteler sur la page l'intérêt de ce qu'il fait et de comment il le fait. Les digressions s'ensuivent et le lecteur peut se demander les raisons d'un tel intérêt et d'une telle poursuite. Il se peut que l'égo de l'auteur y soit pour quelque chose. Il se peut également qu'il veuille également se protéger des critiques. Une manière de donner "en trompe-l'œil" toute une nouvelle économie de l'architecture se met en place et divulgue par l'intermédiaire de l'imprimerie des connaissances tous azimuts : pour l'apprenti, le roi, ou le curieux. Car comme il l'écrira :[30]

> ̀re, qui eiι au αesnonneur αe l'Arcnitecte, meſmes quad l'œuure couſte plus qu'il ne conuiét. Car il ne luy doit eſtre aſſez de bien accommoder toutes choſes, ſçauoir donner toutes meſures, & ſymmetries bien ordonnées, & proprement diſpoſer le tout, ſil ne monſtre par effeɔ̃t qu'il eſt bon meſnager, & qu'il entéd bien la valeur & pris des œuures: àfin que le ſeigneur ne ſoit trompé, & que l'œuure ne couſte plus qu'il n'appartiét,&auſſi que outre l'honneur qu'il en receura, il en ayt digne recompenſe. Par ainſi

De l'Orme semble jouer sur tous les tableaux, et le traité le reflète bien dans la disposition de l'ensemble, dans les dessins et dans les marges souvent ponctuées de commentaires. L'œil descriptif de ce monde d'architecture écarte et remet sans cesse en scène la question de l'attention sur les détails. Absorbé par ce qui se voit, la multiplication et la variété des exemples reflètent une transformation qui s'affine au fur et à mesure des livres. Tous les éléments humbles présentés exposent maintenant à l'œil de l'auteur ou du spectateur une refonte de l'espace avec des reflets, des digressions et des hors cadres. À l'intérieur de ce système perspectiviste, l'emploi d'horizons élevés et d'espaces fermés vont transformer le savoir tout en cachant en même temps d'autres pans de l'histoire ou du dessin dans sa place dans le livre. Ainsi, les premiers chapitres du livre I reprendront ce qui a été dit dans le livre des *Nouvelles inventions*. Ils discutent de la qualité du choix d'un bon architecte et des raisons pour lesquelles un travail bien exécuté sur les matériaux est crucial. Pour l'auteur, il est impérieux de revenir sans cesse sur les conseils pour éviter tout problème de construction, de paiement, ou de heurt avec les commanditaires ou les ouvriers.

Les chapitres VI–XII insistent bien de nouveau sur l'importance de l'architecte et la raison pour laquelle ses connaissances doivent être nombreuses. Une cartographie de la puissance, du pouvoir et de l'éthique de cette profession est instaurée. Si les chapitres XII et XIII ramènent le discours sur les matériaux et les effets qu'il faut en tirer, l'importance et la dévotion de l'architecte reviennent en leitmotiv à chaque tournant de page.

Les chapitres XII–XVI semblent marquer un tournant : les effets de trouver les bonnes pierres et leurs conséquences sur la construction sont alors mis en relief. Cependant, De L'Orme joue sur les notions de la grandeur de la France et de sa géographie tout en replaçant ici et là la fonction cruciale du créateur de l'édifice.

C'est certainement dans les livres II et III sur les bâtiments et les précisions des outils et des matériaux que le traité devient plus technique. En même temps, en voulant placer "l'artifice des traicts géométriques," l'auteur essaime des figures assez ésotériques car les points de vue multiples qu'il examine soumettent une perspective souvent inversée, projetant alors l'espace de façon autre. Ces divers plans donnent au lecteur une utilisation plus spécifique des outils : il peut déplacer son dessin dans de nombreux sens et de nombreuses orientations (Figure 11.4).

Ainsi, pour continuer dans sa lancée, De l'Orme exécute de nombreux plans de voute au livre IV et notamment ceux des voutes et trompes du château d'Anet. Le tourbillon projeté sur la page montre une connaissance fort juste des problèmes de construction, mais fait dévier l'attention du lecteur sur les courbes qui se croisent et se recroisent. En particulier la démonstration de la vis dans une voute et dans les carrés permet une superposition d'angles.

En abordant dans le livre V et VI le décor avec les différents ordres toscan, corinthien, etc., De l'Orme soumet un profil plus personnel aux données de Vitruve ou Serlio. Les bouclés des colonnes et les chapiteaux sont mécaniquement analysés mais révèlent bien des dessins de chérubins aux autres figures ou dessins en trompe-l'œil : ils s'échappent de leur espace dévolu et font miroiter d'autres jeux sur l'espace. Dans les derniers livres VII–IX, l'architecte aborde les différentes sortes d'ouverture, des fenêtres et lucarnes, pour s'occuper ensuite des façades et de leur mise en place et des cheminées et de leur bon fonctionnement, tirage, emplacement. Le traité se termine sur une réflexion du travail crucial de l'architecte. En soumettant des solutions rares et souvent originales, le constructeur cède souvent la place au bizarre, au caché, et met en avant son savoir-faire. L'humanisme dans ce travail de mutation d'images joue sur un double niveau : en donnant du réel et de la matérialité à ces structures sur la page binaire, au moyen de l'utilisation de diverses perspectives, l'auteur marque également la spécificité de l'homme et aussi une certaine humanisation de son univers.

Trois illustrations peuvent également retenir l'attention du lecteur car ils font dévier l'attention sur autre chose en trompe-l'œil. Ainsi, dans la préface (Figure 11.5), un homme penché touche le compas enroulé d'un serpent. Le symbole du compas reste important pour l'auteur puisqu'il vient de réexaminer une fois de plus le statut de l'architecte et les écueils qu'il doit éviter (le serpent et les mauvaises langues ou les perfidies). Un oiseau semble caché dans les plis du manteau de l'homme et la vignette apposée hors cadre ainsi que les acanthes s'enroulent autour en trompe-l'œil. Dans les deux dessins suivants, le lecteur suit

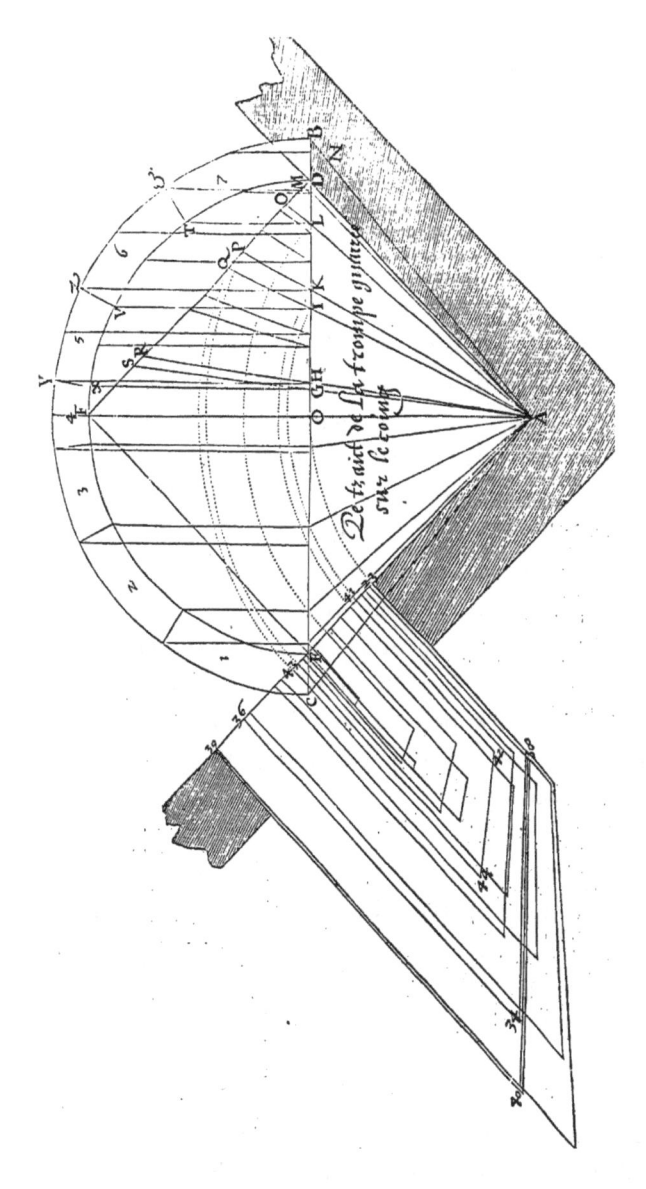

Figure 11.4. **Philippe de l'Orme, Livre IV,** *vis à gilles dans un carré.* Courtoisie de la BnF, Paris.

les traces des manches qui semblent se multiplier. Les perspectives sont multiples. Dans ces images, un sentiment d'instabilité en raison de la multiplication des angles pour les collines ou de la surabondance de feuillages ou la pose de l'oiseau (Voir Figure 11.5) déroute l'attention du lecteur sur autre chose, sur un univers plus compliqué qu'il n'y paraît au premier abord (Figure 11.6). Ainsi, dans cet extrait, le dessinateur semble courir de gauche à droite dans un premier plan. Le côté droit profile une petite maison entourée d'un point d'eau, d'où l'artiste semble s'être échappé. L'arrière-plan montre un château ceint de tours mais se voit difficile d'accès en raison de ces petits monts pointus. Le plus étonnant réside dans la non-réalisation des mains. Sont-elles cachées ? En miroir, De l'Orme pourrait vouloir dire que la vie est courte et les "petites mains" c'est-à-dire les ouvriers qualifiés doivent se montrer vigilants.

Dans le dernier dessin issu du livre IX (Figure 11.7) l'abondance et la richesse de décor, du château et de la flore en arrière-plan semblent s'acharner dans les volutes et les arabesques. Le maître, quant à lui, a des mains dont les mains sont des branches. Il essaye de faire profiter un jeune apprenti admiratif d'un discours.

La conquête de la forme sur l'informe mobilise le lecteur et imprime une allure dynamique qui traverse tout le livre. On se prendrait à penser que l'art de ces traités est celui d'un œil-monde, où le double regard du tout et du détail, de la cartographie spatiale qui est soumise trouve ses propres pas scientifiques, les enregistre. Et de cette vision, de cette duplication, la surface de ce monde se transforme. Ici le double n'est pas le dessin-monde mais un essai de transformation qui devrait pouvoir le comprendre. Oscillant entre microscope et macroscope, les traités d'architecture tentent de réagir pour affirmer une autre identité d'une vision globale mais critique.

D'un point de vue cognitif, le système de références auquel s'adressent nos architectes expose une grande syntaxe des structures. L'introduction d'un symbolisme des dimensions spatiales devient sensible. En restant prudents, car ils ont souvent vu les difficultés que les hommes de savoir avaient à proposer sur les thèmes du cosmos, ou à tempérer avec les discordes sur les perspectives, les architectes étudiés n'oublient pas de s'en servir et de valider leurs œuvres. Ces constructions de traités semblent vouloir étendre l'espace de la page vers d'autres lieux en trompe-l'œil. Mais ils ne sont pas les seuls. Rabelais, entre-autre se servira brillamment de leurs œuvres pour cacher certaines structures dans son *Gargantua*. Ou plus tard, *Le Voyage des Princes fortunez* de 1610 et *le Moyen de parvenir* de 1616 de Béroalde de Verville suivront la ligne de Caus, ou de Descartes dans les jeux de décor et des stratégies importantes d'anamorphoses et de trompe-l'œil.

Passeurs soucieux de montrer des savoirs polymorphes, refusant de transmettre certains stratagèmes, les architectes souligneront l'intégration des savoirs différents, le mélange de cultures initialement distantes (régionales, nationales ou étrangères). Si l'on peut être certain que le transfert de savoirs est maintenu dans un même corpus qui se réfléchit lui-même, le statut de l'auteur/architecte pose la

LIVRE III. DE L'ARCHITECTVRE

gnant tantoſt à l'vn, tantoſt à l'autre par vne ie ne ſçay quelle inconſtance & legereté, ains pluſtoſt qu'il ſuyue & imite les bons, à fin d'eſtre bon, & les ſçauants & ſages pour receuoir d'eux doctrine accompagnée d'honneur & bonne renommée. Ce faiſant il acquerra bruit auecques louange immortelle.Nous auons accompagné ledict Mercure de ſes trophées, qui ſont caducées & cers, ne voulans ſignifier autre choſe, ſinon que l'Architecte acquerra bruit & renommée en tout & par tout ſil *Approches et* obſerue ce que deſſus. Voila ce que ie propoſois vous dire ſur *preparatifs* l'interpretation de la figure ſuyuante. Reſte enfiler, comme *pour entrer* *dans le troi-* lon dit, noſtre eſguille pour bien coudre & aſſembler le corps & *ſieme liure.* matiere de ce Troiſieme liure, auecques l'ayde du compas & reigle. Ce que nous mettrons peine de faire & parfaire, moiennant la grace de Dieu, lequel de tresbon cueur ie ſupplie nous y vouloir conduire & diriger.

Figure 11.5. **Philippe de l'Orme, Extrait de la Préface, Livre III.** Courtoisie de la BnF, Paris.

Ecc

Figure 11.6. **Philippe de l'Orme, Extrait, Livre IX**. Courtoisie de la BnF, Paris.

Figure 11.7. **Philippe de l'Orme, Extrait, Livre IX, page 289.** Courtoisie de la BnF, Paris.

question d'une autorité dans toutes ces disciplines et peut parfois rendre caduque certaines transmissions au-delà de cadre de son œuvre.

Notes

1 Frédérique Lemerle et Yves Pauwels, *Architectures de papier. La France et l'Europe (xvie–xviie siècles)* (Turnhout : Brepols, 2013).

2 Gilles Deleuze, *Le Pli. Leibniz et le Baroque* (Paris : Minuit, 1988), 24.

3 Tom Conley, *The Self-Made Map. Cartographic writing in Early-Modern France* (Minneapolis: University of Minnesota Press, 1997).

4 Sebastiano Serlio, *Le premier livre d'architecture... Le second livre de perspective de Sebastian Serlio... mi en langue francoise*, traduit par Jean Martin (Paris : Jean Barbé, 1545), préface.

5 Leo Bagrow, *History of Cartography*, dir. R. A. Skelton (London: C. A. Watts & Co. Ltd., 1966).

6 Frédérique Lemerle, "La complexité de l'entreprise éditoriale à la Renaissance ; le cas du *De Architectura* de Vitruve," dans *Qui écrit ? Figures de l'auteur et poids des co-élaborateurs du texte (xve–xviie siècles)*, dir. Martine Furno (Lyon : ENS Éditions, 2009), 151–164.

7 Maurice Blanchot, *L'Entretien infini* (Paris : Éditions Gallimard, 1973), 35–42.

8 Androuet du Cerceau, *Les plus excellents bastiments de France...*, dir. David Thomson (Paris : Sand & Conti, 1988).

9 Lemerle et Pauwels, *Architectures de papier*, 51–82.

10 Diego de Sagredo, *Medidas del Romano: necessarias a los oficiales que quieren seguir las formaciones de las Basas, Colonas, Capiteles y otras piecas de los edificios antiguos* (Tolède: Petras, 1526).

11 *Le premier livre d'architecture... Le second livre de perspective...* (Paris : Barbé, 1545), et bien sur ses œuvres antécédentes : *Regole generali di architettura* (Venise: Marcolini, 1537) et *Il terzo libro* (Venise: Marcolini, 1540).

12 Yves Pauwels, "Serlio et le vitruvianisme français de la Renaissance : Goujon, Bullant, De l'Orme," dans *Sebastiano Serlio à Lyon. Architecture et imprimerie*, dir. Sylvie Deswarta-Rosa (Lyon : Mémoire active, 2004), 410–417.

13 Lemerle et Pauwels, *Architectures de papier*, 55.

14 Lemerle et Pauwels, 53.

15 Yves Pauwels, "Jean Bullant et le langage des ordres ; les audaces d'un temps," *Gazette des Beaux-Arts* 129 (février 1997), 85–100.

16 Yves Pauwels, "Leon Battista Alberti et les théoriciens français du xvie siècle ; le traité de Jean Bullant," *Albertiana* 2 (1999) : 101–114.

17 Heinrich von Geymüller, *Les Du Cerceau : Leur vie et leur œuvre d'après les nouvelles recherches* (Paris : Jules Rouam, 1887) ; Peter Führing et Jean Guillaume (éd), *Jacques*

Androuet du Cerceau "un des plus grands architectes qui se soit jamais trouvés en France" (Paris : Picard/Cité de l'architecture et du patrimoine, 2010).

18 Jacque Androuet du Cerceau, *Le livre d'architecture contenant les plans et dessaings de cinquante bastimens tous différens, pour instruire ceux qui désirent bastir, soient de petit, moyen ou grand estat* (Paris : Benoit, 1559).

19 Androuet du Cerceau, *Les plus excellents bastiments de France* (Paris : s.n., 1576–1579).

20 Androuet du Cerceau, *Le Premier (Second) volume des plus excellents bastiments de France. Auquel sont designez les plans de quinze bastiments et de leur contenu ensemble les elevations, et singularitez d'un chascun* (Paris : s.n.,1576).

21 Joseph Boillot, *Nouveaux pourtraicts et figures de termes* (Langres : Jen Des Preys, 1592).

22 Boillot, *Nouveaux pourtraicts*, préface.

23 Boillot, préface.

24 Boillot, préface.

25 Ernst Robert Curtius, *European Literature and the Latin Middle Ages*, traduit par Willard R. Trask (Princeton: Princeton University Press reprint, 1971).

26 André Chastel, *La grotesque* (Paris : Le Promeneur, 1988).

27 Jean-Marie Pérouse de Montclos, *Philibert de l'Orme Architecte du roi (1514–1570)* (Paris : Mengès, 2000) ; Yves Pauwels, *L'architecture et le livre en France à la Renaissance : "une magnifique décadence"* (Paris : Classiques Garnier, 2013), 123–127 et 175–189.

28 De l'Orme, *Nouvelles inventions*, 195.

29 Frédérique Lemerle et Yves Pauwels, *Philibert de l'Orme (1514–1570) : Un architecte dans l'histoire : Arts – Sciences & Techniques* (Turnhout : Brepols, 2016).

30 De l'Orme, *Le Premier tome de l'architecture*, préface.

Conclusion

Au cours de ce livre, nous avons pu voir que l'avancée extraordinaire des domaines économiques, socio-politiques, historiques et techniques a ouvert de vastes horizons dans l'art, la littérature et l'architecture au xvie siècle et notamment en France. Si les découvertes de l'imprimerie, des sciences et des mathématiques ont aidé les auteurs et les artistes étudiés, ils renvoient à des changements profonds pour la période qui s'étend de 1470 à 1600 en France.

L'hypothèse majeure et le fil rouge des chapitres ci-dessus sont que la complexité des textes et des œuvres d'art se manifeste dans des espaces singuliers renouvelés dans l'écriture et sur les lieux de l'architecture, des peintures, des galeries, ou des sculptures. Si Jean-Paul Sartre avait constaté que, par le chemin de la prose, on s'engageait vers une relation urgente, nécessaire et existentielle avec le monde,[1] on peut dire que la situation des débuts des anamorphoses et celles des trompe-l'œil en France informe sur les dilemmes de l'époque pour les mettre en relief, tout en essayant paradoxalement de les cacher. Au lecteur ou au spectateur de vouloir jouer.

Au début de cet essai, nous avons rappelé ce qu'étaient les diverses perspectives, les différents courants critiques qu'ils ont engendrés et avons répertorié et tenté d'expliquer leur développement en art et en littérature de 1470 jusqu'à 1600. Nous avons aussi observé l'attrait de la *camera obscura* dans l'utilisation des trompe-l'œil et les anamorphoses et leurs techniques (chapitre 1). Les implications de ces mouvements sont grandes pour un lecteur du xvie siècle comme pour un lecteur contemporain. En examinant certains créateurs et leurs différentes mises en scène de "cacheries," nous nous sommes aperçus que la forme et le support utilisés n'étaient pas toujours totalement sous leur emprise, mais qu'ils donnaient un produit combiné du savoir-faire, du hasard de la mise en forme des matériaux et de leur écriture : sous formes de gravures sur bois, d'estampes, de fresques, de lettrines sur les pages, de frontispices, de tapisseries, de vitraux, de meubles, de cartes, de lettres historiées, ou de grottesques, ils internalisent tous ces processus par la force de leur écriture et de la peinture. Ils remodèlent l'espace à leur façon dans un souci d'authenticité ou de jeu avec le spectateur ou le lecteur (chapitres 2 et 3). En associant les nouvelles techniques picturales et l'usage des trompe-l'œil et des anamorphoses, ils recherchent d'autres façons de raconter une histoire, brouillent les pistes, dévoilent d'autres facettes de la société, remodèlent l'art traditionnel de l'époque : ils s'attèlent aussi à créer une nouvelle unité dans le style de représentation qui allie de nouveaux matériaux et désintègrent souvent la perspective euclidienne pour former un autre cadre de représentation. Le résultat est souvent étonnant que ce soit pour l'école de Fontainebleau ou les fresques des châteaux comme Écouen, Tanlay, Anet, ou Oiron pour ne citer que ces quelques exemples (chapitre 4). Ils soulignent l'essor dynamique de la période et construisent un art débordant des cadres où l'ornement n'est plus valorisé en tant que tel mais devient un "matériau" privilégié qui redéfinit les espaces montrés.

Rabelais (chapitre 5), créateur de *Gargantua*, renvoie ainsi aux changements spatiaux que d'autres écrivains comme Béroalde de Verville suivront au siècle suivant.[2] La culture référentielle n'est plus un simple intérêt pour lui et notamment s'il faut signifier la gloire du prince, le triomphe de l'église, ou la réfutation de l'utopie. Tout semble dérouter le lecteur dans une abondance verbale, linguistique, sémiotique et également picturale. Rien ne semble jamais acquis chez Rabelais, et sa grande connaissance des corps ou des cartes se dessine en filigrane, au fil des pages, au gré du vent et de l'humeur de l'auteur. L'ouverture entre la littérature et l'architecture se veut conjointe. Chez Rabelais, un motif littéraire permettant de délivrer "caché" et en trompe-l'œil des idées se profile tout comme pourraient le faire les pierres qui se transforment en lettres en se donnant à lire. Les espaces d'expression s'entrecroisent, tout en empruntant tour à tour des motifs et des éléments stylistiques spécifiques. Le goût pour l'énigme et la fantaisie règne en maître. Les caractéristiques ambigües de Thélème et de la naissance de Gargantua marquent une nouvelle perspective qui s'accorde à exposer dans leurs trompe-l'œil et leurs dysfonctionnements d'autres jeux et d'autres mythes. Une recherche omniprésente dans l'esprit de la Renaissance se crée.

Tory dans son architecture de papier (chapitre 6) nous a tout d'abord proposé une approche symptomatique de tout faire voir et de tout faire entendre dans la construction de la langue française et de son histoire. Sous prétexte de "découvrir" tout ce qui est Français grâce aux lettres calligraphiées, modelées et régentées sous plusieurs perspectives, le texte s'est souvent obscurci de nombreux détours, d'anamorphoses et de trompe-l'œil où les détails se trouvent repris au fil des trois livres, marquant l'espace d'une écriture pleine, chargée de doubles ou de triples jeux sur les perspectives, sur l'avenir de la langue et de la civilisation française, de son présent et de son passé. Il en résulte un texte fort qui marque le siècle de nouveaux tracés virevoltant à travers les pages sur l'origine de l'écriture et de ses déviations. La mythographie gréco-latine française dont s'inspire l'auteur sert à instituer des repères bien français, rendre nationaux des objets et des lieux spécifiques à des degrés tels que ces objets ou lieux établissent des liens entre les dialectes locaux, le passé, et un modèle de perspective établi et réputé. Comme les cartes à venir, un système nationalisé, standardisé de lettres et d'espaces s'installe et fait entrevoir un style dédié au passé, retransmis et retranscrit qui fait surgir un personnage littéraire déstabilisant et détrompant tous les cadrages. En plein trompe-l'œil. En définitive, les images de cette écriture chez Tory ou Rabelais confèrent un autre statut à ces écrivains qui ne se font plus seulement historien d'un moment quand ils exposent chronologiquement les faits. En orientant les détails dans des associations symboliques, en les manipulant et en les bricolant par de nombreux trompe-l'œil et différents points de fuite, ces auteurs poursuivent une critique transposant la fugacité de l'histoire dans l'atemporalité de la mémoire.

Chez les cartographes (chapitre 8 et 9), les allégories des anamorphoses s'accumulent dans un jeu savamment précis. Le scalpel du topographe et du chorographe marche conjointement. Les cartes se dessinent souvent de façon nette dans l'École cartographique de Dieppe ou certaines représentations de la Méditerranée, mais elles déroutent aussi dans leur interprétation de l'espace. En créant une déformation des lieux et des cadres de la carte, les cartographes de la Méditerranée, de cette École cartographique de Dieppe avec les atlas de Vallard, Postel, Le Testu, ou la carte d'Oronce Finé valorisent un jeu singulier tout en éduquant le public de l'époque, critiquant et jouant sur les frontières et les espaces politiques et socio-économiques. En représentant le monde en ellipses, ou sous forme de femme, de cœur, ou de fleurs, ils évincent vite les cartes portulans. Leurs connaissances mathématiques leur permettent de jouer de la rondeur de la terre ou des formes connues de l'Europe. Ils redéfinissent un cadre de pensée et de représentation de l'espace. L'effet d'art de ce type de cartographie dépend de jeux complexes de plans faisant intervenir des mécanismes de projections et de transposition. Les anamorphoses et les trompe-l'œil proposent alors un va-et-vient constant d'images métonymiques et incrustées. La surface de la page renvoie ainsi à des plans intermédiaires qui transfèrent des effets qui transforment et altèrent le champ de vision du monde. Cette nouvelle dynamique de l'espace semble bientôt refondre également les territoires du Nouveau Monde.

Les espaces trouvés en Floride – répertoriés par le Français René Goulaine de Laudonnière et représentés à partir des premiers dessins de Jacques Le Moyne de Morgues par le graveur Théodore de Bry dont nous discutons au chapitre 10 – manifestent des moments importants dans l'appréhension du Nouveau Monde. Montrer et dessiner les lieux et les espaces impliquent tout un savoir que l'auteur met en relief. Les traits saillants rapportés par les explorateurs John White, Laudonnière et Hans Staden tentent d'expliquer pour les Européens les us et les coutumes des tribus rencontrées en Amérique : en même temps, Théodore de Bry cache des pans entiers de leurs récits de ce que ces voyageurs ne montrent pas ou ne disent pas. Ce non-dit est en trompe-l'œil notamment dans le récit du français Laudonnière et déjoue sans arrêt les desseins de l'auteur sur ce qui s'est passé. Les anamorphoses entre les textes et les images renvoient aux distorsions du Nouveau Monde et de l'Ancien. Ils interrogent la représentation et la figuration des autoch-tones sur leur devenir et leur éventuelle colonisation, tout en s'inquiétant des guerres civiles en France et des rituels religieux. Les regards se veulent plus "nou-veaux," mais participent souvent à une refonte de clichés, de cloisonnement entre les genres et leurs aspects itératifs.

L'étude des dessins des architectes au chapitre 11 a révélé de nombreux dilemmes sur les effets potentiels de ces trompe-l'œil et de ces anamorphoses. L'histoire de cette nouvelle architecture dans l'espace binaire de la page ne peut se dispenser de l'étude des premiers "historiens" des édifices de l'antiquité aux débuts de la renaissance italienne. En investissant des connaissances poussées sur les détails techniques mais aussi ornementaux, l'architecture devient chez Jean Goujon, Jean Bullant, Jacques Androuet du Cerceau, Joseph Boillot, ou Philippe de l'Orme autre chose : ils annoncent aussi de grands débuts pratiques pour la construction et l'agencement de châteaux, demeures, colonnes et ainsi de suite. Ces auteurs font souvent virevolter les perspectives en éclats. Ils partagent une culture qu'ils veulent transmettre à tous ceux qui, amateurs ou commandi-taires, sont susceptibles de regarder le tout et de comprendre l'ensemble des effets ou du détournement de leurs outils et de leur grammaire. Ces traités devenus vite indispensables, tout en étant consubstantiels à la nature même de l'architecture, permettent une meilleure compréhension de leur art, même s'ils le cachent. Dépeindre et construire un plan architectural devient la mise en œuvre d'un savoir du monde et une opération sur ce savoir, qui en déploie les effets rhétoriques et sophistiques, suscitant pour le lecteur de nombreux voyages a-normés dans leurs textes et leurs illustrations ; celui de chemins qui bifurquent et ne mènent nulle part, dans un temps souvent incertain. Les trompe-l'œil et les anamorphoses permettent alors d'aller souvent au-delà de ce qui est dit, favorisant des procédures de fragmentation, de montage et de collage, qui quelquefois détruisent l'harmonie du beau pour s'enrichir d'autres détails et de critiques en tourbillon. L'œil n'y est pas fixe et requiert une activité pluri-perspectiviste.

Dans le tissu créateur de l'inconscient, les articulations codées des trompe-l'œil et des anamorphoses dans les lettres mobiles et leurs images demeurent importantes. La transmission à grande vitesse de ces phénomènes devient un élément essentiel dans la "rhétorique" de celui qui écrit, qui peint, ou qui sculpte. Des images animées se déversent pour entraîner le spectateur à agir ou à répondre à leurs signaux. Quelques que soient les implications éthiques de ces manifestations, l'effet de coordination entre les divers éléments présentés dans les œuvres ou les livres organisent le mouvement et transforment les données premières. L'image se détache mais se joint également à un bout d'écriture pour montrer au spectateur/lecteur que l'image ne s'écrit pas : la place où elle se trouve demande de transgresser cette opposition. En offrant des codes complexes binaires, la stratégie engage une relation de spectacle, qui fait ressentir pour le spectateur et le lecteur un sentiment de manque qu'il doit sans cesse déjouer – pour jouer de nouveau sur une image ou une unité d'écriture plus loin.

En France, l'art de l'anamorphose et du trompe-l'œil se concrétise dans les arts au xvᵉ et au xviᵉ, mais c'est au xviiᵉ siècle qu'il entre dans sa période la plus cotée. Il se marie alors très bien au gout du baroque qui a le goût du faste et du spectacle : étonner, éblouir seront à l'ordre du jour. En jouant des contrastes, des éclairages et de la perspective, les écrivains, les artistes et les peintres exprimeront de nouveau dans leurs thèmes les mouvements et les formes. Leurs peintures et leurs écrits baroques partageront avec la sculpture des manières exagérées des personnages avec des gestes emphatiques, traduisant les passions humaines et révélant alors le désir de l'époque pour le lyrisme et le pathétique. Mais les toutes premières ébauches des trompe-l'œil et des anamorphoses à leurs débuts en France montrent déjà un souci de la part des artistes à renouveler des genres et à se distinguer des écoles italiennes ou flamandes. Leur face cachée souligne déjà les transformations et les bouleversements socio-économiques, politiques et religieux en pleine mutation, entres des moi enfouis, multiples, oscillant sans cesse entre être et illusion.

De tous ces textes, de toutes ces œuvres parcourues dans ces propos, les nouveaux formats et les nouveaux défis de l'époque, qu'ils soient politiques ou artistiques, sont fondamentaux pour la culture et la société de l'époque. En rendant complémentaire le quantitatif et le qualitatif des approches de l'espace, l'analyse reformule différents concepts et celles des images en alliant descriptif et fictionnel, le pensé et le vécu, des différents instants qui parcourent son histoire. En établissant des convergences et des interactions entre les genres et les différents espaces du sol, du plafond, des coins et des reliefs, plaintes et linteaux, les mouvements naissants en France des trompe-l'œil et des anamorphoses suscitent de nouveaux dialogues entre les différents savoirs. En résistant aux schémas de pensée ou de forme verbale connus de l'époque, ces textes et ces œuvres d'art fournissent alors d'autres moyens de travailler avec la matière langagière et les nouveaux procédés techniques employés, tout en racontant l'histoire de la médiation qui imprègne la culture de l'époque. Ils restent vitaux et rayonnent encore de nos jours. Ces mouvements et ces détournements annoncent déjà l'art baroque, où la certitude classique de dominer sa matière est remise en cause[3]. En ignorant déjà la stabilité et en voulant donner le tempo même de la vie et les manières multiples de la façonner, les premiers trompe-l'œil et les anamorphoses plongent l'histoire française dans une accélération prodigieuse, dans un monde géographique en pleine expansion. Ces courants permettent indéniablement un enrichissement de la culture et du goût français.

Notes

1 Jean-Paul Sartre, *Qu'est-ce que la littérature ?* (Paris : Gallimard, 1974).

2 Béroalde de Verville, *L'histoire veritable ou le voyage des princes fortunés.* (Paris : Passage du Nord/Ouest, 2005). Dans le livre de Ilana Zingeur. *Le roman stégarnomorphique. Le voyage des Princes Fortunez de Beroalde de Verville* (Paris : Honoré Champion, 1993), l'auteure reprend et développe les démarches variées couvrant l'optique, l'astronomie pour les diverses couches structurales de la structure du texte.

3 Sanam Nader-Esfahani. *Knowledge and Representation through Baroque Eyes: Literature and Optics in France and Italy ca. 1600–1640.* Doctoral dissertation, Harvard University, Graduate School of Arts & Sciences, 2016.

Bibliographie Sélective

Abraham, Nicolas. *L'écorce et le noyau*. Paris : Aubier-Flammarion, 1978.

Acidini Luchinat, C. "La grottesca." In *Storia dell'arte italiana*, vol. IV, Turin, 1982.

Adeline, Jules. *Lexique des termes d'art*. Paris : A. Quantin Éditeur (1ère éd, 1888).

Ajuriaguerra, J. et al. "L'écriture en miroir." *La Semaine des Hôpitaux de Paris* 2 (1956) : 80–86.

Akerman, James. *Distance Points: Essays in Theory and Renaissance Art and Architecture*. Boston: MIT Press, 1991.

———. *On the Shoulders of Titan: Viewing the World of the Past in Atlas Structure*. PhD diss., Pennsylvania State University, 1991.

Akerman, James, and Buisseret, David. *Monarchs, Ministers, and Maps: A Cartographic Exhibit at the Newberry Library*. Chicago: Newberry Library, 1985.

Akerman, James, Buisseret, David, and Karrow, Robert. *Two by two: Twenty-two Pairs of Maps from the Newberry Library Illustrating 500 Years of Western Cartographic History*. Chicago: Newberry Library, 1993.

Alberti. *Della Pittura*, 1435–1436. Traduit par John R. Spencer. *On paintings*. Revised edition. New Haven: 1966.

Allen, Phillip. *The Atlas of Atlases: The Map Maker's Vision of the World*. New York: Abrams, 1992.

Allen, W. Sidney. "Kalóyeros: An Atlantis in Microcosm?" *Imago Mundi* 29 (1977): 54–71.

Anderson, Wilda. *Diderots's Dream*. Baltimore: Johns Hopkins University Press, 1990.

Anthiaume, L'abbé. *Cartes Marines, Constructions Navales, Voyages de Découverte chez les Normands, 1500–1650*. Paris : Dumont, 1916.

Apian, Pierre. *Cosmographicus Liber Petri Apiani Mathematici studiose collectus. Excussum Landshuti typis ac formulis.* D. Joannus Weyssenburgers, Impensis Petri Apiani, 1524.

———. *Cosmographie ou description des quatre parties du monde, contenant la situation, division, et estendue de chascune région et province d'icelles, escrite en latin.* Corrigée et augmentée par Gemma Frison. Anvers : Jean Bellere, à L'Aigle d'or, 1581.

———. *Cosmographie.* Traduction, Paris : V. Gualtherot, 1551.

Arentsen, J. G. *Imago mundi cartographica.* Munich: Fink, 1984.

Aronson, Nicole. *Les Idées politiques de Rabelais.* Paris : Nizet, 1973.

Ariès, Philippe. *Essais sur l'histoire de la mort en Occident.* Paris : Seuil, 1975.

Atkinson, Geoffroy. *Les nouveaux horizons de la Renaissance française.* Paris : Droz, 1935.

Auclair, Valérie. "L'invention décorative de la galerie François Ier au château de Fontainebleau." *Société Française d'Études du Seizième Siècle* 3 (2007) : 9–35.

Auerbach, Erich. *Mimesis.* Traduit par Williard R. Trask. New York : Doubleday, 1956.

———. *Scenes from the Drama of European Literature.* Minneapolis: University of Minnesota Press, 1984.

Aulagnier, Piera. *L'apprenti-historien et le maître sorcier.* Paris : Presses Universitaires de France, Série Fil rouge, 1984.

———. *Un interprète en quête de sens.* Paris : Ramsay, 1986.

———. *La violence de l'interprétation : Du pictogramme à l'énoncé.* Paris : Presses Universitaires de France, Série Fil rouge, 1975.

Aulotte, Robert. *Précis de littérature française du xviᵉ siècle.* Paris : PUF, 1991.

Azzi-Visentini, Margherita. "Cuirs et cartouches." Dans Alain Grüber (ed.), *L'Art décoratif en Europe classique et baroque*, 163–170. Paris : Citadelles & Mazenod, 1993.

Bachelard, Gaston. *Poétique de l'espace.* Paris : PUF, 1957.

Bagrow, Leo. *History of Cartography.* Revised by R. A. Skelton. London: C. A. Watts & Co. Ltd., 1964.

Bailblé, Claude. "Le concert et son double" *L'audiophile* 1 (octobre 1988).

Bakhtine, Mikhail. *François Rabelais et la culture populaire au Moyen-Âge et sous la Renaissance.* Paris : Gallimard, 1982.

———. *L'œuvre de François Rabelais et la culture populaire au Moyen-Âge.* Cambridge, MA : MIT Press, 1968.

———. *Rabelais et le Moyen-Âge sous la Renaissance.* Paris : Gallimard, 1968.

Balavoine, Claude. "Une écriture emblématique ?" In *Rhétorique de Montaigne*, edited by Frank Lestringant, 59–72. Paris : Champion, 1985.

Ballon, Hilary. *The Paris of Henry IV: Architecture and Urbanism.* Cambridge, MA: MIT Press, 1991.

Baltrušaitis, Jurgis. *Anamorphoses. Les perspectives dépravées.* Paris : Flammarion, 1984.

———. *Le Miroir.* Paris : Elmayan et Seuil, 1978.

———. *Le Moyen-Âge fantastique.* Paris : Colin, 1955.

———. *Le Moyen-Âge fantastique. Antiquités et Exotismes dans l'art gothique.* Paris : 1981.

———. *Réveils et prodiges.* Paris : Colin, 1960.

———. *La Stylistique ornementale dans la sculpture romane.* Paris : Leroux, 1931.

Baraz, Michel. *Rabelais et la joie de la liberté.* Paris : Corti, 1983.

Baridon, Laurent. *Un atlas imaginaire. Cartes allégoriques et satiriques* (Paris : Citadelles & Mazenod, 2011).

Barthes, Roland. *Le degré zéro de l'écriture.* Paris : Seuil, 1972.

―――. *Éléments de sémiologie.* Paris : Mouton, 1973.

―――. *Mythologies.* Paris : Points, 1970.

―――. *L'obvie et l'obtus. Essais Critiques III.* Paris : Seuil, 1982.

Bastide, Roger. "Le rire ou les courts-circuits de la pensée." Dans Jean Pouillon et Pierre Maranda, *Échanges et Communications : Mélanges offerts à Claude Lévi-Strauss à l'occasion de son 60ᵉ anniversaire,* 954–963. Vol. 2. Paris : Mouton, 1970.

Bataillon, Marcel. *Études sur Bartolomé de Las Casas.* Paris : Centre de Recherches de l'Institut d'Études Hispaniques, 1965.

―――. *Las Casas et la défense des indiens.* Paris : Julliard, 1971.

Bateson, Gregory. *Steps to an Ecology of Mind.* New York: Ballantine Books, 1972.

Battisti, E. *L'antirinascimento.* Milan : 1962.

Baverest, Daniel, Goutagny, Pascale et Méasson, Josette. Les *Cartographes et les nouveaux mondes.* Bonsecours : Points de vues, 2011.

Baxandall, Michael. *Les Humanistes à la découverte de la composition en peinture.* Paris : Seuil, 1989.

―――. *Shadows and Enlightenment.* New Haven: Yale University Press, 1995.

Beaujour, Michel. *Le jeu de Rabelais.* Issoudun : L'Herne, 1969.

―――. *Miroirs d'encre.* Paris : Seuil, 1980.

Beaulieux, Charles. *L'histoire de l'orthographe française.* 2 vols. Paris : Champion, 1967.

Béguin, S., Guillaume, J. et Roy, A. *La Galerie d'Ulysse à Fontainebleau.* Paris : 1985.

Béguin, S. *L'École de Fontainebleau, le maniérisme à la cour de France.* Paris : 1960.

Belting, Hans. *L'image et son public au Moyen-Âge.* Paris : Gérard Montfort, 1998.

Benjamin, Walter. *Illuminations.* Traduit par Harry Zohn. New York : Schoken, 1971.

Bennassar, Bartolomé, et Bennassar, Lucile. *1492, un monde nouveau ?* Paris : Perrin, 1991.

Benveniste, Émile. *Problèmes de linguistique générale.* 2 vols. Paris : Gallimard, 1966.

Bergeon-Langle, Ségolène, et Curie, Pierre. *Peinture et dessin, vocabulaire typologique et technique.* Paris : Éditions du patrimoine, 2009.

Berger, Marcel. *Géométrie.* Paris : Cédric Fernand Nathan, 1977.

Berliner, R., and Egger, G. *Ornementale Vorlageblätter des 15. bis 19. Jahrhunderts.* 3 vols. Réédition, Munich: 1981.

Bernand, Carmen, et Gruzinski, Serge. *Histoire du nouveau monde. De la découverte à la conquête.* Paris : Fayard, 1991.

Bernleithner, Ernst. *"Austria" (Vienna 1561).* Edited by Wolfgang Lazius. Sixth series, vol. 2. Amsterdam: Theatrum Orbis Terrarum Ltd., 1972.

Bersani, Leo and Dutoit, Ulysse. *The Forms of Violence.* New York: Schocken, 1985.

Bersani, Leo. *The Culture of Redemption.* Cambridge, MA: Harvard University Press, 1990.

Besse, Jean-Marc. *Les grandeurs de la Terre. Aspects du savoir géographique à la Renaissance.* Paris : ENS, 2003.

Black, Jeremy. *Maps and Politics.* Chicago: Chicago University Press, 1997.

Blanchot, Maurice. *L'Entretien infini.* Paris : Gallimard, 1969.

―――. *Le livre à venir.* Paris : Gallimard, 1959.

————. *Le pas au-delà.* Paris : Gallimard, 1973.

Bloom, Harold. *A Map of Misreading.* New York: Oxford University Press, 1975.

Boespflug, François. *Dieu dans l'art à la fin du Moyen-Âge.* Genève : Droz, 2012.

Boespflug, François, et Zaluska, Yolanda. "L'enluminure en France au xvᵉ siècle." Dans Christine Prigent (ed.), *Art et Société en France au xvᵉ siècle,* 295–313. Paris : Maisonneuve & Larose, 1999.

Bony, Jean. *French Gothic Architecture of the Twelfth and Thirteenth Centuries.* Berkeley: University of California Press, 1983.

Boorstin, Daniel. *Les découvreurs. D'Hérodote à Copernic, de Christophe Colomb à Einstein, l'aventure de ces hommes qui inventèrent le monde.* Paris : Seghers, 1986.

Bordone, Benedetto. *Libro . . . de tutte l'isole del mondo.* 1528. Facsimile of original, with an introduction by R.A. Skelton. Amsterdam: Theatrum Orbis Terrarum Ltd, 1966.

Borel, France. *Le peintre et son miroir.* Paris : La Renaissance du livre, 2002.

Boudon, Françoise, et Blécon, Jean. *Le Château de Fontainebleau de François Iᵉʳ à Henri IV.* Paris : Picard, 1998.

————. "La vis, la marche et le noyau. Leurs relations au début du xviᵉ siècle." Dans *L'escalier dans l'architecture de la Renaissance,* 75–81. Paris : Picard, 1985.

Boulman, José, et Janssen, Frans A. "Champ fleury revisited; some of Tory's sources reconsidered." *Quærendo* 26, no. 1 (Winter 1996): 37–51.

Bourdieu, Pierre. *Les règles de l'art. Genèse et structure du champ littéraire.* Paris : Seuil, 1992.

Bovelles, Charles de. *Livre singulier et utile, touchant à l'Art et Pratique de Géométrie.* Paris : Simone de Collines, 1542.

Bowie, Malcolm. *Freud, Proust, and Lacan: Theory as Fiction and Fiction as Theory.* Cambridge, MA: Cambridge University Press, 1987.

Bréard, Charles et Barrey, Philippe. *Mélanges.* Rouen : Société de l'Histoire de Normandie, 1889.

Brennan, Teresa. *History after Lacan.* London: Routledge, 1993.

Brion, Marcel. *Léonard de Vinci.* Paris : Albin Michel, 1995.

————. *Léonard de Vinci, l'inventeur.* Martigny : Éditions de Lausanne, Fondation Pierre Gianadda, 2002.

Broc, Numa. "Les cartes de France au xviᵉ siècle." Dans Frank Lestringant et Jean-Claude Margolin (éds.), *Voyager à la Renaissance,* 221–241. Paris : Aux Amateurs de Livres, 1987.

————. *La géographie de la Renaissance (1420–1620).* Paris : Bibliothèque Nationale, 1980.

————. "Quelle est la plus ancienne carte 'moderne' de France ?" *Annales de géographie* 92 (Sept-Oct. 1983) : 513–529.

Brown, Cynthia J. "L'éveil d'une nouvelle conscience littéraire en France à la grande époque de transition technique : Jean Molinet et son moulin poétique." *Le moyen français* 22 (1988) : 15–35.

————. "Text, Image, and Authorial Self-Consciousness in Late Medieval Paris." In Sandra Hindman (ed.), *Printing the Written Word: The Social History of Books, circa 1450–1520,* 103–142. Ithaca: Cornell University Press, 1991.

————. *Poets, Patrons, and Painters: Crisis of Authority in Late Medieval France.* Ithaca: Cornell University Press, 1995.

Brown, Lloyd A. *The Story of Maps.* Reprint. New York: Dover Books, 1977.

Bruber, A. *Grottesques, un style ornamental dans les arts textiles du xvi⁰ siècle.* Catalogue d'exposition. Abegg Stiftung : Riggesberg, 1985.

Brun, Robert. "Un illustrateur méconnu : Oronce Finé." *Arts et métiers graphiques* 41 (May 1934) : 51–57.

———. *Le livre français illustré de la Renaissance.* Reprint, Paris : Picard, 1969.

———. "Maquettes d'éditions d'Oronce Finé." Dans *Studia Bibliographica in honorem Herman de La Fontaine Verwey,* 36–42. Amsterdam : Hertzberger, 1969.

Brunet, Roger. *La carte mode d'emploi.* Paris : Fayard, Reclus, 1987.

Brunon, Françoise. *L'emblème à la Renaissance.* Paris : Société des Éditions Supérieures, 1980.

Brunot, Ferdinand. *Histoire de la langue française de ses origines à 1900.* 2 vols. Paris : Colin, 1905.

Bruyne, Edgar de. *Études d'esthétique médiévale.* 3 vols. Bruges : de Tempel, 1946.

Bryson, Norman. "The Gaze in the Expanded Field." In Hal Foster (ed.), *Vision and Visuality,* 87–114. Seattle: Bay Press, 1988.

Bubb, Martine. *La Camera obscura : Philosophie d'un appareil.* Paris : l'Harmattan, 2010.

Bucher, Bernadette. *La Sauvage aux seins pendants.* Paris : Hermann, 1977.

Buisseret, David. "L'atelier cartographique de Sully à Bontin : L'œuvre de Jacques Fougeu." *Le xvii⁰ siècle* 44, no. 1 (Jan.–Mar. 1992) : 109–115.

———. *Henry IV.* London: Allen & Unwim, 1984.

———. "Les ingénieurs du roy au temps de Henri IV." *Bulletin de la Section de Géographie* 77 (1964) : 13–84.

———. *Monarchs, Ministers, and Maps: The Emergence of Cartography as a Tool of Government in Early Modern Europe, 1–4.* Chicago: University of Chicago Press, 1992.

Bulliet, R. W. "The Camel and the Wheel." In Marc Ferro (ed.), *Social Historians in Contemporary France.* New York: Harper, 1972.

Busson, Henri. *Le rationalisme dans la littérature française de la Renaissance.* Paris : Vrin, 1993.

Butler, Pierce. *The Origin of Printing in Europe.* Chicago: University of Chicago Press, 1940.

Butor, Michel. *Les mots dans la peinture.* Paris : Gallimard, 1968.

Butsch, Albert Fidelis. *Handbook of Renaissance Ornament.* Nouvelle introduction et images par Alfred Werner. New York: Dover Books, 1969.

Byrne, J. S. *Renaissance ornament prints and drawings.* New York: The Metropolitan Museum of Art, 1981.

Calabrese, Omar. *L'art du trompe-l'œil.* Paris : Citadelles & Mazenod, 2010.

Cali, François. *L'ordre flamboyant et son temps. Essai sur le style gothique du xiii⁰ au xvi⁰ siècle.* Paris : Arthaud, 1967.

Camille, Michael. "Reading the Printed Image: Illuminations and Woodcuts of the Pélérinage de la vie humaine in the Fifteenth Century." In Sandra Hindman (ed.), *Printing the Written Word: The Social History of Books, circa 1450–1520,* 259291. Ithaca, NY: Cornell University Press, 1992.

Campbell, Tony. *The Earliest Printed Maps.* Berkeley: University of California Press, 1987.

———. "Portolan Charts from the Late Thirteenth Century to 1500." *Harley and Woodward* (1987): 371–463.

Camporesi, Piero. *La chair impassible.* Paris : Flammarion, 1986.

————. *L'enfer et le fantasme de l'hostie, une théologie baroque.* Traduit par Monique Aymard. Paris : Hachette, 1989.

————. *L'officine des Sens. Une anthropologie baroque.* Traduit par Myriem Bouzaher. Paris : Hachette, 1989.

Canada Public Archives. *Sixteenth-Century Maps Relating to Canada: a check-list and bibliography.* Ottawa: 1956.

Cantile, Andrea. *Leonardo Genio e Cartografo. La rappresentazione del territorio tra scienza et arte.* Firenze: Istituto Geografico Militare, 2003.

Carile, Paolo. *Huguenots sans frontières. Voyage et écriture à la Renaissance et à l'âge classique.* Paris : Honoré Champion, 2001.

Carpo, Mario. *Architecture in the Age of Printing; Orality, Writing, Typography, and printed Images in the History of Architectural Theory.* Trans. Sarah Benson. Cambridge: MIT Press, 2001.

Carsten, T. W. *Die ornamentale Groteske in Deutschland (1500–1650).* 2 vols. Berlin: 1979.

Cartier, J. Relations. Édition critiquée par Michel Bideaux, collection Bibliothèque du Nouveau Monde. Montréal : Presses Universitaires de Montréal, 1986.

Casas, Bartolomé de las. *Histoire des Indes.* Traduit par Jean-Pierre Clément et Jean-Marie Saint-Lu. 3 vols. Paris : Éditions du Seuil, 2002.

Cassirer, Ernst. *La Philosophe des formes symboliques. La pensée mythique.* Paris : Minuit, 1972.

————. *The Individual and Cosmos in Renaissance Philosophy.* 1953. Philadelphia: University of Pennsylvania Press, 1979.

Castela, Henri. *Le Sainct voyage de Hierusalem et Mon Sinay, faict en l'an du Grand Jubile, 1600.* Paris : 1603.

Castelnuevo, E. Introduction et "Le maître du 'document humain.'" Dans *Chefs d'œuvres de l'art – Grands peintres,* 167–171. Paris : Fabbri Editori, 1966.

Catach, Nina. *L'orthographe française à l'époque de la Renaissance.* Genève : Droz, 1968.

Cave, Terence. *The Cornucopian Text: Problems in Writing in the French Renaissance.* Oxford: Clarendon Press, 1979.

————. *Literary Theory and Renaissance Texts.* Baltimore: Johns Hopkins Press, 1986.

————. *Pré-histoires. Textes troublés au seuil de la modernité.* Genève : Droz, 1999.

————. "Travelers and Others: Cultural Connections in the Works of Rabelais." In Jean-Claude Carron (ed.), *François Rabelais: Critical Assessments,* 68–80. Baltimore: Johns Hopkins University Press, 1995.

Céard, Jean. "Jeu et Divination à la Renaissance." Dans Philippe Ariès et Jean-Claude Margolin (eds.), *Les jeux à la Renaissance : Actes du xxiiiᵉ colloque international d'études humanistes,* 405–420. Paris : Vrin, 1982.

————. *La nature et les prodiges.* Genève : Droz, 1971.

————. *Le rébus de la Renaissance : Des images qui parlent.* 2 vols. Paris : Maisonneuve et Larose, 1986.

————. *Voyager à la Renaissance. Actes du Colloque de Tours 1983.* Édité par Jean-Claude Margolin. Paris : Maisonneuve & Larose, 1987.

Cerceau, Jacque Androuet du. *Le livre d'architecture contenant les plans et dessaings de cinquante bastimens tous différens, pour instruire ceux qui désirent bastir, soient de petit, moyen ou grand estat.* Paris : Benoit, 1559.

———. *Medidas del Romano: necesarias a los oficiales que quieren seguir las formaciones de las Basas, Colonas, Capiteles y otras piecas de los edificios antiguos.* Tolède: Petras, 1526.

———. *Les plus excellents bastiments de France.* Présentation et commentaires par David Thomson. Paris : Sand & Conti, 1988.

———. *Un des plus grands architectes qui se soit jamais trouvés en France.* Paris : Picard/Cité de l'architecture et du patrimoine, 2010.

Cerquiglini, Jacqueline. "Histoire, image : Accord et désaccord des sens à la fin du Moyen-Âge." *Littérature*, no. 74 (May 1989) : 110–126.

Certeau, Michel de. *L'écriture de l'histoire.* Paris : Gallimard, 1975.

———. *La fable mystique.* Paris : Gallimard, 1982. En anglais : *The Mystic Fable I: The Sixteenth and Seventeenth Centuries.* Translated by Michael B. Smith. Chicago: University of Chicago Press, 1992.

———. *La faiblesse de croire.* Paris : Éditions du Seuil, 1988.

———. "The Gaze of Nicholas of Cusa." Traduit par K. Porter. *Diacritics* 17, no. 3 (Fall 1987): 2–38.

———. *Heterologies.* Minneapolis: University of Minnesota Press, 1985.

———. *Histoire et psychanalyse entre science et fiction.* Paris : Gallimard, 1987.

———. *L'invention du quotidien.* Paris : Union Générale d'Éditions, 1976.

———. "The Madness of vision." Traduit par Michael Smila. *Enclitic* 5, no. 1 (Spring 1983): 25.

———. "Mysticism." Traduit par Marsanne Brammer. *Diacritics* 22, no. 2 (1992): 11–25.

Certeau, Michel de, Julia, Dominique et Revel, Jacques. *Une politique de la langue : La Révolution française et les patois.* Bibliothèque des histoires. Paris : Gallimard, 1975.

Chandeigne, Michel. *Lisbonne hors les murs. 1415–1580. L'invention du monde par les navigateurs portugais.* Paris : Autrement, 1992.

Charles, C. "Meubles du Moyen-Âge en Alsace et dans le Rhin supérieur." *Cahiers alsaciens d'archéologie d'art et d'histoire* 40 (1997) : 125–149.

Chartier, Roger. *The Cultural Uses of Print in Early Modern France.* Princeton: Princeton University Press, 1987.

Chaunu, Pierre. *L'expansion européenne du xiiiᵉ au xvᵉ siècle.* Paris : PUF, 1995.

Chastel, André. *L'art français. Temps modernes, 1430–1620.* Paris : Flammarion, 1994.

———. *L'École de Fontainebleau.* Paris : Éditions des Musées Nationaux, 1972.

———. *Italie 1460–1500 :* Le Grand Atelier. Paris : Gallimard, 1965.

———. *La grotesque.* Paris : Éditions, Le promeneur, 1988.

———. *Mythe et crise de la Renaissance.* Paris : Skira, 1989.

———. "La Renaissance fantastique." *L'Œil*, no. 21 (septembre 1956) : 34–41.

Christin, Anne-Marie. *L'image écrite.* Paris : Flammarion, 1995.

———. *Poétique du blanc. Vide et intervalle dans la civilisation de l'alphabet.* Paris : Vrin, 2000.

Citron, Yves, and Wyss, André. *Les doctrines orthographiques du xviᵉ siècle en France.* Geneva : Droz, 1989.

Colie, Rosalie. *Paradoxica Epidemica: The Renaissance Tradition of Paradox.* Princeton: Princeton University Press, 1966.

Collins, Daniel L. "Anamorphosis and the Eccentric Observer History, Technique and Current Practice." Dans *Leonardo* 25, no. 2 : 179–187. 1992.

Colomb, Christophe. *Journal de bord*. Paris : Imprimerie Nationale, 2003.

Conforti Calcagni, A. "Il grottesco nell'arte veronese del Cinquecento." Dans *Atti des XI° Convegno internazionale: la letterature e l'immaginario*, Vérone, 1982.

Conley, Tom. *À fleur de page. Voir et lire le texte de la Renaissance*. Paris : Garnier, 2015.

———. "Cataparalysis." *Diacritics* 8, no. 3 (1978): 41–59.

———. *The Graphic Unconscious in Early Modern French Writing*. Cambridge, England: Cambridge University Press, 1992.

———. "Hiéroglyphes de Rabelais." *Hors Cadre* 1, no. 1 (printemps 1983) : 96–118.

———. "Pictogramme et critique littéraire." *Topique : Revue freudienne* 46 (1991) : 269–279.

———. *The Self-Made Map. Cartographic Writing in Early Modern France*. Minneapolis: University of Minnesota Press, 1997.

Copernic, Nicolas. *De revolutionibus*. Dans *Astronomie et Astrophysique*, traduit par Michel-Pierre Lerner. Paris : Les Belles Lettres, 1993.

Copjec, Joan. "The Orthopsychic Subject." *October*, no. 49 (Summer 1989): 53–71.

Corbeiller, Edouard le. "La question Jean Cousin." *Bulletin de la Société de géographie* 7, no. 19 (1898) : 91–98.

Cornilliat, François. "La couleur de l'écriture : le débat de peinture et de rhétorique dans *La Plainte du désiré* de Jean Lemaire." *Nouvelle Revue du Seizième Siècle* 7 (1989) : 7–23.

———. "Équivoques moralisées." *Poétique*, no. 83 (septembre 1990) : 281–303.

Cortesão, A., and Teixeira da Mota, A. *Portugaliae monumenta cartographica*. Lisbon: 1960–1962.

Corvisier, André. *Les Danses macabres*. Paris : Presses Universitaires de France, 1998.

Cosgrove, Denis, and Daniels, Stephen J. *The Iconography of Landscape*. Cambridge: Cambridge University Press, 1988.

Cotgrave, Randle. *A Dictionarie of the French and English Tongues*. 1611. Reprint. Columbia: University of South Carolina, 1968.

Curtius, Ernst Robert. *European Literature and the Latin Middle Ages*. Traduit par Willard R. Trask. Princeton: Princeton University Press, 1971.

Dacos, N. *La Découverte de la Domus Aurea et la Formation des grottesques à la Renaissance*. Londres : 1969.

———. "Graffiti de la Domus Aurea." *Bulletin de l'Institut historique belge de Rome* 38 (1967) : 145 *ff.*

———. *Le Logge di Raffaeillo, Maestro e bottega di fronte all'antirico*. Réédition, Rome: 1977.

Dacos, N., et Furlan, C. *Giovanni da Unine (1487–1561)*. Udine: 1987.

Daddario, Eva. "Le bruissement silencieux de la graphie dans 'Les Fanfreluches antidotées.'" *L'Esprit créateur* 28, no. 2 (Summer 1988) : 48–57.

Dadoun, Roger. *Freud*. Paris : Belfond, 1981.

Dainville, François de. *La cartographie reflet de l'histoire*. Éds. M. Mollat du Jourdain et al. Geneva : Slatkine Reprints, 1986.

———. "L'évolution de l'atlas de France sous Louis XIII : Théâtre géographique du royaume de France des Le Clerc. 1619–1632." Dans *Comité des travaux historiques et scientifiques : Actes du 87ᵉ congrès national des sociétés savantes*, Poitiers, 1962. Section de Géographie, 1–51. Paris : Bibliothèque Nationale, 1963.

———. *La géographie des humanistes*. Paris : Beauchesne, 1940.

————. "How did Oronce Finé Draw His Large Map of France?" *Imago mundi* 24 (1970): 49–55.

Damisch, Hubert. *The Origins of Perspective.* Translated by John Goodman. Cambridge: MIT Press, 1994.

Danfrie, Philippe. *Déclaration de l'usage du graphomètre.* Paris : 1597.

Dans le sillage de Colomb. L'Europe du Ponant et la découverte du Nouveau Monde (1450–1650). Actes du Colloque International. Université de Rennes 2, mai 1992. Sous la direction de Jean-Pierre Sanchez. Rennes : Presses Universitaires de Rennes, 1995.

Dars, Celestine. *Images of Deception. The Art of Trompe-l'œil* (Paris: Phaidon, 1979).

David, Madeleine V. *Le Débat sur les écritures et l'hiéroglyphaux xviie et xviiie siècles et l'application de la notion de déchiffrement aux écritures mortes.* Paris : SEVPEN, 1965.

Davis, Margaret Daly. *Piero della Francesca's mathematical treatises: The "Trattato d'abaco" and "Libellus de quinque corporibus regularibus" (Speculum atrium).* Ravenne: Longo Editore, 1977.

Davis, Natalie Z. "Publisher Guillaume Rouillé, Businessman and Humanist." In R. J. Schoeck (ed.), *Editing Sixteenth Century Texts,* 72–112. Toronto: University of Toronto Press, 1966.

————. "Sixteenth Century French Arithmetics on the Business Life." *Journal of the History of Ideas* 21 (1960): 18–48.

————. *Society and Culture in Early Modern France.* Stanford: Stanford University Press, 1975.

Del Lungo, C. "La *Zucca* del Doni e la struttura della 'grottesca.'" *Paradigma,* no. 2 (1978): 71 *ss.*

Delbard, Nathalie. *Le strabisme du tableau. Essai sur les regards divergents du portrait.* Paris : De l'Incidence, 2019.

Delègue, Yves. *La perte des mots. Essai sur la naissance de la "littérature" aux xvie et xviie siècles.* Strasbourg : Presses Universitaires de Strasbourg, 1990.

Deleuze, Gilles. *L'anti-œdipe.* Paris : Minuit, 1972.

————. *Folie et déraison à la Renaissance. Colloque international 1973.* Bruxelles : Éditions de l'Université de Bruxelles, 1976.

————. *Foucault.* Paris : Éditions de Minuit, 1986.

————. *Le pli : Leibniz et le baroque.* Paris : Éditions de Minuit, 1988.

Delumeau, Jean. *La civilisation de la Renaissance.* Paris : Arthaud, 1985.

————. *Humanisme et facétie : Quinze études sur Rabelais.* Orléans-Caen : Éditions Paradigme, 1994.

————. *La peur en occident (xive–xviiie siècle).* Paris : Hachette, 1977.

————. *Rassurer et protéger.* Paris : Fayard, 1989.

Demonet, Marie-Luce. "L'architecture morale de Geoffroy Tory." Dans *Bulletin de l'Association d'étude sur l'humanisme, la réforme et la Renaissance* 31, no. 31 (1990) : 17–33.

————. *Les voix du signe. Nature et origine du langage à la Renaissance.* Paris : Champion, 1992.

Denis, Philippe. "L'usage spirituel des cinq sens." Dans *Le Corps à la Renaissance. Actes du xxxe colloque de Tour, 1987,* 187–190. Paris : Aux amateurs de livres, 1990.

Dermenghem. *Les utopies à la Renaissance.* Paris : PUF, 1963.

Derrida, Jacques. *La dissémination.* Paris : Seuil, 1972.

————. *L'écriture et la différence.* Paris : Seuil, 1968.

————. *Marges de la philosophie.* Paris : Éditions de Minuit, 1972.

Descola, Philippe. *Les formes du visible.* Paris : Seuil, 2021.

Desmarquets, Jean Antoine Samson, *Mémoires chronologiques pour servir à l'histoire* de Dieppe, et celle *de la navigation Françoise* (Dieppe : 1782).

Dickason, Olive. *The Myth of the Savage in North America.* Alberta: University of Alberta Press, 1984. *Dictionnaire du Français Contemporain.* Paris : Larousse, 1980.

Didi-Huberman, Georges. *Devant le temps Histoire de l'art et anachronisme des images.* Paris : Minuit, 2000.

———. *L'œuvre ouverte.* Paris : Gallimard, 2007.

Dilke, O. A. W. "Itineraries and Geographical Maps in the Early and Late Roman Empires." In J. B. Harley and David Woodward (eds.), *The History of Cartography*, 234–257. Chicago: University of Chicago Press, 1987.

Doni, Antonio Francesco. *Inferni Del Doni* Venezia: Francesco Marcolini, 1552.

Douce, Francis, ed. *Holbein's Dance of Death.* London: Henry G. Bohn, 1858.

Douglas, Mary. *Purity and Danger: An Analysis of the Concepts of Pollution and Taboo.* 1966. Reprint, London: Ark Paperbacks, 1984.

Douville, Olivier. "D'un au-delà de la métaphore, ou lorsque l'anamorphose brise l'allégorie." *Figures de la psychanalyse* 1, no. 11 (2005) : 105–130.

Dragonetti, Roger. *La vie de la lettre au Moyen-Âge.* Paris : Seuil, 1980.

Drake-Brockman, J., and Turner, A. J. "An Emblematic Watch by Gribelin." *Bibliothèque d'Humanisme et Renaissance* 24 (1974) : 143–150.

Drapeyron, Ludovic. "L'image de la France sous les derniers Valois (1525–1589) et sous les premiers Bourbons (1589–1682)." *Revue de Géographie* 29 (1889) : 1–15.

Drège, Jean-Pierre. *Marco Polo et la route de la Soie.* Paris : Gallimard, 1989.

Dubbini, Renzo. *Geography of the Gaze. Urban and rural vision in early modern Europe.* Traduit par Lydia G. Cochrane. Chicago: The University of Chicago Press, 2002.

Dubois, Claude-Gilbert. *La conception de l'histoire en France au xvi⁰ siècle.* Paris : Nizet, 1977.

———. "Corps de la lettre et sexe des nombres : L'imagination de la forme dans le traité de Geoffroy Tory sur la Vraye proportion des lettres." *Revue des sciences humaines* 51 (1980) : 77–91.

———. *L'imaginaire de la Renaissance.* Paris : Presses Universitaires de France, 1985.

———. *Le maniérisme.* Paris : Presses Universitaires de la France, 1979.

———. *Mots et règles, jeux et délires. Études sur l'imaginaire verbal au xvi⁰ siècle.* Caen : Paradigme, 1992.

———. "Taxinomie poétique : compositions sérielles et constructions d'ensembles dans la création esthétique au seizième siècle." Dans Lawrence Kritzman (ed.), *Le signe et le texte*, 130–145. Lexington : French Forum, 1990.

Duby, Georges. *Histoire de la France des origines à nos jours.* Paris : Larousse Bordas, 1999.

Dumas, Jean-Louis. *Histoire de la pensée. Philosophies et philosophes.* Paris : Tallandier, 1990.

Dumézil, Georges. *Mythe et épopée I, II, III.* Paris : Gallimard, 1968–1973.

Durand, Gilbert. *Les structures anthropologiques de l'imaginaire.* Paris : Dunod, 1960.

Dürer, Albrecht. *The Painter's Manual.* New York: Abaris Books, Inc., 1977.

Duviol, Jean Paul, ed. Le *théâtre du Nouveau Monde. Les Grands Voyages de Théodore de Bry.* Paris : Gallimard, 1982.

Edgerton, Samuel Y., Jr. *The Renaissance Rediscovery of Linear Perspective.* New York: Basic Books, 1975.

———. "From Mental Matrix to 'Mappamundi' to Christian Empire: The Heritage of Ptolemaic Cartographic in the Renaissance." In David Woodward (ed.), *Art and Cartography: Six Historical Essays*, 10–50. Chicago: University of Chicago Press, 1987.

———. *The Heritage of Giotto's Geometry: Art and Science on the Eve of the Scientific Revolution*. Ithaca: Cornell University Press, 1991.

Edney, Matthew H. "Cartography without 'Progress': Reinterpreting the Nature and Historical Development of Mapmaking." *Cartographica* 30, nos. 2–3 (Summer–Autumn 1993): 54–68.

Ehrenzweig, Anton. *The Hidden Order of Art*. Berkeley: University of California Press, 1971.

Eisenstein, Elizabeth. *The Printing Press as an Agent of Change: Communications and Cultural Transformations in Early Modern Europe*. 2 vols. Cambridge: Cambridge University Press, 1980.

———. *The Printing Revolution of Early Modern Europe*. Cambridge: Canto Books, Cambridge University Press, 1993.

Elkins, James. *The Poetics of Perspective*. Ithaca: Cornell University Press, 1983.

Euclide. *Les Éléments*. Traduit par F. Peyrard. Paris : Louis, 1804.

Evans, J. *Pattern*. 2 vols. Oxford, 1931.

Faré, Fabrice. *Le trompe-l'œil : De l'antiquité au xxᵉ siècle*. Paris : Gallimard, 1996.

Fausett, David. *Writing the New World: Imaginary Voyages and Utopias of the Great Southern Land*. Syracuse: Syracuse University Press, 1993.

Febvre, Lucien. *Rabelais et l'architecture de la Renaissance : restitution de l'abbaye de Thélème*. Paris : J. Crozet, 1840.

———. *Civilisation : Évolution d'un mot et d'un groupe d'idées*. Paris : Renaissance du livre, 1930.

———. *Le problème de l'incroyance au xviᵉ siècle*. 1942. Reprint. Paris : Albin Michel, 1968.

Ferrand, G. *Instructions nautiques et routiers arabes et portugais des xvᵉ et xviᵉ siècles*. 3 vols. Paris : 1928.

Field, J. V. *The invention of Infinity: Mathematics and Art in the Renaissance*. Oxford: Oxford University Press, 1997.

Finé, Oronce. *Protomathesis: Opus uarium, ac scitu non minus utile quàm iucundum, nunc primùm in lucem foeliciter emissium*. Paris: Gerardi Morrhij & Ioannis Petri, 1532.

———. Regii mathematicarum professori. De rebus mathematicus, hactanus desideratis, Libri IIII … Lutetiae Parisiiorum, Anno Christi Servatoris M. D. LVI (1556). Ex Officina Michaëlis Vascosani, via Jacobae ad insigne Fontis. Cum Privilegio Regis, 1556.

———. *Le sphère du monde, proprement ditte cosmographie, composée nouvellement en françois, et divisée en cinq livres, comprenans la première partie de l'astronomie, et les principes universels de la geographie et hydrographie. Avec une epistre, touchant la dignité, perfection et utilité des sciences mathematiques*. Paris : Michel de Vascosan, demeurant rue Saint Iaques à la fontaine, 1551.

Fletcher, Angus. *Allegory: Theory of a Symbolic Mode*. Ithaca: Cornell University Press, 1964.

Florenski, Pavel. *La perspective inversée*. Translated by Olivier Kachler. Paris : Allia, 2013.

Focillon, Henri. *L'Art d'Occident*. 2 vols. Paris : Armand Colin, 1938.

———. *Vie des formes*. 1939. Reprint, Paris : Presses Universitaires de France, 1968.

Fontaine, Marie Madeleine. "Images littéraires de l'escalier." Dans *L'escalier dans l'architecture de la Renaissance*, 111–116. Paris : Picard, 1985.

————. "Quaresmeprenant : l'image littéraire et la contestation de l'analogie médicale." Dans *Coleman et Scollen-Jimack* (eds.), *Rabelais in Glasgow*, 90–93. Glasgow : 1984.

Forssmann, E. *Säule und Ornament. Studien zum Problem des Manierismus in des nördischen Säulenbüchern und Vorlageblättern des 16. und 17. Jahrhunderts.* Stockholm: 1956.

Foucault, Michel. *Dits et écrits, IV.* Paris : Gallimard, 1994.

————. *Histoire de la folie à l'âge classique.* Paris : Gallimard, 1972.

————. *Les mots et les choses : Une archéologie des sciences humaines.* Paris : Gallimard, 1966.

————. *L'usage des plaisirs. Histoire de la sexualité.* Paris : Gallimard, 1987.

————. *La volonté de savoir. Histoire de la sexualité 1.* Paris : Gallimard, 1976.

Foulet, Lucien. *Petite syntaxe de l'ancien français.* Paris : Champion, 1968.

Francastel, Pierre. *La figure et le lieu : L'ordre visuel du quattrocento.* Paris : Gallimard, 1967.

Frankl, Victor. *El "Entijovio" de Gonzalo Jiménez de Quesada y las conceptiones de realidad y verdad en la epoca de la contrareforma y del manierismo.* Madrid: Ediciones Cultura Hispánica, 1963.

Freud. *L'interprétation des rêves.* Paris : PUF, 1969.

————. *Les rêves.* Paris : PUF, 1967.

Friedlander, Walter. *Mannerism and Anti-Mannerism in Italian Art.* Reprint. New York: Columbia University Press, 1957.

Friedrich, Hugo. *Montaigne.* Traduit par Robert Rovini. Paris : Gallimard, 1968.

Frye, Northrop. *Anatomy of Criticism.* New York: Atheneum, 1969.

Fumée, Martin, et López de Gómara, Francisco. 1587. *Histoire generalle des Indes . . . augmentee en ceste cinquiesme edition de la description de la nouvelle Espagne, et de la grande ville de Mexicque, autrement nommee Tenuctilan.* Composée en espagnol par François Lopez de Gomara, et traduite par le S. de Genillé Mart. Fumée. Paris : M. Sonnius, 1587.

Furet, François, et Ozouf, Jacques. *Lire et écrire : l'alphabétisation des Français de Calvin à Jules Ferry.* 2 vols. Paris : Minuit, 1970.

Führing, Peter, et Guillaume, Jean, éds. *Jacques Androuet du Cerceau : "Un des plus grands architectes qui se soit jamais trouvés en France."* Paris : Picard/Cité de l'architecture et du patrimoine, 2010.

Gallois, Lucien. *Les géographes allemands de la Renaissance.* Paris : Leroux, 1890.

————. "La grande carte de France d'Oronce Finé." *Annales de géographie* 44 (1935) : 337–348.

————. "Les origines de la carte de France : La carte d'Oronce finé." *Bulletin de géographie historique et descriptive* 6 (1891) : 18–34.

————. *De Orontio Finaeo Gallico geographo . . .* Paris: Leroux, 1890.

Galt Harpham, G. *On the grotesque: Strategies of Contradiction in Art and Literature.* Princeton: 1982.

Gandelman, Claude. *Reading Pictures, Viewing Texts.* Bloomington: Indiana University Press, 1991.

————. *Le regard dans le texte. Image et écriture du Quattrocento au XXe siècle.* Paris : Méridens Klincksieck, 1986.

Gannier, Odile. *La littérature de voyage.* Paris : Ellipses, 2001.

Ganong, W. F. *Crucial Maps in the Early Cartography and Place-Nomenclature of the Atlantic Coast of Canada.* Toronto: 1964.

Gaudio, Michael. *Engraving the Savage. The New World and Techniques of Civilization.* Minneapolis: University of Minnesota Press, 2008.

———. *Sound, Image, Silence. Art and the Aural Imagination in the Atlantic World.* Minneapolis: University of Minnesota Press, 2019.

Gauna, Max. *Upwellings: First Expressions of Unbelief in the Printed Literature of the French Renaissance.* London: Associated University Press, 1992.

Graeber, David & Wengrow, David. *Au commencement était... Une nouvelle histoire* de l'humanité. Traduit par Élise Roy. Paris : Les liens qui libèrent, 2021.

Geertz, Clifford. *Writers and Lives: The Anthropologists as Author.* Princeton: Princeton University Press, 1990.

Genette, Gérard. *Figures I.* Paris : Éditions du Seuil, 1966.

———. *Figures III.* Paris : Éditions du Seuil, 1972.

Germa-Romann, Hélène. *Du "Bel mourir" au "Bien mourir." Le sentiment de la mort chez les gentilshommes français (1515–1643).* Genève : Droz, 2001.

Geymüller, Heinrich von. *Les Du Cerceau : Leur vie et leur œuvre d'après les nouvelles recherches.* Paris/London : Rouam/Wood & Co, 1887.

Ghidiglia Quintavalle, H. "Cesare Baglione e le grottesche emiliane del Cinquecento." In *Archivio storico per le provincie parmisi,* no. 0 (1960): 1 *sqq.*

Giard, Luce. *Le Voyage mystique. Michel de Certeau. Études publiées.* Paris : Éditions du Cerf, 1988.

Gille, Bertrand. *Les ingénieurs de la Renaissance.* Paris : Herman, 1964.

Gillies, John. *Shakespeare and the Geography of Difference.* Cambridge: Cambridge University Press, 1994.

Gingerich, Owen, ed. *The Nature of Scientific Discovery: A Symposium Commemorating the 500th Anniversary of the Birth of Nicolaus Copernicus.* Washington, DC: Smithsonian Institution, 1975.

Gilson, Étienne. *Les idées et les lettres.* Paris : Vrin, 1942.

Glauser, Alfred. *Écriture et désécriture du texte poétique. De Maurice Scève à Saint-John Perse.* Paris : Nizet, 2002.

———. *Fonction du nombre chez Rabelais.* Paris : Nizet, 1984.

———. *Rabelais créateur.* Paris : Nizet, 1966.

Glissant, Édouard. *L'Intention poétique. (1969) (Poétique II).* Nouvelle édition, Paris : Gallimard, 1997.

Goblot, Rémi. *Thèmes de géométrie : Géométrie affine et euclidienne.* Agrégation de mathématiques. Paris : Masson, 1998.

Godefroy. *Lexique de l'ancien Français.* Paris : Champion, 1967.

Godzich, Wlad, and Kittay, Jeffrey. *The Emergence of Prose: An Essay in Prosaics.* Minneapolis: University of Minnesota Press, 1987.

Gombrich, E. H. *L'Art et l'illusion : psychologie de la représentation picturale.* Traduit par G. Durand. Réédition, Paris : Phaedon, 2002.

———. *Les moyens et les fins.* Traduit de l'anglais par Michèle Hechter. Paris : Rivages, 1988.

———. *Symbolic Images and the Art of the Renaissance.* 2 vols. New York: Phaidon, 1978.

Gomez-Géraud, Marie-Christine. *Écrire le voyage au xvi* siècle. Paris : Presses Universitaires de France, 2000.

Goodman, Nelson. *Languages of Art*. Indianapolis: Hackett Publishing Company, Inc. 1974.

Goody, Jack. *Domestication of the Savage Mind*. Cambridge: Cambridge University Press, 1977.

Gosselin, Edouard Hippolyte. *Documents authentiques et inédits pour servir à l'histoire de la marine normande et du commerce et de l'Industrie de la Seine Inférieure*. Rouen : Charles de Beaurepaire, 1876.

Gougenheim, G. *Grammaire de la langue française du xvɪᵉ siècle*. Paris : I.A.C, 1952.

Goyet, Francis, éd. *Traités de poétique et de rhétorique de la Renaissance*. Paris : Livre de poche, 1990.

Graham, Victor E. "Gabriel Syméoni et le rêve impérial des rois de France." Dans Louis Terreaux (éd.), *Culture et pouvoir au temps de l'humanisme et de la Renaissance*, 299–309. Paris : Champion, 1978.

Gray, Floyd. "Ambiguity and Point of View in the Prologue to Gargantua." *Romanic Review* 56 (1965): 19–25.

———. *Rabelais et le comique de la discontinuité*. Paris : Honoré Champion, 1994.

———. *Rabelais et l'écriture*. Paris : Nizet, 1974.

Greenblatt, Stephen. *Marvelous Possessions: The Wonder of the New World*. Chicago: University of Chicago Press, 1991.

Greenberg, Mitchell. *Detours of Desire: Readings in French Baroque*. Ohio State University Press, 1984.

Greenhood, David. *Mapping*. Nouvelle édition, Chicago : University of Chicago Press. 1964.

Gregory, Richard. *Seeing Through Illusions*. Oxford: Oxford University Press, 2009.

Grodecki, Catherine. "Le graveur Lyon Davent, illustrateur de Nicolas de Nicolaï." *Bibliothèque d'Humanisme et Renaissance* 36, no. 2 (1974) : 347–350.

Groesen, M. van. *The De Bry collection of voyages (1590–1634): editorial strategy and the representations of the overseas world*. UvA-Dare: the institutional repository of the University of Amsterdam, 2007.

Grynaeus, Simon. *Novus Orbis Regionum ac Insularum veteribus incognitarum, unò cum tabula cosmographica, et aliquot alis consimilis argumenti libellis, quorum omnium catalogus sequenti patebit pagina* . . . Paris: Jehan Petit, 1532.

Guattari, Félix. *Cartographies schizoanalytiques*. Paris : Galilée, 1989.

Guillaume, Jean, ed. "Introduction." *L'escalier dans l'architecture de la Renaissance*. Paris : Picard, 1985.

Guillaumin, Jean. *L'effet trompe-l'œil dans l'art et la psychanalyse*. Paris : Dunod, 1988.

———. "La galerie dans le château français : place et fonction." *Revue de l'Art* 102 (1993) : 33–42.

———. *La Galerie du grand écuyer. L'histoire de Troie au château d'Oiron*. Chauray : Éditions patrimoine et médias, 1996.

———. Le *Rivage des mythes. Une géocritique méditerranéenne. Le lieu et son mythe*. Paris : Pulim, 2001.

Guymülleur, Henry de. *Les du Cerceau, leur vie et leur œuvre d'après les nouvelles recherches*. Paris : Rouam, 1887.

Haineault, Doris-Louise, et Roy, Jean-Yves. *L'inconscient qu'on affiche*. Paris : Aubier, 1984.

Hair, P. J. H. "A note on Thevet's Unpublished Maps of Overseas Islands." *Terrae Incognitae* 14 (1982):105–116.

Halberstadt-Freud, Hendrika C. *Freud, Proust, Perversion, and Love.* Amsterdam and Lisse: Swets et Zeitlinger, 1991.

Hale, John R. "The Argument of Some Military Title Pages of the Renaissance." *The Newberry Library Bulletin* 6, no. 4 (March 1964): 91–102.

Hallyn, Fernand. "Un artifice de peu de poids ... (Poésie expérimentale au xviiᵉ siècle)." *Théorie Littérature Enseignement* 10 (Fall 1992) : 19–38.

———. "Le Paradoxe de la souveraineté." Dans Jean Céard et Jean-Claude Margolin (eds.), *Études Rabelaisiennes 21 : Rabelais en son demi-millénaire. Acte du Colloque International de Tours, 1984*, 339–345. Geneva : Droz, 1988.

———. *Le sens des formes. Études sur la Renaissance.* Genève : Droz, 1994.

Hamon, Philippe. "Oronce Finé." *Dictionnaire de biographie française* 13 (1975) : 1370–1371.

Hamon, Philippe, et Cornette, Joël, eds. *Les Renaissances : 1453–1559.* Paris : Belin, 2009.

Hampton, Timothy. "'Turkish Dogs': Rabelais, Erasmus, and the Rhetoric of Alterity." *Representations*, no. 41 (Winter 1993): 58–82.

Hanke, Lewis. *All Mankind in One: A Study of the Disputation Between Bartolomé de Las Casas and Juan Ginés de Sepulveda in 1550 on the Intellectual and Religious Capacity of the American Indians.* DeKalb: Northern Illinois University Press, 1974.

———. *Aristotle and the American Indians: A Study in Race Prejudice in the Modern World.* Bloomington: Indiana University Press, 1959.

Harley, J. Brian. "Deconstructing the Map." *Cartographica* 26, no. 2 (Summer 1989): 1–20.

———. *Maps and the Columbian Encounter.* Milwaukee: The Golda Meir Library, 1990.

———. "Maps, Knowledge, and Power." In Denis Cosgrove and Stephen J. Daniels (eds.), *The Iconography of Landscape*, 277–312. Cambridge: Cambridge University Press, 1988.

———. "Silences and Secrecy: The Hidden Agenda of Cartography in Early Modern Europe." *Imago mundi* 40 (1988): 57–76.

———. "Texts and Contexts in the Interpretation of Early Maps." In David Buisseret (ed.), *From Sea Charts to Satellite Images*, 3–15. Chicago: University of Chicago Press, 1990.

Harley, H. B., and Woodward, David. *History of Cartography.* Chicago: The University of Chicago Press, 1987.

Harrisse, H. *Découverte et évolution cartographique de Terre-Neuve et des pays circonvoisins 1497–1501–1769.* London : 1900.

———. *Recueil de portulans.* Paris : Gabriel Marcel, 1886.

Harthan, John. *L'âge d'or des livres d'heures.* Paris–Brussels : Elsevier Séquoia, 1977.

Hartog, François. *Le Miroir d'Hérodote. Essai sur la représentation de l'autre.* Paris : Gallimard, 1980.

Harvey, David. *The Condition of Postmodernity.* London: Basil Blackwell, 1989.

Harvey, P. D. A. "Local and Regional Cartography in Medieval Europe." In J. B. Harley and David Woodward (eds.), *The History of Cartography*, 464–450. Chicago: University of Chicago Press, 1987.

———. *Mappa Mundi. The Hereford World Map.* Toronto: University of Toronto Press, 1999.

Havelange, Carl. *De l'œil et du monde. Une histoire du regard au seuil de la modernité.* Paris : Fayard, 1998.

Henkel, Arthur, and Schöne, Albrecht. *Emblemata.* Stuttgart: Metzlersche Verlag, 1967.

Hervey, Mary F. S. *Holbein's "Ambassadors": The Picture and the Men: An Historical Study.* London: George Bell and Sons, York Street, Covent Garden, 1900.

Hillar, Denise, et Poulle, Emmanuel. "Oronce Finé et l'horloge planétaire de la bibliothèque Sainte-Geneviève." *Bibliothèque d'Humanisme et Renaissance* 33 (1971) : 311–351.

Hindman, Sandra, ed. *Printing the Written Word: The Social History of Books, circa 1450–1520.* Ithaca: Cornell University Press, 1991.

Hjelmslev, Louis. *Prolegomena to a Theory of Language.* Translated by Francis J. Whitfield. Madison: University of Wisconsin Press. In French as *Essais linguistiques.* Paris : Minuit, 1971.

Hodgen, Margaret. *Early Anthropology in the Sixteenth and Seventeenth Centuries.* Philadelphia: University of Pennsylvania Press, 1964.

Hoffman, Bernard G. "Account of a Voyage Conducted in 1529 to the New World, Africa, Madagascar and Sumatra, Translated from the Italian, with Notes and Comments." *Ethnology,* no. 1 (1963): 1–79.

Hollier, Denis. *Politiques de la prose.* Paris : Gallimard, 1984.

———. *Rabelais ou c'était pour rire.* Paris : Larousse, 1972.

Honour, Hug. *L'Amérique vue par l'Europe (exhibition catalogue).* Cleveland : 1975.

Hotman, François. *Francogallia.* 1573.

Huchon, Mireille. "Le palimpseste de l'Abrégé de l'Art Poétique françois." Dans Philippe de Lajarte (éd.) *Aspects de la poétique ronsardienne,* 113–128. Caen : Presses de l'Université de Caen, 1988.

———. "Pour une histoire de la ponctuation : 1532–1553." *Nouvelle Revue du Seizième siècle* 6 (1988) : 15–28.

Huguet, Edmond. *Dictionnaire de la langue française du xvie siècle.* Paris : Librairie Marcel Didier, 1925–1967.

Huizenga, Johann. *The Waning of the Middle Ages.* Translated by Frederick Hopman. New York: Doubleday, 1956.

Imago mundi. Paris : Bibliothèque Nationale, 1964.

Ingegno, Alfonso. "The New Philosophy of Nature." In Quentin Skinner (ed.), *The Cambridge History of Renaissance Philosophy* , 236–263. Cambridge : Cambridge University Press, 1988.

Jacob, Christian. *L'empire des cartes : Approche théorique de la cartographie à travers l'histoire.* Paris : Albin Michel, 1992.

Jacob, François. *La logique du vivant.* Paris : Gallimard, 1970.

Jameson, Fredric. *The Political Unconscious.* Ithaca: Cornell University Press, 1981.

Jay, Martin. "Scopic Regimes of Modernity." In Hal Foster, *Vision and Visuality,* 3–28. Seattle: Bay Press, 1988.

Jean, Georges. *Langage de signes. L'écriture et son double.* Paris : Gallimard, 1989.

———. *L'écriture mémoire des hommes.* Paris : Gallimard, 1987.

Jeandillou, J. F. *Esthétique de la mystification.* Paris : Éditions de Minuit, 1994.

Jeanneret, Michel. "Débordements rabelaisiens." *Nouvelle revue de psychanalyse* 42 (1991) : 130–152.

———. *Le défi des signes. Rabelais et la crise de l'interprétation à la Renaissance.* Orléans–Caen : Éditions Paradigme, 1994.

———. *Métamorphoses des corps et des œuvres de Vinci à Montaigne.* Paris : Macula, 1998.

———. *Des mets et des mots : banquets et propos de table à la Renaissance.* Paris : José Corti, 1987.

————. "Modular Narrative and the Crisis of Interpretation." In John D. Lyons and Mary B. McKinley (eds.), *Critical Tales: New Studies of the Heptameron and Early Modern Culture*, 85–103. Philadelphia: University of Philadelphia Press, 1993.

————. "Du mystère à la mystification : les sens caché à la Renaissance et dans Rabelais." *Versants* 2 (hiver 1981–1982) : 3–21.

————. *Perpetuum mobile : Métamorphoses des corps et des œuvres de Vinci à Montaigne.* Paris : Macula, 1996.

Jollet, Étienne. *Clouet.* Paris : Éditions de la Lagune, 1997.

Kaes, R. "Le groupe baroque. Ensemble vide et figures de l'excès." Dans *L'effet trompe-l'œil dans l'art et la psychanalyse*, 123–146. Paris : Dunod, 1988.

Kantorowicz, Ernst. *The King's Two Bodies: A Studyin Medieval Political Theology.* Princeton: Princeton University Press, 1956.

Karrow, Robert W., Jr. *Mapmakers of the Sixteenth Century and Their Maps.* Chicago: Speculum Orbis Press for the Newberry Library, 1993.

Kaufmann, Da Costa. "The Perspective of Shadows: The History of the Theory of Shadow Projection." *Journal of the Warburg and Courtauld Institutes* 38 (1975): 258–287.

Kayser. *Das Grotesk. Seine Gestaltung in Malerei und Dichtung.* Hamburg: 1957.

Kelley, Donald. *The Beginnings of Ideology.* Cambridge: Cambridge University Press, 1982.

Kemp, Martin. *The Science of Art: Optical Themes in Western Art from Brunelleschi to Seurat.* New Haven: Yale University Press, 1990.

Kep, Martine. *The Science of Art: Optical Themes in Western Art from Bruneschi to Seurat.* New Haven: Yale University Press, 1990.

Kepler, Johannes. *Ad Vitellionem paralipomena.* Frankfurt : 1604. Traduction et critique de C. Chevalley, Johannes Kepler et les Paralipomènes à Vitellion. Paris : J. Vrin, 1980.

Kimball, Fiske. *Le Style Louis XV. Origine et Évolution du Rococo.* Paris : 1949.

King, James E. *Science and Rationalism in the Government of Louis XIV, 1661–1683.* Baltimore: John Hopkins University Press, 1949.

Kish, George. "The Cosmographic Heart: Cordiform Maps of the Sixteenth Century." *Imago Mundi* 19 (1965): 13–21.

Kittay, Jeffrey. "From Telling to Talking: A Study of Style in Rabelais." *Études Rabelaisiennes* 14 (1978) : 198–218.

Klein, H. Arthur. *Graphic Worlds of Pieter Bruegel.* New York: Dover, 1963.

Klein, Robert. *La forme et l'intelligible.* Paris : Gallimard, 1970.

Kline, T. Jefferson. *Screening the Text.* Baltimore: The Johns Hopkins University Press, 1991.

Knecht, Robert. *Francis I.* Cambridge: Cambridge University Press, 1982.

Knoespel, Kenneth J. "The Narrative Matter of Mathematics: John Dee's Preface to the Elements of Euclid of Megara (1570)." *Philological Quarterly* 60 (1987): 26–46.

Konvitz, Josef. *Cartography in France, 1600–1848.* Chicago: University of Chicago Press, 1987.

Kritzman, Lawrence. *The Rhetoric of Sexuality and the Literature of the French Renaissance.* Cambridge : Cambridge University Press, 1991.

Lacan, Jacques. *Écrits.* Paris : Éditions du Seuil, 1984.

————. *Les quatre concepts fondamentaux de la psychanalyse.* Paris : Éditions du Seuil, 1973.

Lachiver, Marcel. *Dictionnaire du monde rural. Les mots du passé.* Paris : Fayard, 1997.

La Charité, Raymond C. "Réflexion-divertissement et intertextualité : Rabelais et l'Écolier limousin." Dans Floyd Gray and Marcel Tetel (eds.), *Textes et intertextes : Études sur le xvie siècle pour Alfred Glauser,* 93–103. Paris : Nizet, 1979.

Lacoste, Patrick. *Il écrit.* Paris : Galilée, 1980.

Lachièze-Rey, Marc, et Luminet, Jean-Pierre. *Figures du ciel. De l'harmonie des sphères à la conquête spatiale.* Paris : Seuil, Bibliothèque Nationale de France, 1998.

Lafond, Jean, éd. *Les formes brèves de la prose et le discours discontinu (xvie–xviie siècles).* Paris : Vrin, 1984.

———. *Le modèle à la Renaissance.* Paris : L'oiseau de Minerve, Vrin, 1986.

———. *Le vitrail : origines, techniques, destinées.* Lyon : La Manufacture, 1988. *Larousse Encyclopedia of Renaissance and Baroque Art.* New York: Prometheus Press, 1967.

Lambert, Arnaud-Join. "Du livre d'heures médiéval au Paroissien du XXe siècle." *Revue d'histoire ecclésiastique* 101/2 (2006) : 618–655.

Lancelot du Voisin, Seigneur de la Popelinière. *Les trois mondes.* Paris : L'Huillier, 1582.

Langlois, Charles V. "Études sur deux cartes d'Oronce Finé de 1531 et 1536." *Journal de la Société des Américanistes de Paris* n.s., 15 (1923) : 83–97.

Lavezzi, Elisabeth, et Picard, Timothée (eds.) *Le trompe-l'œil, de la peinture à la fiction.* Rennes : Presses Universitaire de Rennes, 2015.

Le Bot, Marc. "Le silence dans les mots." *Corps Écrit* 12 (1984) : 19–27.

Leclaire, Serbe. *Psychanalyser.* Paris : Seuil, 1968.

Leclerc, Jean. *Le théâtre géographique du royaume de France.* Paris : 1619.

Lecoq, Anne-Marie. *L'Effet trompe-l'œil dans l'art et la psychanalyse.* Paris : Dunod, 1988.

———. *François Ier imaginaire.* Paris : Éditions Macula, 1987.

Lefranc, Abel. *Les navigations de Pantagruel.* Paris : Henri Leclerc, 1905.

Legendre, Pierre. *La passion d'être un autre.* Paris : Seuil, 1978.

Le Goff, Jacques. *L'imaginaire médiéval.* Paris : Gallimard, 1991.

Lemaire de Belges, Jean. *La concorde des deux langages.* Éd. Jean Frappier. Paris : Droz, 1947.

Lemerle, Frédérique, et Pauwels, Yves. *Architectures de papier : La France et l'Europe (xvie– xviie siècles).* Turnhout : Brepols, 2013.

Lemerle, Frédérique. "La complexité de l'entreprise éditoriale à la Renaissance ; le cas *De Architectura* de Vitruve." *Furo* (2009) : 151–164.

Léry, Jean de. *Histoire d'un voyage faict en la terre du Brésil.* Genève : Chappin, 1580.

Lestringant, Frank. *L'atelier du cosmographe ou l'image du monde à la Renaissance.* Paris : Albin Michel, 1991.

———. "Calvinistes et cannibales." *Bulletin de la Société du Protestantisme Français* 126 (1980) : 9–26.

———. "Crisis of Cosmography at the End of the Renaissance." In Philippe Desan (ed.), *Humanism in Crisis: The Decline of the French Renaissance,* 153–179. Ann Arbor: University of Michigan Press, 1991.

———. *Écrire le monde à la Renaissance : Quinze études sur Rabelais, Postel, Bodin, et la littérature géographique.* Orléans–Caen : Éditions Paradigme, 1993.

———. "Éden insulaire de la Floride." Dans *Le livre des îles. Atlas et récits insulaire de la genèse à Jules Verne.* Genève : Droz, 1982.

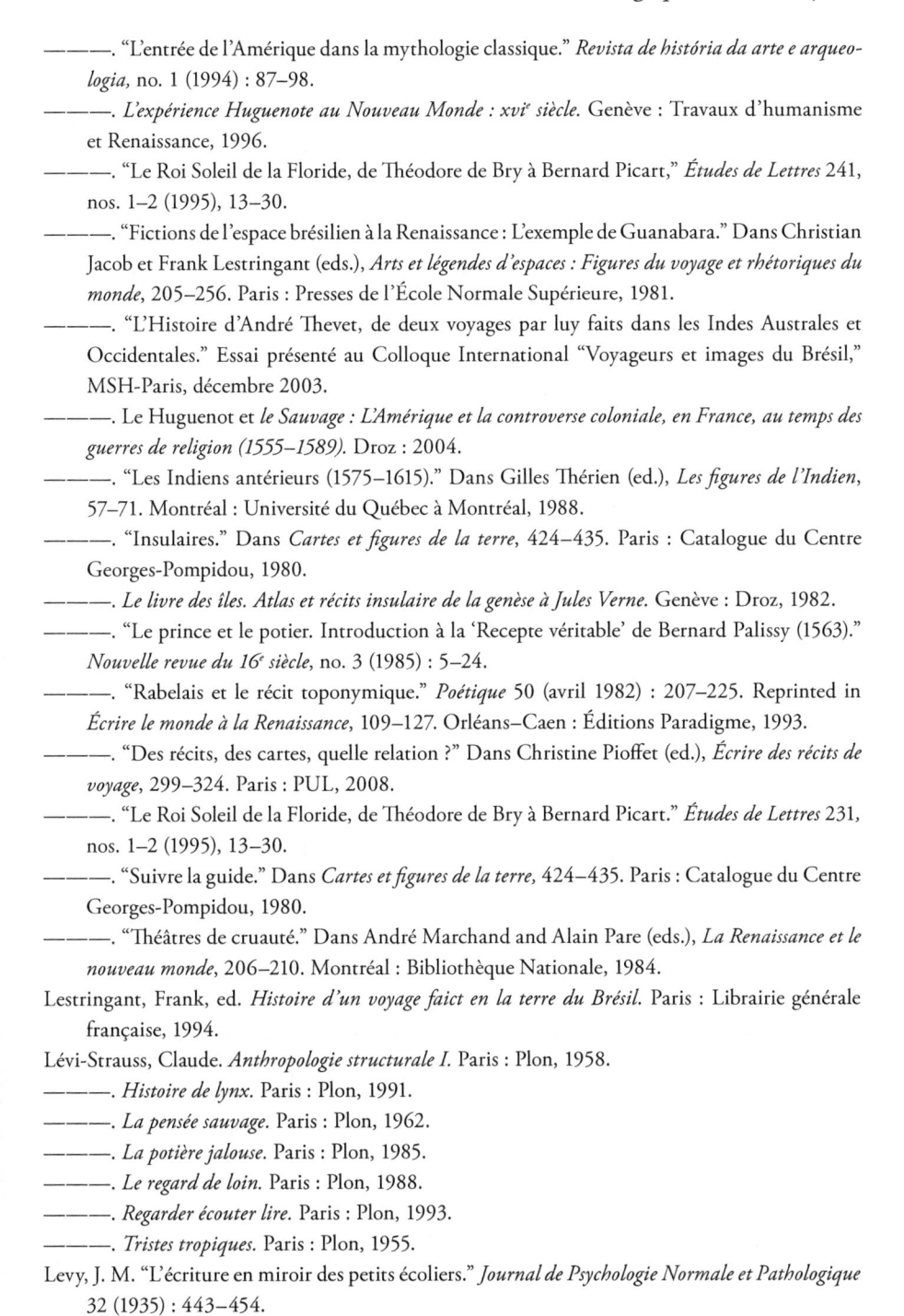

————. "L'entrée de l'Amérique dans la mythologie classique." *Revista de história da arte e arqueologia,* no. 1 (1994) : 87–98.

————. *L'expérience Huguenote au Nouveau Monde : xvie siècle.* Genève : Travaux d'humanisme et Renaissance, 1996.

————. "Le Roi Soleil de la Floride, de Théodore de Bry à Bernard Picart," *Études de Lettres* 241, nos. 1–2 (1995), 13–30.

————. "Fictions de l'espace brésilien à la Renaissance : L'exemple de Guanabara." Dans Christian Jacob et Frank Lestringant (eds.), *Arts et légendes d'espaces : Figures du voyage et rhétoriques du monde,* 205–256. Paris : Presses de l'École Normale Supérieure, 1981.

————. "L'Histoire d'André Thevet, de deux voyages par luy faits dans les Indes Australes et Occidentales." Essai présenté au Colloque International "Voyageurs et images du Brésil," MSH-Paris, décembre 2003.

————. *Le Huguenot et le Sauvage : L'Amérique et la controverse coloniale, en France, au temps des guerres de religion (1555–1589).* Droz : 2004.

————. "Les Indiens antérieurs (1575–1615)." Dans Gilles Thérien (ed.), *Les figures de l'Indien,* 57–71. Montréal : Université du Québec à Montréal, 1988.

————. "Insulaires." Dans *Cartes et figures de la terre,* 424–435. Paris : Catalogue du Centre Georges-Pompidou, 1980.

————. *Le livre des îles. Atlas et récits insulaire de la genèse à Jules Verne.* Genève : Droz, 1982.

————. "Le prince et le potier. Introduction à la 'Recepte véritable' de Bernard Palissy (1563)." *Nouvelle revue du 16e siècle,* no. 3 (1985) : 5–24.

————. "Rabelais et le récit toponymique." *Poétique* 50 (avril 1982) : 207–225. Reprinted in *Écrire le monde à la Renaissance,* 109–127. Orléans–Caen : Éditions Paradigme, 1993.

————. "Des récits, des cartes, quelle relation ?" Dans Christine Pioffet (ed.), *Écrire des récits de voyage,* 299–324. Paris : PUL, 2008.

————. "Le Roi Soleil de la Floride, de Théodore de Bry à Bernard Picart." *Études de Lettres* 231, nos. 1–2 (1995), 13–30.

————. "Suivre la guide." Dans *Cartes et figures de la terre,* 424–435. Paris : Catalogue du Centre Georges-Pompidou, 1980.

————. "Théâtres de cruauté." Dans André Marchand and Alain Pare (eds.), *La Renaissance et le nouveau monde,* 206–210. Montréal : Bibliothèque Nationale, 1984.

Lestringant, Frank, ed. *Histoire d'un voyage faict en la terre du Brésil.* Paris : Librairie générale française, 1994.

Lévi-Strauss, Claude. *Anthropologie structurale I.* Paris : Plon, 1958.

————. *Histoire de lynx.* Paris : Plon, 1991.

————. *La pensée sauvage.* Paris : Plon, 1962.

————. *La potière jalouse.* Paris : Plon, 1985.

————. *Le regard de loin.* Paris : Plon, 1988.

————. *Regarder écouter lire.* Paris : Plon, 1993.

————. *Tristes tropiques.* Paris : Plon, 1955.

Levy, J. M. "L'écriture en miroir des petits écoliers." *Journal de Psychologie Normale et Pathologique* 32 (1935) : 443–454.

Lhote, André. *Traités du paysage et de la figure.* Paris : Grasset, 1986.

Lhoumeau, Hélène. *Les expéditions françaises en Floride (1562–1568).* Thèse, l'École nationale des chartes, 2000.

Lindberg, David C. *The Beginnings of Western Science: The European Scientific Tradition in Philosophical, Religious, and Institutional Context, 600 B.C. to A.D. 1450.* Chicago: University of Chicago Press, 1992.

———. *Theories of Vision from Al'Kindi to Kepler.* Chicago: University of Chicago Press, 1976.

Lomazzo, Giovanni P. *Trattore dell'arte de la pittura.* Milan: Gottardo Ponzio, 1584.

Longeon, Claude, éd. *Premiers combats pour la langue française.* Paris : Le livre de poche, 1989.

López de Gómara, Francisco. *Histoire generalle des Indes occidentalles et Terres neuves, qui iusques à present ont esté descouvertes, traduite en françois par M. Fumée Sieur Marly le Chastel.* Paris : B. Turrisan, 1569.

———. *Historia de la conquista de México.* 2 vols. Reprint, Mexico City: Pedro Robredo, 1943.

Lopez, Robert, S. *The Commercial Revolution of the Middle Ages, 950–1350.* Cambridge: Cambridge University Press, 1976.

Lorian, Alexandre. *Tendances stylistiques de la prose narrative française au xvie siècle.* Paris : Klincksieck, 1973.

Lussagnet, Suzanne. *Les Français en Amérique pendant la deuxième moitié du xvie siècle.* Vol. 2 of *Les Français en Floride.* Paris : PUF, 1958.

Lyons, John D. *Exemplum: The Rhetoric of Example in Early Modern France and Italy.* Princeton: Princeton University Press, 1989.

Lyotard, Jean-François. *Le différend.* Paris : Minuit, 1983.

———. *Discours, figure.* Paris : Klincksieck, 1973.

———. *Le post-moderne expliqué aux enfants.* Paris : Galilée, 1985.

MacCannell, Dean. *The Tourists: A New Theory of the Leisure Class.* New York: Schocken, 1976.

Macpherson, C. B. *The Political Theory of Possessive Individualism: Hobbes to Locke.* New York: Oxford University Press, 1962.

Macrobius, Ambrosius. *In somnium Scipionis expositio.* Brescia, 1483.

Mahn-Lot, Marianne. *Bartolomé de Las Casas et le droit des Indiens.* Paris : Payot, 1982.

Malraux, André. *The Voices of Silence.* Traduit par Stuart Gilbert. Princeton: Princeton University Press, 1978.

Man, Paul de. "Hypogram and Inscription: Michael Riffaterre's Poetics of Reading." *Diacritics* 11, no. 4 (Winter 1981): 17–35.

Manea, Lucia. "Les nouveaux mondes au miroir de l'ancien : la survivance des mythes dans quelques récits de voyage de la collection de Théodore de Bry (1591–1598)." Dans Marie-Christine Pioffet (ed.), *Geographiae imaginariae. Dresser le cadastre des mondes inconnus dans la fiction narrative de l'Ancien Régime,* 306–330. Actes du XXIIe colloque de la Société d'analyse de la topique romanesque tenu à l'Université York du 2 au 4 octobre 2008. Laval : Presses de l'Université Laval, 2011.

Mannini, M. P. "Grotesche del trado Cinquecento." *Annali,* no. 1 (1984): 71 ff.

Mannoni, Octave. *Clés pour l'imaginaire ou l'autre scène.* Paris : Seuil, 1977.

Marchand, André, et Parent, Alain, éds. *La Renaissance et le nouveau monde.* Montréal : Bibliothèque nationale, 1984.

Marin, Louis. *Études sémiologiques.* Paris : Klincksieck, 1972.

—. "Les fins de l'interprétation ou les traversées du regard dans le sublime d'une tempête." Dans *Les fins de l'homme à partir du travail de Jacques Derrida*, 317–344. Paris : Galilée, 1981.

—. "Imitation et trompe-l'œil dans la théorie classique de la peinture au xviiᵉ siècle. L'imitation : aliénation ou source de liberté ?" Dans *Rencontres de l'École du Louvre*, 188–196. Paris : la Documentation française, 1985.

—. *La parole mangée*. Paris : Klincksieck, 1986.

—. *Le portrait du roi*. Paris : Minuit, 1981.

—. *Des pouvoirs de l'image*. Paris : Éditions du Seuil, 1993.

—. *Utopiques : jeux d'espaces*. Paris : Minuit, 1973.

Martin, Henry, et Febvre, Lucien. *L'apparition du livre*. Paris : Albin Michel, 1958.

Martin, Henri-Jean. *The History and Power of Writing*. Translated by Lydia G. Cochrane. Chicago: University of Chicago Press. 1994.

Martin, Hervé. *Mentalités médiévales*. Paris : PUF, 1996. Nouvelle édition revue, Paris : PUF, 1998.

Martine, Marie-Madeleine. "Le crâne entre le regard et la main dans le portrait anglais du xviiᵉ siècle : de la mort vanité à l'être de la mort." *Bulletin de la société d'études anglo-américaines des xviᵉ et xviiᵉ siècles*, no. 22 (1986) : 12–18.

Massey, Lyle. *Picturing Space, Displacing Bodies. Anamorphosis in Early Modern Theories and Perspective*. University Park: The Pennsylvania State University Press, 2007.

Massin. La *lettre et l'image*. Paris : Gallimard, 1973.

Mathieu-Castellani, Gisèle. *Mythes de l'Éros baroque*. Paris : PUF, 1981.

—. "Anatomie de l'emblème." *Littérature*, no. 78 (May 1990) : 3–21.

—. *Emblèmes de la mort : le dialogue de l'image et du teste*. Paris : Nizet, 1988.

—. "La parleuse muette." *L'Esprit créateur* 28, no. 2 (1988) : 25–35.

—. "Le retour de l'emblème." *Littérature*, no. 78 (May 1990) : 3–10.

Mauss, Marcel. *Essais de sociologie et anthropologie*. Paris : Plon, 1973.

—. *Œuvres*. 3 vols. Paris : Éditions de Minuit, 1969.

McDougall, Joyce. *Plea for a Measure of Abnormality*. New York: Brunner/Mazel, 1992.

McGowan, Margaret. *Ideal Forms in the Age of Ronsard*. Berkeley: University of California Press, 1985.

Meiss, Millard. *French Painting in the Time of the Duc de Berry*. 2 vols. New York: Brazillet, 1974.

Menestrier. *Art des Emblèmes*. N.p. : 1662.

Menni, Romain. "L'accouchement de Gargamelle (Gargantua, VI) : Hippocrate et Galien cul par-dessus tête." *Revue des littératures et des arts*, no. 17 (automne 2017), 1–57.

—. Hippocrate, *I, III (1ère partie)*. Texte établi, traduit et annoté par Jacques Jouanna. Avec la collaboration d'Anargyros Anastassiou et de Caroline Magdelaine. Paris : Les Belles Lettres, 2013.

Merleau-Ponty, Maurice. *Le visible et l'invisible*. Paris : Gallimard, 1988.

Meschonnic, Henri. *Le signe et le poème*. Paris : Gallimard, 1975.

Métraux, Alfred. *La religion des Tupinamba et ses rapports avec celle des autres tribus tupi-guarani*. Bibliothèque des Hautes Études en Sciences religieuses. Paris : Ernest Leroux, 1928.

Metz, Christian. *L'énonciation impersonnelle ou le site du film*. Paris : Klincksieck, 1991.

Michelant, Henri Victor. *Catalogue de la Bibliothèque de François Iᵉʳ à Blois*. Paris : 1863.

Mijolla-Mellor, Sophie de. "Le travail de pensée dans l'interprétation." *Topique : Revue* freudienne 46 (1991) : 193–203.

Milanich, Jerald. "The Devil in the Details." *Archaeology* 58, no. 3 (2005): 26–31.

Milet, A. *Anciennes industries dieppoises.* Dieppe, 1904.

Miller, Mark Crispin. "End of Story." In Mark Crispin Miller, *Seeing Through Movies*, 186–246. New York: Pantheon, 1990.

Miller, Orson K. *The Mushrooms of North America.* New York: Dutton, 1971.

Milman, Miriam. *Les illusions de la réalité : Le trompe-l'œil.* Genève : Skira, 1994.

Mitchell, William. *The Reconfigured Eye.* Cambridge: MIT Press, 1992.

Mircea, Eliade. *Fragmentarium.* Traduit par Alain Paruit. Paris : l'Herne, 1989.

Molinet, Jean. *Faictz et dictz.* 3 vols. Paris : Société des Anciens Textes Français, 1937.

Mollat du Jourdain, Michel, and de la Roncière, Monique. *Sea Charts of the Early Explorers. Thirteenth to the Seventeenth Century.* New York: Thames & Hudson, 1984.

Mollat, Michel. *Explorateurs du xiiiᵉ au xviᵉ siècle. Premiers regards sur des mondes nouveaux* Paris : Comité des Travaux Historiques et Scientifiques, 2005.

Moreau, François. *Un aspect de l'imagination créatrice chez Rabelais. L'emploi des images.* Paris : C. D. U. et SEDES réunis, 1982.

Morel, P. "Il funzionamento simbolico e la critica delle grottesche nella seconda metà del Cinquecento." In *Roma e l'antico nell'arte e nella cultura del Cinquecento*, 147 ff. Rome: 1985.

Mortimer, Ruth. Harvard College Library Department of Printing and Graphics Arts, Catalogue of Books and Manuscripts. *Part I: French 16ᵗʰ Century Books.* Cambridge: Belknap Press of Harvard University Press, 1964

Nancy, Jean-Luc. *Corpus.* Paris : Métailié, 2000.

Nader-Esfahani, Sanam. *Knowledge and Representation through Baroque Eyes: Literature and Optics in France and Italy ca. 1600–1640.* Doctoral dissertation, Harvard University, Graduate School of Arts & Sciences, 2016.

Naudé, Françoise. *Reconnaissance du nouveau monde et cosmographie à la Renaissance. Problemata Iberoamericana 2.* Kassel : Reichenberger, 1992.

Nebenzahl, Kenneth. *Maps of the Holy Land: Images of Terra Sancta through Two Millenia.* New York: Abbeville Press, 1986.

———. *Atlas of Columbus and the Great Discoveries.* Chicago: Rand McNally, 1990.

Nelson, Jennifer. "Directed leering: social perspective in Erhard Schön's anamorphic woodcuts." *Notes in the History of Art* 34, no. 4 (2015): 17–22.

Nerlich, Michael. *Ideology of Adventure: Studies in Modern Consciousness.* 2 vols. Translated by Ruth Crowley. Minneapolis: University of Minnesota Press, 1988.

Nicolaï, Nicolas de. *Les navigations, peregrinations et voyages, faicts en la Turquie . . . contenants plusieurs singularitez que l'auteur y a veu et observé.* Lyons : Roville, 1568.

Nordenskiöld, Adolf Erik. *Facsimile-Atlas to the Early History of Cartography with Reproductions of the Most Important Maps Printed in the XVth and XVIth Centuries.* New York: Dover Books, 1973. *Nouvelle Histoire du Moyen-Âge.* Sous la direction de Florian Mazel, (Paris : Seuil, 2021).

Oberhuber, Konrad. *Renaissance in Italien. 16. Jahrhundert Werke aus dem Besitz der Albertina.* Vienne: 1966.

Ong, Walter J. "From Allegory to Diagram in the Renaissance Mind." *Journal of Aesthetics and Art Criticism* 17 (1959): 423–440.

———. *Ramus, Method, and the Decay of Dialogue.* 1958. Reprint, Cambridge: Harvard University Press, 1983.

Ossola, C. *Autunno del Rinascimento.* Florence, 1971.

Pächt, Otto. *Book Illumination in the Middle Ages: An Introduction.* Translated by Kay Davenport. Oxford: Oxford University Press, 1986.

———. "Jean Fouquet: A Study of His Style." *Journal of the Warburg and Courtault Institutes* 4 (1940–1941): 85 *ff.*

Pagden, Anthony. *The Fall of Natural Man: The American Indian and the Origins of Comparative Ethnography.* Cambridge: Cambridge University Press, 1982.

Pageaux, Daniel-Henri. *La Perspective comme forme symbolique.* Paris : Minuit, 1975.

———. *Précis de littérature comparée.* Paris : PUF, 1989.

Panofsky, Erwin. "Artist, Scientist, Genius: Notes on the Renaissance Dämmerung." Dans *The Renaissance: Six Essays*, 121–182. New York: Harpertorch Books, 1962.

———. *Early Netherlandish Painting.* 2 vols. Reprint, New York: Harper Torchbooks, 1971.

———. *Meaning in the Visual Arts.* New York: Doubleday, 1955.

———. *L'Œuvre d'art et ses significations. Essais sur les "arts visuels."* Paris : Gallimard, 1969.

———. *La perspective comme forme symbolique.* Traduit par G. Ballange. Paris : Éditions de Minuit, 1975.

———. *Renaissance and Renascences in Western Art.* 1960. Reprint, New York: Harper & Row, 1972.

———. La *Renaissance et ses avant-courriers dans l'art d'occident.* Paris : Flammarion, 1993.

———. *Studies in Iconology.* New York: Harper, 1967.

Panofsky, Erwin, et Panofsky, Dora. *Étude iconographique de la galerie François Ier à Fontainebleau, Imago Mundi.* Saint-Pierre-de-Salerne : G. Monfort, 1992.

Paré, Ambroise. *Traité des monstres et des prodiges.* Paris : 1573.

Paris, Jean. *Lisible/visible. Essais de critique générative.* Paris : Seghers/Laffont, 1978.

———. *Rabelais au futur.* Paris : Seuil, 1970.

Parks, G. B. "Tudor travel literature." Dans D. B. Quinn, *The Hakluyt handbook*, 98–101. London: 1974.

Parker, David. *The Making of French Absolutism.* New York: Saint Martin's Press, 1983.

Parrot, Jean. "L'Anamorphose dans les romans de Henry James." *Critique*, no. 383 (April 1979) : 330–351.

Pastoureau, Mireille. *Les atlas français (xvie–xviie siècles).* Paris : Bibliothèque nationale, 1984.

———. "Les atlas imprimés en France avant 1700." *Imago mundi* 32 (1980) : 45–72.

———. *Voies océanes : Cartes marines et grandes découvertes.* Paris : Bibliothèque nationale, 1992.

Pauwels, Yves. *L'architecture et le livre en France à la Renaissance : "Une magnifique décadence."* Paris : Classiques Garnier, 2013.

———. *Jean Bullant et le langage des ordres ; les audaces d'un temps. Gazette des Beaux-Arts* 129 (février 1997) : 85–100.

———. "Serlio et le vitruvianisme français de la Renaissance : Goujon, Bullant, De l'Orme." Dans *Deswarte-Rosa*, 410–417. N.p. : 2004.

Pelletier, Monique. *Couleurs de la Terre : des mappemondes médiévales aux images satellitales.* Paris : Seuil/Bibliothèque nationale de France, 1998.

Perez-Gomez, Alberto, et Pelletier, Louise, *Anamorphosis. An annotated bibliography* Montréal : McGill University Libraries, 1995.

Pérouse de Montclos, Jean-Marie. *Philibert de l'Orme Architecte du roi (1514–1570).* Paris : Mengès, 2000.

Perrot, François. "Le vitrail au XVᵉ siècle." Dans Christine Prigent (ed.), *Art et Société en France au XVᵉ siècle*, 342–359. Paris : Maisonneuve & Larose, 1999.

Peurbach, Georg von. *Theoricarum nouarum textus.* Paris : M. Lesclencher, J. Petit et R. Chandière, 1515.

Picard, Michel. *La littérature et la mort.* Paris : Presses Universitaires de France, 1995.

Piel, F. *Die Ornament-Grotteske in der italienischen Renaissance. Zu ihrer dategorialen Struktur und Entstehung.* Berlin: 1962.

Pierssens, Michel. *The Power of Babel.* Newton Road: Routledge and Kegan Ltd, 1980.

Pintaric, Miha. *Le sentiment du temps dans la littérature française (xiiᵉ siècle–fin du xviᵉ siècle.* Paris : Champion, 2002.

Poirion, Daniel. *Le poète et le prince.* Paris : Presses Universitaires de France, 1965.

Poulle, Emmanuel. "Oronce Finé." *Dictionary of Scientific Biography* 15 (1978): 153–157.

Praz, Mario. *Mnemosyne: The Parallel between Literature and the Visual Arts.* Princeton: Princeton University Press, 1970.

Prigent, Christiane. éd. *Art et société en France au xvᵉ siècle.* Paris : Maisonneuve et Larose, 1990.

Propp, Vladimir. *Morphologie du conte.* Traduit par Marguerite Derrida, Tzvetan Todorov, et Claude Kahn. Paris : Seuil, 1970.

Ptolemy, Claudius. *Geographia.* Ed. Sebastian Munster. Basle : n.p., 1540.

———. *Geography.* Traduit et édité par Edward Luther Stevenson. Reprint, New York : New York Public Library, 1932.

Rabelais, François. *Œuvres complètes.* Éd. Jacques Boulanger. Paris : Gallimard/Pléiade, 1955.

———. *Œuvres complètes.* Paris : Seuil, 1973.

Ranum, Orest. *Artisans of Glory: Writers and Historical Thought in Seventeenth Century France.* Chapel Hill : University of North Carolina Press, 1980.

Rasmussen, Jens. *La prose narrative française du xvᵉ siècle.* Étude esthétique et stylistique Copenhagen : Munksgaard, 1958.

Rawles, Stephen, et Screech, M. A. *Études rabelaisiennes XX.* Genève : Droz, 1987.

Raymond, Marcel. *Baroque et Renaissance poétique.* Paris : Corti, 1955.

Reiss, Timothy J. *The Discourse of Modernism.* Ithaca: Cornell University Press, 1982.

Renaud, Armand. "Androgyny as a Critical Concept." *French Literature Series* 4 (1977): 23–32.

Renner, Bernard. "Monstruosité et gigantisme rabelaisien : l'apport de la farce." Dans Reinier Leushuis et Zahi Zalloua (eds.), *Esprit généreux, esprit pantagruélicque.* Genève : Droz, 2008.

Rey, Jean-Michel. *Des mots à l'œuvre.* Paris : Aubier, 1979.

Ribémont, Bernard. *Littérature et espaces, Actes du xxxᵉ Congrès de la Société Française de Littérature Générale et Comparée.* Paris : Pulim, 2003.

Ricci, Seymour de, with the assistance of W. H. Wilson. *Census of Medieval and Renaissance Manuscripts in the United States and Canada.* New York: 1935–1940.

Richards, I. A. *The Philosophy of Rhetoric*. New York: Oxford University Press, 1959.

Richer, Audrey. *Art, histoire et signification*. *Un essai d'épistémologie d'histoire de l'art autour de l'iconologie d'Erwin Panofsky*. Paris : L'Harmattan, 2012.

Richter Sherman, Claire. *Writing on Hands. Memory and Knowledge in Early Modern Europe*. Seattle: The University of Washington Press, 2001.

Riffaterre, Michael. "L'illusion d'ekphrasis." Dans Gisèle Mathieu-Castellani, *La pensée de l'image : Signification et figuration dans le texte et dans la peinture*, 211–229. Paris : Presses de l'Université de Paris-VIII, 1994.

———. *La production du texte*. Paris : Seuil, 1979.

Rigaux, Dominique. "Peintures murals : un chantier ouvert." Dans Christine Prigent (ed.), *Art et Société en France au xv* siècle, 360–375. Paris : Maisonneuve & Larose, 1999.

Rigolot, François. "Dichotomie épistémologique chez Rabelais." Dans *Poétique et onomastique*. Geneva : Droz, 1977.

———. *L'erreur de la Renaissance. Perspectives littéraires*. Paris : Honoré Champion, 2002.

———. "Léda and the Swan: Rabelais's Parody of Michelangelo." *Renaissance Quarterly* 38, no. 4 (Winter 1985): 688–700.

———. *Le texte de la Renaissance*. Geneva : Droz, 1982.

Rigolot, François, et Sider, Sandra. "Fonctions de l'écriture emblématique chez Rabelais." *L'Esprit créateur* 28, no. 2 (été 1988) : 36–47.

Ripa, Caesare. *Iconologia*. 2 vols. Padua: 1624.

Robbe-Grillet, Alain. *Pour un nouveau roman*. Paris : Minuit, 1963.

Roland Michel, M. *Lajoüe et l'art rocaille*. Paris : 1984.

Romm, J. S. *The Edges of the Earth in Ancient Thought: Geography, Exploration, and Fiction*. Princeton: Princeton University Press, 1992.

Roncière, Charles de la. *Histoire de la Marine française*. Paris : Plon, Nourrit et Cie, 1900.

Ropars-Wuilleumier, Marie-Claire. *Écraniques*. Lille : Presses de l'Université de Lille, 1990.

———. *Le texte divisé*. Paris : Presses Universitaires de France, 1981.

Rose, Gillian. *Feminism and Geography*. Minneapolis: University of Minnesota Press, 1992.

Rosolato, Guy. "Comment s'isolent les signifiants de démarcation." *Annuel de l'APF*, no. 1 (2014) : 153–170.

———. *Éléments de l'interprétation*. Paris : Gallimard, 1985.

———. "L'objet de perspective dans ses assises visuelles." *Nouvelle Revue de Psychanalyse* 35 (Spring 1987) : 143–164.

———. *Pour une psychanalyse exploratrice dans la culture*. Paris : Presses Universitaires de France, 1993.

———. *La relation d'inconnu*. Paris : Gallimard, 1978.

Ross, Richard. "Studies on Oronce Finé (1494–1555)." PhD diss., Columbia University, 1971.

Rousset, Jean. *La littérature de l'âge baroque en France*. Paris : Corti, 1953.

Roustang, François. "On the Epistemology of Psychoanalysis." *Modern Language Notes* 99 (Sept. 1984): 910–932.

Russell, Daniel. *The Emblem and Device in France*. Lexington: French Forum, 1985.

Saccomani, E. "Le 'grottesche' venete del '500." *Atti dell'Istituto Veneto di scienze, lettere e arti*, no. 129 (1970–1971): 293–343.

Saenger, Paul. "Geoffroy Tory et la nomenclature des écritures livresques françaises au xv⁰ siècle." *Le Moyen-Âge* 34 (1977): 494–520.

———. "Physiologie de la lecture et séparation des mots." *Annales E. S. C.*, no. 4 (1989) : 939–952.

———. "Silent Reading: Its Impact on Late Medieval Script and Society." *Viator* 13 (1982): 367–414.

Saenger, Paul, and Heinlen, Michael. "Incunable Description and Its Implications for the Analysis of Fifteenth-Century Reading Habits." In Sandra Hindman, *Printing the Written Word: The Social History of Books, circa 1450–1520*, 225–258. Ithaca: Cornell University Press, 1991.

Saint-Gelais, Richard, *Le trompe-l'œil, de la peinture à la fiction*. Rennes : Presses Universitaires de Rennes, 2015.

Salis, A. von. *Antike und Renaissance. Über Nachleben und Weiterwirken des alten in der neuen Zeit*. Zurich: 1947.

Sanfançon, Roland. *L'Architecture flamboyante en France*. Laval : Presses de l'Université, 1972.

Sansi, Danièle. "Texte et image dans les incunables français." *Médiévales*, nos. 22–23 (1992) : 47–70.

Sartre, Jean-Paul. *Essays in Aesthetics*. NY: Freeport, 1970.

———. *Qu'est-ce que la littérature ?* Paris : Gallimard, 1974.

Saulnier, Verdun L. *Le dessein de Rabelais*. Paris : Société d Édition d'Enseignement Supérieure, 1957.

Sauret, Martine. *Les voies cartographiques. À propos des influences des cartographes sur* les écrivains des xve et xvi⁰ siècles. Lampeter : Edwin Mellen Press, 2004.

———. *Voyages dans l'École cartographique de Dieppe au xvi⁰ siècle : Espaces, altérités et influences*. New York : Peter Lang, 2014.

Saussure, Ferdinand de. *Les Mots sous les mots*. Éd. Jean Starobinski. Paris : Gallimard, 1974.

Schapiro, Meyer. *Romanesque Art*. New York: Braziller, 1977.

Schefer, Jean-Louis. *Paolo Uccello : Le déluge, la peste*. Paris : Galilée, 1976.

Schlesinger, Roger, and Stabler, Arthur P. *André Thevet's North America: A Sixteeth-Century View*. Montreal: McGill-Queen's University Press, 1986.

Schulz, Juergen. "Jacobo de' Barbari's View of Venice: Map Making, City Views, and Moralized Geography before the Year 1500." *The Art Bulletin* 60 (1978): 425–474.

Schwab, Gabriele. "Genesis of the Subject, Imaginary Functions and Poetic Language." *New Literary History* 15 (Spring 1984): 453–474.

Scott, David. *Pictorialist Poetics: Poetry and the Visual Arts in Nineteenth Century France*. Cambridge: Cambridge University Press, 1988.

Screech, M. A. *Études Rabelaisiennes*. Genève : Droz, 1959.

———. *Rabelais*. Ithaca: Cornell University Press, 1979.

Sebastian, S. "Los grotescos del Palacio de la Calahorra." *Goya*, no. 93 (1969): 144 *ss*.

Sebillet, Thomas. *Art poétique françoys (1548)*. Dans Francis Goyet (ed.), *Traités de poétique et de rhétorique de la Renaissance*, 37–183. Paris : Poche, 1990.

Serlio, Sebastiano. *Le premier livre d'architecture : Le second livre de perspective de Sebastiano Serlio*. Traduit par Jehan Martin. Paris : Barbé, 1545.

Serlio, Sebastiano, *Le premier livre d'architecture... Le second livre de perspective...* Paris : Barbé, 1545.

———. *Regoli generali di architettura*. Venise : Marcolini, 1537.

———. *Il terzo libro*. Venise : Marcolini, 1540.

Serres, Michel. "Noise." *Substance* 12, no. 3 (1983): 48–60.

Shapiro, Gary. *Archeologies of Vision. Foucault and Nietzsche on Seeing and Saying.* Chicago: The University of Chicago Press, 1992.

Shirley, Rodney W. *The Mapping of the World: Early Printed World Maps, 1472–1700.* London : Holland Press, 1987.

Signot, Jacques. *La totale et vraie description de tous les passages, lieux et détroits par lesquelz on veut facilement entrer et passer des parties de Gaule que nous disons maintenant France ès parties d'Italie.* Lyon : Benoist Rigaud, 1515.

Simonin, Michel. "Les élites chorégraphes ou de la 'description de la France' dans La cosmographie universelle de Belleforest." Dans Jean Céard et Jean-Claude Margolin (eds.), *Voyager à la Renaissance,* 433–451. Paris : Maisonneuve et Larose, 1987.

———. *Vivre de sa plume au xvie siècle ou la carrière de François de Belleforest. Travaux d'Humanisme et Renaissance.* Geneva : Droz, 1992.

Skelton, Raleigh A. *Introduction to Benedetto Bordone, Libro . . . de tutte l'isole del mondo (Venice 1528).* Amsterdam: Theatrum Orbis Terrarum, Ltd., 1966a.

———. *Introduction to Sebastian Münster, 1540 edition of Ptolemy's Geographia (Basle, 1540),* xii–xiii. Third series, vol. 5. Amsterdam: Theatrum Orbis Terrarum Ltd., 1966b.

Smith, Catherine Delano. *Maps in Bibles.* Geneva: Droz, 1992.

Souchal, Geneviève.*La tapisserie en France au xve et au xvie siècles.* Paris : Catalogue de L'Exposition au Grand Palais, 1976.

Souriau, Anne, ed. *Vocabulaire d'esthétique : par Étienne Souriau (1892–1979).* Paris : PUF, 2010, 3e éd. (1re éd. 1990).

Stahl, William Harris. "Ptolemy's Geography: A Select Bibliography." *Bulletin of the New York Public Library* 55:419–432; 484–495 (Gallia treated on 484–485); 554–464; 604–614; and 56:18–41; 84–96, 1951–1952.

Starobinski, Jean. *Les mots sous les mots.* Paris : Gallimard, 1974.

Stoichita, Victor I. *A Brief History of the Shadow.* New York: Reaktion Books, 1997.

Strauss, Erwin. *Vom Sinn des Sinne (Berlin: Springer) 1935.* Traduit par J. P. Legrand et G. Thines. Grenoble: Milon, 1989.

Sylvestre, Claude. "Le moment régressif." *Topique,* no. 25 (1980) : 27–30.

Sypher, Wylie. *Four Stages of Renaissance Style.* Gloucester: Peter Smith, 1978.

Taillemite, Étienne. *Marins français à la découverte du monde. De Jacques Cartier à Dumont d'Urville.* Paris : Fayard, 1999.

Terdiman, Richard. "The Response of the Other." *Diacritics* 22, no. 2 (1992): 2–10.

Terverant, Guy de. *Attributs et symboles dans l'art profane, 1450–1600 : Dictionnaire d'un langage perdu.* Geneva : Droz, 1958. Avec supplément et index. N.p. : 1964.

Testu, Guillaume le. *Cosmographie universelle selon les navigateurs tant anciens que modernes.* Paris : Arthaud (Beaux livres), 2012.

Tetel, Marcel. *Étude sur le comique de Rabelais.* Firenze : L. S. Olschki, 1964.

Thevet, André. *La cosmographie de Levant.* Éd. Frank Lestringant. Genève : Droz, 1556.

———. *Les singularitez de la France antarctique, autrement nommée Amérique, et de plusieurs terres et isles découvertes de nostre temps.* Paris : St Claude, 1558.

———. *Cosmographie de Levant.* Éd. Frank Lestringant. Genève : Droz, 1985.

————. *Cosmographe des derniers Valois. Travaux d'Humanisme et Renaissance.* Geneva: Droz, 1991.

————. *La cosmographie universelle : Illustrée de diverses figures des choses plus remarquables veuës par l'Auteur, et incogneuës de noz Anciens et Modernes.* 2 vols. Paris : Chez Pierre l'Huillier, 1575.

————. *Le grand insulaire et pilotage d'André Thevet angoumoisin, cosmographe du Roy. Dans lequel sont contenus plusieurs plants d'isles habitées, et deshabitées, et description d'icelles.* Paris : Bibliothèque Nationale. Ns. fr. 15452–15453, 1586–1587.

————. *Les Singularités de la France Antarctique (1557).* Éd. Frank Lestringant. Paris : Chandeigne, 1997.

————. *Les vrais portraits et vies des hommes illustres.* 2 vols. New York : Scholars' Facsimiles & Reprints, 1584.

Thiens, C. G. "Andrea di Cosimo Feltrini und die grotesken Dekorationen der florentinischen Renaissance." *Zeitschrift für Kunstgeschichte,* no. 24 (1961): 39 *ssq.*

Thuillier, J. "Études sur le cercle des Dinteville. L'énigme de Félix Chrestien." *Art de France* 1 (1961), 57–75.

Todorov, Tzetan. *The Conquest of America.* Translated by Richard Howard. New York: Harper & Row, 1982.

Tooley, R. V. *Dictionary of Mapmakers.* New York: Less, 1979.

————. *Maps and Map-Makers.* New York: Crown, 1978.

Tormey, Alan, and Tormay, Judith Farr. "Renaissance Intarsia: The Art of Geometry." *Scientific American* 247 (July 1982): 136–143.

Tory, Geoffroy. *Champ fleury.* Bourges, 1529. Ed. J. W. Jolliffe. ParisThe Hague: Mouton and Johnson Reprints, 1970. English Translation by George Ives. Reprint, New York: Dover, 1967.

————. *Champ fleury : Auquel est contenu lart & Science de la deue & vraye Proportion des Lettres Attiques, qu'on dit autrement lettres antiques, & vulgairement Lettres romaines proportionnees selon le Corps & visage humain.* N.p. : 1529.

————. *La mouche de Lucian, et la manière de parler et de se taire.* Traduit par Lucien de Samosate. Paris : 1533.

————. *La Table de l'ancienne philosophe Cèbes … Avec Trente Dialogues moraulx de Lucien autheur iadis Grec …* Paris : Jehan Petit, 1529.

Tournon, André. *La glose et l'essai.* Lyon : Presses Universitaires de Lyon, 1983.

Trafton, Dain A. "Ancients and Indians in Montaigne's 'Des coches.'" *Symposium* 27 (Spring 1973): 76–90.

Trésor de la langue française. Paris : Éditions du Centre National de la Recherche Scientifique, 1978.

Trigger, Bruce G. *Natives and Newcomers.* Montreal: McGill-Queen's University Press, 1985.

Trudel, Marcel. *Histoire de la Nouvelle France. Les vaines tentatives.* Montréal : Fides, 1963.

Van Den Abbeele, Georges. *Travel as Metaphor: From Montaigne to Rousseau.* Minneapolis: University of Minnesota Press, 1991.

————. "Duplicity and Singularity in André Thevet's *La cosmographie de Levant.*" *L'esprit créateur* 32, no. 3 (1992) : 25–35.

Vasari, Giorgio. *La Vie des meilleurs peintres, sculpteurs et architectes.* Paris : Actes Sud, 1981.

Vasselin, Martine. "Les donateurs de vitraux au xvi⁰ siècle en France : leurs marques et leurs représentations." *Rives Méditerranéennes* 6 (2000) : 39–69.

Verrazane, Jacques Habert. *Quand New York s'appelait Angoulême.* Paris : Perrin, 1993.

Verville, Bérolde de. *L'histoire veritable ou le voyage des princes fortunés.* Paris : Passage du Nord/ Ouest, 2005.

Vezzosi, Alessandro. *Léonard de Vinci.* Paris : Gallimard, 1996.

Vion-Dury, Juliette, Grassin, Jean-Marie et Westphal, Bertrand. *Littérature et espaces.* Pulim : Collection Espaces Humains, 2001.

Vincent, André. *Las Casas, apôtre des indiens.* Paris : Nouvelle Aurore, 1975.

Vinci, Léonard. *Traité de la peinture.* Éd. François Chastel. Paris : Berger-Levrault, 1987.

Wagner, H. R. "The Portolan Atlases of American Interest in the Henry E. Huntington Library and Art Gallery." In W. W. Bishop and A. Keogh (eds.), *Essays offered to Herbert Putnam,* 498–509. New Haven: 1929.

Wallerich, Grégory. *La perception des Amérindiens dans l'Europe à la fin du xvie à travers l'œuvre du protestant Théodore de Bry.* Master's thesis, France, 2006.

Wallis, Helen, ed. *The Maps and Text of the Boke of Idrography Presented by Jean Rotz to Henry VIII.* Oxford: Roxburghe Club, 1981.

Ward Perkins, J. B. "Nero's Golden House." *Antiquity,* no. 30 (1956): 209–219.

Warhus, Mark. *Another America. Native American Maps and the History of our land.* New York: St Martin's Press, 1997.

Watelet. *Dictionnaire des arts de peinture.* Paris : 1792.

Weber, Henri. *La création poétique au xvie siècle en France.* Paris : Nizet, 1956.

Weber, Samuel. *Institution and Interpretation.* Minneapolis: University of Minnesota Press, 1986.

———. *The Legend of Freud.* Minneapolis: University of Minnesota Press, 1982.

Weege, F. "Das Goldene Haus des Nero." *Jahrbuch des deutschen Archeologischen Instituts,* Berlin, no. 28 (1913): 127–244.

———. "Der malerische Schmuck von Raffaellos Loggia." In *Th. Hofmann, Faffaello als Architekt.* Vol. 4. Leipzig: 1911.

Weise, G. "Vitalismo, animismo, panpsichismo e la decorazione nel Cinque- e Seicento." *Critica d'Arte* (Nov.–Dec. 1959): 375–398.

Whatley, Janet. *History of a Voyage to Brazil, Otherwise Called America.* Translated and edited by Jean de Léry. Berkeley: University of California Press, 1990.

Wheat, Carl. *Mapping the Trans Mississippi West I: The Spanish Entrada to the Louisiana Purchase, 1548–1804.* San Francisco: Institute of Historical Cartography, 1957.

White, John. *The Birth and Rebirth of Pictorial Space.* Reprint, Cambridge: Harvard University Press, 1987.

Whitfield, Peter. *The Mapping of the Heavens.* San Francisco: Pomegranate Artbooks, 1995.

Wilma, George. *Animals and Maps.* London: 1979.

Winnicot, D. B. *Playing and Reality.* London: Tavistock, 1971.

Wittkower, Rudolph. *"Hieroglyphics in the Early Renaissance." Developments in the Early Renaissance.* Ed. Bernard S. Levy. Albany: State University of New York Press, 1972.

Wolf, Eric R. *Europe and the People without History.* Berkeley: University of California Press, 1982.

Wölfflin, Henrich. *Renaissance et Baroque.* Paris : Gérard Monfort, 1988.

Woodward, David. *Art and Cartography: Six Historical Essays.* Chicago: University of Chicago Press, 1987.

————. "Maps and the Rationalization of Geographic Space." In Jay A. Levinson (ed.), *Circa 1492: Art in the Age of Exploration*, 83–87. New Haven: Yale University Press, 1991.

————. "Roger Bacon's Terrestrial Coordinate System." *Annals of the Association of American Geographers* 80, no. 1 (March 1990): 109–122.

Woodward, David, and Harley, J. Brian, eds. *"Cartography" in Prehistoric, Ancient, and Medieval Europe and the Mediterranean. The History of Cartography.* Vol. 1. Chicago: University of Chicago Press, 1987.

Yates, Frances. *The Art of Memory.* Chicago: University of Chicago Press, 1966.

Zerner, Henri. *The School of Fontainebleau: Etchings and Drawings.* New York: Abrams, 1969.

————. "Le système décoratif de la galerie François Ier à Fontainebleau." Dans André Chastel (ed.), *L'Art de Fontainebleau.* Paris : CNRS, 1975.

Zingeur, Ilana. *Le roman stégarnomorphique. Le voyage des Princes Fortunez de Beroalde de Verville* (Paris : Honoré Champion, 1993.

Zöllner, Frank. *Leonardo da Vinci, 1452–1519: The Complete Paintings and Drawings.* Reprint, Taschen, 2013.

————. *Leonardo genio e cartografo: La ripresentazione del territorio tra scienza e arte.* Ed. Andrea Cantile. Firenze: Instituto Geografico Militare, 2003.

Zülch, W. H. *Die Entstehung des Ohrmuschelstils.* Heidelberg: 1932.

Zumthor, Paul. *La lettre et la voix : De la "littérature" médiévale.* Paris : Seuil, 1987.

————. *Le masque et la lumière : La poétique des Grands Rhétoriqueurs.* Paris : Seuil, 1978.

————. *La mesure du monde.* Paris : Seuil, 1993.

————. *Renaissance et maniérisme.* Éd. Alain Gruber. Paris : Citadelles & Mazenod, 1993.

Walleck, Gregory. *La perception des Amérindiens dans l'Europe à la fin du xvie à travers l'œuvre du protestant Théodore de Bry.* Master, France, 2006.

Currents in Comparative Romance Languages and Literatures

Tamara Alvarez-Detrell and Michael G. Paulson
General Editors

This series was founded in 1987, and actively solicits book-length manuscripts (approximately 200–400 pages) that treat aspects of Romance languages and literatures. Originally established for works dealing with two or more Romance literatures, the series has broadened its horizons and now includes studies on themes within a single literature or between different literatures, civilizations, art, music, film and social movements, as well as comparative linguistics. Studies on individual writers with an influence on other literatures/civilizations are also welcome. We entertain a variety of approaches and formats, provided the scholarship and methodology are appropriate.

For additional information about the series or for the submission of manuscripts, please contact:

editorial@peterlang.com

To order other books in this series, please contact our Customer Service Department:

peterlang@presswarehouse.com (within the U.S.)
orders@peterlang.com (outside the U.S.)

or browse online by series at:

www.peterlang.com